北京市高等学校教育教学改革试点立项研究成果

经济与管理学科专业基础课系列教材

管 理 学 原 理

（修 订 版）

主　编　徐艳梅

北京工业大学出版社

内 容 提 要

本书是北京工业大学出版社2000年出版的《管理学原理》一书的修订版。全书共分10章，从纵横两个方面阐述了管理学的基本原理。在纵的方面，以历史发展为线索，介绍和剖析了中西方管理理论与实践发展过程中不同时期、不同学派的观点；在横的方面，以管理职能为基础，系统地介绍了管理理论的主体内容和基本原理，如目标与计划、决策、组织、领导、激励与沟通、控制及知识管理等。全书注意吸收当前管理理论研究的最新成果，在修订过程中介绍了有关组织进化、组织生态与企业仿生等方面的内容。为便于教学和提高学生的分析和思考能力，本书在有关章节选配了部分典型案例，并在每章的末尾安排了一定数量的思考题。

本书可作为高等院校经济与管理类专业的教学用书，也可供从事管理工作的广大读者阅读参考。

图书在版编目（CIP）数据

管理学原理/徐艳梅主编. —北京：北京工业大学出版社.
2011.9重印
ISBN 7-5639-1654-7

Ⅰ.管...　Ⅱ.徐...　Ⅲ.管理学　Ⅳ.C93

中国版本图书馆CIP数据核字（2004）第025736号

管理学原理

徐艳梅　主编

*

北京工业大学出版社出版发行
各地新华书店经销
徐水宏远印刷有限公司

*

2006年6月修订第1版　　2011年9月第11次印刷
787mm×960mm　16开本　22.5印张　380千字
ISBN 7-5639-1654-7/G·819
定价：34.00元

修订版前言

作为一门学科，管理学所关心的是如何在一个组织内有效率和有效能地利用各种资源（包括人力、物力、财力、信息等）来完成组织的目标和使命。

如何才能提高组织的管理水平，从而更有效地完成组织的目标呢？就我国的情况而言，人们往往认为，通过运用“现代化的管理方法”，采用“现代化的管理手段”，就能实现有效的管理。实际上，这些现代化的管理方法和手段只不过是人们在长期的管理实践中所形成的一些规范性的东西而已。这些东西的有效运用，确实可以在一定程度上提高管理水平，但是，对这些东西的有效运用，却有赖于人们对管理活动内在规律的正确认识。

在实践方面，一般的管理培训都集中于管理人员所担任的各种职能方面，例如计划、组织、领导、控制、决策等。因此，很多人认为管理学就是研究有关如何利用资源、如何设计组织结构以及如何激励员工等方面的问题。的确，这些问题所涉及的都是一般管理人员的实务工作的内容，也是管理学所需要解决的问题。然而，要知道在这些实务工作中所用到的管理学知识，是由很多不同的管理学理论和研究成果积累而成的。

长期以来，我国的管理存在着理论滞后于实践的问题。由于缺乏对管理活动的内在规律的研究，也就无法从中找出带有普遍性意义的东西，使之成为对管理实践具有指导意义的理论。理论的贫乏使得我国的管理处于一种头痛医头、脚痛医脚的被动状态，往往是管理实践中出现了什么问题，人们再来考虑如何解决这些问题。由于缺乏正确的管理理论的指导，管理者对组织系统运转的规律缺乏了解，对组织中人的本质属性及需求不能正确认识，因此，就不能树立正确的管理指导思想，无法用全面的、系统的和长远的观点来处理组织中出现的管理问题。

另一方面，自20世纪90年代以来，网络技术的发展与普及，使人类社会步入知识经济时代，许多传统的、经典的理念和规律受到巨大的挑战，在以往时代行之有效的一系列手段、方法、技巧愈益显现出其局限性。于是，否定传统理念而启用新思想、新观点的呼声日甚，这当然是社会进步、人类发展的表现。然而，在这一过程中，有一个重要的环节不容忽视：新观念、新思想的理论基础需清晰、明了、准确——把握渊源，方可辨清方向。

再者，客观地讲，西方管理理论的演进与发展，是一个系统过程，这一过程比较清晰地体现了否定之否定的进化过程。研究、剖解这一过程，并以此为基础，或称以此为批判对象再行否定之举，是构建新框架体系不可或缺的。反之，割裂其中的脉络，剪断过程中的联系，不会有利于基本法则的概括、提炼。这是国内管理学研究与实践中需要重视的问题。

基于上述考虑，本书试图通过纵横两条主线来阐述管理学的基本原理。在纵的方面，本书以历史发展为线索，介绍和剖析管理理论与实践发展过程中不同时期、不同学派的观点；在横的方面，依据管理职能学派的观点，本书以管理的职能为基本框架来阐述管理学的基本原理。通过比较与分析，使学生拓宽管理思路，树立正确的管理思想观念，从而提高学生对管理活动内在规律的认识。

考虑到管理实践在新时期的飞速发展及其对于管理思想、管理理论、管理概念的直接影响，本书在前面章节中适当增加了少部分以往管理学原理类教材中较少涉及的内容，目的在于向学生适当介绍一些最新的管理发展动态。同时，考虑到教学效果和学生学习效果等因素，本书在有关章节中，选配了部分案例，用以帮助学生提高分析、思考和判断能力。

本书的第一版印于2000年，其后几次加印。其间，更有我的学生（现许亦为人师）毕业后续用此书，有的并专门致信，论及书中内容甚至某章某节某页的不妥之处，令我十分感激并内疚。借此重新修订之机，对大家的所有关心深表谢意。

在本书修订的过程中，我的两位研究生司高飞、郑淳做了大量具体、细致的工作。司高飞承担了第六章的写作工作，郑淳对书中的部分图表进行了精心的绘制。

此外，本书得以再版，特别感谢北京工业大学出版社社长米裕民老师，他的认可和热情激励增进了我改编的决心和进度。同时要特别感谢本书的责任编辑谢桂生老师，他的严谨和精细令人感动。

限于水平，书中一定还有缺陷甚至错误，恳请读者进一步批评指正。

徐艳梅

2006 年 4 月于北京

目　录

第一章

管 理 与 管 理 学

本 章 要 点

本章简要地叙述了从管理活动出现至管理理论形成的演进过程，概括了管理活动、管理意识、管理概念等问题，较为详细地分析了管理学的内容体系、研究方法和研究范围。

第一节 管理活动

一、管理活动

管理活动是一种协调他人活动的活动，我们把由管理活动来协调的他人活动称为具有组织特点的业务活动。如工商企业的业务活动是生产、制造、销售和服务；学校的业务活动是教书育人；医院的业务活动是救死扶伤等。

管理活动是一种基本的社会实践活动，其贯穿于人类社会实践的历史过程中。在人类历史发展的初期，原始社会的氏族或部落中的人们，为了共同的生产劳动和共同的生活，便在实践中从事着一定的管理活动。进入阶级社会以来，各个社会阶级、阶层的人们，以至每一个人为了自身的生存与发展，特别是各种社会、国家的统治者为了维护本阶级的统治，无不在一定范围和层次的社会实践中，进行着管理实践。在现代社会，管理实践更是在各国乃至世界性的跨国经济活动中发挥着巨大作用。在未来的社会生活中，管理实践不仅不会在人类社会实践的总体中消失，反而将会愈益显示其重要的地位和作用。

二、管理活动的特点

管理活动与具有组织特点的业务活动不同，有其自身的特点，具体表现如下。

(1)活动的主体不同。管理活动的主体是管理者，如企业的厂长、公

人类管理实践史上的重大奇迹
——金字塔与万里长城

在管理实践史上，有两大最令后人惊讶的奇迹，它们的建筑时间是那么早而工程量又那么的大。一是古埃及人建筑的金字塔，它出现在公元前50世纪到5世纪期间；二是古代中国人建筑的万里长城，它出现在公元前5世纪到公元前3世纪期间。埃及金字塔群中的基奥普斯大金字塔占地13英亩，共包括235万块石头，每块石头平均重量达两吨半。它的采石地点大都靠近尼罗河，以便于利用自然条件解决主要的运输难题。在当时，采石与搬运、凿形与堆砌、工具与食宿等各种复杂问题，都需要管理技巧。中国的万里长城到明朝完成时，已是西起嘉峪关，东到鸭绿江，全长6300公里。作为一个军事上的防御体系，它蜿蜒于崇山峻岭、悬崖绝壁和荒凉的戈壁滩之中。就其工程来看，长城有镇城、路城、卫城、关城、堡城、城墙、烟墩等不同等级、不同形式和不同用途的建筑物。就其管理而言，长城沿线设9个镇，每镇设总兵，上受兵部指挥，每镇之下又分级设路、关、城堡、墩台。这个多级管理系统既能使命令自上而下地层层传达，又能使敌情信息自下而上地层层反馈。如果将埃及金字塔与中国万里长城做一番比较，显然金字塔只涉及建筑工程方面的管理，属于单纯的生产管理，而万里长城既有前期的建筑工程管理，又有后期的防御系统管理，并且在建筑工程管理期间就必须对有关问题设计好，以确保这个防御系统管理的有效性，这属于生产和军事相结合的组合式管理。因此，从管理水平的角度来讲，万里长城要超过金字塔。

司的经理、学校中的校长、医院中的院长以及各种组织中的各个职能管理部门的管理人员等。而业务活动的主体对于不同的组织来说是不一样的，如在工厂中是工人，在医院中是医生、在学校中是教师等。

当然，按活动的主体不同对这两类活动所进行的区分，是就活动性质的不同而进行的。实际上对于组织中的某一个人来说，有可能既是管理者又是业务活动者。

（2）活动的内容不同。管理活动与业务活动的区别主要表现在两个方面：一是管理活动具有普遍性，而业务活动具有特殊性。不同的组织有不同的业务活动，但各个组织的管理活动所遵循的基本原理却是一样的。二是管理活动具有全局性，而业务活动却具有局部性。作为组织中的业务活动者，他在从事业务活动时，相对于管理活动者而言，很少考虑自身的活动与组织中其他业务活动之间的相互关系，其考虑的重点在于按照上级管理者的要求把自身的工作做好。而管理活动则相反，它所要考虑的不是某个局部的业务活动如何进行，而是各个业务活动相互之间的联系与协调。

(3) 活动的直接目的不同。应该说，组织中的一切活动都是围绕组织目标的实现而展开的。但是，两者所追求的直接目标却不同。业务活动的直接目标就是实现组织的目标，而管理活动的直接目标却是协调业务活动，使组织目标得以有效地实现。这种关系如图 1-1 所示。

图 1-1 管理活动、业务活动与组织目标的关系图

明确管理活动与业务活动之间的区别，其意义在于让每个管理者明确自身的管理职责，以免将自己的工作与业务活动者的工作混淆起来。

三、组织中不同层次的管理者管理活动的区别

在组织中，由于管理幅度的限制，使得每一个组织都要形成若干个管理层次。对于大型组织而言，管理的层次会比较多，而对于小型组织而言，所形成的管理层次就会相对少一些。但我们可以把各种不同的管理层次抽象为三个基本的管理层次，即高层、中层和基层。对于这三个管理层次的管理者来说，由于他们在组织中的任务和对组织目标的实现所起的作用不同，因此，各个层次的管理者的管理活动便有所不同，其能力要求也不同（如图 1-2 所示）。对于组织中的高层管理者来说，他们的任务是制定组织的目标，并促使组织目标的实现，因此，高层管理者管理活动的主要

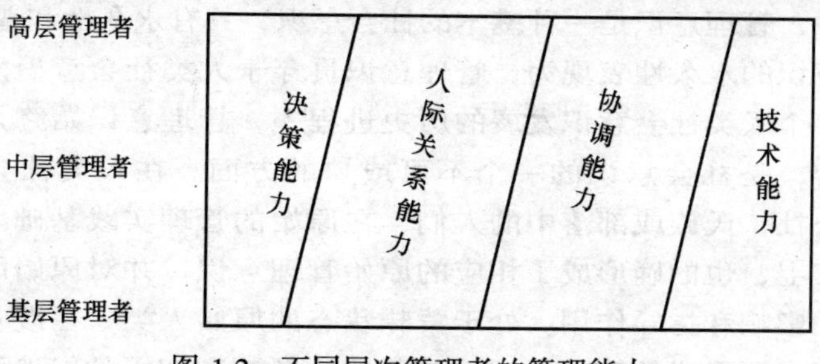

图 1-2 不同层次管理者的管理能力

内容就是制定组织的战略计划和发展目标，同时要协调中层管理者的活动；组织中的中层管理者的任务是联结高层管理者与基层管理者，因此，中层管理者的管理活动主要是把高层管理者的战略计划转变为可执行的行动计划，同时协调基层管理者的活动；基层管理者是组织中管理者与非管理者之间的联结环，因此，基层管理者的活动是把中层管理者的计划变成具体的作业计划，同时协调业务活动者的业务活动。

第二节 管理意识

一、管理意识

管理意识是一种特殊的社会意识，在广义上讲，我们可以把人们在管理实践活动中形成并反过来对管理实践活动起着指导和影响作用的一切观念形态的价值、文化、知识、传统等有关的管理观点、思想、理论等统称为管理意识，这可谓之广义的管理意识。

从狭义来讲，人们在管理实践活动中形成并反过来对管理实践起着指导和影响作用的有关管理的价值、本质、功能等方面的根本观点、理论体系和思维方法是作为特定意识形态而存在的思想意识，我们可以把它称为狭义的管理意识。

简而言之，管理意识即指人们对物质管理、社会政治管理和精神文化管理的现实、本质、作用、方法、手段、效果和科学程度的认识、反映和评价，是管理观点、管理态度、管理心理、管理情绪、管理理论、管理科学、管理哲学的总称。

由上可见，管理意识与管理实践是不可分离的。管理实践是形成管理意识的基础，而管理意识对管理实践起着不可缺少的影响和指导作用。在人类社会中，管理意识是一种基本的社会意识，具有永久性和普遍性。

管理意识的永久性表现为，管理意识贯穿于人类社会意识发展的全过程，即在整个人类社会意识发展的历史进程中，管理意识始终是社会意识的重要内容，是社会意识的一个不可或缺的方面。在人类社会发展的初期，原始公社、氏族或部落中的人们，在原始的管理实践基础之上，也会形成，事实上，也的确形成了相应的原始管理意识，并对原始的管理实践起着重要的影响和指导作用。处于蒙昧状态的原始人类，在漫长岁月的原始管理实践中所形成的管理意识也是蒙昧、混沌和初级的，然而，如若没有这种尽管十分粗糙的管理意识，他们便无法从事即使是十分原始的管理实践。进入阶级社会之后，随着管理实践的发展，人类的管理意识也不断发展，并日益明显地从整个人类社会意识的总体中相对独立地分化出来，直至产生了近现代的各种管理理论。在今后的历史进程中，以一定的管理哲学为基础的管理理论，必将成为指导人们从事管理实践的自觉而强烈的意识。

管理意识的普遍性表现为，管理意识贯穿于人类社会生活的一切方面，即在整个人类生活的各个方面，管理意识都普遍地存在着，并广泛地起着作用，成为一种不可或缺的意识现象。这主要是因为，人类的各种具体社会生活，都不能没有一定的管理，于是也就不能没有相应的管理意识。正是从这种意义上，我们可以把人类的一切观念形态的价值、文化、知识、传统等有关的观点、思想、理论，归结为广义的管理意识。因为这些观念形态的东西，从一定的意义上讲，既是管理实践普遍性的产物，也是管理实践普遍性的需要。这说明，管理意识的普遍性如同管理意识的永久性一样，因为与人类的管理实践活动紧密地联系在一起而有着客观根据。

二、管理意识的特征

（1）管理意识是第二性的东西，是对客观存在的管理实践的认识与反映，总的来说，社会管理实践决定人们的管理意识。

（2）管理意识具有相对独立性。管理意识往往在一定时期内可以先进于或落后于管理实践。科学的管理理论和思想往往领先于管理实践，它支持和指导着管理体制的改革和管理方式、方法的发展。过时的、错误的管理观点和管理传统往往落后于发展着的管理实践，起着阻碍和反对管理体制的改革和管理方式、方法发展的作用。

（3）管理意识具有较强的渗透性。人类社会意识的总体随着社会实践的发展和社会分工的进步，不断分化出彼此既相互联系又相对独立的具有特定形式的社会意识形态。它们构成了多方面、多层次的人类社会意识总体。在这个总体中，各种社会意识之间都有一定程度的相互渗透，不可能“绝缘”分立。然而，由于各种具体的社会意识在其总体中的地位和作用不尽相同，因而相互渗透的程度也就有着强弱的差别。例如，政治意识、法律意识、道德意识等对作为观念形态的自然科学的渗透比较弱；而哲学意识、管理意识对它的渗透就比较强。又如，审美意识对法律意识的渗透比较弱；而管理意识对法律意识的渗透就比较强。生活在不同社会条件下的人们，各种不同的社会意识对他们渗透的强弱程度也有所区别。例如，处于自然经济状态下的农民，商品经济意识就相对较弱；而处于资本主义条件下的资本家，商品经济意识就比较强。可是，作为相对独立形态的管理意识，既普遍又强烈地渗透于任何人的社会生活中，既普遍又强烈地渗透于其他各种社会意识中，因而具有较强的渗透性。其之所以如此，主要是因为，如若没有一种事实上的管理意识，既不可能有任何正常的社会生活，也不可能有其他任何社会意识的形成与发展。

(4) 管理意识具有历史继承性。一个民族的历史传统、文化结构、心理特征、行为模式等，都不是一朝一夕形成的，而是本民族在长期的共同生活和生产中逐步定型的，因此，这些历史形成的东西也是最难改变的。管理意识也具有很强的历史继承性，深受民族传统文化和民众行为模式的影响。中国几千年所创造的优秀的管理文化必须要继承和发扬，而对于其中产生于农业经济体制下，早已不适应现代市场经济发展要求的管理意识则要予以摒弃。

(5) 管理意识具有综合性。各种社会意识作为对不同的社会存在的反映，其概括程度是不同的，有的高一些，有的则低一些；其综合性也是有所区别的，有的综合程度较高，涉及面较宽，有的综合程度较低，涉及面较窄。作为一种相对独立的社会意识形态的管理意识，其概括程度相对较高，其综合性亦较强。在管理实践基础上形成和发展的管理意识形态，不仅要综合社会生活各方面的管理实践经验，而且要综合各种文化知识的思想成果，同时还有着愈益浓厚和鲜明的哲学色彩。这些是管理意识作为一种特殊的社会意识的一个重要表现。

第三节 管理的概念

管理具有普遍意义。然而，什么是管理？如何给管理下定义？却没有统一的说法。事实上，管理永远是统一的。具体的管理活动既是一门科学，也是一种艺术。

对于管理者而言，什么是管理并不重要，重要的是如何进行管理才能收到预期的效果，达到所设计的目的。即如何才能在管理活动中实现管理科学、管理艺术、管理职能的高度统一。

对于管理理论工作者而言，什么是管理即管理的概念问题是不容回避的。学术界对管理概念的表述多达数十种之多。

从总体上看，划分不同的管理概念可从纵、横两条线路来展开，如图 1-3所示。

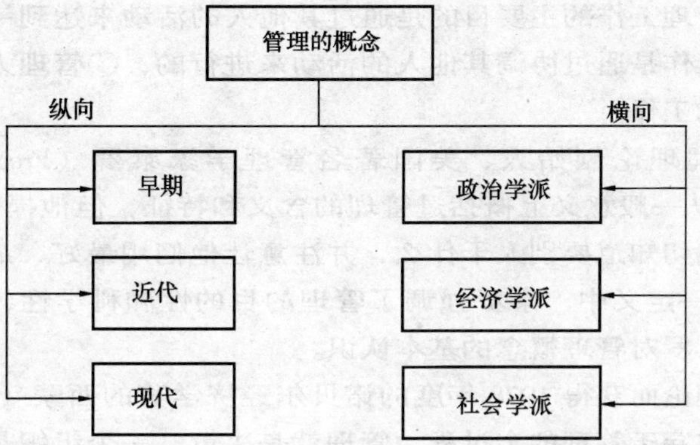

图 1-3　管理的概念

一、纵向——不同时期的管理定义

最早的关于管理的定义并不是十分清晰的。即管理是六种经营活动中的一种，其他五种经营活动分别是：技术活动、商业活动、财务活动、安全活动、会计活动。这一概念只对管理活动与其他五种经营活动进行了区分，而对于究竟何为管理活动并未作任何具体的解释。其后，管理概念被定义为：管理是以知识为依据所进行的控制，而控制就是对实现一项目标的各种活动的监督和调节。这一概念显然比第一种定义方式准确了许多，但它强调的是管理的控制职能。此后，管理概念被进一步定义为：管理即通过别人使事情做成的职能，管理人员必须是人群中才能出众的人，他们的任务是指挥和协调其他人的工作，而自己却很少亲自从事其他人应当从事的执行活动。

至此为止，早期的管理概念的特征便显而易见了。早期的管理概念强调管理者对被管理者的组织职能、指挥职能和控制职能，而相对忽略了被管理者在管理中的作用。这种情况恰好表明了当时的历史背景及管理概念的演变过程，从而使今天的人们更加确信了这样一个事实：管理概念的不断丰富和完善是与管理实践紧密相连的。

美国的管理学家 J .H.唐纳利（James H. Donnelly）等人认为：“管理就是由一个或更多的人来协调他人的活动，以便达到个人单独活动所不能达到的效果"[①]。或者说，管理是担任管理工作的人员与其他人一起，并通过其他人来达到组织目标的过程。这一概念强调：①管理工作的中心是管理其他人，管理工作的主要目的是通过其他人的活动来达到一定的工作效果；②管理工作是通过协调其他人的活动来进行的；③管理人员必须同时考虑其他人的工作。

科学管理理论创始人、美国著名管理学家泰罗（Frederick Winslow Taylor）没有从一般意义上概括过管理的含义和特征，但他提出："管理技术的定义是确切知道要别人干什么，并注意让他们用最好、最经济的方法去干。"在这一定义中，泰罗强调了管理的目的性和科学性，在一定程度上也代表了泰罗对管理概念的基本认识。

因决策理论而获得 1978 年度的诺贝尔经济学奖的西蒙（H.A.Simon），则认为决策贯穿于管理的全过程，管理就是决策。一个组织是由决策者所组成的系统。决策制定过程是任何组织、任何层次的管理者在实施管理时都必需的过程，所以从这方面看，管理就是决策。[②]

法国的学者法约尔（Henri Fayol）认为："管理就是计划、组织、指挥、协调和控制。"[③]他首次将经营与管理两个概念区分开来，管理是经营的六大职能（技术职能、安全职能、商业职能、会计职能、财务职能、管理职能）之一，然而也是其中最为重要的一个职能。

美国学者亨利·西斯克（Sisk. H. L）认为："管理是通过计划工作、组织工作、领导工作和控制工作等诸过程来协调所有的资源，以便达到既定的目标。"[④]

美国学者F.E. 卡斯特（Fremont E. Kast）和J.E. 罗森茨韦克（James E. Rosenzweig）认为："管理就是计划、组织、控制等活动的过程。管理者可以将人、机器、材料、金钱、时间、场地等各种资源转变成一个有用的企业。从根本上说，管理就是将上述这些互不相关的资源组合成一个达到

---

① ［美］J.H. 唐纳利等．管理学基础．李柱流，苏沃涛，徐吉贵，黄世积等译．北京：中国人民大学出版社，1982.18

② ［美］H.A. 西蒙．管理决策新科学．李柱流，杨俊澄等译．北京：中国社会科学出版社，1982.37

③ ［法］H. 法约尔．工业管理与一般管理．周安华，林宗锦，展学仲，张玉琪等译．北京：中国社会科学出版社，1982.5

④ ［美］亨利·西斯克．工业管理与组织．段文燕等译．北京：中国社会科学出版社，1985.13

目标的总系统的过程。”①

美国著名管理学者和高级咨询专家德鲁克（Peter F. Drucker）认为，管理是什么的问题应该是第二位的，“应该通过管理的任务来阐明管理”。②为使机构能执行其职能并作出贡献，管理必须完成三项重要而极其不同的任务：①完成本机构的特殊目的和使命；②使工作富有活力并使职工有成就感；③处理好本机构对社会的影响和对社会的责任。

管理学大师哈罗德·孔茨（Harold Koontz）认为，管理就是设计并保持一种良好环境，使人在群体里高效率地完成既定目标的过程。这一定义主要展开为：①作为管理人员，需完成计划、组织、人事、领导、控制等管理职能；②管理适用于任何一个组织机构；③管理适用于组织的各级管理人员；④所有管理人员都有一个共同的目标即创造盈余；⑤管理关系到生产率，意指效益（effectiveness）和效率。③

美国学者罗宾斯（S.P.Robbins）对管理的认识是：“管理是指同别人一起，或通过别人使活动完成得更有效的过程。”这里，过程的含义表示管理者发挥的职能或从事的主要活动。

美国企业家穆尼（James D.Mooney）认为：“管理就是领导。”该定义的含义是，任何组织中的一切有目的的活动都是在不同层次的领导者的领导下进行的，组织活动的有效性，取决于领导者工作的有效性，所以管理就是领导。

美国的古利克（Luther Gulick）和英国的厄威克（Lyndall Urwick）合著了一本《管理科学论文集》，书中用各种管理职能名称的词首字母组成POSDRCB这个缩略词，意即计划（Planning）、组织（Organizing）、人事（Staffing）、指挥（Directing）、报告（Reporting）、协调（Coordinating）和预算（Budgeting）7种职能。

系统论者们认为管理就是根据一个系统所固有的客观规律，施加影响于这个系统，从而使这个系统呈现一种新状态的过程。

中国台湾学者认为，管理就是研究如何将人力与物力，投向于一个动态的组织之中，使其达成一定的目标，对外使得接受服务者得到最大的满足，对内还要使得提供服务者，不但士气高昂，而且在工作上感到有所

---

① ［美］F.E.卡斯特，J.E.罗森茨韦克．组织与管理．李柱流，刘有锦，苏沃涛等译．北京：中国社会科学出版社，1985.8～9

② ［美］彼得·德鲁克．有效的管理者．杨万春，冷守一等译．北京：中国财政经济出版社，1988.11

③ ［美］哈罗德·孔茨．论管理理论的丛林．曹达夫译．外国经济管理，1984（4）

成就。

中国大陆学者对管理的定义也不尽相同，择其要，列如下：

(1) 所谓管理，就是指由专门机构和人员进行的控制人和组织的行为，使之趋向预定目标的技术、科学和活动。

(2) 所谓管理，简单地说，就是对人及事物作出一定的安排。综合来看，即指特定的主体对管理对象（人、物、事等）进行安排和协调，使其达到一定的预期目标的活动。

(3) 管理是通过计划、组织、控制、激励和领导等环节来协调人力、物力和财力等资源，以期更好地达成组织目标的过程。

(4) 管理的目的是要设计和提供一种良好的环境，投入最少的时间、资金、物力和个人劳动，遵照一定的原则、程序和方法，对管理对象进行计划、组织、领导和控制，以便高效率地完成既定任务。

《世界大百科全书》中的定义为："管理就是对工商企业、政府机关、人民团体以及其他各种组织的一切活动的指导。它的目的是要使每一行为或决策有助于实现既定目标。"

以上各种各样的不同定义方法，我们可以大致地将其分为两类。

一类是通过具体罗列管理活动的内容来给管理这个概念下定义。如法约尔、西斯克、卡斯特和罗森茨韦克等就是采用这种定义方法。他们都是通过具体罗列管理活动的内容来说明什么叫管理，但他们对管理活动的内容的看法还不完全一致。这种定义方法有助于人们直观地认识什么叫管理，但不能揭示管理这个概念的本质特征 。因为人们对管理活动的具体内容的分类和归纳的方法不同，使得人们对管理活动应包括哪些内容存在着各种各样的分歧，也就使得人们对什么是管理有各种各样的看法。

而另一类是采用"属概念 + 种差"的方法给管理这个概念下定义的。如小詹姆斯和孔茨等就是采用这种定义方法。这是逻辑学上给概念下定义的基本方法。按照这种方法，被定义概念 = 种差 + 邻近的属概念。被定义概念就是我们要给予定义的概念，邻近的属概念就是邻近被定义概念的属概念，种差就是被定义概念与跟它并列的其他概念间的本质属性的差别。按照这种定义方法，我们可以看出，管理是人类各种各样的社会活动中的一种活动，因此，它的属概念是"人类的社会活动"，而作为人类的社会活动中的一种，管理活动与人类的其他社会活动之间的本质差别是"一种协调其他人的活动的活动"。因此，我们赞成小詹姆斯和孔茨等人给管理概念下的定义，即"管理是一种由一个或更多的人来协调其他人的活动的活动"。这种定义揭示了管理这个概念的本质特征，把管理活动与人类的其他活动区分开来。

二、横向——不同学派的管理概念

由于管理的普遍性，不同的学科领域、不同的学派的人从不同的角度和背景出发来研究和认识管理，会对管理的重点有不同的理解，因此除上述从管理的特性及职能方面对管理概念进行的表述外，不同学派对于管理概念也有不同的认识。

经济学家认为，管理就是为了达到既定的目标，依据科学可行的原则、程序、方式、方法和手段，对人、财、物、技术和信息等因素进行计划、组织、指挥和控制等一系列活动的总称。

政治学家认为，管理就是科学的分权、集权和用权，建立有效的权力管理系统，防止出现特权阶层、官僚主义和独裁主义，避免出现无政府主义和自由主义。管理的目的在于保障民主政体、民主制度、民主权利的彻底实现，真正实现一切权力属于人民，使人民真正能够通过各种途径和形式管理国家事务，管理经济和文化事业，管理社会事务。

社会学家认为，管理是一种文化活动，管理水平是社会进步、社会文明的一种标志。管理是人有目的、有意识地运用人类所创造的知识和人类所具有的智慧，主动设定目标，并积极实现该目标的一系列活动的总称。

三、对管理概念的分析

回顾整个管理思想发展史会发现，对于管理的概念，的确存在着很多种定义。事实上，几乎每一个管理学家都对此有自己的不同看法，众说纷纭，却难有定见。美国管理学家哈罗德·孔茨就曾用“管理理论的丛林”一词来形象地描绘管理学派林立的状况。他指出：丛林现象存在的主要原因，即在于对管理概念的定义及管理学所包含的范围，没能取得一致意见。由此可见，虽然管理是一个永恒的范畴，但管理的概念却与管理科学的发展阶段紧密相关，具有非常鲜明的历史烙印和时代特色。整个管理科学的发展演进过程，也就是对管理本质的认识不断深化的过程。

如果将上述诸多管理概念的定义进行归类整理，通过仔细剖析这些定义，可以看出，尽管其表述千差万别，但主要包括了以下一些要素：

（1）管理的主体是人或组织。管理的主体即管理者，包括由人所组成的组织。作为管理主体的人是一个组织中的管理人员，作为管理主体的组织则是一个组织中的管理部门。只有以“管理者”身份出现的人或组织才是管理的主体。从本质上说，管理主体的工作就是通过他人并同他人一道实现组织的目标。

(2) 管理的客体是人、组织或物。管理的客体即被管理者，包括人、组织和物。管理者正是通过一系列手段对组织中的人、组织（下级组织）或者物进行管理，来实现组织的既定目标。

(3) 管理的目的是实现特定组织的目标和提高效率。管理的目的不仅是使组织目标得以实现，还包括提高实现目标的效率，即使组织用最小的资源投入取得最大的且最合乎需要的产出。

(4) 管理是一种工作过程，体现为管理的基本职能，包括计划、组织、领导、控制等。管理本质上要通过管理者的一系列活动来实现，这些活动就构成了管理的基本职能。尽管学者们对于管理基本职能的划分不尽相同，但基本都包括了计划、组织、领导、控制等职能。

(5) 管理在某种程度上取决于领导者或决策程序。前述定义都表明，凡是有个体、群体因而有社会关系的地方，就会有管理；管理即是社会关系的一种主体化、程序化的过程。

第四节 管 理 学

一、管理的特征、价值与功能

（一）管理的特征

1. 管理的二重性

早在100多年前，马克思就深刻地分析了资本主义企业管理的性质。他说："凡是直接生产过程具有社会结合过程的形态，而不是表现为独立生产者的孤立劳动的地方，都必然会产生监督劳动和指挥劳动。不过它具有两重性。一方面，凡是有许多人进行协作的劳动，过程的联系和统一都必然要表现在一个指挥的意志上，表现在各种与局部劳动无关而与工场全部活动有关的职能上，就像一个乐队要有一个指挥一样。这是一种生产劳动，是每种结合的生产方式中必须进行的劳动。另一方面，完全撇开商业部门不说——凡是建立在作为直接生产者的劳动者和生产资料所有者之间的对立上的生产方式中，都必然会产生这种监督劳动。这种对立越严重，这种监督劳动所起的作用也就越大。"在这里，马克思指出了管理的两重性。一方面管理是由共同劳动的社会结合的性质产生的，只要是协作劳动，客观上就需要管理。这是任何具有社会结合形态的劳动共有的性质，是任何有许多人进行协作的劳动普遍存在的性质。另一方面，管理又是从共同劳动过程中的资本主义性质即对抗性质产生的。在资本主义生产方式中，直接生产者与生产资料所有者之间的对立关系和资本主义生产社会化要求“统一的意志”又是相矛盾的。因此，资本主义的管理就必然具有“监督劳动”的职能，这是资本主义管理的特殊性。

根据马克思管理两重性的学说，管理既包含生产力合理组织方面的问题，也包含生产关系和上层建筑的调整和完善方面的问题，管理是由社会化大生产而产生的社会职能，是有效地组织社会生产力所必需的社会职能。另一方面，管理作用的发挥又受到许多社会因素的影响。在阶级社会中，管理必然要体现生产资料占有者监督劳动的意志（生产资料占有者的意志只有在与客观规律相符合时才能够实现）。即使是在同一种社会制度中，管理也会由于各国民族文化方面的差异而表现出不同的风格或特点。因此，管理既不是一项单纯的组织生产力的工作，也不是一项单纯的完善生产关系和调整上层建筑的工作，它是一项同时受到生产力、生产关系和上层建筑多方面因素影响和制约的复杂的社会活动。所谓管理的二重性是指管理所具有的合理组织生产力的自然属性和为一定的生产关系服务的社会属性。

自然属性是管理最根本的属性，它反映了管理是组织共同劳动和协作等一系列的科学方法的综合。只有应用了这些科学方法才能促进生产力的发展和社会的进步；同时，管理又是特定社会形态的产物，其社会属性是显而易见的。管理的效率和作用受到生产关系和上层建筑的双重制约和影响。

2．管理无时无处不存在于人类一切活动之中

管，意在管人、管物、管目标；理，意在理财、理制、理关系。管和理密不可分。管理是人类的一种基本活动，它渗透在社会、经济、科技、文化和生活的方方面面。①

3．管理是为实现特定目标的有组织的群体活动

麦尔斯（L. D. Miles）在给出“价值工程”的定义时讲：价值工程是以功能分析为核心，以最低的产品寿命周期成本实现产品必要功能为目标的有组织的活动。这大概是上述管理特性被描述的典型实例之一。有了管理，一个企业、一个地区、一个国家乃至整个地球才可能变得秩序井然，才能产生、保持和发展经济效益。

---

① 席酉民．管理研究．北京：机械工业出版社，2000.5

4. 管理是一种文化现象和社会现象

管理现象的存在，必须具备两个必要条件：一是两个人以上的集体活动；二是一致认可的目标。因此管理是一种社会现象，同时也是一种文化现象。

5. 管理既是科学又是艺术

哈罗德·孔茨在其名著《管理学精华》中指出：管理作为一门科学尽管是粗糙的，但毕竟已有了它自己不同于其他学科的独特的学科知识体系。

科学是系统化的知识，科学方法的运用应能使人们通过对事物的观察而对事物的本质作出判定，并通过连续不断的观察来对判定的准确性进行检验。科学包括明确的概念——名词和术语以及一般原理。名词和术语准确地概括了事物的本质。概念的管理知识自20世纪以来，逐渐系统化，并形成了一套行之有效的管理方法。尽管与自然科学相比，管理还不够精确，但它已有自己明确的概念、范畴和普遍原理、原则，并且它们之间相互依存，形成了独特的知识体系，当属科学无疑。

从第一本管理学著作《科学管理原理》问世以来，经过几代学者和企业家的努力，管理理论走过了自己的茁壮成长之路。蓬蓬勃勃的“丛林现象”使新理论不断诞生，老理论又产生新的活力，管理科学是一种客观存在。

管理又是一门领导艺术。所谓艺术，是指其富有创造性的方式和方法，即在工作或在广义的实践活动中，创造性地、灵活的应用科学知识，将知识转化为生产力的一种技巧。艺术性来自个人的经验、直觉、智慧和智力。正如钱学森所说：“领导艺术是一种远离数学领域的才能，它能从大量复杂事物的关系中判断出最重要最有决定意义的东西。”

管理面对的不是一次又一次可以重复设定成完全相同条件的实验环境，而是每一分每一秒都在变化着的组织的内外环境。因而没有可一次又一次被重复验证的一成不变的规律可循，所以它含有特定的艺术成分。这主要体现在以下几个方面：①管理没有一成不变的规律可循，不是因为其自身的缺陷，而是不存在一次又一次完全相同条件的实验环境证明其存在。因而似乎是管理决策因人而异，表现出其艺术性；②管理者的三项重要资源（决策能力、用人权和自己有限的时间）的运用均是因管理者个人而异的，更多地体现为一种艺术；③管理具有很强的实践性，并非优秀的人才就是一个好的管理者，因而，管理不仅要求科学严谨，而且要求创新。

（二）管理的价值

1. 管理的价值

人类进行管理活动的历史事实充分表明，作为主体的人们之所以都要以不同的方式，在不同的范围内和不同的程度上重视参与作为客体的管理活动，从根本上来看，就在于通过这种参与，能够满足人们的某种需要。从小孩子管理零用钱，到家长管理子女，教师管理学生，厂长管理工厂，经理管理公司，直到元首管理国家等，都是如此。在这种种的管理活动中，无不客观地存在着一种事实上的价值关系。

随着社会生产的不断发展，科学技术的不断进步，以及人类社会生活的日益复杂化，管理活动日益社会化、现代化。当今世界，管理状况如何是决定企业存亡、工作成败、国家兴衰的关键。把管理之争作为政治、经济、科技、人才等全面竞争的基础予以高度重视，无疑深刻地表现了人们对管理价值的自觉意识。

人们对管理的各种价值进行概括，便形成了管理价值观。

2. 管理的价值体系

管理价值是以管理满足人们的需要为核心的，是作为主体的“人们”与作为客体的“管理”之间的一种特殊关系。这种关系，不是单一的、片面的，也就是说，管理价值是一个多因素、多层次的复杂结构体系。必须全面把握管理的价值体系，才能正确地规范管理活动。任何简单化的做法，都会背离客观存在的价值关系的全面性，从而使管理偏离正确的轨道。

对于复杂的管理价值体系，我们应从以下几个基本方面加以把握。

(1) 管理的物质价值

社会为什么需要管理？人们为什么会以不同的方式从事管理？就是因为管理对于社会赖以存在的物质条件的创造很有帮助，因为管理会以不同的方式，从不同的意义上给人们带来物质利益。否则，社会便不需要管理、人们也不会参与管理，管理这个社会现象也就根本不会存在。

管理的物质价值主要是指管理活动给一定的社会和人们在物质生产、物质生活、物质利益创造等方面带来的效率和效益。管理的物质价值是构成管理价值体系的基础。没有物质价值，管理的其他方面的价值也无法实现。管理活动能够给一定社会和人们在物质生产、物质生活、物质利益创造等方面带来效率和效益，是社会需要管理、人们参与管理并不断地加强和改进管理的客观依据。现在，世界上广泛流传的“企业成败的关键三分在技术，七分在管理”之说，实际上反映的正是这种管理价值观，而且侧重于管理的物质价值。美国失败的企业中，91.7%的企业都是因为企业的决策人管理不善导致失败的。发达、兴旺的企业，也多得力于科学的管理。

不同的管理对人们的物质价值是不同的，同样的管理对于不同的人们也会有不同的物质价值。这种情形，在不同的社会历史条件下和不同方式的管理中，特别是在存在阶级区别、阶级对抗的历史环境中，尤其显得复杂。这种情形也影响着人们不同的管理价值观的形成。

管理的物质价值在管理价值体系中是重要的，但不是唯一的。

(2) 管理的精神价值

人不仅需要物质生活，更需要精神生活。管理的精神价值是构成管理价值体系的重要方面。管理的精神价值主要是指管理活动给一定的社会和人们在精神生产、精神生活、精神利益创造等方面带来的“产品”和状态，给人们提供的精神享受和使之达到的精神境界。

人类的管理活动绝不是单纯的创造物质产品的行为，更不是简单的机械行为，不仅需要精神活动的参与，需要灌注精神意识于管理活动之中，而且管理必然产生一定的精神状态和产品，满足人们一定的精神需要。人们通过参与、体验和研究一定的管理活动，所产生的相应的管理情绪、管理意识、管理思想、管理理论、管理艺术、管理哲学等，都可视为管理价值在精神方面的体现。它们不仅从各种不同的角度满足人们的精神需要，而且也充实和推动着人类的意识形态和科学文化的发展。

管理的精神价值是从属于管理价值总体的，它本身就是一种精神关系的体现。在不同的社会历史条件下、不同的管理方式中，处在管理系统中不同地位的人们，对管理的关系不同，管理的精神价值对他们也显示出重大的区别。奴隶主和奴隶、封建主和农奴、资本家和工人，特定的管理对他们的精神价值关系是不同的。因而，他们的管理价值观表现在对待管理精神价值的根本观点和态度上也是不同的。

(3) 管理的人性价值

管理的人性价值主要是指管理的物质价值和精神价值在人的本质和特性方面的体现。人是参与管理活动的具有能动性的主体和客体。一切管理活动只有靠人才能进行，也只有通过对人的管理才能得到实现和展开。因此，管理的人性价值实际上是管理价值的最高体现。

马克思指出：“人的本质并不是单个人所固有的抽象物。在其现实性上，它是一切社会关系的总和。”人的本质属性是一切社会关系的总和，也是人所特有的区别于其他物（植物、动物以及人以外的一切物体）的根本属性，或曰人性。

社会关系指的是什么呢？根据马克思、恩格斯的观点，社会关系的含义是指许多个人的合作。因此，我们可以将人们在管理活动中对“合作”的需要看作是管理的人性价值的重要体现。因为，这种价值关系集中体现了管理的物质价值关系和精神价值关系，所以实际上成为管理价值体系的综合表现。

如同管理的物质价值和精神价值一样，在不同的社会条件下和不同的管理方式中，管理对于处于不同地位的人们，其人性价值是极不相同的。形成社会关系的“合作”的条件、方式、目的、结果在现实管理活动中也是千差万别的，人们在这种“合作”中形成并表现出来的本质属性便存在着极大的差异。反映在人们的管理价值观上，不同的人们对待管理的人性价值也就必然会有根本不同的观点和态度。例如，奴隶主把奴隶当作会说话的工具，我国封建社会有“人性善”和“人性恶”两种截然不同的观点，当代西方资本主义管理思想提出了“经济人”和“社会人”等不同的观念，而社会主义国家则明确规定一切劳动者都是社会的“主人”的原则，这一切实际上反映了人们在管理活动中对待人性价值的极不相同的根本观点和态度。

构成管理价值体系的上述三个基本方面是相互联系和相互作用的。它们不仅联结成一个整体，而且不断变化和发展。

（三）管理的功能

如果说管理价值的根据在于管理本质的话，那么管理价值的实现便要通过管理功能的发挥。管理的功能可以说是管理价值的表现。

“功能”这个概念有多种含义。诸如事物的属性、职能、功效、作用等，在一定意义上都可以谓之功能。人们对管理的功能也有各种不同的理解，管理学者、管理学著作多从经济管理，特别是从企业管理的角度，较深入地探讨了管理的功能。例如，人们比较一致的意见是把计划、指挥、协调、组织和控制作为管理的五大职能。近来，也出现了一些行政管理、人事管理、科技管理等方面的管理学著作和论文，它们也从不同的角度探讨了管理的功能。这一切，对于我们从现代管理学的角度来探讨管理的功能，有着重要的参考和借鉴意义。

我们认为，作为管理学的功能概念，主要是指管理的属性和职能。相对于作为管理的内在根本属性的管理本质来说，管理的功能主要是指管理所具有的外在的根本属性及其所承担的基本职能，它是实现管理价值的基本依据。

从现代管理学的角度来看，现代管理具有以下几方面的基本功能：“结合力”功能、“驱动力”功能和“传输力”功能。

1. 管理的“结合力”功能

现代管理活动和管理学说表明，人们使用管理这个概念时，其基本含义是指由一个或更多的人来协调他人的活动，以收到任何个人所不能收到的效果而进行的各种活动。因此，协调是任何具体管理活动的核心职能。无论对管理的职能作怎样的理解和规定，都不能离开“协调”这个核心。然而，为了实现“协调”并通过“协调”实现管理的价值，就必须首先把构成管理系统特别是构成现实管理对象的各种相关因素结合起来，否则便无从管理。我们所探讨的现代管理学，将管理的这种把构成管理系统的各种相关因素结合起来的功能称之为管理的“结合力”功能，这是任何管理都具有的属性和职能，所以是管理的基本功能。

管理范围有大小之分，管理实体有繁简之别。但现实的具体管理对象总是多种多样的。这多种对象，或对象的多种成分，无不由管理的“结合力”功能联成一体。人类社会是一个复杂的有机整体。正是管理的“结合力”功能，把社会的各单元、各层次以至社会总体结合起来。

(1) 管理的“结合力”功能把社会单元的构成要素结合成社会单元。社会单元可以是家庭、街道、村社、机关、企业、学校、社团等，各种形式的社会单元都有着复杂的构成要素。当这些因素彼此分离地存在时，便不能构成特定的社会单元。只有把相关因素结合起来，才能构成现实的具有特定意义的社会单元。特定的社会单元，要实现其存在的社会价值，也只有通过管理的“结合力”才行。在这里，管理的“结合力”功能，就具体表现为把构成社会单元的相关要素结合成有机体，并使之协调活动，正常运转，进而发挥其社会作用。

(2) 管理的“结合力”功能把构成社会的各单元结合成为社会。社会是由各种形式的社会单元组成的。就一个国家来说，各种行政区划、各军事兵种、各种经济成分、各种企事业单位、各种社会群体等，都是构成社会的社会单元，这些社会单元在分立存在时，并不能发挥其作为社会有机体的特定形式的特定作用，也不可能自发地、自然而然地构成社会有机体。只有通过管理，依靠管理的“结合力”功能，才能把各社会单元结合成继往开来的社会。

(3) 管理的“结合力”功能把构成社会总体的各基本要素结合成人类社会有机整体。人类社会这一有机体是由自然环境、人口、社会生产力、生产关系、上层建筑等基本要素组成的。这些基本要素虽然客观上不能孤立地存在，可是它们若要真正构成社会有机整体，彼此关联，相互协调，只有通过管理的“结合力”功能的发挥才能实现。这主要是因为：在社会总体中，只有通过发挥管理的“结合力”功能，才能使自然环境成为社会总体中的现实的自然环境，才能使社会生产力、生产关系、上层建筑等成为社会总体中的现实的基本要素，从而结合成社会有机体。

总之，管理的“结合力”功能是一切管理所固有的，实现管理价值的基本功能。这种功能如同一种“黏合剂”，任何需要管理的客观对象或事物，都必须通过它把其间的相关因素结合成有机体。

2. 管理的“驱动力”功能

管理的“驱动力”功能是管理功能的动态表现。

前述管理的“结合力”功能，主要是指必须通过管理才能把构成现实管理对象的各相关因素结合成有机体。这是指在相对静止状态下管理所具有的功能。然而，运动是绝对的，现实的管理对象、管理活动，不仅是千差万别，而且是千变万化的。社会生活中各种事物的变化，从根本上来说，都是由其内在的因果联系及其客观规律决定的。然而，社会生活中的各种事物都是要有人的活动的“参入”才能发展变化。那么，人的活动是怎样“参入”从而引起社会生活中各种事物的变化的呢？人的活动及其“参入”的基本方式便是管理。从一定意义上来看，人正是不同程度地“参入”不同形式的管理来促使社会生活中各种事物的变化的，因此，人们可以把管理在促使各种管理对象发生变化方面所具有的根本属性和职能称为管理的“驱动力”功能。“驱动力”也是管理的基本功能。

其实，管理的“驱动力”功能与“结合力”功能是结合在一起的。管理的“驱动力”功能，在把构成管理对象的相关因素结合成有机体的过程中就有所表现。甚至可以说，没有管理的“驱动力”，也就没有管理的“结合力”。例如，为要把构成社会单元的各相关因素结合成有机体，把构成社会的各相关单元结合成有机体，以及把构成社会总体的各基本要素结合成有机体等，如果不通过管理来驱动并协调各种要素，各种形式、各个层次的社会有机体便不可能形成。任何管理实体、管理系统都是一个活的有机体，其生命完全在于运动，在于良性运转。所以，没有“驱动力”功能也就没有管理，甚至也就没有整个社会的存在。

各种形式、各个层次的社会有机体，各种管理系统、管理对象，它们的发展、变化，更是有赖于管理的“驱动力”的发挥。

任何有效的管理，都必须以人们对特定管理系统的规律的认识为基础，开展以协调为中心的计划、组织、指挥、控制等管理活动，使一定的社会有机体或特定的管理对象变化、发展，从而达到管理的目的。这实际上也就是一个发挥管理的“驱动力”功能的过程。例如，人们可以通过深刻认识并掌握市场经济规律，并根据这一客观规律的要求设立相应的管理机构，确立相应的体制，制定和推行相应的管理方针、政策、制度、措施等，驱动市场经济的发展，从而推动整个社会经济的繁荣。影响社会发展、经济繁荣的原因是多方面的，发挥管理的“驱动力”功能可谓是基本原因之一。

任何有效的管理，通常还表现为人们主动地为一定的社会有机体或特定的管理对象的变化和发展创造有利的条件——主观条件和客观条件，从而为这种变化和发展开辟道路。成功的企业管理人员，一般都不安于现状，而是千方百计地创造各种有利条件，使企业的人才、技术、设备、工艺、产品质量和数量等得到全面的开发，从而推动企业不断进步。

社会历史的发展及管理系统的演进，都呈现出一种加速发展的趋势。现代管理活动为使各项社会事业取得更高的效率和利益，为各种具体管理对象自身的生长和发展，正展开着剧烈的“管理之争”。在这个竞争中，高度重视、正确掌握、充分发挥管理的“驱动力”功能，显得日益重要。只有高度发挥管理的“驱动力”功能，才能在“管理之争”中立于不败之地。这已逐渐成为人们的自觉意识，也正在化为人们不断加强管理、改进管理的自觉行动。

3. 管理的“传输力”功能

管理活动实际上也是一种实现各种物质、能量、信息定向交流的活动。

物质、能量、信息是构成整个客观世界的三大要素，是构成任何具体管理对象的三大要素。任何一个特定的对象，都是由一定的物质、能量、信息构成的统一体。一定管理对象的物质、能量、信息都不是固定不变的。在特定管理系统的内部以及该系统的外部，时刻进行着各种物质的交流、能量的交流和信息的交流。只有通过有效的管理促使物质、能量和信息的交流沿着一定的方向进行，才能使管理系统存在和发展。管理所具有的这种能够促使构成管理对象的各种形式的物质、能量、信息按照一定方向进行交流的属性和职能，称之为管理的“传输力”功能。管理的这种功能不仅普遍地存在于一切现实的管理活动之中，而且没有这种功能便没有现实的管理活动，所以“传输力”功能是管理的基本功能。

下面，我们分别就管理的物质交流、能量交流、信息交流三个方面来分析管理的“传输力”功能。

（1）从管理对象的物质交流来看。管理的“传输力”功能的发挥，使作为管理对象的物质，沿着一定的方向进行交流。例如，企业生产过程中的“投入产出”，就是要把外界的原材料，经过生产过程的物质交换，生产出满足社会需要的产品。这样的过程包含着一系列的，甚至是极为复杂的物质交流关系。这些物质交流关系既存在于企业内部，又存在于该企业与其外部环境之间。为了使这种物质交流能够有效地进行，也就是使企业生产过程中的“投入产出”能够实现一定的经济效益和社会效益，就必须发挥管理的“传输力”功能。之所以要发挥这种功能，主要是因为只有通过这一功能的发挥，即只有通过以协调为核心的计划、指挥、组织、控制等有效的管理活动，才能实现“投入产出”的均衡运行，并在此基础上不断地提高生产的效率和效益。企业生产过程中的物质交流也是如此，其他管理中的物质交流也都有类似的情形。值得强调指出的是：这里的“物质”，只能理解为广义的、一切管理对象运动的“载体”和“基质”，而不限于由自然界某些化学元素组成的“材料”。

(2) 从管理对象的能量交流来看。管理的“传输力”功能，使管理系统中的有关能量的交流按照既定的方向进行，使能量在管理系统中形成合理的布局和良好的动态结构，以期使有限的能量发挥出最大的作用，获得良好的管理成效。例如，社会团体中的人事变动，就是要把有关具有一定能力（包括品质、才能、智力和体力）的人员，经过调整和交换，获得合理的布局和结构，使团体的活动能力在协调的基础上不断得以增强。从特定的意义上来看，这个过程也是一种能量的定向交流过程。这个过程，既涉及团体内部，也涉及团体与其外部环境（如其他团体、更大的社会系统等）之间。这是一个范围广泛、内容丰富、多层次、多方面、多流向的能量转换过程，因此，为使这个过程沿着既定的方向（不是单一的）进行，就必须通过不断加强和改进人事管理，使以协调为核心的计划、指挥、组织、控制等有效的管理活动发挥应有的作用，使合理的人事变动有效地传输能量，以达到提高管理绩效的目的。很显然，在这个过程中，如果没有管理的“传输力”功能的发挥，就没有管理绩效的达成，甚至无法实现管理的正常运行。社会团体中的人事变动是如此，其他管理对象中的能量交流也是一样。问题在于我们应从广义上来理解这里所讲的“能量”，而不能仅限于机械动力的理解。

(3) 从管理对象的信息交流来看。管理的“传输力”功能的发挥，使管理活动中的信息交流按照既定方向进行。管理的“传输力”功能，在信息交流方面有着重要表现，对信息的交流有着十分重要的作用。没有信息的交流，就没有管理活动，就没有活的管理机体。信息交流的实现，靠的就是管理的“传输力”功能的发挥。上情要下达，下情要上传，左右要沟通，需要形成完整的信息交流的网络。管理的“传输力”功能的发挥，使信息准确，道路通畅，联系便捷，传送迅速。例如，思想政治工作中的思想交流，就是要把有关人员的思想，即认识有关事物的信息，经过交流或沟通，使有关人员在不断提高认识和改造世界的能力的基础上达到统一认识和统一行动。从特定意义上来看，这也是一个定向信息交流过程。这个过程，因其主要涉及人们的思想活动，因此是世界上最为复杂的信息交流过程。

上述分析表明，管理的“传输力”功能和“驱动力”功能一样，都是管理的基本功能。这里我们还需要明确的是，从现代管理学的意义来看现代管理的所有功能，特别是上述三个方面的基本功能，在统一的管理活动中是相互联系和彼此渗透，共同发挥作用的。这些都是现实的管理活动为实现管理价值不可或缺的固有属性和职能。我们应当充分重视这些功能的发挥，以利于管理价值的实现。

二、管理的环境

（一）环境的含义

环境是指包围着某一中心的事物或状态以及影响中心事物发展变化的原因的总和。管理环境是指影响管理系统生存和发展的一切要素的总和。它包括外部环境和内部环境两个方面。管理的外部环境是指存在于管理系统之外，并对管理系统的建立、存在和发展等产生影响的客观情况和条件。管理的内部环境则是指存在于管理系统之内，作为管理系统存在和发展基础的客观条件的总和。

（二）环境对管理的影响

任何管理系统都存在于一定的环境之中。环境不仅是管理系统建立的客观基础，而且是它生存和发展的必要条件，环境是与管理系统联系在一起的，并时刻制约着管理活动。环境影响着管理，甚至决定着管理。具体地说，环境对管理的影响表现为以下几个方面：

（1）稳定的环境是管理系统正常发挥功能的前提。

（2）环境是管理系统生存和发展的必要条件。

（3）环境制约着管理系统的活动方向和内容。

（4）环境对管理过程具有巨大的影响作用。

环境是对管理者素质和能力的考验。管理的有效性，既是应付环境变化的必然要求，也是管理者的活动与环境相互作用的综合结果。所以，一个有效的管理者，必须具备以下条件：

(1) 管理者必须用高度的社会责任感去进行管理实践。

(2) 管理者的管理活动必须注意协调组织自身的内外环境。

(3) 管理者必须注意向民主化管理的方向发展。

(4) 管理者必须致力于提高管理的效率。

管理的载体是组织，离开组织，管理无从谈起。因此，管理环境也可理解为组织所处的环境。组织和外部环境每时每刻都在交流信息。组织是在不断与外部环境交流信息的过程中得到发展和壮大的。

组织环境是一个组织生存的外部条件，它对一个组织的管理业绩有着极其重要的影响。在当代，由于全球化的影响，组织赖以生存的外部环境越来越趋于多变或剧变，因此管理者必须非常重视对环境因素的了解和认识。现代管理一般将组织的环境分为自然环境、一般环境和具体环境，如图 1-4所示。

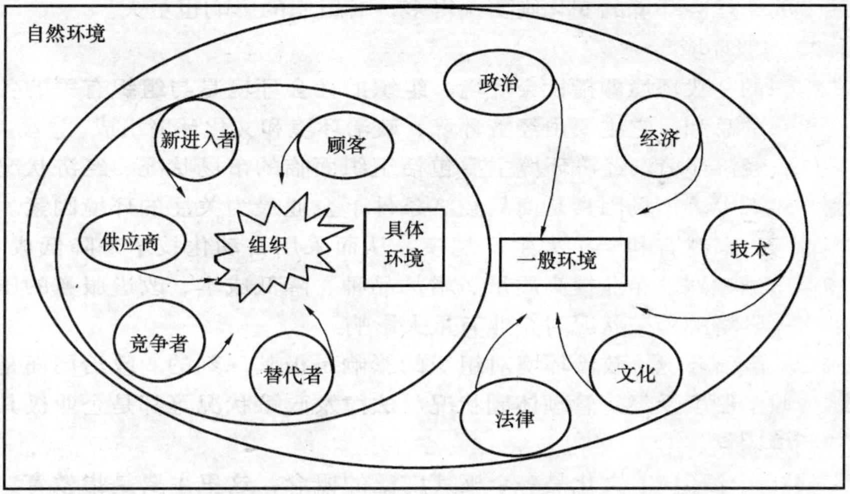

图 1-4　管理环境

(三) 管理环境的分类

1. 自然环境

自然环境是组织存在和发展的各种自然条件的总和。包括矿产、空气、水等自然资源以及地理位置、地质地貌、气候等因素。这些自然条件主要是组织所存在的地理位置以及这一地理位置上的地形、气候、土壤、山林、水源、动植物、陆地和水中的矿藏等自然物，这些自然物相互联系和相互作用，构成了整体性的自然环境。

自然环境是自然界的一个特定部分，从这点上说，它是独立于人的客观存在。但是作为组织的自然环境，它又总是与人的某种社会活动相联系的。自然环境是人类各种社会活动，特别是生产活动的物质基础和物质资料的来源。在劳动过程中，人和自然是同时起作用的，随着社会生产力和科学技术的进步，越来越多的自然物进入了人的实践活动范围，成为组织管理的环境因素。

自然环境主要决定组织的资源状况，组织可以根据自然环境的特点，作出有利于自身发展的选择，做到趋利避害。自然环境不仅对矿业公司、农场、水运企业至关重要，而且对某些制造业及服务业也很重要。

当今科学技术的日益发达，使组织有更多手段来预测和防范自然条件的突变。然而，自然环境的变化，仍然应当引起管理者们的充分注意，以应对面临的危机，并把握住机遇。相对来说，自然环境的变化速度还是比较缓慢的，社会环境的变化则要快得多，对组织的影响也更大。

2. 一般环境

组织的一般环境即指社会环境。组织的社会环境是与组织有关的各种社会关系的总和，它主要由经济环境、政治环境和文化环境组成。

（1）经济环境。经济环境主要包括组织面临的市场状况、经济状况以及竞争势态等。市场因素是商品经济条件下企业最为关注的环境因素。市场容量越大，越有利于扩大生产规模，从而采用自动化技术来降低成本；市场竞争越激烈，企业提高质量、增加品种、降低成本、改进服务的压力也越大。经济的繁荣状况对企业有重大影响。

（2）政治环境。政治环境对组织的影响是极其深刻的。政治局面是否安定、政治制度及经济管理体制状况、法律及政策状况等都是企业极其关注的环境因素。

（3）文化环境。文化是一个极其广泛的概念，这里主要是指教育、科技、道德、心理习惯以及人们的价值观与道德水准等影响着组织系统的各种文化条件的总体，我们称之为文化环境。

人们虽然把组织环境分为自然环境和社会环境，但它们并不是完全割裂的，它们实际上是一个在人类社会实践基础上建立起来的相互联系的统一体。社会环境固然都离不开自然环境，然而自然环境也并不是纯粹自在的自然界，它同样是与人类社会实践紧密联系着的。

3. 具体环境

一般环境对处在该环境中的所有相关组织都要产生影响，甚至是相同程度的影响。而对某一具体组织而言，有些环境因素对其具有直接的、特殊的和经常性的影响。我们把这些环境因素统称为具体组织的特殊环境。

企业的特殊环境包括顾客（用户）、竞争对手、同盟者、供应商、运输部门、中间商与批发商、业务主管部门、税务财政部门以及企业所在社区等要素，其中，最主要的是用户、供应商、竞争者和同盟者。如图 1-5 所示。

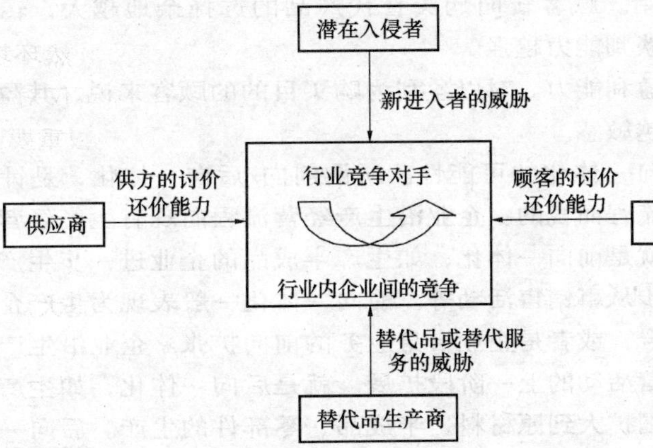

图 1-5　驱动行业竞争的五种力量

（1）顾客

顾客即企业产品或劳务的购买者，包括企业产品或劳务的最终使用者和中间经销商。顾客对企业的影响主要表现在两方面：顾客的需求水平决定了企业的市场状况，顾客的价格谈判能力影响着企业的获利能力。

1）顾客的需求。顾客的需求包括三方面：总需求量、需求结构和顾客的购买力。总需求量，包括总的市场容量以及其中有支付能力的需求量和暂时无支付能力的需求量（潜在需求）；需求结构，包括需求的类别及其构成情况、顾客的特点、顾客的地区分布、年龄分布、职业分布等；顾客的购买力，包括顾客的购买力水平、购买力的变化趋势以及影响购买力的因素及其变化等。

2）顾客的价格谈判能力。用户总是要求产品价格更低廉、质量更好、提供更多更好的售后服务。他们会利用企业之间的竞争来给企业施加压力。企业的盈利水平与顾客的价格谈判能力有直接的关系。一般来说，顾客的价格谈判能力主要取决于以下因素：

①顾客的集中程度。如果企业的产品集中供应给少数几个甚至一个顾

客，则顾客就具有很强的价格谈判能力。

②顾客所购买产品的标准化程度。产品标准化程度越高，顾客的选择余地就越大；反之，顾客对具有特色的产品就很难讨价还价。

③顾客从本企业购买的产品在其开支中所占的比重。若顾客购买的本企业产品在其开支中占很大比重，则他们在购买时对价格、质量等问题就更为挑剔；反之，他们在价格上是不敏感的。

④转变费用。顾客转向购买替代产品的选择余地越大，转变费用越小，则其价格谈判能力越强。

⑤顾客的盈利能力。对以盈利为购买目的的顾客来说，其盈利能力越低，对价格就越敏感。

⑥顾客后向一体化的可能性。所谓前向/后向一体化，是针对企业生产经营活动的流程而言的。企业沿生产经营流程向现有生产经营活动的下一阶段扩展，就是前向一体化，如生产半成品的企业进一步生产成品，生产型企业进一步从事销售活动等。前向一体化一般表现为生产企业与顾客企业之间的联合，或者是企业自身业务的前向扩张。企业沿生产经营流程向现有生产经营活动的上一阶段扩展，就是后向一体化，如生产或装配企业将其生产范围扩大到原材料、半成品、零部件的生产。后向一体化一般表现为生产企业与供应企业之间的联合，或者是企业自身业务的后向扩张。显然，顾客若有可能后向一体化，就能减少对本企业的依赖，从而增强其价格谈判能力。

⑦企业前向一体化的可能性。若有这种可能性，企业可降低对用户的依赖性，从而削弱顾客的价格谈判能力。

⑧顾客产品质量对于企业产品的依赖程度。若本企业产品对顾客产品的质量有举足轻重的影响，则顾客对价格不敏感。

⑨顾客掌握的信息。若顾客信息很灵，则其谈判能力就强。

（2）供应商

企业的供应商包括企业维持正常生产经营活动所需的各种要素（人、财、物、信息、技术等）的来源单位。企业与供应商的关系的性质基本上和企业与用户的关系的性质相同，只不过企业的地位发生了改变，企业变成了供应商的用户。因而，供应商对企业的影响也表现在两个方面：一是供应商能否按照企业的需求按时、按质、按量地提供各种要素，这决定了企业的生产经营活动能否正常运行；二是供应商的价格谈判能力，这决定了企业的生产经营成本并进一步影响着企业的利润水平。下面着重介绍影响供应商价格谈判能力的因素，这些因素与影响顾客价格谈判能力的因素有相似性。

1）供应商及其用户的集中程度。如果供应商集中程度高，即本企业的原材料供应由少数几家企业控制，而本行业的企业集中度却较低，即少数几家企业供给本行业中众多分散的企业，则供应商通常会在价格、质量和供应条件上对本企业施加较大的压力。

2）供应品的可替代程度。若存在着合适的可替代品，即使供应商再强大，其竞争能力也会受到牵制。

3）本企业对于供应商的重要性。如果本企业是供应商的主要用户，供应商的命运与本企业息息相关，则来自供应商的压力就会减少。反之，供应商就会对本企业施加较大压力。

4）供应品对本企业的重要性。供应品对本企业越重要，则供应商的价格谈判能力越强。

5）供应品的特色和转变费用。供应品越有特色、转变费用越高，则供应商的价格谈判能力越强。

6）供应商前向一体化的可能性。这种可能性越大，则其价格谈判能力就越强。

7）本企业后向一体化的可能性。这种可能性越大，则供应商的价格谈判能力就越弱。

（3）竞争者

竞争者包括所有与本企业争夺市场或资源的企业。从争夺市场的角度来看，竞争者是那些生产与本企业产品具有相同或相似功能的产品的企业（包括生产代用品的企业）；从争夺资源的角度来看，竞争者是那些使用相同资源的企业。在此，我们将竞争者划分为直接竞争对手、潜在竞争对手、替代品生产者三大类，并分别加以分析。潜在竞争对手和替代品生产者也可合称为间接竞争对手。

1）直接竞争对手

直接竞争对手主要是本行业中现有的企业，多家企业生产相同或相似的产品，必然会想方设法争夺市场，从而形成竞争关系。对直接竞争对手进行研究可以从以下几方面着手：

①基本情况研究。这包括分析直接的竞争对手有哪些及其地区分布、规模、资金实力、技术实力、经营特色、主要产品、市场占有情况等。在进行基本情况研究时，要注意分析三个指标：

一是销售增长率，即一企业当年销售额与上年相比的增长幅度。销售增长率为正，则表明企业的生产经营规模在增大，一般来说，企业的实力也在增强。但这个指标往往要与行业发展速度和国民经济的发展速度进行对比研究才有意义。如果企业当年销售额比上年有所增加（增长率为正），但增加的幅度小于行业或国民经济的发展速度，则表明经济环境是有利的，市场总容量在扩大，但扩大的部分被该企业占领的比重相对减少，大部分新市场被其他企业占领了，因此实际上该企业的竞争力反而下降了。

二是市场占有率，即一企业的产品销售量与市场上同类产品销售总量的比率。市场占有率不同于“市场覆盖率”，后者指一企业产品投放的地区数与整个市场包含的地区总数的比率，其中的地区可以用省、市、县等为单位。

市场占有率 =（一企业产品销售量/市场上同类产品销售总量）× 100%

市场覆盖率 =（一企业产品投放地区数/全市场应销售地区数）× 100%

三是产品获利能力。这是反映企业竞争能力能否持续的支持性指标，可以用销售利润率来表示。所谓销售利润率，即企业利润总额占总销售额的比率。显然，销售利润率越高，产品的获利能力就越强。

上述三个指标，可以综合地反映竞争对手的竞争实力。销售增长率是纵向比较指标，市场占有率是横向比较指标；前两个指标是数量指标，第三个指标是质量指标。在作具体分析时，三个指标必须综合考虑。如果三个指标都比较高，那就表明企业在销售大量产品的同时获得了高额的利润，其竞争实力强且能持续下去，这是所有企业都梦想达到的状态，但要达到这一状态是很困难的；如果前两个指标高但第三个指标低，那就表明企业卖出的产品数量很多且增长很快，但这是以牺牲利润为代价换取的，因而很难持久，长此以往，企业的竞争实力将受到削弱。在实际运作中，企业往往以此战略迅速占领市场，尔后才靠其市场优势改善获利能力。通过对上述三项指标的分析，我们就可对竞争对手有具体的了解，并从中发现哪些是企业的主要竞争对手。

②主要竞争对手研究。在找出主要竞争对手后，应对其作更为具体的分析，特别是要分析其之所以能对本企业构成威胁的主要原因，从而据此制定相应的竞争战略和竞争策略。企业不可能也没必要同时对付所有的竞争对手，只要能准确地识别和应对主要的竞争对手就足够了。

③竞争对手的发展方向。这包括竞争对手的市场发展与产品发展动向，这些动向往往会构成本企业的威胁，企业若能掌握竞争对手的发展方向，就可捷足先登，抢得主动。

在分析竞争对手的发展方向时，要了解企业所在行业的退出壁垒。所谓退出壁垒，即企业退出某个行业时要付出的代价。决定退出壁垒高低的因素主要有以下几个：

一是资产的专用性。资产专用性越高，其转让或继续使用的难度就越大，企业因此而遭受的损失就越大。

二是退出成本的高低。这包括需要重新安置的人员的多少以及已售出产品的售后服务的维持难度等。

三是心理因素。企业退出某一行业或某一产品的生产时，曾经为此奋斗并作出贡献的企业领导和职工都会有心理障碍的，这种障碍越大，企业退出该行业或产品生产的壁垒就越高。

四是政府和社会的限制。因为某些行业或产品具有特别的意义，其变动对其他行业或社会可能产生不利影响。对这种行业或产品，政府和社会往往会有特别的限制，这种限制越多、越严格，则该行业或产品生产的退出壁垒就越高。

2）潜在竞争对手

潜在竞争对手主要是指那些可能进入本行业的新进入者。所谓新进入者，可以是新办的企业或是一个采用多角化经营战略的以前从事其他行业的企业。新进入者进入新行业，带来了新的生产能力，并要求取得一定的市场份额，因而会对已有企业带来威胁。一个企业进入新行业的可能性的大小取决于该企业进入新行业需要克服的障碍和付出的代价，即进入壁垒。新进入者进入壁垒的高低主要取决于以下因素：

①规模经济。若行业内原有企业的生产都已达到一定规模，若新进入者以较小的规模进入就将处于成本上的劣势地位；若以较大规模进入，不仅难度较大，风险也较大。

②经营特色。若行业内现有企业已经树立了较好的企业形象并取得了用户信任，新进入者要树立起良好的企业形象，赢得用户信任就要创造差异，因而就要付出较大的代价。原有企业特色越强，新进入者创造特色就越困难，为此付出的代价也就越大。在很多情况下，在开始进入新行业时，新进入者常常要承受一定的亏损。

③投资。进入一个新的行业需要新的投资，包括建设或租赁房屋、购买机器设备、培训职工、招聘人员、做广告、进行研究开发、开拓市场等。投资越高，则进入壁垒越高。

④资源供应。若行业内现有企业已与资源供应渠道建立了稳定的供应关系，那么新进入者获得资源供应的难度就较大，进入壁垒因而就较高。

⑤政府政策。政府对某些行业（如药品、食品、烟草等）实行许可证准入制或对某些原材料进行严格控制等都能形成重要的进入壁垒。国家有

关控制环境污染的法令、卫生法令等也会提高进入壁垒。

⑥原有企业的反应。若新进入者遇到该行业原有企业的强烈抵制，例如它们会采用压低价格、加强广告宣传、扩大生产规模等办法阻止新企业进入该行业，则新进入者将会处于十分困难的境地。反之，则新进入者能以较低的代价进入新行业。

3）替代品生产者

替代品是指那些具有相同或相似功能的产品，如洗衣粉可替代肥皂，圆珠笔可部分替代钢笔。因为用户购买商品的目的在于获得其使用价值或者说是实现其功能，所以，那些能满足用户同一需求的产品都具有替代性，当用户购买了某种商品后，他们对那些具有相同或相似功能的商品的需求就会减少，因而，替代品生产者也是企业的竞争者。影响替代品生产者对本企业所造成的压力大小的因素主要有三个：

①替代品的盈利能力。替代品的盈利能力强，其价格优势就较大，本企业的产品定价就会受到制约。

②替代品生产者的经营战略和发展趋势。其经营战略越积极，发展越快，对本企业所造成的压力就越大。

③用户的转变费用。用户改用替代品的转变费用越小，替代品生产者对本企业的压力越大。

(4) 同盟者

不同组织之间既有竞争关系，又有合作关系，合作往往更容易达成“双赢”的效果，所以，组织在识别和分析竞争者的同时，也要对同盟者进行分析。

从企业经营的角度来看，可将同盟者分为基本同盟者（全面合作）与临时同盟者（某时、某事、某方面的合作）、直接同盟者与间接同盟者、现实同盟者与潜在同盟者、长期同盟者与短期同盟者等。同盟者与本企业应具有利害共同性或优劣势的互补性。

应该注意的是，随着内外环境的变化，企业与同盟者的关系具有可变性和复杂性，即同盟者有可能变成竞争对手，而竞争对手也有可能变为同盟者；本企业的同盟者可能同时也是竞争对手的同盟者。因此，企业对各种类型同盟者的状况、发展趋势及特点均应进行分析。

(5) 其他特殊环境因素

除上述因素外，具体组织的特殊环境因素还包括业务主管部门、金融机构、企业所在社区的相关机构等。组织必须与这些环境部门或机构保持良好的关系，否则就可能因小失大，给企业生产经营活动造成不利影响。

三、管理学的范围

随着时代的转变，管理学的范围也有不同的演变，然而一些基本的课题并没有改变。

管理学的焦点是研究组织是如何有效地运作的，因此，早期的管理学文献及研究成果大多集中于如何改善组织内的工作方法和组织结构，以使一般的生产力得以提高。这方面的研究可以统称为组织理论（Organization Theory），其中多为人们讨论的课题是：组织的环境、组织设计与结构、组织的生命周期与成长、组织内的权力政治活动、组织创新与变革以及科技管理等。这类课题是从较为宏观的角度来审视组织的各种活动，着重如何提高组织的效益。

另一方面，管理学上也有以“人”为出发点的研究和讨论，这类课题包括组织行为学（organization behavior）和人力资源管理学（human resource management）。这两种课题有不同的重点，但又互为补充。组织行为学主要是探讨组织内个人及团体的行为，包括个人的性格和知识、价值观的差异、学习方式和决策的异同、激励和领导方法、小组动态、冲突管理、沟通管理等，同时也以人为主来探讨一些宏观课题，例如创意和创新、组织转变和发展、组织文化等。

人力资源管理主要是处理一些有关吸纳、选择以及保留有素质员工的各种问题，如人力资源计划、人员配置、奖赏制度、考绩制度、培训和发展等。另外一些与人力资源有关的研究也包括在内，如雇佣关系、劳动市场、性别与就业、工作生活质量等。

另一个管理学上较为受人注意的范围是策略管理学（strategic management）。策略管理研究的是组织应如何掌握环境的变化，制定一套长远的行动计划，来保持组织的竞争力。这是一个较为新兴的研究课题，早期以企业政策研究开始，逐步加入市场学的有关概念，后广泛吸收了组织经济学、组织理论和心理学上的知识，得以发展成为管理学上一特定的研究领域。

策略管理的讨论包括较为传统的环境分析、产业分析、策略的制定和实践过程、各种竞争策略、多元化业务的策略和管理、全球策略，以及高层管理人员的策略构思等题目。

以上管理学的研究重点都是集中于大企业的管理和经理人员的行为等，管理学中也有以小型企业为主的研究，称为小型企业管理（small business management）。而这方面的研究主要集中于经营者如何创业，即创业精神的研究。

当组织的运作和业务延伸到另一个国家和地区时，一个必然面对的问题是在本国所使用的管理方法是否适用于其他地方，而且，在跨国公司日渐增多时，跨国公司应如何管理，这些内容是比较管理学和跨文化管理所要研究的范围。这方面的研究主要集中于各种管理制度的特色和异同，以及文化所担当的角色，管理方法应当如何改变来适应另一社会文化的要求等。因此，所讨论的问题包括组织理论、组织行为、人力资源管理以及策略管理的问题。

以上列举的均是管理学中一些较为核心的范围，是受到广泛研究的，但一个组织内的管理问题并不限于这些研究范围和课题，例如，美国的管理学学会（Academy of Management）便有十多个专业组，除了以上所提及的研究问题之外，还有管理教育与发展、管理历史、科技与创新管理、公众和非营利机构管理等多个专业组，这些都是比较重要的管理学课题，反映出管理学的深度与广度，同时，也代表了管理学是一门着重理论与实践的学科，也是跨学科的研究。

四、管理学的学科体系

任何应用学科的知识体系基本上都是围绕两个问题展开的，即“这门学科是什么或干什么的?”和“这门学科是如何应用的?”相应地，管理学作为一门典型的应用学科，其知识体系同样也是围绕这两个问题，即“管理是什么?”和“如何进行管理”来展开的。事实上，对于管理学的研究内容，尽管由于不同的学派对其内容的理解角度和归纳的思路不同，侧重点不同，理论体系的建立有所不同，但都是围绕着这两个问题展开的。如管理过程学派重点研究“管理是什么?”的问题，而经验主义学派重点研究“如何进行管理”的问题。

在这两个问题中，“管理是什么”是属于认识论的问题，“如何进行管理”是属于方法论的问题。认识论是基础，方法论是目的。对于管理学的这两个问题，我们应该首先研究管理学的认识论问题即“管理学是什么?”在此基础上，再解决管理的方法论的问题。在不了解管理的概念、本质和特征的情况下，就去研究管理方法是舍本求末的做法，是无法达到管理学的研究目的。

“管理是什么”主要涉及管理的内容和原理等。管理的内容包括管理的概念、管理的本质、管理职能以及管理行为的性质、特征等。

“如何进行管理”主要涉及管理的方法，如任务管理法、人本管理方法、目标管理方法、系统管理方法以及各种研究方法等。管理是一门应用性的学科，管理方法是现代管理研究中最引人注目的领域，科学的管理学更是以此为根本的研究目的。

综上所述，管理学的研究内容可以归为以下几个方面，即管理的内容、管理原理、管理方法等。

（1）管理的内容。包括管理的概念、行为、职能、本质、性质和特征等。其中管理的各种行为和职能既体现管理的基本任务，又反映管理的全过程，而且管理的原理、原则都是要通过管理的职能来发挥作用。

（2）管理原理。管理原理、原则是一个具有层次结构的理论体系，是实施管理职能的理论依据，是人们进行管理活动的行动指南，是管理学研究的重要部分，必须进行深入的研究。

（3）管理方法。管理的宗旨在于运用有限的人力、物力和财力取得最佳经济效益和社会效益，这一宗旨的实现和完成，是靠管理方法来实现的。因此，对管理方法的研究是现代管理学中最引人注目的领域。

除此之外，人们对管理学的研究还应包括管理学的历史研究，研究管理的产生，研究古代、近代以及现代的各种管理思想的出现和管理理论的发展沿革，通过历史研究人们可以更好地了解管理学，知古鉴今。

对于管理学的学科体系，我们可以从三个方面进行讨论。

1. 管理学是一门包括众多分支学科的学科体系

在整个人类社会中，人们按照专业化分工的原则从事各种各样的工作，社会也因此形成各种各样的部门和行业，由此便形成了各个部门及行业的管理活动，也就因此而形成了以不同的部门和行业的管理活动的内在规律性作为研究对象的不同部门及行业的管理学，如企业管理学、军队管理学、经济管理学、行政管理学、教育管理学、体育管理学等等。而在每一个分支学科中，又形成了许多更细的分支学科。如在经济管理学中，又可进一步细分为宏观（国民）经济管理学、中观（部门）经济管理学、微观（企业）管理学等；在企业管理学中，又可进一步按企业的类型细分为工业企业管理学、商业企业管理学等；对企业管理学，还可按管理职能的不同分为生产管理学、财务管理学、质量管理学、技术管理学、劳动管理学、设备管理学和市场营销学等。

2. 管理学是一门吸收许多其他学科知识的交叉学科

对于人类的各种社会活动来说，要能取得有效的活动效果，就需要有效的管理。而人类所从事的各种社会活动各有其自身的内在规律性。作为协调他人活动的管理活动，要能取得有效的管理成效，就必须对自己的管理对象的活动规律性有清楚的了解。比如说，要对科研活动进行有效的管理，就必须了解科研活动的内在规律性；要想提高教育管理工作的成效，就必须了解教育活动的内在规律性。因此，以管理活动的规律性作为自己的研究对象的管理学就必然要吸收其他各门学科的知识来充实自己，才能使管理的理论对管理的实践有真正的指导意义，这是一个方面。另一个方面，就对人类的某一方面的社会活动进行协调的管理活动来说，要想有效地解决社会活动的协调问题，本身也需要有各个方面的知识。比如说，在企业管理中的决策问题，就需要决策者具有有关的工艺技术方面的知识，使决策者对决策问题本身的内在规律性有清楚的了解；需要决策者具有有关决策方法的知识，如数学、运筹学等方面的知识，使决策者能掌握科学的决策方法；需要决策者具有有关会计和财务管理方面的知识，使决策者在决策时有明确的经济效益的观点；需要决策者具有有关心理学方面的知识，使决策者在决策时能了解组织中员工的心理活动的规律，充分地调动员工的工作积极性。因此，以管理学的内在规律性作为自己研究对象的管理学，就必须吸收其他各门学科如经济学、政治学、社会学、心理学、工艺技术学、数学、运筹学、会计学等的知识来充实自己。因此，管理学是一门新兴的交叉学科。

但是，管理学在吸收其他学科的知识来充实自己的时候，并不是把各门学科的知识进行简单的加总，而是以管理学自己的核心知识为基础，吸收其他各门学科中的有用知识，形成管理学自己的学科理论体系。管理学的核心知识包括管理过程理论、管理职能理论、管理决策理论等，管理学正是以这些核心知识为基础，吸收其他各门学科的知识来充实自己，从而形成管理学自己的理论体系。

管理学在吸收其他学科的知识来充实自己的同时，要注意把管理学与其他学科区分开来，管理学仅仅是吸收其他学科的有用知识来充实自己，其他学科并不能代替管理学。因此，要在管理学与其他学科之间划分界限，其他学科的知识在管理学上的应用可能对管理思想、管理方法、管理工具和管理手段等的形成和发展会有所帮助，但它们并不能代替管理学本身。

3. 管理学是一门包括多个知识层次的综合性的学科体系

管理学是以管理活动的内在规律性作为自己的研究对象的。尽管不同组织的管理活动有自己不同的特点，有自己活动的规律性，但是，在各种组织之间，管理活动仍然有其共同的普遍性的一面。以这些共同的普遍性的管理活动的内在规律性作为自己的研究对象，就形成了基础理论层次

（即第一层次）的管理学，也就是本书所研究的管理学原理。以管理学基本理论为指导，管理学要研究能适用于各种组织的管理方法、管理工具和管理手段，这就形成了管理学学科体系中的第二个层次的管理科学理论，即有关管理的方法、工具和手段的理论，如数量化管理方法、电子计算机在管理中的应用、管理信息系统、管理系统工程等。由于不同领域和不同组织的管理活动有其不同的规律性，因此，在管理学的学科体系中就形成了以不同组织或不同的管理活动领域为研究对象的管理学理论，这就是属于专门领域（即第三层次）的管理学理论，如工业企业管理学、商业企业管理学、旅游企业管理学，财务管理学、生产管理学、质量管理学、劳动管理学和营销管理学，等等。

五、管理与社会经济发展的关系

管理是人类社会协作劳动的产物。随着生产社会化的发展，管理已经成为现代世界任何一个国家、任何一个组织都不可缺少的社会职能，在人类社会活动中发挥着越来越重要的作用。

1. 管理与社会经济发展的关系

通过管理促进社会经济发展已经成为世界公认的一条规律。人们对管理的认识经历了一个由忽视管理到意识到管理、由意识到管理到重视管理的过程。这种认识发展的结果导致了战后“管理热潮”的兴起。这股热潮席卷了整个世界，它使管理成为全世界关注的热点。管理热潮是由英国人的发现引起的。第二次世界大战结束后不久，英国曾派一些专家小组去美国考察工业方面的经验。他们很快就发现，英国在工艺和技术方面并不比美国落后，导致英国工业生产率水平较低的主要原因在于其组织管理水平远远落后于美国。他们由此认识到，管理是可以使经济恢复并能促进其发展和取得成就的一种力量。

1973 年，德鲁克在总结战后管理热潮对世界各国经济发展的影响时指出：“经济发展和社会发展首先就意味着管理。第二次世界大战以后的早期就明显地显示出，在经济和社会的发展中，管理是决定性的因素。”显然，经济学家认为发展是储蓄和资本投资的传统看法已经不适用了。事实上，储蓄和资本投资并不能导致社会和经济发展。相反的，管理却能导致经济和社会的发展，从而导致储蓄和资本投资的发展。显然，正如拉丁美洲流行的一句话所讲的，发展中国家并不是在发展上落后，而是在管理上落后。凡是在第二次世界大战以后取得经济和社会上迅速进步的地方，都是由于系统而有目标地培养管理人员和发展管理的结果。

日本是第二次世界大战的战败国。战争使日本经济遭到了严重的破坏，整个国民经济在战争结束时已到达崩溃的边缘。但日本仅用了不到20年的时间，就一跃成为世界经济强国。促使日本经济高速增长的主要原因不是别的，正是管理。日本人抓住管理作为重建日本经济的中心动力和关键因素，才创造了日本经济奇迹。新加坡、韩国、中国香港、中国台湾等地战后都曾一片萧条，而它们也都是通过加强管理而发展起来的，成为举世瞩目的经济繁荣国家或地区。

总之，战后的历史证明：管理已经成为支撑现代社会存在与发展的重要支柱，无论是一个国家或是一个地区的社会经济发展，都越来越依赖于管理的发展。马克思对资本主义经济方式进行了深入研究和分析，指出资本主义生产社会化和生产资料私人占有的基本矛盾是不可克服的，它必然导致社会主义革命。列宁根据对帝国主义的分析，发展了马克思的上述思想，指出帝国主义是垂死的资本主义，是无产阶级革命的前夜。但是，上述预言直到现在为止还没有实现，其中的原因可以从管理中找到答案。除了现代科学技术之外，科学的管理也是促使资本主义生产力仍能保持高速发展的重要力量。列宁说过："劳动生产率，归根到底是保证新社会制度胜利的最重要最主要的东西。"社会主义要最终战胜资本主义，就必须创造出比资本主义更高的劳动生产率；社会主义只有掌握了比资本主义更科学、更完善的管理，才能够创造出比资本主义更高的劳动生产率。

2. 管理与科学技术发展的关系

在谈论管理的作用时，必然会涉及管理与科学、技术之间的关系。科学、技术和管理三者的关系是很复杂的。科学有自己的体系与方法论；技术则除了以科学知识为基础外，经常需要依赖经验；而管理成为一门专门的学问而受到重视还是近几十年的事。

科学发展的内在动力是客观事实与理论的互相作用，科学的基础是观察与实验，发展形式是逻辑与假设。科学的进步是人类对自然规律不断深入了解的过程，因此科学追求不断的创新。当新的事实与原有的理论发生无法调和的矛盾时，科学理论就不得不有所调整。科学上的是非只能通过客观的讨论和验证加以解决。因此，如何创造一个自由的环境，如何排除外来的干预，这是发展科学的首要任务。

此外，现代科学已从过去搜集材料、整理材料的科学发展到系统化与整体化的科学。各门学科的相互渗透出现了许多边缘学科与综合学科。这些学科或是应用一门学科的方法去研究另一门学科的对象；或是综合多门学科的方法去研究同一对象。使不同学科的方法和研究对象有机地结合起来，不但揭示了客观世界许多新的秘密，形成了新的理论，开创了新的实验技术，同时也导致了新学科的建立和原有学科的改造。以推理、演算为主的数学在各学科的普遍化，加上电子计算机的应用，也促成各学科在方法上的互相借鉴，并且也丰富了数学本身。控制论、信息论与系统论等学科的出现，对于基本科学方法更产生了深远影响。这些学科以许多物质及其运动中的某一方面为研究对象，而其所研究的范围远远超出过去所熟知的一切科学领域。

基于对现代科学的上述特性与发展趋势的认识，传统的科学研究体制必须改革。现代科学研究体制强调灵活性，研究机构的设置和研究人员的配备要有利于各门学科的交流，要有利于各门学科的合作。这种用科学的方法来加速科学发展的做法，可以说就是科学的有效管理。

科学研究的目标之一是推动科学知识本身的发展，而技术则以实用为目的。因此，确认需求与满足需求是技术发展的前因与后果。

在 20 世纪以前，产品制造技术主要是根据简单的程序和发明。但是今天产品制造所依赖的技术已经远远超出普通经验的领域。现代的一部小汽车包含 2 万个零件，汽车的柴油发动机要经过 15 000 个加工处理过程。这样的例子在现代社会中到处可见。这说明现代技术的发展已不能像从前那样，仅从机械、电机、电子、化工、材料等个别的专业领域出发，而必须从系统的观点加以掌握。系统工程这门学问便应运而生。

系统工程从需求分析、任务定义以及系统规范的制定开始，从功能与结构的角度、时间与空间的角度、各项资源与限制条件的角度，对系统规范进行分析，然后研究各分系统并指导其开发、制作、测试与各层次的组合，最后完成符合任务需求的一个整体。系统工程综合了价值确认、研究发展、建造生产、部署使用、后勤维护等所有程序以完成系统目标，其中不仅包含了科学与技术性因素，也包含了经济、政治与社会性因素。系统工程可以说是技术与管理两者相结合的产物，它不仅充实了管理的内容，也对科学技术的整体性发展发挥了高度的促进作用。

综上所述，管理这门学问已经成为科学技术发展中不可缺少的环节。同时也由于科学方法的运用与计算机等技术的使用，使得管理这门学问脱离了以经验、直觉为基础的时代，而进入了“管理科学”时代。由于管理涉及人与社会等诸因素，使得这门学问永远无法像自然科学可以用精湛的法则或定律去描述自然界的事物和现象那样，去描述管理事物和现象，仍然含有相当的艺术成分。尽管如此，管理的重要性却随着科学进步而日益突出。

今天，科学、技术与管理三者已经紧密地结合在一起。科学技术的进步离不开科学的管理；管理的发展同样需要科学技术的进步。

本章思考题

1. 管理概念的演变过程反映了与管理相关联的哪些方面的发展？

2. 运用管理的一般环境概念，分析管理环境在近20年中发生的重要变化。

3. 结合管理的具体环境概念，以某一行业为例，分析企业环境变化对企业经营的影响。

4. 如何理解管理的价值以及管理的价值体系？

5. 结合实际论述科技进步对企业管理的影响。

第二章

西方管理思想与管理理论的发展

本章要点

本章分五节介绍西方管理理论的形成过程。自从有了人类社会，就有了早期的管理实践活动。长期的实践活动，便在一些人头脑中形成不同的管理思想，而众多管理思想经过总结、提炼并系统化为管理理论。随着生产力水平的提高以及科学技术的发展，管理理论也在不断的丰富，特别是20世纪60年代之后，各种管理理论及学派层出不穷，本章择其重要方面作简单介绍。

第一节　早期的管理实践活动与管理思想

一、古代的管理实践活动与管理思想

人类所从事的生产及其他社会活动，都是依靠一定的集体进行的，在共同劳动中必然需要某种意义上的指挥与协调工作，从而产生了管理思想。人类进行的管理实践活动，大约已超过6 000年的历史。埃及在公元前5 000年到525年期间建造了大批金字塔，巨大的方石如何采集、搬运、堆砌，众多人员如何安排吃、住、行等，都对计划和管理能力提出了很高的要求。

古巴比伦王国于公元前2 000年左右颁布了一部法典——汉穆拉比法典。法典全文282条，对个人财产、不动产、商业活动、个人行为、人与人的关系、工资报酬、职责和其他民事与刑事等，都作了具体规定。其中有许多涉及经济管理的思想，如控制借贷、贵金属的存放和付给、货物的经营贸易、最低工资、会计和收据的处理、责任的承担等。

《圣经》中记载了希伯来人进行管理的许多故事，其中讲到摩西成为

希伯来人的领导者，率领希伯来人摆脱埃及人的奴役而出走，其准备、组织和实行显示出了他的管理才能。摩西在政府、立法、人际关系、人员选择和训练等方面都有出色的能力。摩西的岳父杰思罗可以说是人类最早的管理咨询人员之一，他建议摩西采用授权原则和例外原则，他要摩西挑选一些能干的人在各地进行管理。他向摩西建议说："他们应该对每一件小的事作出判断；但每一件大的事，他们应该向你报告"。

古罗马帝国的兴盛反映了组织思想的进一步深化。罗马帝国强盛时期的疆域，西起英国，东至叙利亚，包括整个欧洲和北非，人口约 5 000 万。这个庞大帝国的统治为后人提供了许多管理方面的经验，其中最主要的是如何把分权和集权结合起来。

我国古代也有极其优秀的管理实践活动，如万里长城的修建，充分展示了中国古代劳动人民的管理才能和智慧。除万里长城外，还有很多优秀的管理实践与管理思想。如《周礼》，有对行政管理制度和责任的具体叙述。《墨子》、《孙子兵法》等书对于计划、组织、指挥、用人等论述中，都有不少在今天仍然适用的精辟见解。

二、中世纪的管理实践活动与管理思想

中世纪的管理思想是连接古代管理思想同资本主义管理思想的一个中间环节。在中世纪早期，从 11 世纪以前一些思想家的著作来看，关心的主要是领导者的品质和领导的方式，以后，管理思想的内容就发展的更丰富了。

（一）威尼斯商人的管理经验和威尼斯兵工厂体现的管理思想

当代的历史学家弗雷德里克·莱恩曾经写了两本书介绍 14 世纪到 16 世纪时威尼斯的工商业管理经验。

1. 威尼斯商人的管理经验

（1）企业组织类型。当时的企业组织有合伙企业和合资企业两种类型。合伙企业主要用于工商业公司；合资企业则用于一次性交易、矿藏勘探或冒险事业。

合伙企业通常由一个拥有大量资本的人同一个拥有较少资本的人合伙组成，在合伙契约中详细载明合伙期限。通常的合伙期限为 3～5 年，但一般会重新延长。有的合伙企业组织严密，高度集权；有的合伙企业却是组织松散而分权的，如典型的家族式合伙企业，由兄弟们把继承来的遗产汇在一起而组成。

合资企业由两个以上的所有主组成，其中每个所有主只负有限责任。

合资企业向政府申请，经批准后获得营业执照。合资企业中的每个股东按资本份额分摊企业的费用和利润。合资企业中还有一种存款人（类似于当代股份公司中的不在股东），同企业的经营状况没有直接的利害关系，只是为了获得利息而投资。合资企业在国际贸易中常常利用一种收手续费的代理商，把商品委托给代理商销售，按利润额或交易额付给一定百分比的手续费。代理商又可利用其他代理商代销，这些代理商向合资企业提供国外商业中心的消息，使合资企业成为一个国际消息中心。合资企业采取松散的组织形式，在完成某些交易后就宣告结束，及时把资金转移到其他合资企业或代理商那里去，以便适应供求变化的形势而获得更多的利润，因而在竞争中常处于有利地位。

（2）会计制度。作为管理措施的会计制度，随着威尼斯商人的商业和财务活动的日益发展而建立起来。复式簿记制度最早于1340年应用于热那亚银行界，其后逐渐推广到佛罗伦萨、威尼斯等地。复式簿记的实质在于应用分类账，日记账的主要作用是作为分类账的依据。威尼斯商人先把所有的交易记在流水账上，再记入日记账，然后再过到分类账上去。这样，如果由于被盗、失火、船舶失事等意外事故而遗失分类账，仍可利用日记账补上丢失的分类账项目。

2. 威尼斯兵工厂体现的管理思想

意大利水城威尼斯为了保护它日益增长的海上贸易地位，在1436年建立了政府的造船厂（即兵工厂），以改变依靠私人造船的情况。到16世纪时，威尼斯兵工厂成为当时最大的工厂，占有陆地和水面面积60英亩，雇用工人1 000～2 000人，在管理方面提供了许多有用的经验。

（1）组织机构和领导工作。兵工厂设有一位正厂长和两位副厂长。威尼斯元老院除了有时直接过问兵工厂的事物以外，还派了一位特派员作为与兵工厂的联系者。兵工厂内部分成各个巨大的作业部门，由工长和技术人员领导。正副厂长和特派员主要负责财务管理、采购等职能，生产和技术问题则由各作业部门的工长和技术人员负责。在兵工厂的管理工作中，较好地体现了互相协作和制约的原则。

（2）装配线生产。兵工厂在安装舰船时采用了类似于现代装配线生产的方式，各种部件和备品的仓库都安排在运河的两岸，并按舰船的安装顺序排列。当舰船在运河中被拖引着经过各个仓库时，各种部件和武器等从各个仓库的窗口被传出来进行组装。兵工厂中的职员也是按部件和装备的种类安排在各个部门的。如一个工长负责木器，另一个工长负责桅杆，第三个工长负责捻船缝，第四个工长负责船桨，等等。1570年1月28日，当得知土耳其人准备进攻塞浦路斯岛时，威尼斯元老院命令在3月中旬安装好100只舰船，结果在3月初就完成了。由此可见其装配线生产的高效率。

(3) 部件储存。兵工厂的任务不只是造船，而是有着三重任务：制造军舰和武器装备；储存装备，以备应用；装备和整修储备中的船只。为了接到通知后立即可以安装舰船，兵工厂必须储存必需的船具和索具。如仓库中必须常备有以下部件：5 000块坐板，100个舵，100根桅杆，200根圆材，5 000副足带，5 000根到1.5万根桨，再加上相应的索具支架、沥青、铁制品等，把这些部件都编上号码并储存在指定的地方，这样有助于实行装配线作业和精确计算存货，节省时间和劳力，加快了安装船只的速度。为了提高效率，后来连木料的储存也加以分类并有次序地存放。

(4) 部件标准化。兵工厂当时已经认识到部件标准化在装配和操作舰船方面的好处：既能提高生产速度和降低成本，又能以同样的方式、同样的速度和灵敏程度来操作，使得舰队中的各个船只能相互配合。这反应在兵工厂计划委员会发布的政策中。它指出：所有的弓都应制造得使所有的箭都能适用；所有的船尾柱应按同一设计建造，以便每一个舵无须特别改装即可适合船尾柱；所有的索具和甲板用具应该统一。

(5) 人事管理。兵工厂有着严密的人事管理制度，严格规定上下工和工间休息的时间。按照工作的性质，工人分别按计件工资或计时工资付给报酬。制造装备的技术工人在特别的手艺作坊中工作，由具有手艺的工长领导。工长主要负责技术工作，如计算工时、维持纪律等，其他工作由其助手处理。兵工厂中设有一个委员会，每年3月和9月开会评定每个工人师傅的成绩并决定是否提升工资，学徒是否晋升为师傅等。

(6) 会计制度。威尼斯兵工厂中所用的会计和簿记制度同威尼斯工商企业中所用的会计和簿记制度有同样的重要性，但在使用上有所不同，兵工厂把会计作为一种管理控制的手段，对入厂和出厂的每件事物都有着细致的记录和账目，其中包括从公开市场上购买的产品，按合同用材料和工资向手工工人换取的产品，所用的金钱、材料和人工等。

兵工厂规定所有的账目合并为两本日记账和一本分类账。其中一本日记账由负责保管现金的厂长保存，另一本日记账由会计把账户过到分类账中去，然后由另一位会计保管。兵工厂中的相关负责人每隔几个月就在一起核对日记账和分类账，每年的9月结算分类账。兵工厂把所有的费用分成三类：第一类是固定费用；第二类是金额不定的费用；第三类是额外的费用。收入则按不同用途而划分成几种资金。兵工厂的这种会计制度使它能追踪并评价所有的费用，进行管理控制。

(7) 成本控制。兵工厂还利用成本控制和计量方法来帮助作出管理决策。例如，通过成本研究发现，早期由于木料堆放没有次序，寻找一块木料所花的成本相当于木料价值的 3 倍。船只下水时清理木料也要浪费很多劳动。为此，专门设立了一个木料场，有次序地堆放各种木料，既节省了寻找木料的时间和劳动，又能确切知道库存木料的价值。

(8) 存货控制。威尼斯兵工厂必须储存相当的舰船以供急需。在 14 世纪时，只要有 6 只船的储备就够了，以后增加到 50 只，16 世纪时又增加到 100 只。兵工厂对此进行严格的控制。

在武器方面，兵工厂中的武器管理员有着存货控制方面的详细记录：什么武器，何时发送等。出厂成品由门卫负责检查，入厂材料由检查员（评价员）负责检查并由专人记录。

(二) 尼克罗·马基雅维利的管理思想

尼克罗·马基雅维利(Niccolo Machiavelli)(1469—1527)是意大利的政治思想家和历史学家。他出身于佛罗伦萨的没落贵族家庭,29 岁时在佛罗伦萨城邦政府中获得一个职位。他由于文笔很好,不久便出人头地,在 1512 年以前屡任要职,并曾被作为非正式的使节派到意大利的每一个重要城邦和外国去执行使命。他主张结束意大利的政治分裂,建立一个统一而强大的君主国,为了达到这个目的,可以不择手段,因此被人称为马基雅维利主义。这反映了新兴资产阶级的要求。当梅迪西家族于 1512 年在佛罗伦萨重新掌权时,马基雅维利失去了在政府中的职位而用其余生进行写作。他写作的范围很广,包括政治、历史、信件、剧本、诗等。其中最著名的有《君主论》(又译为《霸术》)、《罗马史论》、《佛罗伦萨史》等,他在这些著作中论述的与管理有关的原则可以概括为以下几点。

1. 要有群众支持

所有的政府，不论是君主制、贵族制或民主制，其持续存在都依赖于群众的支持。马基雅维利指出，权力是自下而上的，而不是自上而下的，即所谓权力接受论。君主可能通过武力或继承而登上王位，但要牢固地控制国家，就必须得到群众的支持。马基雅维利还指出，如果一位君王可以通过人民获得权力，就不应通过贵族获得权力。

2. 要有内聚力

要使国家能持续存在，必须要有内聚力。一个君王要维持组织的统一和使自己的事业成功，必须紧紧地抓住自己的朋友，仔细地注意和抚慰他们，利用他们。形成内聚力的一个关键因素是使人民确实知道他们可以信赖自己的君王，知道君王期待他们的是什么，即责任明确性原则。如果没有固定的法律而只有多变的政策，很快就会使整个国家陷于混乱。人民应该确切知道，如果犯了罪，无论过去有什么功劳，也无法逃避惩罚。君王应该到被征服的领土去访问和生活一段时间，以加强内聚力。

3. 要有领导方法

有两种类型的领导者（或管理者）：一种是自然型或天生型，另一种是后天获得领导技术的类型。年轻的君王要努力学习掌握领导（管理）的技术。但是，有些通过继承而获得权力的君王由于基本个性缺乏伟大领导者的吸引力，尽管受过训练，却永远不能成为一个能干的、成功的统治者。一个君王（或管理者）应该以自己的榜样来鼓励他的人民从事伟大的事业，特别是当他的国家受到敌人攻击时，他应该努力振奋人民的精神，使人民能够在君王的领导下准备从事战斗。君王应注意所有的集团，时时同他们打成一片，以自己的博爱和仁慈为他们树立榜样，但始终要维持尊严。君王应该奖赏那些有益于城市和国家的人，应该保证他的公民不会不公平地被剥夺自己的物品，以此来鼓励公民从事自己的职业和使命。他应该明智地识别忠诚于他的贵族和只是追求自己利益的贵族，能够认识这两种人并使他们有利于自己。

4. 要使自己存在下去

任何组织的主要目的之一是使自己存在下去。一个君王应该像罗马人那样经常警惕着混乱状态，以便及时予以扑灭。当他的王国处于存亡关头时，一个君王有权采取严酷的措施，在必要时，抛开所有道德的借口，背弃任何已不再有用的誓言，为了实现存在下去的目的，可以不择手段。

马基雅维利所提出的管理规则是为了君王能成功地管理一个国家，但同样适用于管理其他组织，所以对以后的管理思想的发展有相当大的影响。

三、18 世纪到 19 世纪末的管理思想

产业革命前后到 19 世纪，是管理思想发展中的一个重要时期，管理思想的许多方面，在这一时期有较大的发展，为以后古典管理理论的形成作了准备。

（一）产业革命前后的社会背景

自由资本主义的形成经历了三个阶段：简单协作—手工制造业—机器大工业。产业革命（即工业革命）就是指资本主义的机器大工业代替以手工技术为基础的工场手工业的革命。产业革命最早发生在英国，工具机的发明和使用是它的特点。1733 年，英国的约翰·怀亚特宣布发明纺纱机，

拉开了产业革命的序幕。1765年，瓦特改进蒸汽机。1769年，阿克莱特建立水力纺纱工厂，这是最早使用机器的工厂。1785年，卡特赖特发明动力织机。随着蒸汽机应用范围的扩大，产业革命迅速扩展到各个部门。特别是机器制造业的出现，改变了整个工业生产的面貌，使机械化生产遍及工业、交通运输业、采矿业等部门。到19世纪30年代至40年代，英国已基本上完成了产业革命，随后，美、法、德、俄、日等国也于19世纪内，先后开始并完成了产业革命。产业革命不仅是生产技术上的革命，同时也是社会生产关系的重大变革，因而对管理和管理思想的发展，产生了重大的影响。

（二）18世纪到19世纪末的管理思想

1. 管理作为一项独立的活动而存在

（1）许多思想家都强调管理是一种独立的活动。萨伊首先明确地把管理作为生产的第四个要素与土地、劳动力、资本相并列。亚当·斯密在他的《国富论》中也认为企业的所有权和管理权一般是分开的，特别当赚钱的时候，更是这样。杜尔阁也持这种观点。以后的亨利·汤等都一再强调指出管理的重要性。

（2）关于管理的职能。这一时期的许多思想家从各自不同的侧面提出了管理的一些职能，虽然不很完整，但对后人有启发意义。如萨伊、马歇尔等人强调计划职能，鲍克等人强调组织和指挥，拉维勒耶、尤尔、杜平等人则重视培训。例如比利时经济学家埃米尔·德·拉维勒耶在1882年出版的《政治经济学原理》一书中指出："通过对一无所有的工人的训练来帮助他们，是劳动力雇主的责任。"约翰·斯图尔特·穆勒重视控制职能，他在1848年出版的《政治经济学原理》一书中提出："极善于计算的资本家……会把他的营业配置在一种系统上，辅以充分严格的监督。大企业非如此即不能避免常有的浪费。即使可以避免掉，但股份公司的经理，尽管采用了真正经济的系统，也不见得就会这样热心于事业，毫无间断地在企业的每一种事务上实行这种系统。"等等。

（3）关于管理理论方面。惠特尼最早于18世纪末就认识到了实际试验和理论的相互关系。以后，巴贝奇更明确提出在科学分析的基础上，有可能总结、概括出企业管理的理论，他在《论机器和制造业的经济》一书中指出："我在过去十年中曾被吸引去访问英国和欧洲大陆的许多工场和工厂，以便熟悉其机械工艺。在这过程中，我不由自主地把我在其他研究中自然形成的各种一般化原则应用到这些工场和工厂中去"。梅特卡夫也以自己的经验为依据，提出了管理科学的建立及其与管理技巧的关系等问题。

2. 组织和体系方面

(1) 在管理体系的建立上，无论从理论和实践上看，都有所进展。如亨利·普尔主张建立一种管理体系，并提出了建立健全的管理体系应坚持的三条基本原则：①组织。这是所有的管理工作中最基本的一项工作。从总经理到一般工人，都必须有详细的劳动分工，每人都有特定的职责，并对其直接领导负责。②通讯联系。这就是在组织中设计出一种报告制度，使企业的最高领导能连续、确切地了解业务的进展情况。③情报资料。这是“记录下来的通讯联系”。普尔认为必须编制保存一套有关成本、收入、定额测定等方面的系统资料，并对这些资料进行分析，以便改进业务。这是管理文献中首次出现的有关“资料库”思想。

(2) 在劳动分工方面（包括管理人员和工人之间的分工），这一时期的思想家有较多的论述。从詹姆斯·斯图亚特、亚当·斯密、詹姆斯·穆勒直到巴贝奇，都作了较详细的分析。特别值得注意的是，他们把这个问题分为三个层次来处理。这三个层次分别是：各个国家和地区之间的劳动分工，形成国家和地区的专业化，通过国际贸易来沟通；组织间的劳动分工，形成公司的专业化；职业上的劳动分工，形成个人在工作上的专业化。

(3) 管理幅度问题，早在惠特尼时就有所论述。他曾说：“我发现我想多雇用一些工人来建立工厂和制造工具的企图是徒劳无功的——除非我能同时在许多地方出现——我不仅要告诉工人，而且要表演给他们看，每一件事该怎样做”。以后，邓斯洛和沃克也曾对此加以探讨。

3. 有关人员所需的品质方面

亚当·斯密在《国富论》中只是简单地列出“条理、经济和注意”。塞缪尔·纽曼于1835年在《政治经济学原理》一书中作了较多的论述，他指出：“要成为一个好的企业家，需要有一些品质，而这些品质，很少发现在同一个人身上都具备。他应该具有不寻常的远见和深谋熟虑，使他能很好地制定计划。他在实施计划时必须有不屈不挠和坚持目标的精神。他常常必须监督和指挥别人的工作。为了做好这项工作，既要有丰富的一般事务的知识，又要有丰富的具体的职业知识。”以后，约翰、斯图尔特、穆勒又加上了忠诚和热心这两个重要条件。艾尔弗雷德·马歇尔则把自力更生和敏捷列为一个合格的管理人员的必备品德。鲍克和鲍恩则强调了命令统一的原则。

4. 人事方面

(1) 企业中人的因素及人的积极性的发挥问题，受到一些人的重视。

如亨利·普尔就比较注意企业中人的因素，并提出要改变僵化的劳动作风。哈尔西的奖金方案也被人认为更能发挥人的主动性和积极性。在哈尔西提出他的奖金方案以前，当时美国存在着三种工资制，一是日工资制，二是一般计件工资制，三是1889年亨利·汤提出的收益分享方案。哈尔西认为它们都有缺陷，为此，他提出了新的奖金方案，其要点是：认工人目前的产量作为标准产量，即以工人目前所用的生产时间作为标准时间。工人如果提前完成了工作，则把节省时间的收益按一定比率（约为正常工资率的三分之一到一半）发给工人作为奖金。这样做的优点是：简单易行；工人的基本工资有保证；消除了平均主义的弊病；效率提高后所带来的利益由工人和雇主共享，从而减少了劳资纠纷。

(2) 在劳资关系方面，这一时期的许多思想家都强调劳资合作，共同发展生产，从发展生产中来提高资本家的利润和改善工人的生活，他们大都是工厂制度的拥护者，都号召维护和发展工厂制度。詹姆斯·斯图亚特和塞缪尔·纽曼等人都强调机器的采用不会使工人失业，反而会使工人的生活得到改善。尤尔、杜平、巴贝奇、杰文斯等人都宣传工厂制度的优越性，号召劳资合作，发展生产。

总之，这一时期出现了许许多多科学管理运动的先行者，他们对有关管理的组织、职能、人事、分工、工资与激励等多方面的问题提出了自己的观点，当然，这些管理思想还没有形成完整的理论，但为管理学最终成为具有独立的完整体系的科学奠定了坚实的基础。

第二节 管理理论形成的背景与基础

一、管理理论形成的社会历史背景

（一）形成的背景

管理作为一种活动几乎与人类社会的发展历史一样久远，管理思想作为一种意识同样是由来已久。但是，管理作为一门学科只有近百年的历史。

管理理论的产生及形成有其特定的历史条件和时代背景，其中最显著的历史背景是18世纪后半叶英国发生的产业革命。

18世纪后半叶英国发生的产业革命产生了工厂工业，这对创造有助于满足人们需要的物质财富和提供服务的方法而言，无疑是一场革命。在产业革命之前，手工业及家庭工业占据统治地位，随着工厂工业的建立，生产方式发生了根本性的变化。这种变化包括两个阶段。

第一阶段：作业场所的集中与作业的分工。

对手工业和家庭工业而言，生产均是在各个生产者的家中进行，劳动者为家庭成员，劳动方式相对自由、灵活。由这种自由的生产方式转变为工厂生产后，作业场所都集中于同一个厂房之中，人数众多的生产者均要服从于一个工厂主的统一指挥。这是企业管理职能的最原始的起源。作业场所的集中又出现了分工，生产效率相应地提高了。

第二阶段：机械化与作业的专业化。

随着分工的发展和作业的专业化，利用机器的范围扩大了，并且为了进一步利用高度专业化的机器，作业程序需进一步细化、具体化，生产方式也随之发生了根本性的改变。这标志着生产已由熟练的作业者生产向机器生产过渡。由于生产的机械化和作业的专业化，生产不再像手工业那样通过孤立的个人来进行，而是通过有组织的集体来进行，即一件产品的生产要通过多人的协作劳动系统——组织来完成。在这种通过组织进行生产的事态中，孕育了管理职能。

但管理职能的出现不等于管理理论的产生。管理理论的最初形成是在20世纪初期。

工厂工业的形成，产生了各种各样的管理问题与劳动纠纷问题。[①] 在19世纪，查尔斯·巴巴奇（1792—1871）等人作为先驱者已经在这方面做出了成就。查尔斯·巴巴奇是世纪上最早的电子计算机的发明者，也是时间研究的创始人。[②]1832年，他撰写了《关于机械和制造的经济效益》一书。在这本书中，他将管理问题分为制造的经济原理和制造的机械原理进行了科学的研究。关于经济原理，他的认识与亚当·斯密一致，强调了分工原理的有效性。关于机械原理，他主张要有效地利用动力和材料，要测定作业时间等。为了谋求劳资之间的调和，他主张采用利润分配制，这种制度由两部分构成，一是要使工人工资的一部分同工厂的利润挂钩；二是对有助于降低生产成本的建议支付奖金。

同期，对管理理论的形成发挥了巨大促进作用的另一位重要人物是社会改良主义者罗伯特·欧文（Robert Owen 1771—1858）。为了实践其科学社

① 有关这一期间的情况，S. 波拉德在《英国现代管理的起源》（1965年）一书中做了详细的描述。

② D.A. 雷恩 . 管理思想的演进 . 北京：中国社会科学出版社，1982.70 ~ 88

会主义的理想，也为了改善由于产业革命而造成的苛刻的劳动条件，社会改良主义者罗伯特·欧文在其家乡苏格兰的新拉纳格建立了一家实验工厂，并相应地提出了下面的社会改良政策，并亲自付诸实施：

（1）限制劳动时间。

（2）禁止招收童工。

（3）设置工人教育设施和住宅。

（4）建立消费合作社。

（5）建立生产者合作社等。

这些改良措施的实施，不但使欧文的企业获得了可观的经济效益，同时也产生了强烈了社会效果——引起了社会上对于消除浪费和提高效率的关心，即引发了对管理问题的研究。

（二）形成的基础

系统的企业管理理论的形成，有以下几个方面的环境因素：技术环境、经济环境和社会环境。

1. 技术环境

19 世纪后半叶，英国、德国、美国等发达的资本主义国家大力发展重化学工业，日本在日俄战争（1904—1905）后，也迅速发展了重化学工业。在美国，从 19 世纪末到 20 世纪初，除了钢铁、机械、化学工业外，橡胶工业、农业机械等也得到了大力的发展。在能源方面，石油和电力，取代了过去一直使用的煤炭。1910 年，福特一世研制成功了 T 型汽车，确立了汽车的批量生产方式。汽车产业的兴起又带动了石油、钢铁、橡胶、玻璃等各种工业的发展，加速了重化学工业化的进程。同轻工业相比，重化学工业由于企业规模大，技术层次高，因而在推动管理发展方面发挥了强大的作用。此外企业之间的竞争推动了企业的合并，经营规模迅速扩大，这使管理问题更加复杂化。

2. 经济环境

形成管理理论的经济环境包括经营的大规模化、所有权同经营权分离等两个相互关联的因素。

（1）经营的大规模化——重化学工业必然要通过经营的大规模化来追求规模所具有的优势。在美国，从 19 世纪末到 20 世纪初，所有的产业部门都进行了企业间的合并。

1901 年，由于钢铁业的大合并而建立起来的美国钢铁公司这个庞大的企业，成了这个时期的象征。在德国，1904 年电机产业部门建立了西门子和德国通用电气公司这两个巨大的康采恩，化学工业部门也形成了赫希斯特等康采恩。由于经营的大规模化，就要实行资源的大规模集聚，这又增加了管理的复杂性。如何有效地利用集聚的资源，又必然成了另一个迫切需要解决的课题。

经营史学家A.D. 钱德勒（Chandler A.D）把经营发展史分为三个阶级：①资源集聚阶段；②资源利用合理化阶段；③资源利用多样化阶段。[①]拿美国来说，从19世纪末到20世纪初，是资源集聚阶段，这个阶段一直持续到第一次世界大战爆发。在这一时期内，美国通过企业合并实行了经营的大规模化。从20世纪初到20世纪20年代，是资源利用合理化阶段。在这个时期，美国的企业经营存在两个基本问题：一是需要通过生产技术的合理化来降低单价；二是需要使管理机构和管理程序公式化，以便于制定计划、实行调整和评价业务成果。

前一个问题是通过生产技术的提高和技术革新来实现的。而为了解决后一个问题，就需要建立有效的管理体制。为了满足这种普遍的要求，系统的企业管理理论通过泰罗和法约尔之手而问世了。

（2）所有权和经营权的分离——经营的大规模化，必将导致所有权和经营权的分离。如果没有这种分离，经营的大规模化也就要受到制约。

到19世纪前半叶，资本主义一直是个人企业家的时代。个人企业家是生产资料的所有者，同时又从事经营活动。从这个意义上讲，所有权和经营权是一致的。他们还是发明和改良技术、开拓市场等职能的行使者。但是，随着重化学工业化的发展和经营的大规模化，所有权和经营权就要逐渐分离。由于生产技术的进一步提高，而企业家又没有技术改良和工程管理所必需的技术知识，所以他们不得不依靠专门的技术人员集团。同样，在行使销售、采购、经营及劳务管理等职能方面，也要分别依赖具有各个领域专门知识的专家集团。另一方面，因为经营大规模化需要资本集中，股份公司的形态也被广泛采用。同管理职能的专业化和股份公司形态的发展相呼应，所有权和经营权发生了分离，非生产资料所有者的专业经营者在20世纪初到20世纪20年代这段时间内逐渐登上历史舞台。

美国产业的所有权和经营权实行分离的情况在20世纪30年代已由A.A. 伯利和G.C. 米恩斯统计公布，[②]但T. 维布伦在他的著作中指出，在泰罗的科学管理法流行的20世纪初到20世纪20年代这段时间，企业的所有权和经营权就开始分离。所有权和经营权的分离越来越需要管理职能的

---

① A.D. 钱德勒．战略与组织．北京：中国经济出版社，1985.386～390

② （日）占部都美．现代管理论．北京：新华出版社，1984.8

专门化。这是系统的企业管理理论形成的重要原因。

3. 社会环境

为了理解企业管理作为一门学问所具有的基本特征，需要充分地考虑形成这种理论的社会环境。从 19 世纪后半叶到 20 世纪初，先进的资本主义国家已经发展到垄断资本主义或帝国主义阶段。一方面，资本家通过延长劳动时间、压低工资、加大劳动强度等手段加强对工人的剥削而获得利润的经营方式横行；另一方面，资本家又通过垄断市场、限制竞争和限制产量以哄抬物价，肆无忌惮地剥削消费者。为了反对这样的剥削，工会组织加强了活动，其自身也在各种活动中得到了发展。在美国，1867 年掀起了席卷芝加哥的要求实行 8 小时工作制的罢工斗争。通过剥削工人而获取利润的经营方式造成了工人的悲惨境遇，这使得参加工会的人数迅速增加。从 1897 年到 1904 年，美国参加工会的人数从 40 万迅速扩大到 207 万。在 20 世纪初，建立了世界工业劳动者协会。这一左翼工会从马克思主义立场出发，开展了阶级斗争，使劳资对立更加激化。

企业经营者把工会看成是“效率的敌人”。1909 年，美国钢铁公司提出要把工会从工厂的每个角落赶走，并取得了成功。他们把秘密侦探社作为压制工人的手段，把工人领导人列入黑名单，设法解雇他们，或雇用工贼，采取各种毒辣的手段对抗工人罢工。劳资之间的对立越发陷入不可调和的境地。

在日本，从日俄战争到第一次世界大战，随着重化学工业化和垄断资本化的进展，工人对通过剥削他们而获取利润的经营方式的反抗也日益激烈。当时，除了马克思主义思想外，主张要以工会控制产业来取代资本家对产业的控制的法国工团主义和英国的工会社会主义思潮也如怒涛般地涌进日本社会。1906 年发生了石川岛造船所工人要求提高工资的罢工，小石川兵工厂爆发了反对解雇工人的斗争，大阪炮兵工厂掀起了 16 000 人的大规模的劳资纠纷。第二年，足尾和别子两座铜矿掀起了大暴动。在俄国革命爆发的 1917 年，室兰的日本制钢所、长崎的三菱造船所、大阪铁工公司的因岛工厂也先后掀起了规模巨大的工潮。这一年，共发生工潮 419 起。①由于工人经常被解雇，加上他们的生活极其困难，因此劳资间的对立越来越尖锐，社会更加动荡不安。泰罗的科学管理法正是在这个时期被引进日本产业界的。

泰罗的科学管理法之所以被采用，不仅是为了提高生产效率来谋求资

① （日）占部都美．现代管理论．北京：新华出版社，1984.8

源利用的合理化，而且还有改变劳资对立、确立劳资间的协调关系的目的。后来，作为科学管理理论的补充，又形成了人群关系论。这两者的统一，就是现代管理论。

二、“管理运动”在美国

在管理思想和理论发展的历史上，美国的“管理运动”具有里程碑式的意义。19 世纪中叶以后，现代公司制度在美国确立，企业的规模、数量不断扩大，管理人员碰到了许多以前从没有遇到过的问题，于是研究新的管理理论、规则和方法就成了一个社会性潮流，直接导致了泰罗制等管理理论的出现。因此，”管理运动”是现代管理的前奏，是古典管理走向现代管理的标志。回顾现代管理一百多年的发展历史，不能不从美国的“管理运动”开始。

“管理运动”（其主要组成部分就是“科学管理”）是一种历史现象，是一个过程，其时间大约从 19 世纪末至 20 世纪 30 年代。“管理运动”是人们认识管理的重要性，以及由此而对经济发展产生重大影响的过程。它为提高效率和生产率提供了一种思路和解决问题的框架。这一运动构成了 19 世纪中后期至 20 世纪中期的社会主流运动。

工业革命发生在欧洲，一百年以后的“管理运动”却出现在美国，这是有其历史必然性的。

工业革命以后，社会、政治、经济、技术等方面所发生的变化和发展，以及组织规模的扩大和人们的价值观念、思想、意识、文化当中出现的新概念，产生了一个巨大的推动力，促使人们重视管理。19 世纪末，美国南北战争结束后，废除黑奴制、开发西部等举措，为经济发展提供了大量劳动力和广阔的市场。1862 年出现了一种新的筹资形式——有限责任联合股份公司（Limited Liability Joint Stock Company）。1890 年封闭边境后，国内人口趋于稳定，资本主义处于蓬勃发展时期。工业革命的种种成果由欧洲移民带到美洲大陆，使得美国的商品经济、劳动分配、工厂制度得到了发展，从而使人们认识到需要有专业的管理人员和行政人员；“社会达尔文主义”信条则承认存在无情竞争的制度，结果是“适者生存”；工会运动的兴起，促使人们去研究新的管理课题——劳资关系；宗教改革，承认教徒可以拥有个人财产，则鼓励个人从事工商活动；企业、公司产品的多样化和生产经营的分散化，使得小规模条件下独裁型的管理，逐渐被专业型的管理所代替；技术的进步则引起了管理思想与哲学的巨大变化——寻求和借助技术之力增强人类活动力的适当方法即管理。

可是，当时的企业管理非常落后，工厂工作时间长、效率低、工资也低，工人缺乏训练，雇主不懂得如何刺激工人提高劳动生产率。总之，当时的经营管理仍是以传统的手工业方式为特点，使得美国经济的发展和企业中的劳动生产率远远落后于当时的科学技术的发展。据文献记载，许多工厂的产量都远远低于其额定生产能力，能达到60%的都很少。

当时美国规模最大的公司是铁路公司。由于开发西部的客观需要，铁路发展非常迅速，但是由于缺乏有效的管理，经营中存在很多问题，各种事故不断发生，生产效率极低。19世纪下半叶，《美国铁路》杂志的编辑亨利·普尔（Henry Pool），在分析了美国铁路系统从初创到成熟这一过程中，由于管理不善而造成的许多误点和事故的原因后，指出铁路必须进行有效管理。他提出应该通过明确的组织机构系统来进行管理，即设置一套组织分工系统和汇报通讯系统，并制定严格的规章制度，以便使管理者能及时了解铁路运行情况，采取各种措施来避免事故发生。此外，他还提出在管理中要重视人的因素，要使组织协调、充满团队精神，要采取新的领导方式，以克服旧领导方式中墨守成规与单调刻板的毛病，等等。普尔作为一位先驱者为后来的“科学管理”、“行为科学”、“系统管理”等管理理论的形成打下了一定的基础，对早期管理思想作出了很大贡献。

工业中存在的问题与铁路类似，企业和公司规模扩大以后，也带来一系列问题：效率、刺激、行政管理、教育等。美国机械工程师学会（The American Society of Mechanical Engineer，缩写为ASME）则为解决这些问题发挥了一定的积极作用，其会员亨利·唐纳（Henry Downe）1886年发表论文《作为经济学家的工程师》，倡议发起运动，把管理从工程学独立出来，发展成为一门学科。刚入会不久的年轻人泰罗听了唐纳的发言，随后就和他的同代人提出了一套实际做法、观点和思想方法。这些被后人称为“科学管理”。但是，仅有少数有见识的工业家和工程师认识到科学管理的概念及其对经济发展的意义，还不足以形成为一个“管理运动”，还必须通过一定的手段和方式向社会、向公众广泛宣传“科学管理”，此即“管理运动”的“三次高潮”。

第一次是1911年东方铁路公司提高票价的意见听证会和1912年美国国会为泰罗举行的听证会。当时东方铁路公司要提高客货运价，遭到货主和公众反对。马萨诸塞州州际商业委员会为此举行了一次听证会，公众方的律师布兰代斯（Brandeis）邀请泰罗等11位工程师作证：只要采用科学管理的技术和方法，铁路公司不必提高票价同样可以盈利。结果公众方胜诉，同时也将“科学管理”引入了社会。

第二次高潮是1920年美国通用汽车公司的改组。当时公司濒临倒闭，小斯隆（Alfred P. Sloan Jr.）就任总经理，对公司进行了大刀阔斧的改组——实行“集中控制下的分权制”，建立了多个利润中心。公司很快恢复了元气，他们依靠的不是技术，而是管理与组织，因而也认识到管理的范围不仅仅限于生产管理，而是要比这大得多。

第三次高潮是1924—1932年梅奥在美国西屋电气公司霍桑工厂进行的试验（本章第四节将另作详述），结论引起轰动——提出要注意人的因素，这可以看作是管理理论发展史中的里程碑之一，是一个重要的转折点。

到20世纪30年代，爆发了经济危机，“管理运动”受到了影响。但是前后四五十年的运动，改变了人们的观念，引起了人们思想上、观念上的转变，对经济的发展起了重要作用。“管理运动”为管理学的形成和发展奠定了基础，它所提倡的并被普遍接受的观点“保存、调研、合作、渐进”已经在人们心中、在社会的土壤中扎下了根。

第三节　古典管理理论及代表人物

一、泰罗与科学管理理论

（一）泰罗的生平

弗雷德里克·温斯洛·泰罗（Frederick Winslow Taylor 1856—1915），出生于美国费城一个富有的律师家庭，中学毕业后考上大学法律系，但不幸因眼疾而被迫辍学。1875年，他进入一家小机械厂当徒工，1878年转入费城米德瓦尔钢铁厂（Midvale Steel Works）当机械工人，他在该厂一直干到1897年，在此期间，由于工作努力，表现突出，很快先后被提升为车间管理员、小组长、工长、技师、制图主任和总工程师，并在业余学习的基础上获得了机械工程学士学位。在米德瓦尔钢铁厂的实践中，他感到当时的企业管理当局不懂得用科学方法来进行管理，不懂得工作程序、劳动节奏和疲劳等因素对劳动生产率的影响。而工人则缺少训练，没有正确的操作方法和适用的工具。这都大大影响了劳动生产率的提高。为了改进管理，他在米德瓦尔钢铁厂进行各种试验。

1898—1901年间，泰罗又受雇于伯利恒钢铁公司（Bethlehem Steel Company）继续在实践中从事管理方面的研究。后来，他取得了一种高速工具钢的专利。1901年他从伯利恒钢铁公司退休。以后，他更以大部分时间从事咨询、写作和演讲等工作，来宣传他的管理理论——“科学管理”，即通常所称的“泰罗制”，为科学管理理论在美国和国外的传播作出了贡献。他于1915年3月21日死于费拉德尔菲亚，终年59岁。

泰罗的研究工作，是在他担任米德瓦尔钢铁厂的工长时开始的。他的特殊经历，使他有可能在工厂的生产第一线系统地研究劳动组织与生产管理问题。在他亲身体验并发现生产效率不高是由于工人们“故意偷懒”的问题后，便决心着手解决它。从1881年开始，他进行了一项“金属切削试验”，由此研究出每个金属切削工人一个工作日的合适工作量。经过两年的初步试验之后，他给工人制定了一套工作量标准。他自己认为，米德瓦尔的试验是工时研究的开端。

1898年，泰罗受雇于伯利恒钢铁公司期间，进行了著名的“搬运生铁块试验”和“铁锹试验”。搬运生铁块试验，是在这家公司的五座高炉的产品搬运班组大约75名工人中进行的。由于这一研究，改进了操作方法，训练了工人，其结果使劳动效率提高3倍。铁锹试验首先是系统地研究铲上的负载应为多大的问题；其次是研究各种材料能够达到标准负载的形状、规格问题，与此同时还研究了各种原料装锹的最好方法的问题。此外还对每一套动作的精确时间作了研究，从而得出了一个“一流工人”每天应该完成的工作量。这一研究产生的效果是非常出色的，堆料场的劳动力从400—600人减少为140人，平均每人每天的操作量从16吨提高到59吨，每个工人的日工资从1.15美元提高到1.88美元。

泰罗在米德瓦尔进行的金属切削试验延续了26年之久，进行的各项试验达3万次以上，80万磅的钢铁被试验用的工具削成切屑，总共耗费约15万美元。试验发现了能大大提高金属切削机工产量的高速工具钢，并取得了各种机床适当的转速和进刀量以及切削用量标准等资料。这些试验集中于“动作”、“工时”的研究以及工具、机器、材料和工作环境等标准化研究，并根据这些成果制定了比较科学的每日工作定额和为完成这些定额的标准化工具。

泰罗既有从事科学研究和发明的才能，又有从事社会活动和劳动工作的才能。他一生获得各种专利权约100种。他在管理方面的主要著作有《计件工资制》（1895年）、《工场管理》（1903年）、《科学管理的原理和方法》（1911年）等等。1912年他在美国国会众议院特别委员会对泰罗制和其他工场管理制的听证会上的证词也是研究科学管理的一篇重要文献。他被后人称为“科学管理之父”。这个称号被刻在他的墓碑上。

（二）科学管理理论的要点

（1）科学管理的中心问题是提高劳动生产率。泰罗在1912年出版的《科学管理》一书中曾强调指出了提高劳动生产率的重要性。他说："人的生产率的巨大增长这一事实标志着文明国家和不文明国家的区别，标志着我们在一两百年内的巨大进步。正是由于生产率的增长，使得今日的劳动人民（尽管有人谈论着他们的悲惨处境和可怕遭遇）过得几乎同250年以前的国王一样好。……这是由于劳动生产率的增长。我们在这个问题上讲了这么多，因为科学管理的根本就在于此，因为科学管理如同节省劳动的机器一样，其目的正在于提高每一单位劳动的产量"。

泰罗认为当时工人提高劳动生产率的潜力是很大的。泰罗在一项工人搬运生铁的试验中，使工人每天搬运生铁的数量普遍地从12.5吨增加到47.5吨，增加了3.8倍。可是，当时不论是雇主或是工人，对于一个工人一天应该干多少活，都心中无数。工人对资本家的剥削不满，普遍采用"磨洋工"的方式进行斗争。雇主或管理人员也只是凭着印象和一些不完全的记录来确定工作标准，因而常常引起劳动纠纷。泰罗认为要制定出有科学依据的"合理的日工作量"就必须进行实验和研究，即进行工时和动作研究。他选择合适而熟练的工人，对他们的每一项动作，每一道工序的时间记录下来，将这些时间加起来，再加上必要的休息时间和其他延误时间，就得出完成该项工作所需的总时间，据此得出一个工人的"合理日工作量"，这就是所谓工作定额原理。

（2）为了提高劳动生产率，必须为工作挑选"第一流的工人"。所谓"第一流的工人"，泰罗在美国国会特别委员会的证词中作了如下的说明："我认为那些能够工作而不想工作的人不能成为我所说的'第一流的工人'。我曾试图阐明，每一种类型的工人都能找到某些工作，使他成为第一流的工人，除了那些完全能做这些工作而不愿做的人。"泰罗所谓的"第一流的工人"，是指那些自己愿意努力干，工作对他又适合的工人。泰罗还认为把工人培训成为"第一流的工人"是领导的责任。

（3）要使工人掌握标准化的操作方法，使用标准化的工具、机器和材料，并使作业环境标准化。即所谓标准化原理。为工作挑选到"第一流的工人"后，必须用科学的方法对工人的操作方法、使用的工具、劳动和休息时间的搭配，以至机器的安排和作业环境的布置等进行分析，消除各种不合理的因素，把各种最好的因素结合起来，形成一种最好的方法。他认为这是企业管理当局的主要职责。为了做到这一点，泰罗亲自做了大量的试验，如在米德维尔钢铁厂进行的金属切削试验，在伯利恒钢铁公司进行的搬运生铁和铲铁试验，使工人装运生铁从每天的12.5吨增加到47.5吨。

在工具方面泰罗也曾做了试验，工人所铲物资的轻重不同，铲子的大小也应该不同。为此，他专门设立了一个工具室，存有大约10种大小不同的铲子，供工人挑选使用，结果劳动生产率成倍增长。

（4）实行刺激性的工资报酬制度。为了鼓励工人努力工作，完成定额，泰罗提出了计件工资的原则。其方案包括三点：①通过工时研究和分析，制定出一个定额或标准。这要由管理当局来做。②采用一种“差别计件制”的刺激性付酬制度。如果工人达到或超过了定额，就按“高”工资率付酬，为正常工资率的125%。而且不仅是超过部分，全部工作量都按这个“高”工资率计算。如果工人的生产没有达到定额，就按低工资率付给，为正常工资率的80%。以此来鼓励和督促工人完成和超额完成定额。假设某项工作每日的定额是20件，每天的正常工资率为1角。如果一个工人完成了20件，他一天的工资将为2.5元。如果另一个工人只完成了19件，则他一天的工资只有1.52元。仅相差一件，工资相差几乎1元。如果工人没有完成定额不是由于懒惰，那么责任在企业管理当局，管理当局应该教会工人工作或把他调到更合适的工作岗位上去。③工资支付的对象是工人而不是职位，即根据工人的实际工作表现而不是根据工作类别来支付工资。这样，既克服了工人“磨洋工”的现象，更重要的是能调动工人的积极性。

（5）为提高劳动生产率，工人和雇主双方都要来一次“精神革命”。雇主关心的是低成本，工人关心的是高工资，只要劳动生产率提高了，他们才可以都达到自己的目的。所以，双方必须变相互指责、怀疑、对抗为互相信任和合作。他们共同努力所创造的盈余足够给工人增加工资，并同样给雇主增加利润。为了实现这种“精神革命”，工人应该做到五点：①不再为生产中的盈余如何在工资和利润之间进行分配而烦恼和斗争；②同意在提高生产的基础上，工资提高30%到100%，这个标准是通过试验而科学地确定的；③放弃一切怠工的想法并帮助企业管理当局建立科学的生产方法；④同意由企业管理当局科学地决定做什么、什么时候做、如何做、做多长时间；⑤同意按企业管理当局规定的新方法来进行培训。

企业管理当局应该做到：①为每种作业制定一种科学的方法，以代替主观和经验的方法；②科学地、精确地确定从事每项作业的正确时间和方法；③选择并训练工人，使之担任最合适的工作；④建立一个合适的组织，从工人那里接受除了工作的实际执行以外的全部责任；⑤同时自己也接受每项作业的科学和事实的控制，从而放弃自己对工人的专断权力。

（6）把计划职能与执行职能分开，变原来的经验工作法为科学工作法。所谓经验工作法，就是每个工人用什么方法操作，使用什么工具等，都由他根据自己或师傅等人的经验来决定，所以，工效的高低，取决于他个人所采用的操作方法和工具是否合理，以及本人技术熟练和努力的程度。科学的工作方法是，在试验和研究的基础上制定标准的操作方法，采用标准化的工具、设备等。泰罗认为，工人单凭自己的经验是不能找到科学的方法的，而且他们也没有时间和条件去从事这方面的试验和研究。所以，必须把计划职能和执行职能分开，计划职能归企业管理当局，并设立专门的计划部门来承担。计划部门从事全部的计划工作并对工人发出命令。现场的工人和工头则从事执行的职能，即按照计划部门制定的操作方法和指示，使用规定的标准化工具，从事实际的操作，不得自行改变。

（7）实行职能工长制。泰罗指出，在传统的组织机构中，一个工长为了圆满地履行他的职责，必须具备以下九种素质：智能、教养、专门的或技术性的知识、敏捷而又有力量、才能、精力、坚忍刚毅、正直、判断力或常识、健康。但是，一般人很难完全具备这些素质，而只能具备其中的少数几种。这样，为了使工长能有效地履行他的职责，就必须把管理的工作进行细分，使所有的工长只承担一种管理职能。泰罗实际用了 8 个职能工长，代替原来的一个工长，见图 2-1。

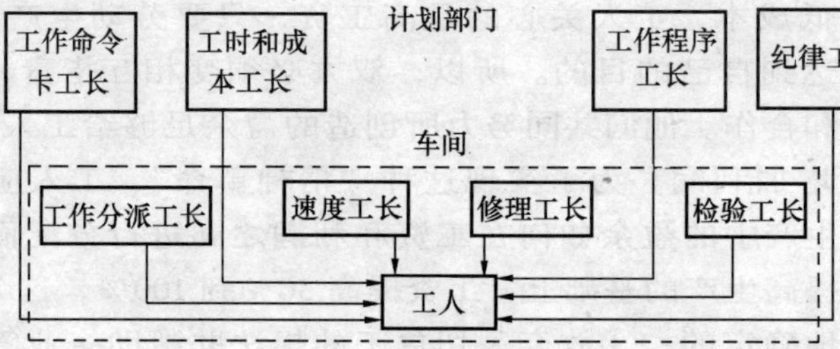

图 2-1　职能工长工作示意图

泰罗的这种职能工长制是以机械工业为依据而提出的，但他认为也适用于其他行业。他认为职能工长制有三个优点：①由于管理者（职能工长）只承担某项职能，所以其培训只需要花费较少的时间；②管理者的职责明确，因而可以提高效率；③由于作业计划已由计划部门拟订，工具和操作方法都已标准化，车间现场的职能工长只需进行指挥监督，因此，低工资的工人也可以从事比较繁杂的工作，从而降低整个企业的生产费用。

后来的事实表明，一个工人同时接受几个职能工长的多头领导，容易引起混乱。所以，这种职能工长制没有得到推广。但这种职能管理的思想为以后职能部门的建立和管理的专业化提供了参考。

（8）在组织机构的管理控制上实行例外原则。例外原则，就是企业的高级管理人员把一般的日常事务授权给下级管理人员去处理，而自己只保留对例外事项（即重要事项）的决策权和监督权，如有关企业重大政策的决定和重要人事的任免等。泰罗在《工场管理》一书中说，在例外原则下，“经理只接受有关超出常规或标准的所有例外情况的……特别好和特别坏的例外情况的……概括性的、压缩的及比较的报告……以便使他得以有时间考虑大政方针，研究在他手下的重要人员的性格和合适性”。泰罗提出的这种以例外原则为依据的管理控制原则，以后发展成为管理上的分权化原则。

（三）泰罗时代对科学管理的形成作出贡献的其他人

科学管理理论事实上不是泰罗一个人的创造发明，而是集中了前人和同代人的经验和知识，这些人从多方面对泰罗的主张作了补充和完善，并且努力在各个部门、各个方面推广和实行科学管理。下面介绍其中几个代表人物。

1. 卡尔·巴思

卡尔·巴思（Carl G. Barth 1860—1939）是出生于挪威的美国工程师，是泰罗最早、最能干和最亲密的助手。巴思在数学方面有很深的造诣，他协助泰罗进行金属切削试验以及工时研究、疲劳研究，并且在工厂中实行泰罗制。珀森博士在《先进管理》一书中曾对巴思作了如下的评价：“巴思是美国所曾产生过的两个最伟大的管理工程师中的一个（另一个是泰罗）。……泰罗具有远见。……但他不愿意过问细节。他在这方面需要一些能干的助手。巴思是这些助手中最能干的。……这样说似乎是公正的，这两种类型的天才的结合，使得每个人都能发挥出更多的创造性”。

2. 亨利·甘特

亨利·甘特（Henry Gantt 1861—1919）是泰罗在创建和推广科学管理制度时的亲密合作者，是科学管理运动的先驱之一；同时，他又很重视工业中人的因素，可以说他是人际关系理论的先驱者之一。甘特在管理思想上的贡献主要有四方面：①提出了一种“工作任务和奖金”的工资制度；②制定了用于生产控制的各种图表，特别是甘特图；③强调对工人进行培训；④强调工业民主和更重视人的劳动方式。

3. 吉尔布雷思夫妇

吉尔布雷思夫妇（Frank Gilbreth 1868—1924，Lillian M.Gilbreth 1878—1972）在动作研究、疲劳研究、制度管理等方面作出了出色的成绩，特别是动作研究，这是他们作出最大贡献的领域。为了进行有关工人操作动作的研究，他们将工人的动作分解为常用的 18 种“动作基本元素”，并用不同的符号、名称和颜色表示，其目的是为了减少不必要的动作，提高加工速度。吉尔布雷思夫妇还很重视企业中人的因素，他们把当时生理学、心理学、教育学等学科知识综合起来，用来改进和扩大工人的能力，以提高生产率。

4. 路易斯·布兰代斯

路易斯·布兰代斯（Louis D. Brandeis 1856—1941）是美国的一位律师和美国最高法院的法官。他对管理思想的最大贡献是在 1910 年的美国东方铁路运费率的案件中宣传了科学管理制度，当东方铁路公司向马萨诸塞州州际商业委员会提出要求增加运费时，布兰代斯代表货物托运人反对任意增加运费。他说只要铁路采取有效的管理方式，其所节省的成本远超过从增加运费中所得到的。在商量涨价意见听证会中，用什么称呼泰罗等人倡导的新的管理理论和方法时，与会人一致同意采用布兰代斯提出的“科学管理”这一名称，以后这一名称得到普遍应用。

5. 亨利·福特

亨利·福特（Henry Ford 1863—1947）是美国的汽车制造业和科学管理的实行者，流水线大量生产管理技术的倡导者。他在生产和管理上的最大成就就是把科学管理原理应用于生产，首创了流水线大量生产方式。福特在人事管理方面也有所创新。他采用高工资吸引和保持生产率最高的工人，他将之称为利润分享和效率工程。他的这种做法大大促进了生产率的提高，从而使劳动力成本在产品成本中的比重相对下降。

6. 哈林顿·埃默森

哈林顿·埃默森（Harrington Emerson 1853—1931）是美国早期的科学管理研究工作者，从 1903 年起就同泰罗有紧密的联系，并独立地发展了科学管理的许多原理。如他对效率问题作了较多的研究和实践，提出了提高效率的 12 条原则即：①明确的目的；②注意局部和整体的关系；③虚心请教；④严守规章；⑤公平；⑥准确、及时、永久性的记录；⑦合理调配人、财、物；⑧定额和工作进度；⑨条件标准化；⑩工作方法标准化；⑪手续标准化；⑫奖励效率。在组织机构方面，他提出了直线制和参谋制的组织形式，等等。另外，他还在职工的选择和培训、心理因素对生产的

杜邦和通用汽车公司的科学管理

1862年，皮埃尔·杜邦和阿尔弗雷德·杜邦以1200万美元的30年票据向他们的远亲购置下了杜邦火药公司的控股权，后来把这家公司发展成为一家大企业。杜邦火药公司受泰罗的投资和成本思想启发，早在1903年就开始将“投资收益”作为组织效益的一种标准，这显然是最早利用这种重要的管理工具。杜邦公司十分重视科学管理原则所倡导的“头等工人”和“对工人的培训”思想，并在1910年挑选员工时进行了心理测试。它还最早区分了家族和职工的行为，最早制订了统一的目标和方针，首创了权力分散的观念，还培养了管理人才。可以断定，今日杜邦的业绩离不开100多年的科学管理。

杜邦在组织方面所遗留下来的一种精神当时被传到正在建立的通用汽车公司。W.C. 杜兰特设想把通用汽车公司建设成既生产整车又生产零部件的公司，这个想法在当时很难实现，使得通用汽车公司一时陷入严重的财务危机。1920年杜邦公司向通用汽车公司注入资本才扭转了财政上的极度困难。此时，杜兰特辞职，业已半退休的皮埃尔出任通用汽车公司总裁。他至少做出了两个人事方面的重要决定。一个是把康纳森·布朗调到通用汽车公司，他在杜邦公司任公司总经理。其功劳在于提炼了投资收益的思想，把它作为衡量和比较各部门业绩的尺度，不只是衡量公司的总收益。布朗提出了这样一个公式：$R = T \times P$，R代表对各部门所投资金的收益率，T代表所投资金的周转率，P则代表销售的利润率。布朗还设计出了至今仍在沿用的著名的杜邦图表系统，并运用他的投资收益率（ROI）的公式来说明各部门的相对业绩，进行预测和加以控制。另一个决定是1923年提拔I. P. 斯隆任总裁。小斯隆提出了分权管理、分期经营和集中监督检查的思想，并付诸实施，使通用汽车公司的各部门都能为共同的目标而工作。日后他在通用汽车公司建立了世界上第一个事业部的企业，这种组织形式至今仍被许多大企业所采用。小斯隆将分权管理的思想落实到各产品部门，是利用了布朗的ROI公式。各部门或单位有了一定的资金投入就可以根据投资收益率来计算和监督其业绩。其结果是所做的工作同获得的成果之间成了一种相互依存的关系，使管理者得以判断和对比各产品部门的效果。

从杜邦公司和通用汽车公司的案例中可以看到科学管理对提升企业经营绩效的意义。

影响、工时测定等方面也作出了贡献。

尽管泰罗的追随者在许多方面不同程度地发展了“科学管理”理论和方法，但总的来说，他们和泰罗一样，研究的范围始终没有超出劳动作业的技术过程，没有超出车间管理的范围。

二、法约尔与一般管理理论

（一）法约尔的生平

1841 年，法约尔（Henri Fayol 1841—1925）出生在法国的一个资产阶级家庭。1856—1858 年期间，他就读于里昂公立中等学校。1858—1860 年期间，就读于圣艾蒂安国立矿业学院。1860 年毕业后，进入科芝特里·富尚博公司担任工程师，并显示出他的管理才能。1888 年，当该公司的财务状况极为困难，公司几乎濒于破产时，法约尔被任命为总经理。而到 1918 年法约尔 77 岁退休时，公司的财务状况已极为良好。法约尔的一生可以分为四个阶段。

第一阶段是 1860—1872 年间的 12 年。在这一阶段，法约尔作为一个等级较低的管理人员和技术人员，主要关心的是采矿工程的事情，特别是防止火灾危险的事情。他于 1866 年被任命为科芝特里矿井矿长。

第二阶段是 1872—1888 年的 16 年。期间，他被提升为经理，领导一批矿井。在这个阶段，他主要考虑的是决定这些矿井的经济情况的因素。这样，他不仅要从技术方面考虑，更要从管理和计划方面考虑，这促使他对管理进行研究。

第三阶段是 1888—1918 年的 30 年。1888 年，当公司处于破产边缘时，他被任命为总经理，并按照自己的管理思想和理论对公司进行了改革和整顿，关闭了一些经济效益不好的冶金工厂，并吸收资源丰富的新矿来代替资源枯竭的老矿，他于 1891 年吸收布列萨克矿井，1892 年吸收了德卡斯维尔的矿井加工厂并把新的联合公司命名为康曼包公司。1900 年他吸收了东部煤区的莱得莱维尔矿井，并克服了种种困难，把原来濒于破产的公司整顿得欣欣向荣。在第一次世界大战期间，他领导的公司为战争提供了大量资源。公司培养了一批管理、技术上的骨干力量，当法约尔 77 岁退休时，该公司已能在财务和经营上立于不败之地，至今仍是法国中部最大的采矿和冶金集团的一部分。

第四阶段是 1918—1925 年的 7 年，这是法约尔人生的最后阶段。

在科芝特里公司工作期间，法约尔就开始了管理的研究工作。1900 年，他撰写论文，开始系统地阐述他的行政管理的思想。在 1908 年的矿业学会50周年大会上，他提交了论文《论管理的一般原则》。1916年，他在矿业学会公报上，发表了著名的管理著作《工业管理与一般管理》。从1918年退休后到1925年去世前这段时间里，法约尔致力于普及自己的管理理论。在这时期，他主要从事两项工作。第一项是创办一个管理学研究中心。这个中心每周都要举行一次有作家、哲学家、社会活动家、工程师、政府官员和实业界人士参加的会议。法约尔的许多权威著述都是在这一时期内逐步形成的。第二项工作是试图说服政府对管理原则多加注意。1921年，他的《论邮电部门行政改革》的小册子出版。同年，他在《政治与国会评论上》上发表了一篇题为《国家在管理上的无能》的重要论文。1923年，在布鲁塞尔举行了第二次国际管理科学会议，法约尔是这次会议的领导之一。在1924年国际联盟代表大会期间，他接受了一项邀请，向日内瓦国际大学联合会发表了题为“管理要义的重要性”的演说。

但是，不只是在美国，就是在法国，在法约尔生前的很长一段时间里，其管理思想并没有引起人们的足够重视。在美国，直到1949年伦敦皮特曼公司出版康斯坦斯·斯托尔斯的译本时，人们才比较全面地接触到法约尔的管理思想。在法国，法约尔思想未被重视的原因有二：其一，当时的法国对美国派往法国的军队在建造船坞、修路和建立通信线路等方面运用泰罗制所取得的成绩和效率感到极为惊异，所以当时的法国陆军部命令陆军所管辖的所有工作都必须研究和应用泰罗的科学管理原理；其二，当时在法国有两位学者即亨利·勒夏特利埃和夏尔·费雷曼维尔，他俩把泰罗的管理著作译成了法文并在法国建立了一个叫“泰罗主义”的组织，在法国普及和推广泰罗的科学管理理论。上述两方面的原因使得在法国，人们更多地接触了泰罗的科学管理理论，反而不了解法约尔的管理思想。一直到法约尔去世前不久，“泰罗主义”组织才与法约尔的管理学研究中心合并为法国的一个研究机构，法约尔的管理思想才逐渐被人们所认识。

法约尔在管理方面的著作主要有《工业管理和一般管理》、《国家在管理上的无能——邮政与电信》、《公共精神的觉醒》。论文有：《管理的一般原则》、《高等技术学校中的管理教育》、《管理职能在事业经营中的重要性》、《国家的工业化》、《邮电部门的管理改革》、《国家管理理论》，等等。

（二）一般管理理论的要点

1．经营活动与管理活动

法约尔认为经营和管理是两个不同的概念。“经营”是指导或引导一个组织趋向一个目标。它可以分为六种活动，即技术、商业、财务、安全、会计和管理。“管理”只是这六种活动中的一种，它由计划、组织、指挥、协调和控制五种要素构成，见图 2-2。

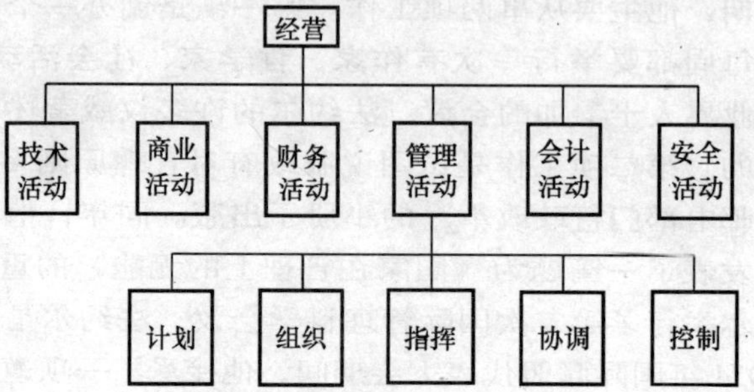

图 2-2　经营与管理的职能活动

2. 进行管理教育和建立管理理论的必要性

法约尔非常强调管理教育的必要性和可能性，他认为人的管理能力可以通过教育来获得。他说：“实际上管理能力可以也应该像技术能力一样，首先在学校里然后在车间里得到”。他发现当时社会缺乏管理教育的原因是缺少管理理论，于是他自己承担了创立管理理论的重任。

3. 管理的原则

法约尔根据自己的经验提出了 14 条管理原则，同时提出这些原则并不是一成不变的。

(1) 劳动分工。法约尔认为劳动分工不只限于技术工作，而且也适用于管理工作，适用于管理职能的专业化和权限的划分。

(2) 权力与责任。法约尔将管理人员的权力分为正式权力和个人权力。正式权力是由于管理人员的职务或地位而产生的；个人权力则是因管理人员的智慧、经验、道德品质、劳动能力、以往的功绩等所产生的。好的管理人员能够以他的个人权力来补充他的正式权力，权力和责任互为因果，有权力就必然有责任。

(3) 纪律。纪律是以企业同员工之间的协定为依据的，服从、勤勉、积极、规矩和尊重等是其主要表现。没有纪律，任何企业都不能顺利发展。纪律应以尊重而不是以恐惧为基础。纪律状况取决于劳动者的道德状况。

(4) 统一指挥。法约尔认为，无论哪件工作，一个下属只能接受一个领导者的命令，这是一条普遍的、永久必要的原则。没有统一指挥，纪律、权力、秩序、稳定等都将受到威胁，混乱也会加剧。

（5）统一领导。为了实现共同的目标，组织中只能有一个领导者和一项计划。统一领导取决于健全的组织，而统一指挥取决于人员如何发挥作用。

（6）个别利益服从整体利益。个人或部门的利益不能置于企业利益之上，国家利益应高于一个公民或某些公民的利益。为此，就要克服愚昧、野心、自私、懒惰、软弱和一切企图把个人或小集团利益置于组织整体利益之上而导致冲突的个人感情。

（7）人员报酬。人员报酬的方式可能对企业的发展产生重大影响，因此，应尽量使雇主和雇员双方都满意。法约尔是将职工看作“经济人”来阐述这一原则的。

（8）集中。法约尔认为，集中就像劳动分工一样，是一种必然规律。集中的目的是尽可能地使用所有人员的才能。集中或分散的程度不是固定的，必须随情况的变化而改变。

（9）等级系列。这是从企业的最高领导到企业最基层的上下级系列，它显示了权力执行的路线和信息传递的渠道，它保证了统一指挥，但往往不是信息传递最迅速的渠道。为了把尊重等级系列与保持行动迅速更好地结合起来，法约尔设计了一种“跳板”，也称“法约尔桥”。

（10）秩序。秩序是指按照事物的内在联系事先很好地选择其恰当的位置。社会秩序的建立需要有良好的组织和良好的选拔工作，即确定企业顺利发展所必需的职位并为这些职位选拔任职的人，使每个人都在能发挥出自己最大能力的岗位上任职。

（11）公平。公平是由公道和善意产生的。企业领导应特别注意员工希望公道、平等的愿望，并发挥自己最大的能力，保证使公平感深入各级人员。

（12）人员的稳定。这是指有秩序地安排并补充人力资源。人员不稳对企业的发展不利，但企业中人员的变动又是不可避免的，因此，稳定也是相对的。

（13）首创精神。企业全体人员的首创精神对企业来讲是一股巨大的力量，应该尽可能地鼓励和发展这种力量，并且要有勇气激发和支持大家的首创精神。

（14）集体精神。为了保证企业的健康发展，应该努力在企业内部建立和谐与团结的气氛。

法约尔提出的管理 14 条原则，虽然在早期的工厂制度中已有所反映，但将它概括为一个完整的概念，是法约尔的首创，因此被认为是管理思想发展上的里程碑。

4.管理的要素

法约尔认为管理活动有五项要素，即计划、组织、指挥、协调和控制。

(1) 计划。一项良好的计划应具备统一性、连续性、灵活性和精确性的特点。为制定出好的行动计划，领导者必须具备以下条件和才能：对人进行管理的艺术、经济性、勇气、职位的稳定、专业的能力、处理事务的一般知识。

(2) 组织。组织包括组织结构、组织活动和相互关联的规章制度，以及职工的招募、评价和训练。组织管理当局的责任是，寻求组织目标与组织活动所需各种资源之间的统一。为保证组织目标的实现，组织结构必须贯彻统一指挥的原则。

(3) 指挥。为了使组织更好地发挥作用就需要指挥。指挥的目的是根据企业的目标，使本单位中所有的职工能做出最大的贡献。为此，负责指挥的人员应该做到以下八点：深入了解职工、淘汰无工作能力的职工、拟订并切实执行企业与职工之间的合同、树立榜样、定期检查、召集主要助手开会以统一精神、不要陷于琐事、使职工团结和有主动性。

(4) 协调。为保证企业经营的顺利进行并取得成功，企业中的一切工作都应该和谐地配合，各职能要素也应协调地发挥作用。

(5) 控制。控制就是检验每一件事情是否同所拟订的计划、发出的指示和确定的原则相符合，其目的是发现、改正错误并防止重犯。

法约尔对管理学的贡献被认为是直到20世纪上半叶为止，欧洲贡献给“管理运动”的最杰出的人物。

三、韦伯及行政组织理论

(一) 韦伯的生平

马克斯·韦伯（Max Weber 1864—1920）出生于德国爱尔福特的一个富裕家庭。1882年进入海德堡大学读法律，以后先后就读于柏林大学和哥丁根大学。1896年任海德堡大学经济学教授。1919年任慕尼黑大学社会学教授。他的主要著作有《经济和社会》、《社会和经济组织的理论》等。他对许多社会、经济、历史问题都提出了许多新的观点和独特的思想，他在管理思想上的最大贡献是提出了“理想的行政组织体系理论”，他被后人称为“组织理论之父”。

（二）理想的行政组织体系

理想的行政组织体系并不是指最合乎需要的组织体系，而是韦伯为了进行理论分析，描绘出的一种规范的理想的形态。韦伯指出，任何组织都必须有某种形式的权力作为基础，才能实现其目标。作为基础的权力有三种形态：理性—法律的权力、传统的权力、超凡的权力。这三种纯粹的权力中，传统权力的效率较低，因为其管理仅仅是为了维护过去的传统，领导人也不是凭着能力选出的。超凡权力的依据是对个别人的特殊崇拜，是非理性的，带有很强的感情色彩。以上两种权力都不能作为理想行政组织的基础，而唯有理性—法律权力（合法权力）能够成为这种基础。

理想的行政组织体系有以下特点：

（1）明确的职权分工，对组织内的每个职位的权力都有明确规定。

（2）按等级系列形成的组织，明确规定每个成员的职权范围和协作形式，以便各个职员行使职权，减少摩擦。

（3）职业管理人有固定的薪金作为报酬，绝大多数有权享受养老金，管理作为职业有明文规定的升迁制度。

（4）人员的考评和培训。人员的任用完全根据职务的要求，通过正式考评和培训来实施。

（5）遵守规则和纪律。在任何情况下，组织成员都要遵守规则和纪律，而不能受个人感情的影响。

（6）组织中人员之间的关系是一种不受个人情感影响，完全以理性为准则的关系。这种公正不倚的态度不仅适用于组织内部，而且适用于组织外部。

韦伯认为这种理想的行政组织体系是最符合理性原则，效率是最高的。它在精确性、稳定性、纪律性和可靠性等方面都优于其他组织形式。组织的领导者和成员的成果，都能精确地计算出来。这种高度结构的、正式的、非人格化的理想的行政组织体系是适用所有管理工作的最好的组织形式。韦伯的理论对后来的管理学者，特别是组织理论学家有很大的影响。

四、古典管理理论的系统化

以泰罗的科学管理原理为代表的古典管理理论形成后，被人们广泛研究并传播，同时，也有许多人将这些理论加以系统化，在这方面做出较为突出贡献的是英国管理学者林德尔·厄威克（Lyndall Fownes Urwick 1891—1983）和美国管理学者卢瑟·古利克（Luther Gulick 1892—1993）。

（一）林德尔·厄威克对管理原则的系统化

林德尔·厄威克生于1891年，早年在英国牛津大学读历史，1928—1933年期间担任设于日内瓦的国际管理协会会长，并在伦敦从事管理咨询工作。他写了很多管理学方面的著作，如《管理的职能》、《科学的组织原则》、《管理的要素》等。在他的著作中提出了适用于一切组织的八项原则。

（1）目标原则。即所有的组织都应该有一个明确的目标。

（2）相符原则。即权力与责任必须相符。

（3）职责原则。即上级对直属下级工作的职责是绝对的。

（4）组织阶层原则。即规定自上而下的职权范围。

（5）控制幅度原则。即每个上级所管理的下级人数不应超过5人或6人。

（6）专业化原则。即将每个人或每个集体的工作限制为单一的任务。

（7）协调原则。即促使集体活动的步调一致。

（8）明确性原则。即每项职务都要有明确的规定。

（二）卢瑟·古利克对管理职能的系统化

卢瑟·古利克（Luther Gulick）生于1892年，曾任美国哥伦比亚大学公共关系学院院长，参加过罗斯福总统的行政管理委员会。他的著作有《组织理论评论》、《科学、价值观和公共管理》等。他在著作中将法约尔等人的管理职能理论加以系统化，提出了管理职能的“POSDCORB”，即管理七职能：计划、组织、人事、指挥、协调、报告和预算。

五、对古典管理理论的评价

古典管理理论代表人物泰罗等从三个不同角度，即车间工人、办公室总经理和组织来解决企业和社会组织的管理问题，为当时社会解决企业组织中的劳资关系、管理原理与原则、生产效率等方面的问题，提供了管理思想的指导和科学理论方法。

古典管理理论的伟大意义在于：

（1）古典管理理论确立了管理学作为一门科学的地位。通过运用科学研究的方法能发现管理学的普遍规律，古典管理理论所建立的管理理论使得管理者开始摆脱了只凭传统的经验和感觉来进行管理的状态。

（2）古典的管理理论建立了一套有关管理的原理、原则、方法。古典管理理论提出了一些管理的原则、职能和方法，并且主张这些原则和职能是管理工作的基础，对企业管理有着很大的指导意义，也为总结管理思想史提供了极为重要的参考价值。

(3) 古典管理学家同时也建立了有关的组织理论。韦伯提出的官僚组织理论是组织理论的基石，因此，他被人们称为组织理论之父。韦伯提出了一种官僚管理体制的设想，而且他还就建立组织的结构，以及维护这种组织结构的正常运行，提出了一系列的原则。

(4) 古典管理理论为后来的行为科学和现代管理学派的建立和发展奠定了理论基础，当代许多管理技术与管理方法皆来源于古典管理理论。古典管理学派所研究的问题有一些仍然是当今管理学所要研究的问题，这些研究都是对古典的管理思想的继承和发展。

古典的管理理论是人类历史上首次用科学的方法来探讨管理问题，实质上反映了当时的社会生产力发展到一定的阶段时对管理的要求，要求管理适应生产力的发展。反过来管理尤其是管理思想的发展，管理技术和方法的进步，又进一步地促进了生产力的发展。

古典管理理论存在的问题表现在以下几个方面：

(1) 首先古典管理理论是基于当时的社会环境而形成的，对人性的探索仅仅停留在"经济人"的范畴之内，对其没有深入进行研究。

泰罗对工人的假设是"磨洋工"，而韦伯把职员比作"机器上的一个齿轮"。在古典管理理论中没有把人作为管理的中心，没有把对人的管理和对其他事物的管理完全区别开来；而在现代管理理论中，人是管理研究的中心课题，而正是因为对人性的深入探索，才使得现代管理理论显得丰富多彩。

(2) 古典管理理论对组织的理解是静态的，没有认识到组织的本质。

韦伯认为纯粹的官僚体制应当是精确的、稳定的、具有严格的纪律的组织。当代的组织理论家们普遍认为，韦伯所倡导的官僚组织体制只适合于以生产率为主要目标的常规的组织活动，而不适合于以创造和革新为重点的非常规的非常灵活的组织活动。

法约尔认为："组织一个企业，就是为企业的经营提供必要的原料、设备、资本、人员。大体上说，可以分为两大部分即物质组织与社会组织。"当时的人们认为，组织就是人的集合体。例如，一个企业组织，就认为是经营管理者与职工的集合体；一个医院，就是医生与病人的集合体等。由此可见，法约尔的组织概念还停留在对组织的表象和功能的表述上，并没有抓住组织的本质进行深入的研究。而后来的巴纳德不是从组织结构的角度，而是从行为的角度对组织下定义。他反对把组织看成是人的集团，他说："组织不是集团，而是相互协作的关系，是人相互作用的系统。"

（3）古典管理理论的着重点是组织系统的内部，而就企业外部环境对组织系统的影响考虑得就非常少。

古典管理理论研究的着重点是企业的内部，它把如何提高企业的生产率作为管理的目标，这对企业提高生产率是有相当大的指导意义的。然而任何一个组织系统都是在一定的环境下生存发展的，社会环境在不断变化，企业是通过不断地和环境之间相互作用而前进的，企业的经营管理必须要研究外部环境的各因素及其与企业之间的相互适应关系，使管理行为和手段都随着社会环境的变化而变化。这些都是古典管理理论没有进行研究的，由于古典管理理论对组织环境以及环境的变化考虑较少，因此对管理的动态性未予以充分的认识和关注。

第四节　人际关系学说和行为科学

一、行为科学产生的社会历史背景

古典管理理论的代表人物泰罗、法约尔、韦伯等，都把人看成是只为钱而工作的“经济人”，因此将问题的重点放在操作方法、规章制度、管理原则上，较多地强调作业的科学性、精密性、纪律性，而对人的因素的分析较少。但 20 世纪 20 年代以后，一方面工人日益觉醒，工会组织日益发展，劳资关系日趋紧张，另一方面，经济发展和周期性经济危机的加剧，以及科学技术的发展和应用，使得越来越多的资本家感到，单纯运用古典管理理论和方法已不能有效地控制工人为提高劳动生产率和利润而努力，有些管理学家、心理学家也意识到社会化大生产的发展需要与之相适应的新的理论来指导，于是行为科学就应运而生了。

二、梅奥及霍桑试验

（一）乔治·埃尔顿·梅奥

乔治·埃尔顿·梅奥（G. Elton Moyo 1880—1949）是原籍澳大利亚的美国行为科学家，获得过逻辑和哲学硕士学位，以后在苏格兰的爱丁堡学习医学，并进行过精神病理学的研究。在第一次世界大战期间，他利用业余时间用心理疗法给受战争创伤的士兵治病。1926 年任哈佛大学工商管理研究院工业研究室副教授，直到退休。他的著作有《工业文明的人类问题》、

《工业文明的社会问题》,《工业文明的社会问题》一书中记载了他所参加的霍桑试验的过程和结论,并进一步阐明了他的观点。

(二)霍桑试验

1924年到1932年期间,由美国国家研究委员会和西屋电气公司共同主持了一项研究活动,由于研究是在西屋电气公司的霍桑工厂进行的,因此被后人们称为霍桑试验。

霍桑工厂当时拥有25 000名职工,并且以女工为主,主要生产电话机和电器设备。霍桑试验分为几个阶段来进行,其中影响最大的是以下几个试验。

1. 照明与工人工作效率的关系试验

这是第一个阶段的试验,从25 000名职工中找出12名女工,将她们按6人一组分为两组,一组为"控制组",其照明条件始终不变;另一组叫"试验组",其照明等生产物质条件经常改变。试验结果出乎研究人员的意料之外,两组女工的产品产量都呈增长趋势。研究人员为此大惑不解,几乎要宣布试验失败,梅奥了解到这一情况后,对试验很感兴趣,在他的领导下试验继续进行。梅奥曾受过心理学方面的训练,因此提出应该换一个角度来分析试验的结果,工人的劳动热情提高了,一定是受到了激励。既然工作环境和条件没有构成激励的主要原因,那么这巨大的动力就一定来自女工参加试验活动得到的社会满足感。

在第一个阶段还做了继电器装配室的试验。找一组工人到继电器装配室干活,研究人员经常与工人交流,工人能自由发表意见,结果工人的劳动热情大大提高,缺勤率下降。梅奥等人因此认为,工作条件、休息时间以及工资报酬等方面的改变都不是影响劳动生产率的第一位因素,最重要的是企业管理当局与工人之间、以及工人相互之间的社会关系。

2. 访谈与普查试验

这是霍桑试验的第二阶段,对2万名左右的职工进行访问和交谈,了解他们对公司领导和各方面情况的意见和态度。访问开始采用的方式是调查人员提问,工人回答,但效果很差,一些人不敢说,另一些人对问题不感兴趣,不愿说。后来改为让工人主动说,允许她们随便发表意见,调查人员只是倾听,这样谈话就踊跃了。工人将心中的不满发泄出来,感觉"条件"改善了。因此,梅奥认为应该对管理者进行训练,让他们能更好地倾听工人的意见,了解工人的情绪。

3. 电话线圈装配工试验

这次试验选了14名工人,其中9名绕线工,按3人一组分为3组,每组再配 1 名焊接工，然后有 2 人为检验工。试验开始后研究人员发现，各组的产量都达不到管理当局的要求，但也不是差距很大。分析其原因，主要是工人担心工资率下降，或定额上涨。这个非正式的产量定额是靠小团体的压力维持的，工人们都不愿意被小团体所抛弃，因此都自觉维持着非正式的定额。

霍桑试验得出了三点结论：①职工是“社会人”；②企业正式组织中存在着“非正式组织”；③新的企业领导能力在于通过提高职工的满足度来提高其士气。这三点结论为以后行为科学的发展奠定了理论基础。

三、行为科学理论

梅奥等人创建了人际关系学说——早期的行为科学以后，许多人都开始从这个角度研究管理问题。20 世纪 40 年代后期，提出了行为科学这一名称，1956 年美国出版了第一期行为科学杂志。20 世纪 60 年代为了避免同广义行为科学相混淆，出现了“组织行为学”这一名称，实际上它指的就是包括早期行为科学——人际关系学说在内的狭义的行为科学。从组织行为学的研究对象所涉及的范围来看，可以分为三个层次：即个体行为、团体行为和组织行为。对个体行为的研究又可以从两个角度来进行，一是关于需要、动机与激励的理论；一是关于人的特性的理论。对团体行为的研究可分为三个层次：团体动力学、团体信息交流以及团体和成员间的关系。组织行为理论，主要是从领导理论及组织变革与发展的角度来研究。有关这些理论的具体内容在组织行为学课程中有详细介绍。

第五节　现代管理理论

第二次世界大战后，特别是进入 20 世纪 60 年代以后，西方管理理论又出现了许多新的学派，这些理论和学派在内容上相互联系并相互影响。1961 年 12 月美国管理学家哈罗德·孔茨在《管理学杂志》上发表“管理理论的丛林”一文，对管理理论的各个流派作了总结。80 年代孔茨又一次对西方的管理理论作了系统总结，他认为，这时的管理理论学派已经从 20 世纪 60 年代的 6 派扩展到 11 派。以下择其主要的加以介绍。

一、管理过程学派

管理过程学派又称管理职能学派、经营管理学派。这一学派在西方是继古典管理理论学派和行为科学学派之后影响最大、历史最久的一个学派。古典管理理论的创始人之一法约尔就是这一学派的开山鼻祖。这一学派后经美国的管理学家哈罗德·孔茨（Harold Koontz）等人发扬光大，成为现代管理理论丛林中的一个主流学派。这一学派把管理看做是一个过程，无论从理论基础还是从研究方法上看，这种观点与自然科学的研究方法有类似之处，因而它的科学性比较容易被人接受。目前，它在现代管理理论中占有重要地位。

管理过程学派的研究对象是管理的过程和职能，他们认为，管理就是在组织中通过别人或同别人一起完成工作的过程。管理过程与管理职能是分不开的，所以他们试图对管理过程和管理职能进行分析，从理性上加以概括，把用于指导管理实践的概念、原则、理论和方法结合起来形成一门管理学科。

管理是一种普遍而实际的过程，与组织的类型、组织的层次无关。管理理论中有一些属管理的核心部分，如直线参谋制、部门化、管理制度、管理评价、管理控制技术等，普遍适用于各种组织和组织中的各个层次。将这些东西加以概括，就成为基本的管理理论。

管理过程理论以下面的基本信条为其基础：

(1) 管理是一个过程，可以通过分析管理人员的职能很好地对管理加以剖析。

(2) 根据在各种企业中长期从事管理的经验，可以总结出一些基本的管理原理，这些基本原理对于认识和改进管理工作会起到一种说明和启示的作用。

(3) 可以围绕这些基本原理开展有益的研究，以确定其实际效用，增大其在实践中的作用和适用范围。

(4) 这些基本原理只要没有被证明不正确或被修正，就可以为形成一种有用的管理理论提供若干要素。

(5) 就像医学和工程学那样，管理是一种可以依靠原理的启发而加以改进的技能。

(6) 有时在实际管理工作中，会因违背某一管理原理而造成损失，或采用其他办法来弥补所造成的损失，但管理中的基本原理与生物学与物理学中的基本原理一样可靠。

(7) 管理人员的环境和任务受到文化、物理、生物等方面的因素的影响，管理理论也从其他有关学科中吸取有关的知识，但只限于与管理有关的学科。

管理过程学派的基本研究方法包括以下两点：

(1) 将管理人员的工作划分为一些职能：计划，选择要实现的目标和所用的手段；组织，设计出一个有一定目标的权责机构，并且承担相应的权责；用人，选拔、考核和培训人员，以便有效地承担责任；领导，采取措施激励员工，使他们认识到为组织目标出力是符合他们自己利益的；控制，对人们的活动进行估量，及时纠正偏差，以保证计划的实现。

(2) 对管理的职能进行研究，在丰富的管理实践中探求管理的基本规律，在分析基本职能的基础上对每项职能提出以下一些基本的问题：每项职能的特点和目的；每项职能的基本结构；每项职能的过程、技术、方法和优缺点；有效实施每项职能的障碍以及如何排除这些障碍的手段和方法。

二、社会系统学派

社会系统学派从社会学的角度来研究管理，把企业组织中的人与人之间的关系看成是一种协作的社会系统。这一学派的代表人物是美国著名的管理学家巴纳德（C.I.Barnard 1886—1961）。1938年，他发表了《经理的职能》一书，在这本著作中，他对组织和管理理论的一系列基本问题都提出了与传统的组织和管理理论完全不同的观点。他认为组织是一个复杂的社会系统，应从社会学的观点来分析和研究管理的问题。

1938年正处于行为科学学派的发展初期，人际关系学说的兴起，使管理学者已经开始注意使用社会学、心理学的方法来分析和处理管理问题，注意协调好组织中的人际关系。但在巴纳德看来，梅奥等人的人际关系学说研究的重点只是组织中人与人之间的关系，这种人际关系强调的是行为个体相互之间的关系，并没有研究行为个体与组织之间的关系协调问题。而如果将组织看作是一个复杂的社会系统，要使系统运转有效，则必然涉及组织中的个人与组织之间的协调问题。例如个人目标与组织目标之间的协调。这也符合系统论的基本观点，即系统之间的协调，它不仅包括各个子系统之间的协调也包括各个子系统与大系统之间的协调。而当时的管理实践中也暴露出了某些单纯用人际关系学说为理论指导而不能解释的管理问题。正是基于这样的历史背景，社会系统学派得以产生，并将协调个人与组织之间的关系作为其研究的主导方向。以巴纳德的组织理论为代表的社会系统学派的观点也奠定了现代组织理论的基础，对管理思想的发展，特别是组织理论的发展产生了深远的影响。

社会系统学派的主要内容可以归纳为以下几个方面：

(1) 组织是一个是由个人组成的协作系统，个人只有在一定的相互作用的社会关系下，同他人协作才能发挥作用。

(2) 巴纳德认为组织作为一个协作系统包含三个基本要素：具有能够互相进行信息交流的人们；这些人们愿意为组织做出自己的贡献；组织成员有一个共同的目的。因此，一个组织所包含的要素是：信息交流；作贡献的意愿；共同的目的。

(3) 组织是两个或两个以上的人所组成的协作系统，管理者应在这个系统中处于相互联系的中心，并致力于获得有效协作所必需的协调，因此，经理人员要招募和选择那些能为组织目标的实现而做出最好贡献并能在一起协调地工作的人员。为了使组织的成员能为组织目标的实现做出贡献，巴纳德认为应该采用"维持"的方法，包括"诱因"方案的维持和"威慑"方案的维持。"诱因"方案的维持是指采用各种奖励的方式来鼓励组织成员为组织目标的实现做出他们的贡献，"威慑"方案的维持是指采用监督、控制、检验、教育和训练的方法来促使组织成员为组织目标的实现做出他们的贡献。

(4) 经理人员的作用就是在一个正式组织中充当系统运转的中心，并对组织成员的活动进行协调，指导组织的运转，实现组织的目标。根据组织的要素，巴纳德认为，经理人员的主要职能有三个方面：①提供信息交流的体系；②促成必要的个人努力；③提出和制定目标。

巴纳德的管理职能理论和古典管理理论大不相同。古典组织理论关于管理职能的划分，是从对管理的过程的分析中提炼出来的，而巴纳德是以自己的组织理论为基础来展开管理职能的分析，把管理者的职能归结为提供信息交流的体系、促成个人付出必要的努力和规定组织的目标，从而把管理者的职能作用同组织的要素联系起来，同组织的生存和发展联系起来。从组织的要素来分析管理的职能，这是其他学派所没有的。

三、决策理论学派

决策理论学派的主要代表人物是曾获1978年度诺贝尔经济学奖金的赫伯特·西蒙（H.A.Simon 1916—2001）。西蒙虽然是决策学派的代表人物，但他的许多思想是从巴纳德那吸取来的，他发展了巴纳德的社会系统学派，并提出了决策理论，建立了决策理论学派，形成了一门有关决策过程、准则、类型及方法的较完整的理论体系，主要著作有《管理行为》、《组织》、《管理决策的新科学》等。其理论要点归纳如下：

(1) 决策贯穿管理的全过程，决策是管理的核心。西蒙指出组织中经理人员的重要职能就是作决策。他认为，任何作业开始之前都要先做决策，制定计划就是决策，组织、领导和控制也都离不开决策。

(2) 系统地阐述了决策原理。西蒙对决策的程序、准则、程序化决策和非程序化决策的异同及其决策技术等作了分析。西蒙提出决策过程包括4个阶段：搜集情况阶段；拟订计划阶段；选定计划阶段；评价计划阶段。这四个阶段中的每一个阶段本身就是一个复杂的决策过程。

(3) 在决策标准上，用“令人满意”的准则代替“最优化”准则。以往的管理学家往往把人看成是以“绝对的理性”为指导，按最优化准则行动的理性人。西蒙认为事实上不是这样的，应该用“管理人”假设代替“理性人”假设，“管理人”不考虑一切可能的复杂情况，只考虑与问题有关的情况，采用“令人满意”的决策准则，从而可以做出令人满意的决策。

(4) 一个组织的决策根据其活动是否反复出现可分为程序化决策和非程序化决策。经常性的活动应进行程序化决策以降低决策过程的成本，只有非经常性的活动，才需要进行非程序化的决策。

四、系统理论学派

第二次世界大战之后，企业组织规模日益扩大，企业内部的组织结构也更加复杂，从而提出了一个重要的管理课题，即如何从企业整体的要求出发，处理好企业组织内部各个单位或部门之间的相互关系，保证组织整体的有效运转。以往的管理理论都只侧重于管理的某一个方面，它们或者侧重于生产技术过程的管理，或者侧重于人际关系，或者侧重了一般的组织结构问题。为了解决组织整体的效率问题，就产生了系统理论学派。

在企业管理中，系统理论学派亦称系统学派，是指将企业作为一个有机整体，把各项管理业务看成相互联系的网络的一种管理学派。该学派重视对组织结构和模式的分析，应用系统理论的范畴、原理，全面分析和研究企业和其他组织的管理活动和管理过程，并建立起系统模型以便于分析。这一理论是弗理蒙特·卡斯特（F.E.Kast）、罗森茨韦克（J.E.Rosenzweig）和约翰逊（R.A.Johnson）等美国管理学家在一般系统论的基础上建立起来的。弗理蒙特·卡斯特是美国华盛顿大学的教授，他于1963年与约翰逊和罗森茨韦克三人合写了《系统理论和管理》，1970年与罗森茨韦克合写了《组织与管理——一种系统学说》，这两本书比较全面地论述了系统管理理论，该理论的主要观点是：

(1) 组织是由许多子系统组成的，组织作为一个开放的社会技术系统，是由五个不同的分系统构成的整体，这五个分系统包括：目标与价值分系统；技术分系统；社会心理分系统；组织结构分系统；管理分系统。这五个分系统之间既相互独立，又相互作用，不可分割，从而构成一个整体。这些系统还可以继续分为更小的子系统。

（2）企业是由人、物资、机器和其他资源在一定的目标下组成的一体化系统，它的成长和发展同时受到这些组成要素的影响。在这些要素的相互关系中，人是主动的，其他要素则是被动的。管理人员需力求保持各部分之间的动态平衡、相对稳定和一定的连续性，以便适应情况的变化，达到预期目标。同时，企业还是社会这个大系统中的一个子系统，企业预定目标的实现，不仅取决于内部条件，还取决于企业外部条件，如资源、市场、社会技术水平、法律制度等，它只有在与外部条件的相互影响中才能达到动态平衡。

（3）如果运用系统观点来考察管理的基本职能，可以把企业看成是一个投入—产出系统，投入的是物资、劳动力和各种信息，产出的是各种产品（或服务）。系统观点的运用可以使管理人员不至于只重视某些与自己有关的特殊职能而忽视了大目标，也不至于忽视自己在组织中的地位与作用，这样可以提高组织的整体效率。

系统理论通过对组织的研究来分析管理行为，体现了管理哲学的改变。它使人们从整体的观点出发，对组织的各个子系统的地位和作用，以及它们之间的相互关系，得到了更清楚的了解。同时，它也使人们注意到任何社会组织都具有开放系统的性质，从而要求管理者不仅要分析组织的内部因素，解决组织内部因素的相互关系问题，还必须了解组织的外部环境因素，注意解决组织与外部环境的相互关系问题，为人们处理和解决各种复杂组织的管理问题提供了一种十分有用的思路和方法。

从系统的观点来考察和管理企业，有助于提高企业的整体效率。企业领导人有了系统观点，就更易于在企业各部门的需要和企业整体的需要之间保持适当的平衡，使得企业的管理人员不至于因为只注意一些专门领域的特殊职能而忽略了企业的总目标。但是，也有不少学者指出，现代组织和管理面临着十分复杂的环境，系统管理理论企图用系统的一般原理和模式来解决如此复杂的现实问题是难以奏效的。他们认为，系统方法过于抽象，实用价值不大。结果使曾经风行一时的“系统热”渐渐地冷下去。就连系统管理理论的主要代表人物卡斯特和罗森茨韦克，在他们的后期著作《组织与管理——系统方法和权变方法》中，也把系统管理理论同权变管理理论结合起来。

系统理论研究的对象是组织，系统理论是通过对组织的研究来分析管理行为，虽然在理论上是正确的，但系统理论对组织的构成因素的分析存在一定的问题，导致其理论并未能提出具体的管理行为和管理职能，只是笼统地提出一些原理和观点，初学者在实践中会无所适从。因此，与其他管理理论相比较，它在解决具体的管理问题上的研究显得不足，许多人只是把它看作解决管理问题的一种崭新的方法，而不是一种新的管理理论。

五、社会技术系统学派

这是一个较新的管理学派，人们通常把这一学派的创立归功于英国的特里司特（E.L.Trist）及其在美国塔维斯托克研究所中的同事。他们认为在管理中只分析社会系统是不够的，还需研究技术系统对人的影响。因此，必须把社会系统和技术系统结合起来考虑，而管理者的一项主要任务就是要确保这两个系统相互协调。

此学派的大部分著作集中于生产和办公室工作等研究上，分析技术系统与人以及与人的工作的紧密联系，因而它也特别注意工业工程、人机系统问题的研究。这个学派虽没有像其信奉者所说的那样包含了管理的一切，但确实对管理实践做出了重要的贡献。这个学派不仅对企业中某些作业方面的管理大有裨益，而且其中包含了许多其他管理知识。

六、经验主义学派

经验主义学派又称为经理主义学派，以向大企业的经理提供管理企业的经验和科学方法为目标，主要代表人物是彼得·德鲁克（Peter F.Drucker，1909—2005）。主要作品有《管理实践》、《管理——任务、责任、实践》等。另一个代表人物是欧内斯特·戴尔（Ernst Dale），其代表作是《伟大的组织者》。经验主义学派认为管理学就是研究管理经验，认为通过对管理人员在个别情况下成功的和失败的经验教训的研究，会使人们懂得在将来相应的情况下如何运用有效的方法解决管理问题。因此，这个学派的学者把对管理理论的研究放在对实际管理工作者的管理经验教训的研究上，强调从企业管理的实际经验而不是从一般原理出发来进行研究，强调用比较的方法来研究和概括管理经验。

经验主义学派的研究内容主要涉及了以下几方面：

（1）管理应侧重于实际应用，而不是纯粹理论的研究。管理学如同医学、法律学和工程学一样，是一门应用学科，而不是纯知识的学科。但管理又不是单纯的常识、领导能力或财务技巧的应用，管理的实际应用是以知识和责任为依据的。

(2) 管理者的任务是了解本机构的特殊目的和使命；使工作富有活力并使职工有成就感；处理本机构对社会的影响、对社会的责任。德鲁克认为，作为企业主要管理者的经理，有两项别人无法替代的职责。第一项职责是创造出一个大于其各组成部分的总和的真正的整体，创造出一个富有活力的整体，把投入于其中的各项资源转化为较各项资源的总和更多的东西；第二项特殊职责是在其每一项决定和行动中协调当前的要求和长期的要求之间的关系。为此，每一个经理都必须：制定目标和措施并传达给有关的人员；进行组织工作；进行鼓励和联系工作；对工作和成果进行评价；使员工得到成长和发展。

(3) 实行目标管理的管理方法。德鲁克理论给管理学的最大贡献是他提出任务（或目标）决定管理，并据此提出目标管理法。德鲁克认为传统管理学派偏于以工作为中心，忽视人的一面，而行为科学又偏于以人为中心，忽视了同工作相结合。目标管理则结合以工作为中心和以人为中心的管理方法。通过实行目标管理的管理方法，使员工发现了工作的兴趣和价值，从工作中满足其自我实现的需要，同时，企业的目标也因职工的自我实现而实现，这样就把工作和人性二者统一起来了。目标管理在当今仍是运用得最多的管理方法。

经验主义学派的方法在管理理论丛林中较具特色，但他们受到了许多管理学家的批评。经验主义学派由于强调经验而无法形成有效的原理和原则，无法形成统一完整的管理理论。有经验的管理者可以依靠自己的经验，而无经验的初学者则无所适从，而且，过去所依赖的经验未必能运用到将来的管理中。孔茨在他的书中指出："没有人能否认对过去的管理经验或过去的管理工作'是怎样做的'等进行分析的重要性。然而未来情况与过去完全相同是不可能的。确实，过多地依赖于过去的经验，依赖历史上已经解决的那些问题的原始素材，肯定是危险的。其理由很简单，一种在过去认为是'正确'的方法，可能远不适合于未来情况"。这段话说明，由于组织环境一直处于变化之中，过分地依赖未经提炼的实践经验和历史来解决管理问题是无法满足需要的。

七、权变理论学派

进入20世纪70年代以来，权变理论在美国兴起，受到广泛的重视。权变理论的兴起有其深刻的历史背景。20世纪70年代的美国，社会不安、经济衰退、政治动荡等问题达到空前的程度，石油危机对西方社会产生了深远的影响，企业所处的环境很不确定。但以往的管理理论，如科学管理理论、行为科学理论等，主要侧重于研究加强企业内部组织的管理，而且以往的管理理论大多都在追求普遍适用的、最合理的模式与原则，而这些管理理论在解决企业因面临瞬息万变的外部环境而产生的问题时又显得无能为力。正是在这种情况下，人们不再相信管理会有一种最好的行事方式，而是必须随机制宜地处理管理问题，于是形成一种管理取决于其所处环境状况的理论，即权变理论，“权变”的意思就是权宜应变。

权变理论认为，在企业管理中要根据企业所处的内外条件随机应变，没有什么一成不变、普遍适用的“最好的”管理理论和方法。该学派是从系统观点来考察问题的，它的理论核心就是通过组织的各子系统内部和各子系统之间的相互联系，以及组织和它所处的环境之间的联系，来确定各种变数的关系类型和结构类型。它强调在管理中要根据组织所处的内外部条件而随机应变，针对不同的具体条件寻求不同的最合适的管理模式、方案或方法。其代表人物有卢桑斯、菲德勒、豪斯等人。

美国学者卢桑斯（F. Luthans）在1976年出版的《管理导论：一种权变学》一书中系统地概括了权变管理理论。他认为：

（1）权变理论就是要把环境对管理的作用具体化，并使管理理论与管理实践紧密地联系起来。

（2）环境是自变量，而管理的观念和技术是因变量。

（3）权变管理理论的核心内容是环境变量与管理变量之间的函数关系，也就是权变关系。

权变理论学派同经验主义学派有密切的关系，但又有所不同。经验主义学派的研究重点是各个企业的实际管理经验，是个别事例的具体解决办法，然后才在比较研究的基础上作些概括。权变理论学派的重点则在通过大量事例的研究和概括，把各种各样的情况归纳为几个基本类型，并给每一类型找出一种模型，所以它强调的权变关系是两个或更多可变因数之间的函数关系。权变管理是一种依据环境自变数和管理思想及管理技术因变数之间的函数关系，来确定的对当时当地最有效的管理方法。

权变理论为人们分析和处理各种管理问题提供了一种十分有用的方法。它要求管理者根据组织的具体条件，及其面临的外部环境，采取相应的组织结构、领导方式和管理方法，灵活地处理各项具体管理业务。这样，就使管理者把精力转移到对现实情况的研究上来，并根据对具体情况的具体分析，提出相应的管理对策，从而有可能使其管理活动更加符合实际情况，更加有效。所以，管理理论中的权变的或随机制宜的观点无疑是应当肯定的。同时，权变学派首先提出管理的动态性，人们开始意识到管理的职能并不是一成不变的。以往人们对管理的行为大多是从静态的角度来认识的，权变学派使人们对管理的动态性有了新的认识。

但权变学派存在一个带有根本性的缺陷，即没有统一的概念和标准。虽然权变学派的管理学者采取案例研究的方法，通过对大量案例的分析，从中概括出若干基本类型，试图为各种类型确认一种理想的管理模式，但却始终提不出统一的概念和标准。权变理论强调变化，却既否定管理的一般原理、原则对管理实践的指导作用，又始终无法提出统一的概念和标准，每个管理学者都根据自己的标准来确定自己的理想管理模式，未能形成具有普遍意义的管理职能。权变理论使实际从事管理的人员感到缺乏解决管理问题的能力，初学者也无法适从。

权变理论试图改变一种局面，变各派理论互相“诋毁”为相互“承认”，因此有管理学家说权变理论犹如一只装满管理理论的大口袋。在权变理论产生之初，不少管理学者给予它高度的评价，认为比其他一些管理理论有更光明的前景，是解决企业环境动荡不定的一种好理论，能使管理理论走出理论丛林之路。然而，没有过多久，他们就不得不承认，这个期望又一次落空。

八、管理科学学派

管理学界中形成的所谓管理科学学派，又称作管理中的数量学派，也称之为运筹学派。这个学派认为，解决复杂系统的管理决策问题，可以用电子计算机作为工具，寻求最佳计划方案，以达到企业的目标。管理科学其实就是管理中的一种数量分析方法。它主要用于解决能以数量表现的管理问题。其作用在于通过运用管理科学的方法，减少决策中的风险，提高决策的质量，保证投入的资源发挥最大的经济效益。

从它管理科学的名称看来，似乎它是关于管理的科学。其实，它主要不是探求有关管理的原理和原则，而是依据科学的方法和客观的事实来解决管理问题，并且要求按照最优化的标准为管理者提供决策方案，设法把科学的原理、方法和工具应用于管理过程，侧重于追求经济和技术上的合理性。

就管理科学的实质而言，它是泰罗的科学管理的继续与发展，因为他们都力图抛弃凭经验、凭主观判断来进行管理，而提倡采用科学的方法，探求最有效的工作方法或最优方案，以达到最高的工作效率，以最短的时间、最小的支出，得到最大的效果。不同的是，管理科学的研究，已经突破了操作方法、作业研究的范围，而向整个组织的所有活动方面扩展，要求进行整体性的管理。由于现代科学技术的发展，一系列的科学理论和方法被引进到管理领域。因此，管理科学可以说是现代的科学管理。其基本特征是：以系统的观点，运用数学、统计学的方法和电子计算机技术，为现代管理决策提供科学的依据，解决各项生产、经营问题。

基于管理科学的特征，大多数管理学家认为管理科学只是一种有效的管理方法，而不是一种管理学派，它仅适用于解决特定的管理问题。

该学派有以下三个优点：

（1）使复杂的、大型的问题有可能分解为较小的部分，更便于诊断、处理。

（2）制作与分析模式必须重视细节并遵循逻辑程序，这样就把决策置于系统研究的基础上，增进了决策的科学性。

（3）有助于管理人员评估不同的可能选择，如果一旦明确各种方案包含的风险与机会，便更有可能作出正确的选择。

但是，也必须指出，管理科学方法的应用也有它的局限性：

（1）管理科学学派的适用范围有限，因为并不是所有管理问题都是能够量化的，这就影响了它的使用范围。例如，有些管理问题往往涉及许多复杂的社会因素，这些因素大都比较微妙，难以量化，当然就难以采用管理科学的方法去解决。

（2）实际解决问题的过程中存在许多困难。实际的管理人员与管理科学专家之间容易产生隔阂。一方面，实际的管理人员可能对复杂、精密的数学方法很难理解，无法做出正确评价。而另一方面，管理科学专家一般又不了解企业经营的实际工作情况，因而提供的方案不能切中要害，从而不能解决问题。这样，双方就难以进行合作。

此外，采用此种方法大都需要相当数量的费用和时间。人们由于考虑到费用问题，往往只是将它用于那些大规模的复杂项目。这一点，也使它的应用范围受到限制。

因此，管理科学不是万能的。我们要充分认识到它是一种重要的管理技术和方法，而起决定作用的还是人。

第六节 当代管理学的新发展

20世纪80年代以后，整个世界处于一种极度动荡的状态，国际政治动荡起伏，世界经济变幻莫测，科学技术日新月异，各种文化相互渗透、相互融合，市场竞争日益白热化。许多经济学家和历史学家都承认，人类正在进入一场经济革命，它的深远影响丝毫不亚于，甚至远远大于第一次和第二次工业革命。因为当前的变化已不仅局限于制造业的范围，而且，这些变化覆盖了经济和社会生活的所有方面，它们并不受地域和国家的限制。前两次工业革命则不同，它们主要局限于欧洲和美国，后来才包括了东亚的部分地区。而现在的变化则在全球范围内同时快速地发生，它几乎遍及所有的传统商业部门、行业和企业。

这场深刻而全面地改变着整个世界面貌的经济革命的主题包括三大方面，即经济全球化、知识经济和可持续发展理论。它们正引导着经济、技术和社会的全面彻底转型，并预示着新的创造财富机制的到来，甚至标志着传统工业时代的终结。在此过程中，无论是人们的生活形态、行为方式，还是社会的生产形态、组织方式，都在发生着重大的、多元的变化，许多变化甚至是始料未及的，更多的变化是混沌的。

这些变化对企业而言，则意味着传统战略决策的基础不复存在，因为快速的、非线性的、不连续的变化造成了环境的不可预测性，竞争的基本指导原则也不再有效。以信息化网络为基础的市场模式的变化，不断对工业时代行之有效的传统管理教条、范式、规则、战略以及成功的秘诀提出挑战。事实上，传统的以垂直整合、协同效应、规模经济、成本控制、层级制组织、命令统一模式等为特征的工业经营管理方式，正逐步被以资源外包、规模小型化、定制化、利润中心、网络型组织、以知识为依据的分工等为特征全新的经营管理方式所取代。工业时代企业运行的许多过程，即资本形成方式、委托—代理方式、管理方式，以及组织结构、生产结构、销售结构，乃至产品和服务的消费结构等都正在经受着“颠覆性”的冲击。

一、当代管理的新趋势

西方管理学者对全球新的竞争条件下企业的生存和发展进行了深入思考和研究，形成了一些新的思想，这些思想进而体现于管理实践之中，使其产生了众多的变化，其主要变化可概括为如下几方面：

1. 战略化趋势

随着社会化大生产的发展，社会生产日趋复杂，社会环境变幻莫测，组织与环境之间的联系日益紧密，管理所涉及的因素日益增多、日趋复杂，组织（尤其是企业）间的竞争日趋激烈，组织能否制定和实现正确的战略构想，关系到组织的兴亡。

就企业而言，过去企业家往往追求企业战略的稳定性、长期性，期望其对企业的发展产生长远的影响。但事实证明，多变的技术革新浪潮，意想不到的环境变化，往往使追求“稳定性”的企业措手不及。企业要适应全球市场的激烈竞争，必须对自己的发展有一个战略规划，要在彻底了解和准确把握企业内部条件和外部环境变化的同时，结合本企业的特点，制订出最佳的企业战略。企业如果没有科学的战略目标、长远打算，只顾眼前和一时的成就，便不可能持续发展，更不可能在竞争中取胜，企业唯有运筹帷幄，深谋远虑，才能战略制胜，才能不断壮大发展。

2. 信息化趋势

随着以微型电脑、激光技术、新型材料、生物工程和新能源开发为中心的新科技革命的兴起与发展，生产技术、社会需求以及市场竞争等日新月异、瞬息万变，在这种情况下，信息进入重要资源的行列。丰富而准确的信息，是正确而迅速决策的前提。一个企业能否在激烈的竞争中得以生存和发展，它的产品和服务能否跟上时代的要求，首先在于该企业能否及时掌握必要和准确的信息，能否正确地加工和处理信息，能否迅速地在员工之间传递和分享信息，特别是能否把信息融合到产品生产和服务的过程之中，融合到企业的整个经营与管理工作之中。各级管理者在这个瞬息万变的时代，越来越重视信息的作用，把如何获取有效的信息作为自己的首要任务。企业管理者发挥各种职能作用，都要以掌握大量真实、准确、及时的信息为前提。在这种情况下，传统的企业管理已经不能适应现代的信息处理要求，也不能满足企业经营管理对信息的要求，企业管理面临着信息化的挑战，信息管理成为企业竞争致胜的重要法宝。

组织的信息管理能力，不仅包括强大的信息网络和信息收集能力，更为重要的是要有出色的信息分析、传递和利用能力。对信息的管理就成了现代管理的一个突出特点。随着信息技术的推广应用和信息资源的不断开发利用，管理信息化正在往广度和深度发展，这将导致信息管理在整个管理中地位的提升。信息管理渗透于和体现在各种管理——无论是政府管理还是企业管理的一切方面和全部过程。可以说，现代企业和组织若无信息管理，也就谈不上任何管理了。

3. 人性化趋势

在传统管理中，大生产以机器为中心，工人只是机器系统的配件，人被当作是物，管理的中心是物。但是，随着信息时代的到来，组织中最缺乏的不是资金和机器，而是高素质的人才。人在组织中越来越显示出重要作用。这就促使管理部门日益重视人的因素，管理工作的中心也从物转向人。传统管理和现代管理的一个重要区别，就是管理中心从物本管理到人本管理。

在任何管理中，人是决定性的因素。管理的这一特征，要求管理理论研究也要坚持以人为中心，把对人的研究作为管理理论研究的重要内容。事实上，在管理理论的研究中，差不多所有的管理理论都建立在人性假设理论的基础上。许多管理学派的理论之所不同，主要是对于对人的本性的认识不同。20世纪之初泰罗的科学管理是基于“经济人”这一假设的，20世纪30年代梅奥等人的行为管理是基于“社会人”这一假设的，至50年代又有了基于“自我实现的人”假设的马斯洛的人性管理，80年代以来出现的文化管理，强调实现自我的企业文化。管理研究发展史表明，管理学理论明显地存在着以人为本的管理思想。

因此，管理都要以人为中心，把提高人的素质、处理好人际关系、满足人的需求、调动人的主动性、积极作和创造性放在首位。在管理方式上，现代管理更强调采用柔性的方式，尊重个人的价值和能力，更强调通过激励、鼓励人，以感情调动员工积极性、主动性和创造性，最充分地调动所有员工的工作积极性，以实现人力资源的优化及合理配置。

4. 弹性化趋势

随着社会的发展，管理从固定的组织系统向富有弹性的组织系统发展。这是管理发展的又一个重要趋势。

过去在组织管理中，一旦建立起一套完整的组织系统，就长期固定不变，显得僵硬。但现在，由于社会环境的不断变化，要求组织机构应该趋于灵活而富有弹性，以求信息畅通并行动敏捷，使组织具有很强的对环境的适应能力。为了简化发号施令和相互沟通的渠道，组织管理者将缩小机构，减少层次。在企业各下属机构变小的同时，将赋予它们更大的自主权，实行经营权和管理权下放。这既有利于发挥下属人员的专长和创造精神，又有利于使企业领导把主要精力集中在高层战略决策等问题上。

20世纪80年代初，日本和美国的一些管理学者对日美几家著名企业的组织机构进行比较后指出，美国企业规模过大，组织机构过于复杂，企业内部各部门之间划分得很细，部门间沟通少，管理集权程度高，灵活性差。而日本企业的组织结构相对简单，部门之间的横向联系多，各部门在经营上有很大的灵活性，许多企业可以根据生产和经营的需要，及时扩充或收缩某些业务部门，适应现代化的生产。这种组织具有较强的应变能力，机动灵活而不僵化，形式多种多样，有较高的工作效率。这种富有弹性的组织是柔性组织。

正在发展的这种柔性组织是组织机构的一种发展趋势。虚拟公司就是其中的一种。这种正在发展中的新型公司是由许多独立的公司、供给者、顾客、甚至是从前的竞争对手，通过信息技术联系起来的临时性网络。他们分享技术、分摊成本，互相进入共同的市场。它既没有组织机构，也没有领导层级，而是一种为利用某种特定的机遇而迅速联合起来的协作集团。一旦机遇来临，就采取行动；而一旦机遇不存在了，就解体。在一个虚拟公司内，取众家之长，各公司分摊费用、分享技术，共同来占领全球市场。

随着信息技术的不断进步，网络经济的不断发展，组织机构必然会越来越趋于柔性和多样化，相应的组织的管理，也必将日趋弹性化。

二、管理科学的新时代

纵观20世纪的发展历史，在经济领域对当前及未来具有突破性贡献的发展有三个：

（1）第三次科学技术革命的浪潮形成了高新技术群，并一浪高过一浪地推动着科学技术日新月异，不断向更高层次发展。

（2）由于科学技术进步和生产力的发展，呈现出世界经济全球化、国际市场一体化、区域经济集团化的趋势。

（3）70年代末80年代初开始，出现了世界性的经济体制改革浪潮，其中尤以中国成功的改革引人注目。

世纪之交，全球政治、经济、文化都在发生着深刻的变化，人们的生产方式、生活方式、交往方式和思维方式正在逐步更新，从而为企业管理创新提供了原动力，新问世的管理学说不胜枚举，也有不少成功的管理模式推出。其发展趋势主要有以下几方面：

（1）简化管理，即将企业的组织结构简化，变金字塔式组织结构为扁平型组织结构。

（2）非理性管理，即相对于理性管理——科学管理而言强调管理艺术，重视以人为本，用直觉判断环境变化等。

（3）弹性管理，如企业规模适度化、管理组织灵活化、工作时间分散化等。

（4）满意管理，即要求企业与顾客、社会，股东与员工之间保持最优化的关系，使各方都感到满意。此外，还有绿色管理、国际化管理、网络管理等等。

若要一一罗列出这些改变了世界的管理大事，绝非一件轻而易举的事情。一方面，出现在世界各地的卓越的管理事件是难以穷尽的；另一方面，对所谓管理事件的选择也常常是仁者见仁,智者见智,没有一定的标准。

二次大战结束后的10年里，美国领导了世界经济，在技术、成本、质量、生产上的领先是如此之高，以至没有国家能与之竞争。20世纪60年代前后，美国经理人员的管理制度则更是被欧洲人视为同炼金术一样神奇。但是，好景不长，在70年代初期石油危机的冲击下，美国的企业竟轻易地丧失了竞争优势，持续增长了20多年的劳动生产率于1973年骤然停止了增长。原因何在？除了政府的立法、能源费用和其他一些因素外，越来越多的人意识到，美国企业之所以出现问题，原因在于过去曾非常有效并受到全世界推崇的企业管理理论与实践本身。

大约在1980年，日本的崛起对美国造成了重要的挑战。打击首先发生在机械、钢铁、汽车、化工这些使美国称霸世界的传统工业上。其后又以不可阻挡之势扩展至电视、激光、盒式录像机、半导体、集成电路、计算机等信息产业，从而彻底地动摇了美国在这些领域当中的优势地位。在20世纪50年代，美国经济总量占世界将近一半，而80年代还不到20%。

激烈的市场竞争打掉了美国的傲慢自大，最先清醒过来的是美国的企业和企业家，他们认识到，必须变革和开放，必须善于交流和合作，否则，美国剩下的最后一点优势也将丧失殆尽。面对激烈的竞争，美国公司最初的反映是运用新技术武装自己。在整个80年代，美国公司用于信息设备的投资达一万亿美元。到1994年，美国办公室和家庭中使用的计算机已近一亿台，比世界其他地区拥有的计算机总和还要多。所有公司都已建立了自己的内部计算机网络，并与地区的、全国的和跨国的网络相联结，实现了信息的快速处理、传递和共享。但是，在投入了巨大的资金之后，生产率的提高并不显著，公司的状况也并未得到根本性的好转。部分公司尝试着进行一些经营管理方面的变革的探索，但大多也不见起色。在这种情况下，美国人开始了对日本的专业研究。他们想把日本人当做一面特殊的镜子，对着这面镜子从新的角度来看待自己，从而找出审慎的变革方向。研究结果表明，美国的失误在于其走入了企业管理的误区：高度理性化，过分强调精确、定量，过分强调计算机、公式和模型，而忽略了企业中最基本的因素——人，忽略了管理的艺术性特征。而日本的成功，则正在于其这些年来一贯坚持富有弹性的柔性管理。

这些观点的倡导者以四部名著为突破口，掀开了美国管理理论发展史上新的一页。这四部名著分别是于1981年和1982年出版的《Z理论——美国企业界如何迎接日本的挑战》、《日本企业管理艺术》、《企业文化》和《寻求优势——美国最成功公司的经验》，这四部重要著作被称为新潮流的

"四重奏"。它们以全新的思路、深刻的分析、独到的见解和精辟的论述，提出了进入20世纪80年代以后企业管理理论与实践的新问题——企业文化问题，给人们带来了新的思维和新的方向。

美国加利福尼亚大学的日裔美籍管理学教授威廉·大内（Ouchi W.G）在《Z理论——美国企业界如何迎接日本的挑战》一书中指出，日本企业管理成功的奥秘，即美国企业应向日本学习的关键是：每一个日本企业都有一种充满信任、微妙性和亲密感的人际关系。他在详尽分析了美国盛行的A型组织和日本成功的J型组织各自的特点后，进一步提出了"Z型组织"的模式。

"Z型组织"的基本特点是：

（1）实行长期或终身雇佣制，使职工在职业有保障的前提下更加关心企业的利益；

（2）对职工进行长期考核和逐步提升制度；

（3）培养能适应各种工作环境的多专多能的人才；

（4）管理过程中既严格执行各种现代科学技术的控制手段，又注重对人的经验和潜能进行细致有效的启发诱导；

（5）采取集体研究与个人负责制结合的"统一思想式"的决策方式；

（6）树立员工平等观念，在整体利益指导下，每个人都可对事物做出判断，独立工作，以自我控制代替等级指挥，上下级之间建立融洽的合作关系。

《日本企业管理艺术》的作者为美国哈佛大学工商管理研究院教授理查得·帕斯卡尔（Richard Pascale）和斯坦福大学商学研究院教授安东尼·阿索斯（Anthong Athos 1934—），该书于1981年出版，曾被美国著名的麦肯锡咨询公司的总经理誉为剖析美国企业管理错误的"里程碑"和企业管理思想研究的"指南针"。

两位作者在该书中设计出一个简明而有效的"7—S"模型（这一模型曾被麦肯锡咨询公司广泛应用，因而也被称为麦肯锡7—S框图）。"7—S"分别是战略（Strategy）、结构（Structure）、制度（Systems）、人员（Staff）、风格（Style）、技能（Skills）和共同的价值观（Shared Vision）。在用这一模型分析了日本的松下电器公司和美国的国际电话电报公司、国际商用机器公司、联合航空公司等12家企业后，得出了一个结论，即全面系统地把握这"7—S"是企业成功的根本要素。作者认为，美国企业之所以在严酷的冲击面前显得疲软，是因为他们在管理过程中过分地重视了三个"硬性的S"，即战略、结构、制度；而日本企业则在不否认三个"硬S"的前提下，很好地兼顾了其余四个“软性的S”，因此显得生机勃勃。所以，有人说20世纪80年代是日本人的天下。

但是，到了20世纪90年代初，世界经济又发生了戏剧性的变化。1992年日本当时的首相宫泽喜一还在电视中嘲笑美国说：“美国工人已经到了缺乏劳动道德的地步。”前通产大臣也直接了当地说美国工人懒惰，美国企业没有竞争力。但1993年整个经济形势就翻转过来了，首先是美国曾经落后很多的行业如汽车、机械、电子等，重新取得了竞争优势。权威性很高的美国经济论坛和国际管理发展研究院于1994年发表的年度经济报告显示，1993年，美国经济竞争力重居世界首位，而日本在雄居首位8年之后落在新加坡之后排行第三。1995年公布的报告显示，美国仍居首位，日本却再次下滑，落在香港之后排第四。

20世纪90年代上半期，美国的经济增长率和创造的就业机会都高于日本和欧洲，而这样的经济增长主要不是靠硬件投资所获得的。美国经济学家在《商业周刊》上发表文章认为，美国的经济成就虽然也有宏观措施得当的因素，但主要得力于企业的信息化和管理变革。

三、企业管理新思维

（一）重新构建公司

1. 重新构建公司的概念

重新构建公司是指通过重新设计和整合工作程序，建立能够充分体现个人价值的团体式组织，并不断扩大这种组织，直到整个公司都按照这种新的原则构建起来，最终形成新型公司组织的创新过程。重新构建公司是美国20世纪90年代企业管理变革的核心，又叫企业再造。

重新构建公司的效益模式是以重新设计和整合工作程序来达到“快”；其文化模式是以能够充分实现个人价值的文化人和团队式集体的结合来创新一种新的价值观和新的文化氛围。具体而言，重新构建公司的目的在于：创造一个让人们参与的环境，这个环境中没有等级制的压抑，也没有等级制的功利，不再以职位的高低为标准来划分人们各种需要的满足程度，划分的标准变成唯一的一个——工作成绩。为此，人们可以不再为争取职位而勾心斗角，浪费精力，人们的价值不在于他们的官阶不同，而在于他们的专业不同、文化不同、思考问题的角度不同，这就是所谓“文化人”的价值。只有在这种价值观和规范的环境中，人们才可能去参与，去创造，去实现知识和智力的碰撞。

提出这一观念的美国学者哈默（M.Hammer）对这一概念的解释为：工作程序的重新设计是企业重新构建的出发点，而工作程序的重新设计需要根据不同的情况对症下药，其中的一个基本的原则概念是“同步工程”，就是把过去在分工制下需要由各部门顺序完成的工作整合起来同时进行，以大大压缩工作程序中的时间成本。同时，组织结构也需要随着工作程序的改变而改变，组织中的人也必须改变，他们必须从专才变为通才，不但精通自己的工作，而且熟悉别人的工作。于是，随着工作程序的重新设计，组织结构、员工素质、辅助工作的性质，以及过去为这些不同部门、不同工作所制定的规章制度，全部要发生根本性的变化，这就是公司的重新构建。哈默认为，重新构建公司的目的和衡量标准是公司能否灵活快速地反应顾客的需求。

什么样的企业需要“再造”呢？从美国现有的经验看，进行再造的企业大体可分成以下三大类，各类有各类的处境和打算。我们对它们略加描绘。

第一类企业：身陷困境，走投无路，迫于形势，准备背水一战，若能借助“再造”冲出困境，那就能使企业获得新生，柳暗花明又一村。这里所谓“困境”，是指成本高出竞争对手几倍，产品次品率高出别人几倍，或者顾客对他们的产品已怨声载道，到了忍无可忍的地步。“再造”是唯一的出路，关系到它的生死存亡。

第二类企业：当前日子还过得去，暂时看来财务状况是令人满意的。换句话说，公司尚未遇到真正的麻烦，然而公司领导班子似乎有一种感觉，预见到即将有暴风骤雨来临，可能给他们带来严重问题，甚至威胁他们成功的基业。这些公司有远见，未雨绸缪，把决心下在要紧关头，与其走下坡入逆境，不如着手再造。

第三类企业：正处于巅峰时期，不要说眼前没有困难，即使是看得着或想得到的将来也不会有什么大问题。这些公司的领导班子不安于现状，雄心勃勃，勇于进取。“再造”被看作提高竞争水准的好机会，可以把竞争对手甩得更远，把竞争壁垒筑得更高，使对手赶超的可能更小。有人感到不理解的是，这些公司、企业明明处在优势下，怎么又去重新制定竞争的游戏规则?！有一句颇费思量的妙语：真正卓有成效的公司，其标志是舍得丢弃长时间有成效的东西。细想想，这话也有道理：一个真正出色的企业决不会满足于现有的实绩，而要想有更出色的成绩，不愿丢弃长久奏效的做法，怎么有可能做得到呢?

由此我们知道，“再造”并不一定要到走投无路时才做，不同水平上的企业都能做，关键是要看清形势，下决心去做。

从资料看，公司再造的发展势头迅猛。迈克尔·哈默（M.Hammer）和詹姆斯·钱皮（James A.Champy）1993 年出版的著作《重新构建公司——企业革命宣言》，一年半之后已售出 170 万册，其中 75 万册是在美国卖出的，25 万册则在日本售出。该书译成 19 种文字，其中包括中文、芬兰语、希伯来语和泰语。书的销售从侧面反映了“再造”的热度。六大会计事务和咨询公司中的两家在 1994 年分头作过调查研究，而得出的结论差不多一致：75%～80%的美国最大公司已经开始再造，今后几年里会进一步致力于“再造”。

另外，据一家市场调研公司估计，美国诸公司 1994 年花费在“再造”上的钱超出 70 亿美元，其中仅包括人工和咨询费用；如果要计入所需的技术投资，“再造”开支即刻变为 300 多亿美元。

2.“重新构建公司”的背景及条件

20 世纪 80 年代，美国的制造业在引进日本的准时制、并行工程与计算机工程 MRP－Ⅱ时，发现必须彻底改变传统的工作方式，工业革命以来按照分工原则把一项完整的工作分切成不同的碎块，由各不相干的不同部门按顺序依次完成的工作程序和组织结构必须要重新设计，拆除人为设在市场、设计、生产、销售、财务、人事和辅助工作之间的围墙，使工作能够齐头并进，而不是像过去那样按顺序进行。这种方法能够加快企业对市场的反应速度，而且能进一步提高质量。

美国的咨询专家们进行了这样一些重新设计工作和组织程序的实验，并从中悟出了新的道理。

1990 年，美国麻省理工学院电脑和系统工程教授哈默在《哈佛商业评论》上发表“重新设计工作：不是搞自动化，是取消”的文章，这篇富于创新精神的文章立即引起轰动。美国各大公司如 IBM 等聘请哈默来协助推动公司的业务重组，同时开发重新设计工作的软件包。1990 年重新设计工作的咨询服务营业额达 54 亿美元，1992 年达 80 亿美元。

1993 年，哈默与钱皮合写的专著《重新构建公司——企业革命宣言》出版，在短短两年的时间里，这本书销售 200 多万册，1993 年在日本翻译出版，当年就售出 25 万册，管理学界和企业界对它好评如潮。《商业周刊》在评价该书时认为，重新构建公司的观念“是质量管理运动开展以来最热门的一种管理思想。”“《重新构建公司》可能是自《追求卓越》出版以来，供经营管理人员阅读的写得最好、理由最充分的一本书。”“它使哈默成为一个万众追随的领袖。”

两位作者在书中明确指出：两个世纪前确立的一套原则形成了美国企业从19世纪到20世纪的结构、管理和结果，在我们正进入的后工业企业时代时，放弃那些原则，采取一套新原则的时代已经到来了。他们还说："20年来，没有一个管理思潮能将美国公司竞争力的退化倒转过来，如目标管理、多样化、Z理论、价值链分析、分权、质量圈、追求卓越、结构重整、内部创新、一分钟决策等等，都不过是企业管理的陈词滥调。"

从重新构建公司的特点我们可以看出，不是任何公司都可以轻而易举地进行重新构建的，它需要两个基本前提。

首先，它需要信息化。所谓信息化，包括信息集成的原则和信息化手段。重新构建公司是建立在信息集成原则和信息化手段基础上的，如果一个公司根本不懂得什么是信息化，也没有这样的手段，它就无法进入重新构建公司的过程。

其次，它需要知识化。处于新的工作程序和新的团队中的人们，他们必须具有同等的视野、同等的素质和共同的工作价值观，否则他们不会有共同语言，他们无法进行自我协调。如果他们的知识结构不能使他们处于平等地位，进入平行过程，还需要官僚来领导、控制和协调，那么，重新构建就会成为毫无意义的浪费精力的事情了。

3. 重新构建公司的进展

据美国《幸福》杂志的调查，1 000家最大公司中，已有68%进行了重新构建的尝试，并根据新程序建立了各种小组，但参加小组的职工仅占职工总数的10%，这主要是由于美国公司管理变革发展的不平衡所造成的。各公司的具体情况不一样，有的公司刚刚醒过来，还处于向日本公司学习的阶段，有的公司正在深化质量管理，有的公司把降低成本放在首位，正在进入结构调整，有的则已进入"重新构建公司"。但美国公司的共同点是都已完成信息化装备，都在探索信息化的经营管理新途径，这是美国公司与世界其他国家的公司的主要区别。

公司重新构建之风也已经从美国吹向日本和欧洲。

这些年来，许多日本公司在质量运动中逐渐发展出华而不实的经营作风，过分追求产品功能的齐全和在外观上的求新求变，而这些改变对于绝大部分顾客来说基本上是用不上的。随着泡沫经济的破灭，日本消费者开始抗拒跟着大公司的花样掏腰包的做法，日本各零售商掀起削价销售的风潮，日本大公司陷入亏损经营，日本的经营战略已引起日本公司的反思。

1993年底，在丰田成立50周年庆典上，丰田英次讲话认为，丰田汽车设计繁琐且过于昂贵，公司忽视了顾客的需求，需要内部整顿。同年，丰田工程部门进行了结构重组，根据车的类型分成前轮驱动、后轮驱动和四轮驱动三个工程小组。这一结构是向通用汽车的国内部分借鉴的，目的是使尽可能多的零部件标准化、通用化，以降低成本。1994 年丰田公司削减了 20%的车型，并对那些对用户毫无意义的质量要求重新审视并进行更改。在公司的变革中，发现自动化生产线起了阻碍作用，因为它不能灵活地适应变革，随后，公司从生产线上拆掉了一些机器人。即丰田公司也像通用汽车公司一样，懂得了过多的自动化会适得其反。

松下公司原生产5 000多种不同的音响设备，1993 年初，已被迫砍为1 000种。松下公司进行的客户调查表明，消费者并不需要工程技术人员们所热衷设计的那些花样翻新的复杂产品。

三洋公司则进行了大改组，建立了八个全球性分公司，每个分公司只从事某项专门业务，如音像公司、电机分公司等，每个分公司经理可以全权处理本公司的利润，这一体制打破了日本公司传统的财务上的集权制，像美国公司一样进行分权制改革。

总起来看，尽管“重新构建公司”的思想在日本很走红，很多人都在谈论它，但日本公司的变革还是为应付经济停滞的临时性措施。由于“重新构建公司”将带来大量白领职工的被解雇，因此，许多大公司的态度也还比较谨慎。

“重新构建公司”在欧洲发展的比较快。

英国的罗尔斯—罗伊斯公司，德国的大众、奔驰、西门子等公司也都正走上变革之途。总体上看，欧洲的管理变革，零售、金融服务和电信等行业是先锋，起步早，动作快，而制造业相对滞后。

重新构建的步子迈得最大的是德国的西门子公司。1992 年，西门子自动化集团经理伍彻尔挑选了一些工程师组成产品开发团队，并聘了一位外行，一个马拉松运动员来任项目经理。他们在离总部不远的地方租了一所房子，项目小组的人就在里面进行“脑力激荡”，结果，他们用两年时间开发出一种新的机床工具控制系统，开发周期只有过去的 1/3，成本也只有过去的 1/3，这种产品在市场上大获成功。之后，西门子公司推出了这样的创新：董事会成员沃尔特·库尼斯领导了一个工程，叫最佳使用时间程序（TIME—OPTIMIZEDPROCESS，简称 TOP)，把公司各种项目合并，强调创造性、速度和对市场的关注。这个工程把雇员组成一些目标明确的任务小组，如解决一个难题或完成一项设计，小组成员与公司共同签署一份同意完成这些目标的文件，并把他们的奖金和饭碗与这些目标是否能完成联系起来。公司对这些小组给予充分授权。这些跨部门的小组非常有效，如其中一个小组的目标是大幅度提高西门子公司在亚洲和欧洲的一种专用芯片的销售额，这个小组启用了一位32岁的年轻人做项目主管，结果他们大获成功，这个专用芯片的销售超过了摩托罗拉公司。

（二）虚拟公司

“虚拟”，是指模拟现实或假想现实，即在现实中是不存在的，但却给人一种宛若现实的错觉。虚拟公司正是借用了这一含义，它实际上不是具有法人资格的实体公司，也就是说它不是一个具有命令系统的组织实体，只不过是由于承担一定的功能而看起来具有实体性的组织。

具体地讲，虚拟公司是指为完成向市场提供商品或服务等任务，而由众多的企业相互联合形成的一种合作组织形式。每个企业活跃在各自专业领域并拥有卓越的技术，利用现代信息沟通技术把它们连成一个网络，可以更有效地向市场提供商品和服务，完成一个企业不能承担的市场功能。虚拟公司所提供的商品和服务，就其功能和效果而言，远远超出原来单独的企业。从资本关系上看，虚拟公司不强制各企业发生联系，实际上是出于功能性需要而把相互独立的公司以自愿的形式联系在一起。当然，企业之间的联系方式和合作方式是根据市场变动和顾客变动而变化的。

1. 虚拟企业出现的背景

面对急剧变化的不确定市场，企业生存和发展的关键是具有高度的柔性和快速反应能力。柔性制造系统（FMS）、精益生产（Lean Production）、并行工程（Concurrent Engineering）、计算机集成制造系统（CIMS）、智能制造系统（IMS）、灵捷制造技术（Agile Manufacturing）等一系列新的制造和管理模式相继被提出和运用，他们以高度柔性、集成化和智能化为特征，对于提高产品质量和生产力有着重大的促进作用。

但是，这些先进的生产系统仍然存在着有效性不足的问题。其原因不在于技术方面，而是受到员工积极性和创造性不足、企业组织结构不合理以及组织缺乏柔性等因素制约。

因此，企业必须将柔性生产技术、熟练掌握生产技能的知识型员工与促进企业内部和企业间合作的灵活管理结合在一起，通过建立共同的基础结构，对迅速改变或者无法预见的消费者需求和市场机遇作出快速响应。掌握新型生产制造和组织管理方式的企业，要把柔性制造、及时供应、工作团队、再造工程、员工授权、组织流畅化、计算机辅助设计、全面质量管理、大量生产等整合成一个结构严密的系统。

第二次世界大战后，日本处于经济萧条状态，制造业也陷于困境。丰田汽车公司的丰田英二和大野耐一认识到美国当时传统的大量生产方式不适合日本的国情，于是他们结合自身的特点，另辟蹊径，开创了“精益生产”方式。日本在其后的几十年中，利用这一生产方式，在制造业方面超过了美国，曾一度取代了美国在制造业方面的领先地位。

虚拟公司的出现使组织概念超越了企业范围。虚拟公司率先在美国出现与美国企业长期以来较高的自制化比率不无关系。与日本企业相比，美国企业的自制率较高。美国企业认为，尽可能将必要的零部件由自己制造是降低产品成本的重要手段。相反，日本企业将很多零部件的生产交由分包或转包企业来制造。由于日本企业自制率低，因而企业规模看起来要比美国小得多，丰田公司的职工人数仅仅是通用汽车公司的1/2。

为什么日本企业自制率低而美国企业自制率高，是管理学界长期研究的课题。20世纪80年代后期，美国意识到必须夺回制造业的优势，才能保住其在国际上的领先地位。于是，他们向日本的精益生产方式学习，并力图在美国工业中实施。但是，由于文化差异的存在，其效果总是不尽如人意。近年来，美国企业得出一点结论，即自制率过高导致企业臃肿和非效率。美国企业发现，一个企业要把自己的业务针对特定的专业领域深入下去，确立自己的技术优势，然后通过与在其他领域也拥有卓越技术的企业进行联合，建立一个合作网络，这样可以比自己面面俱到要有效得多。

1991年，美国国防部拟定了一个较长期的制造技术规划，同时体现工业界和国防部的共同利益，委托利海（Lehigh）大学的艾柯卡（Lacocca）研究所进行研究，结果艾柯卡研究所提出了一份“21世纪制造企业战略”的报告。这篇报告提出了一种新的生产模式，即以动态联盟为基础的灵捷制造。灵捷制造总结了当今世界上成功企业的创新思维，充分考虑了运用当代最新的信息技术成就，极富创造性地构想了一种新型企业——“虚拟公司”（Virtual Corporation），在企业之间以市场为导向组建动态联盟，以便能够充分利用整个社会的制造资源，在市场竞争中取胜。

现代信息技术的飞速发展为企业在更大范围内的合作提供了可能性。另外，从有效地利用外部资源这一角度上看，虚拟公司也体现了扩大资源利用范围这一现代管理思想。虚拟公司这一创新设想，已经在电子计算机及信息通信等相关企业普遍利用。在多媒体领域，一个企业拥有自己的核心技术，同时又与其他公司的核心技术进行组合，这已成为该领域企业发展的基本途径。总之，虚拟公司的出现使现代管理方式从综合主义发展到专门主义，从内部筹措发展到有效利用外部资源。

Internet的急剧成长及全球通信设施的发展，促成了虚拟组织的兴起。科技的进步，促使产品不断地推陈出新；交通通信的发展，缩短了地理距离；经济国际化，使商业无国界化；产业结构加速调整和升级，传统的企业经营方式和组织结构已经不能适应时代的需要。企业要在快速变革的环境中生存和发展，在激烈的竞争中获得优势，信息技术所带来的巨大的企业变革扮演着关键角色。在知识经济时代，信息技术对企业的影响很大，企业如何有创意地使用信息技术以提高自己的竞争优势，更是一个重要的课题。

企业的知识化、信息化和虚拟化是企业组织的演变趋势。信息化在技术上为企业的知识化提供了保证，知识化水平的提高将促进企业对信息技术的应用。同时，知识化、网络化和信息化又为企业“虚拟”运作提供了可能。

2. 虚拟企业的性质

所谓虚拟组织，指的是有许多不同的企业，各自专门负责整个企业流程中具有比较竞争优势的几项价值活动，并通过彼此间的合作网络，完成全部的企业成果。这些企业各自独立运作，并针对其所具有的某项专门的业务流程来表现。这个网络可以迅速地掌握快速反应和变化的机会，并与网络中的成员共同取得市场。

William Davidow 和 Michael S. Malone 于 1992 年给出了虚拟企业的定义：虚拟企业是由一些独立的厂商、顾客，甚至同行的竞争对手，通过信息技术联结成的临时网络组织，以达到共享技术、分摊费用以及满足市场需求的目的。它既没有中央办公室，也没有正式的组织图，更不像传统企业那样具有多层次的组织结构。

虚拟企业是一个目标导向的活动，在这个活动中，运用了先进的信息技术以区别出活动的类型。在这个最广的定义层面上，虚拟企业可以看做是企业组织的模糊形式。虚拟企业的存在是为了达成某一特定的目的，一旦这个需求消失，这个虚拟组织便会解散，并为下一个计划而作改组。

虚拟企业具有以下特征。

(1)卓越性。网络中的成员均具有自身的核心竞争力，因此，虚拟组织中的每一项功能或流程都是最佳的，这种最佳的组合模式，绝不是任何一个单一的企业可以单独达成的。

(2) 机会性。网络中的成员关系是非强制式的、较少稳定、随机变动的，这些公司可以为一个特定的市场机会而快速有效地结合网络中的成员。

(3) 高科技。这些公司企业要能结合起来运作须高度依赖信息网络，通过网络及时传递及处理信息，从而能够迅速协调行动及作出决策。

(4) 相互依赖。各个具有核心竞争力的企业以价值链的整体利益为目的，互补对方的不足。网络中的成员将变得彼此愈来愈互相依赖，将成功根植于彼此之间的相互信赖与合作基础之上。

(5) 无边界。很难定义出组织与组织之间的界限。

实际上，上述虚拟企业的五个特征也可以看作是成功企业所应具备的标准。因此，我们这里所谈的虚拟企业已不仅仅是存在于 Internet 上的组织，而应是知识经济时代一个成功企业所应逐渐采取的组织模式。

3. 虚拟企业的实践

事实上，虚拟组织在娱乐业、建筑业和咨询业等一些行业中已经存在多年了。它们经常为了特定的活动、工程或项目而形成团队，一旦任务完成，团队就解散了。但是现在最大的不同在于，随着知识经济的到来，大型企业正开始采用这种虚拟组织形态以进入新的市场。比如 Nike 公司和 Reebok 公司，一向被看做是著名的运动鞋制造厂商，但实际上，Nike 公司只有一个很小的制造单位，用来生产耐克鞋的气垫系统，而其余几乎100%的业务都是由外部供应商提供的。Reebok 公司更是完全不从事制造活动。这两家公司实际上是与亚太地区的运动鞋制造厂签订合约，交由他们生产制造。Nike 公司和 Reebok 公司正是典型的虚拟企业，他们运用信息网络将所有的企业活动联系起来。虚拟组织使得他们能够很快地对市场上流行起来的顾客需求作出反应。Nike 公司把主要力量集中在新产品的研究开发和市场营销上，制造上采用“多层伙伴”策略，按不同合作对象的特点，采取不同的合作方式，这使得 Nike 公司的产值以每年 20% 的递增率增长。

可以预期，在未来将会有更多的，以相互信任为基础建立起来的虚拟企业。在这种组织体系下，双方利益紧密结合，成为共存共荣的生命共同体。企业必须明确自己的核心竞争力，建立公司的未来与共识，必须从工业经济时代的时间导向管理模式，亦即认为工作时间越长，对组织的贡献越大，转变为知识经济时代的绩效导向管理模式，即绩效越大、效率越高，对组织的贡献也越大。

世界上已经有许多运用虚拟企业运作成功的例子。比如创建于 1984 年的 DELL 计算机公司，采用虚拟企业的运作方式，经过仅仅 13 年的发展，已经成长为一个拥有 120 亿美元资产的大公司。该公司的做法如下。

(1) 委托生产。传统的计算机公司，例如 IBM 公司、Digital 公司等，都有一种传统的观念，即自己生产所有的零部件，这就使得它必须自己制造一台计算机所需的大量零部件，必须保证自己在各个领域内达到领先水平，这实际上是很困难的。DELL 公司认识到，与其同 20 个已经进入市场的生产者竞争，还不如同其中最优秀的企业达成合作更为经济。因此，DELL 的策略是不搞大而全，而是把有限的资源和资金投入到最能够产生市场价值的部分中去，让其他企业为其生产一般零部件。

(2) 没有一个完整的生产体系。与传统的计算机公司不同，DELL 没有一个完整的生产体系要去管理。相反，它利用与其他公司的合作，大大减少了公司管理的强度和成本。DELL 公司一共有约一万名服务技师为其产品做售后服务，然而这些服务技师中的绝大部分都不是来自 DELL 公司，而是充分利用了其他公司的人力资源。这就使得公司的整个组织机构呈精简状态。而在顾客看来，这些人员却代表了 DELL 公司。

(3) 与供应商的伙伴关系。DELL 公司把它与供应商的关系看做是有力的合作伙伴关系。这些供应商派出技术人员来帮助开发 DELL 的新产品，DELL 也把这些技术人员看作是公司的一分子。当 DELL 开发某种新产品时，供应商的技术人员就常驻在 DELL 公司，而当顾客发现了 DELL 的产品问题时，DELL 就会马上通知供应商停止生产，直到他们修正错误。DELL 公司同它的供应商建立了高度的信息共享平台，这使得公司对市场的反应更加快捷，并创造了更多的价值。DELL 每日的需求量，可以从其对供应商的需求订单中得到精确的反映。当然，DELL 公司与供应商之间的关系并非固定不变的，其是否与供应商合作主要取决于供应商在技术、质量等方面能否保持领先地位。这种“强—强”合作方式保证了 DELL 的技术处于一流位置。

(4) 快速流动的库存。DELL 认为，企业经营的一个重大挑战是如何管理其库存。因此，DELL 将注意力放在库存的流动速度上，而不是库存量的大小。它在每一批库存中以进库日期为标志，将入库到装配时间跨度作为评判库存是否合理的标准，从而达到控制库存流动速度的目的。DELL 追求的不是准时制生产中的“零库存”，而是强调加快库存的流转速度。

(5) 积极的同顾客联系的系统。DELL 公司建立了一套完备的数据交换系统，通过这个系统，顾客的要求可以及时地反映到公司。例如，某个顾客在当地的一个硬件商店订购了一台计算机，这个商店将向这个系统发送这些信息，系统进行信息处理后反馈给 DELL 公司，它就可以根据这些数据快速制定和调整每天的生产计划。

(三) 学习型组织

彼得·圣吉 (Peter M. Senge) 1947 年出生于芝加哥，1970 年于斯坦福大学航空及太空工程专业学习，后进入麻省理工学院斯隆管理学院学习，

1978 年获得博士学位。十余年来，他和麻省理工学院的一群工作伙伴及企业界人士，孜孜不倦地致力于将系统动力学与组织学习、创造原理、认知科学、群体深度对话与模拟演练游戏融合，发展出一种人类梦寐以求的组织蓝图——“学习型组织”。《第五项修炼》便是他们研究成果的结晶。该书于 1992 年荣获世界企业学会（World Business Academy）最高荣誉的开拓者奖（Pathfinder Award），以表彰其开拓管理新典范的卓越贡献。美国商业周刊也于同年推崇他为当代最杰出的新管理大师之一。他的理想，也感召了戴明（Edwards Deming）、哈佛大学的阿吉瑞斯（Chris Argyris）、麻省理工学院的雪恩（Edgar Schein）与熊恩（Donald Schon）等大师级的前辈，以及一群有崇高理想的企业家们，成为他所主持的麻省理工学院“组织学习中心”的工作伙伴，共同为学习型组织的发展而努力，并朝向建立全球性的组织学习中心网络之目标迈进。

1. 学习型组织的定义

所谓学习型组织，是指通过培养弥漫于整个组织的学习气氛而建立起来的一种符合人性的、有机的、扁平化的组织。这种组织具有持续学习的精神，是可持续发展的组织。

2. 学习型组织的特征

（1）组织成员拥有一个共同的愿景。共同愿景是大家共同愿望的景象，是在客观分析现实情况的基础上勾画出来的远景规划，它来源于员工个人的愿景而又高于个人愿景。共同愿景能使具有个性差异的人凝聚在一起，朝着共同的目标前进。

（2）组织是由多个创造型团体组成的。在学习型组织中，团体是最基本的学习单位，也是最有创造力的单位。组织的所有目标都是直接或间接地通过团体作战来达到的。

（3）“地方为主”的扁平式结构。学习型组织尽最大可能将决策权下放到离最高管理层或公司总部最远的地方，即决策权往组织结构的下层移动，让下层单位拥有充分的决策权，并对所产生的结果负责。本着“地方为主”的思想，组织结构将趋于扁平化。

（4）组织的边界将被重新界定。学习型组织的边界的界定建立在组织要素与外部环境要素互动关系的基础上，将超越根据职能或部门划分的“法定”边界。

（5）员工家庭与事业的平衡。学习型组织将努力使员工丰富的家庭生活与充实的工作生活两者相得益彰。学习型组织将对员工承诺，支持每位员工充分地自我发展，而员工也以承诺对组织的发展尽心尽力作为回报。

这样，个人与组织的界限也将消逝，从而达到家庭与事业之间的平衡。

（6）领导者的新角色。在学习型组织中，领导者的设计工作是一个对组织要素进行整合的过程，它不只是设计组织的结构和组织政策、策略，更重要的是设计组织发展的基本理念；领导者的仆人角色表现在他对实现愿景的使命感，他自觉地接受愿景的召唤；领导者作为教师的首要任务是界定真实情况，协助下级对真实情况进行正确、深刻的把握，提高他们对组织系统的了解能力，促进每一个人的学习。

3.学习型组织的五项修炼

建立学习型组织，需要进行五项修炼，即自我超越、改进心智模式、建立共同愿景、团体学习和系统思考，其中系统思考是五项修炼中的核心技术。

（1）自我超越。自我超越，是指突破极限的自我实现和获得纯熟的技艺的过程。实现自我超越的人，能够不断实现他们内心深处最想实现的愿望，其对生命的态度就如同艺术家对待艺术作品一样，全心投入，不断创造和超越，这是一种真正的“终身学习”。整个组织的学习意愿和能力来源于组织中每个成员的学习意愿和能力。

自我超越的修炼包括以下一些内容：

①建立个人愿景，即树立个人远大理想和宏伟目标。

②保持创造性张力，即不断地从个人愿景与现实之间的距离中创造学习与工作的热情与动力。

③解决结构性冲突，即排除阻止个人追求目标和迈向成功的结构性心理障碍。

④运用潜意识，即发展潜意识与意识之间的默契关系，增强意志力。

（2）改进心智模式。心智模式，是指根深蒂固于心中、影响着人们认识周围世界以及如何采取行动的许多假设、成见和刻板印象。改进心智模式就是组织成员和组织自身打破既成的思维定势，解放思想，进行创造性思维的过程。

改进心智模式的修炼，包括以下一些内容：

①辨认跳跃式的推论，即认真分析自己是如何从粗浅的、直接的观察，跳到概括性的结论的（这些结论通常是片面的、浅薄的，甚至是错误的）。

②摊出对事物的假设，即对自己所经历的事件以及处理方式坦诚地写出内心深处的隐含假设，找出其中不合理的地方。

③探询与辩护，这是一种在多人之间进行的开诚布公地探讨问题的技

术，它一方面允许对未知和不明的情况进行询问，另一方面允许对自己的观点进行辩护，在这种面对面的互动过程中改进心智模式。

④对比自己所拥护的理论和实际使用的理论，即对自己拥护的理论（通常是口头表示的）与实际使用的理论（反映在实际行动中的）之间的差距进行分析，并加以改进。

（3）建立共同愿景。这是组织成员树立共同的远大理想和宏伟目标的过程。通过建立共同愿景，把全体成员团结在一起，创造出众人是一体的感觉。共同愿景深入人心以后，每个员工都会受到共同愿景的感召和鼓舞。

建立共同愿景的修炼包括以下一些内容：

①鼓励个人愿景，即鼓励个人设计自己的未来。

②塑造整体图像，即培养组织成员的集体观念，从集体利益出发分担责任。

③融入企业理念，即将共同愿景融入到理念之中。

④学习双向沟通。

⑤忠于事实，并从事实与共同愿景之间的差距中产生组织的创造性张力。

（4）团体学习。团体学习是发展团体成员互相配合、整体搭配与实现共同目标的能力的过程。通过团结学习，可以萃取出高于个人智力的团体智力，形成高于个人力量之和的团体力量；在团体行动中，达到一种"运作上的默契"和形成一种"流动的团体意识"。

团体学习的修炼需要运用深度会谈与讨论两种不同的团体沟通方式。深度会谈要求团体的所有成员摊出心中的假设，暂停个人的主观判断，自由而有创造性地探究复杂的议题，以达到一起思考的境界。讨论则是提出不同的看法，并加以辩护的沟通技术。通常团体用深度会谈来探究复杂的问题，用讨论来形成对事情的决议。

（5）系统思考。系统思考是五项修炼的核心，它教会人们运用系统的观点来看待组织的生存和发展，进而将组织成员的智慧和活动融为一体。系统思考能引导人们由看事件的局部到纵观整体，由看事件的表面到洞察其变化背后的深层结构，由孤立地分析各种因素到认识各种因素之间的互动关系和动态平衡关系。

系统思考与自我超越结合在一起，就会促进个人更好地学习：

①将个人的灵性与理性结合起来。

②将自己与周围的世界视为一体。

③发展出对别人的同情心。

④形成对整体利益的使命感。

系统思考对于有效地改进心智模式非常重要。因为，后者专注于暴露隐藏的假设，而前者则专注于如何重新构造假设以体现事物本身内在的本质联系。以系统的观点来审视心智模式，将全面地找出其中的瑕疵，并有助于改变人们的思考方式。

系统思考对于建立共同愿景的重要意义表现在：认识到共同愿景的坚实基础是个人愿景的互动与整合，并能客观地分析实现愿景的各种力量。

系统思考对于团体学习的重要意义表现在：使团体成员认识到团体的进步与发展需要大家的共同努力，大家是互相依存的；在团体行动中，每一位成员都要非常留意其他的成员，并且相信人人都会采取互相配合的态度和行为。

五项修炼的每一项都呈现三个层次，即演练、原理和精髓。其中，演练是指具体的练习，原理是指导练习活动的基本理论，而精髓则是指修炼纯熟的个人或团体所自然地体现到的境界，这种境界往往只可意会，而难以用语言或文字来表达。

圣吉认为，五项修炼是有机的整体，缺一不可，并且要坚持不懈地进行。只有这样，才能保持组织持续学习的精神，及时铲除发展道路上的障碍，保持组织持续发展的态势。

五项修炼将创造出有利于组织成员自我激励、自我管理和自我评价的组织环境；造就整体搭配、互相配合的团队精神；形成“输出资源而不贫、派出间谍而不叛”的群体整合功能；达到管理的人性化和制度化之间的平衡，以及员工个人事业发展与组织发展之间的协调一致。这些都是现代企业的管理者孜孜以求的。

4. 组织持续发展

企业组织持续发展，是指在一段较长的时期内，通过持续学习和持续创新活动，企业在经济效益方面稳步增长，在运行的效率上不断提高。这一定义可以从以下五个方面来理解。

（1）企业组织的持续发展要从一个较长的时间跨度来考察的。一般来说，这个时间跨度应在10年以上。

（2）企业组织持续发展的精神基础是持续学习。就像一个人为了保持事业的不断进步需要坚持学习一样，企业组织的持续发展必须通过持续学习来提高自身素质，持续学习是持续发展的先决条件。

（3）企业组织持续发展的途径是持续创新。持续创新是组织成员和整个组织的智慧在生产经营活动中的具体运用和体现，它是企业获得超额利润的直接来源。

(4) 企业组织持续发展的外在表现是，企业的经济效益稳步增长和企业组织的运行效率不断提高。这两点既是企业组织创新活动的出发点，也是创新活动的归宿。

(5) 企业组织持续发展是一个动态的概念。因为，从更长期的时间跨度来看，在企业组织的长期发展过程中可能存在着低谷，但停滞和徘徊是暂时的，对可持续发展的企业组织来说，在低谷之后，将进入新的持续发展阶段。

5. 在职培训和终身教育

企业成为以知识和人才管理为主的学习型组织，知识是唯一在使用过程中不被消耗，可以通过创新而不断增值，能为全社会共享的资源。美国总统克林顿在 1997 年的公开演讲中说："迈向 21 世纪的知识经济需要一种新的战略，而实现教育领先比以往任何时候都更为重要。终身教育是知识经济的成功之本。"一些具有战略眼光的企业不断增加企业员工的知识面，扩大其掌握的知识量，提高知识和技术才能，并纷纷将"职能资本"列入企业发展计划，以追求知识资本对企业带来的巨大收益。摩托罗拉公司每年用于职工培训的开支超过 10 亿美元，通用电气公司投入 3 亿 ~ 4 亿美元用于职工的"6 个西格玛（6σ）"培训计划。由于美国企业重视"职能资本管理"，使得美国从业人员结构发生了极大变化，企业"蓝领工人"明显减少，"白领人员"显著增多，工业部门工人人数占劳动力比重从 33% 下降到 17%，新就业者中"知识工人"占 90%。

此外，知识经济时代，在企业教育中还特别注重"现代管理意识"的培养。在知识经济竞争到来时，企业的经营管理正面临一场巨变，而"现代管理意识"是经济变革的先行条件和根本保证。过去，企业对员工的要求重在富有进取精神，注重发挥创造性以及个人适应变化的能力等。但在知识经济时代，这还远远不够。知识经济时代，知识、信息、物流、人才等不受国界限制，市场一体化和经济竞争全球化更加激烈。因此，在知识经济时代，企业必须突出全球化，树立现代管理意识。通用电气公司、微软公司、英特尔公司、宝洁公司等实施了"现代管理意识"工程，一方面，对全体员工进行现代意识和现代知识教育；另一方面，加强"现代意识型"人才的开发和使用，以改善人才结构，带动企业现代管理意识水平的提高。

从国家的角度来看，美国正实施科教兴国、科教兴企战略，以建立国家和企业创新体系，推出“技术——经济增长的发动机”计划，确定科技开发重点。这些计划的实施，首先得益于现代意识的强化。

各国都十分重视在职培训，甚至重视终身教育，因为知识是不断更新和发展的。例如，美国摩托罗拉公司每年用于职工培训的开支超过10亿美元，日本丰田公司所属各厂的4.6万名技术工人都具有高中以上的文化水平。

现在，施乐公司有关培训和职业发展方面的工作也开展起来了，公司正在开发工具、步骤和计划，以便员工可以通过自学，保持职业领先。公司设计了职位职能标准，对每个岗位列出了近25条关键性职位胜任技能，并把胜任的条件标准化为“工作胜任指南”。“工作胜任指南”不仅列出了职位标准，并且对职位标准作了详细的说明。

每个职员都能用这种程序去提高技能水平，这个系统可以自动计算出你现有技能和已建立的职位标准之间的差距，然后员工和管理者一道探讨他们的实力，确定优势，并制定缩短差距计划。

正如施乐公司首席科学家 John Secly Brown 所说的，公司能敏捷地判断出要利用的知识以提高公司的竞争力，这不仅有利于知识社会的建立，而且“施乐”在知识社会中也将占一席之地。

（四）生命型企业

20世纪以来，随着科学技术的迅猛发展，人类的知识总量及生产能力大大提高，不仅对世界经济产生了深刻的影响，也对管理理念、经营模式、企业形态等产生了深刻的影响。与此同时，各学科的交叉、渗透日益明显并呈趋势化发展。

近年来，国际、国内众多的专家、学者、企业界人士不约而同地将自然生态学的部分理念引入到企业管理的理论研究与实际运作之中。

在企业管理领域中，生态概念是对传统管理理论的扩展，生态学的研究方法和逻辑体系，对企业管理理论与战略思维的发展具有重要的指导价值。

近代和现代的思维模式是从单一的、线性的因果角度对复杂的世界作还原论和确定论的思考，并在此基础上建立模型，进行预测、决策、计划、控制等，把对象纳入在确定性的、可解决的范围之内。过去的经济管理理论正是建立在这样的基础之上的，比如，管理学认为，决策是通过对过去和现在的分析，得出将来发展趋势，据此做出决策、计划和控制，以达到目标的过程。然而问题并非如此简单，过去与现在难以准确推测出未来。因为未来发展的不可控变量太多，用传统的方法是无法把握的。事实上，建立在牛顿、拉普拉斯、笛卡尔、莱布尼兹等大师所创立的思想和方法论基础上的机械的、线性的、平衡静态的还原论和确定论并不能解释和解决人类原本就存在的复杂性问题。为此，必须发展非线性科学、复杂性科学，才能解决复杂系统和复杂性的问题，而组织生态理论正是基于这样一种思想而产生的。

生态学对企业管理理论与战略思维的发展的指导价值具体表现在：①以生态科学的整体论与系统观对企业经营的各类问题进行思考、分析、判断和决策，是管理理论与管理实践未来发展的一个方向；②以企业生态系统和生态系统演进的观点考察企业生态的结构和功能，将有利于认清企业发展过程中的生态不稳问题，从而实现企业生态系统的可持续发展；③运用生态学的原理和方法，将有助于深入洞察现代企业竞争的本质及其运行机制，寻求解决问题的方法和途径；④将生态意识整合至企业经营管理的过程之中，有利于促进企业与利益相关者群体之间关系的转变。⑤企业具有与生物高度相似的成长性、竞争性、环境适应性、周期性等特征。将“企业作为人格化的自然界或生态单元”加以比较研究，为进一步研究企业问题提供了一种新的视角。

总之，生态学为企业管理理论的发展提供了新视角、新思路、新方法、新的更为开阔的视野。此外，企业生态的研究，还具有以下两方面的意义。第一，通过全面分析企业生态的系统构成，进一步阐明企业生态系统的结构、功能和相互作用机理、自组织机制、竞争与合作、捕食与共生、协同进化关系、生态因子中的主导因子、限制性因子等重要内容和概念。第二，企业生态研究有助于企业经营管理者摆脱战略近视，以生态思维指导企业的战略竞争行为，实现经营理念的转变。

研究企业生态系统理论，寻找企业生态与自然生态两个系统的异同，目的是为了更好地认识事物，在向自然学习的过程中，逐步解决社会理性领域尚未很好解决的问题。企业生态系统不只是一个名词，它更是一种宏观的经营理念和微观的经营策略。它要求企业经营者不但要注意企业自身的生命力，更要洞烛先机，体察企业生态的变化，方能不断调整企业的体质来回应环境。企业生态系统的观点主张：企业自身是一个生命系统，同时它又是高一级的、它所栖息的生态系统的有机组成部分。这个生态系统是一个开放的、与社会有着全方位资源交换的而且不断在做内部调整的动态系统，具有企业自身所没有的新的特性和功能。企业要看清生态形势，顺势而为，通过适时调整战略，以赢得最大的生存权，并为生态的繁荣做出贡献。企业个体不必建立完整的附加价值链，只需确知这些能力存在何处并加以利用，学会在生态系统中与其他企业结成一种基于竞争——合作——协调机制的利益共同体，以发挥整体效力。随着传统行业边界日益模糊，如何构筑新的生态系统，混合编排不同的能力和意向，发现新的增值链也将成为企业所面临的问题，企业将不断寻求新的生存发展的领域和模式。总之，企业生态系统的研究将有助于企业家摆脱传统思维的束缚，完成将思想和机会转变成顾客的使用价值和投资者的利润这两重任务。

企业生态思想对企业管理的启示体现在以下方面：

1. 企业是生命有机体

企业是生命有机体。因为企业有作为生命有机体的诸多生命现象，比如，企业追求成长；企业具有从出生至死亡的生命周期；企业遵从优胜劣汰的自然规律；企业有自觉能力并对外界环境做出反应等。

在瑞典，“企业经营”的古语是 Naring liv，意思是“命滋养王国”。在中国，至少在3 000年前，对“企业经营”的称谓是“生意”。其第一个字可解释为“生存”，或“出生”，第二个字的意思是“意义”，即工作在一起，是生命意义的源泉。

2. 企业之间不仅是竞争关系，更是协作共生关系

所谓互利共生是指，两个物种之间均从对方获益，如一方不存在，另一方则不能生存。这种共生关系具有一定的固定性，同时也具有义务性。

这些年来，达尔文的理论经常被类推地运用于经济领域，但却非常狭隘地集中在物种竞争方面。人们反复提及的焦点是：在市场经济中，只有最适合的产品和公司才能生存。确实，在商业过程中，物种水平的改进无疑是保持公司成功的关键，它为社会创造了实实在在的价值。但是，其中是否还存在着其他的要素？比如，在自然生物界，狼的存在避免了鹿群的数量膨胀，由于鹿群更强壮，狼必须进化，使自己更强壮，以使捕猎成功。所以，物种之间不仅有竞争或合作的模式，也有共同进化的模式——它使整个系统变得更加协调，这一点有时甚至是更重要的。

在硅谷，不断发展的创新企业之间，与其说充满竞争，倒不如说更多的是合作关系。硅谷企业间的合作有多种形式，从交互许可、双头采购安排一直到技术合约和组建合资企业等，这使得新技术的扩散异常迅速。这并非是硅谷的企业“乐善好施”，而是硅谷企业家们仔细地进行商业决策的结果。借用英特尔公司总裁罗伯特·诺易斯（Noyce）的话来说：“如果不这样做（交互专利许可），则没有一个企业可以使用所有领域的最新技术。”

合作并非意味着缺乏竞争，相反，竞争需要不断的创新，而创新则要

求企业间的相互合作。如果企业不能认识到它们的市场需要有伙伴与他们一起合作，或者说为各方面的利益而协同进化，它们就会遇到很大的麻烦。历史上，通用汽车曾不断与工人作对，结果不断引发罢工浪潮，它们还曾以极不友好的方式迫使供应商削减价格（这一点与克莱斯勒和福特不同)。结果是通用汽车的市场份额一再被竞争者吃掉，这不是偶然的。

因此，无论是自然生态还是企业生态，都是相互依赖的系统，在这一系统中，重要的不是个体，而是个体之间的相互关系。机械模式的企业认为它们的目标就是提供产品和服务，而有机模式的企业则注意协调与企业生态系统中其他伙伴的关系。这也是为什么英特尔和微软能够从 IBM 和苹果手中夺取个人计算机市场领先地位的原因。IBM 和苹果公司都认为，市场中最重要的东西是他们生产出来的计算机，而英特尔和微软则把重点放在协调计算机制造商、零件制造商、软件编写商、销售商和用户的关系上。至此，又进一步引发出另一个重要启示：在市场生态中，企业是否有机会挑战对手，获得领先地位，自身技术实力是一方面，对手技术实力是另一方面，而对手的协作者，或曰对手与其协作者的协作力度却是更为重要的一项因素。只要其双方之间的协作是无隙可乘的，后来之竞争者恐难有胜出的机会与可能。因此，用生态学的观点来看，有些挑战从一开始就是没有效果的。

目前，正有越来越多的经理人开始强调合作，加强与客户和供应商的关系，在某些情况下甚至与直接竞争者一道共同研制、共创技术标准，改善大家的环境条件。从企业生态的角度看，这一点是极为明智的。

3. 企业要着力为“关系者”创造价值

在一个生态系统中，第一批开始稳定下来的，往往是那些其他生物最需要的生物。现代营销理论强调，企业只有不断满足消费者的需求才能持续发展。然而，企业应该用什么去满足消费者的需求呢？不是一般意义的产品，而是能够填充未被满足的需求所缺失的“价值”。一旦企业领悟了其生命的意义就在于“创造价值”，它就会进入游刃有余的战略空间，使其常常作出“有价值”的决策而立于不败之地。今天，一些企业盲目推行的“价格战”，并未考虑消费者真正需要的价值，与“创造价值”的生存原则相去甚远，这很难使消费者真正满意，也使企业难于在市场上立足。

这方面的典型例子是著名的亚马逊网上书店所创立的经营模式。亚马逊不仅仅是一家网上书店，关键在于它所提供的服务已不仅仅局限于卖书本身。在该网站上，人们可以读到其所感兴趣的图书评论，得到有关的书目，或者请求发给自己关于新书的电子邮件。亚马逊每周 7 天，每天 24 小时营业，它吸引了60多个国家的读者，60%的读者为回头客。亚马逊所做的，就是围绕它所销售的图书为顾客创造了更多的价值。而它自身的利益，是在顾客享用它所提供的价值的同时得以回报的。

有一种观点认为，目前多数公司没能将在网上经营变为竞争优势的一个主要原因在于：他们短视地把Web看成了另一个店铺，另一个卖东西的地方。事实上，Web不是卖东西的地方。Web的有效使用能够为客户提供一系列服务，能够创造四种服务——交易、兴趣、幻想和互利关系。其中只有第一种与卖东西有关，其他三种则是开设网站的公司通过建立与其他潜在客户之间的互利关系，增加产品的价值。要想成功，公司需要记住，网站不仅仅是说服客户买东西的商店，而是一个俱乐部，客户可以在这里给这些商品增加价值。

4. 为了可持续发展，任何企业都必须重视“绿色成本”

企业今天的商务环境包含着生态环境和社会环境，在这个广泛范围内所发生的一切成本（非可再生资源的使用、可再生资源的循环利用、废旧物品的管理、土壤和水污染的处理等）都必须作为内部成本来加以考虑。比如，如果考虑自然生态的约束并自觉地选择适应自然环境，则就要将这部分成本内部化；反之，如果考虑选择等待政府施加压力并受到公众运动的谴责，则要冒受生态法规惩罚之险。很多管理人员及财务分析人员由于觉得这种“绿色成本”难以量化，甚至在一定程度上把造成这种成本的原因归结为他人的问题，因此时常在某种程度上回避“绿色成本”这样一个事实。但是，在今天的社会环境下，这种回避现实的习性应该得以纠正。只有那些目光短浅，犯有短视症的公司才一味地坚持传统的分析方法。

企业从事商务活动需要尽量回避与政府政策法规发生冲突。如果不注意自律，迟早要受到有关方面的制裁。同时，由于企业是整个复杂系统的重要组成部分，人们只有加强环境保护意识，才能避免因缺乏自律而在公众心目中造成不好的印象，才能有效地规避风险。在经营过程中把生态和社会环境所带来的成本因素考虑进去，有助于增加企业的潜在收益——商誉价值。良好的信誉能够得到社会各界的支持。绿色股票现象必定会影响全球的股票市场，也必定能够为股东带来溢价收益。

【案例分析】

案例1 耐克——虚拟经营的典范

1. 耐克公司的创立

菲尔·奈特是一位技术平庸的参加1英里赛跑的运动员，他的最好成绩是4分13秒，没有进入世界级运动员（其成绩为4分钟）的行列。但他20世纪50年代末在俄勒冈大学受到著名教练比尔·鲍尔曼的训练。由于鲍尔曼在50年代年复一年地获得破世界纪录的长跑冠军，使俄勒冈州尤金市名扬于世。他不断地试穿各种运动鞋，他的观点是，跑鞋重量轻一盎司，也会对赢得比赛产生极好的效果。

在斯坦福大学攻读工商管理硕士期间，奈特写了一篇论文，指出日本人能够以他们制造照相机的方式制造运动鞋。在1960年获学位后，奈特前往日本，向奥尼楚卡公司申请在美国销售泰格尔跑鞋的资格。回到美国时，他把该公司制作的鞋的样品带给了鲍尔曼。

1964年，奈特和鲍尔曼开始合伙。他们每人拿出500美元，组成布卢里帮制鞋公司，为泰格尔跑鞋生产鞋底。他们把成品放在奈特岳父家的地窖里，头一年他们销售了价值8 000美元的进口鞋。白天，奈特在库拍利布兰德公司做会计；夜晚和周末，他沿街兜售运动鞋，大多数卖给了中学的体育队。

最后，在1972年，奈特和鲍尔曼终于自己发明出一种鞋，并决定自己制造。他们把制作任务承包给劳动力廉价的亚洲工厂，并给这种鞋取名叫耐克，这是依照希腊胜利之神的名字而取的。同时他们还发明出一种独特标志Swoosh（意为“嗖的一声”），它极为醒目、独特，每件耐克公司制品上都有这种标记。在1972年俄勒冈州尤金市运动会预选赛期间，耐克鞋在竞赛中首次亮相。被说服穿用这种新鞋的马拉松运动员获得第四名和第七名，而穿阿迪达斯鞋的运动员则在预选赛中获前三名。1975年一个星期天的早晨，鲍尔曼在烘烤华夫饼干的铁模中摆弄出一种丙烷橡胶，用它制成一种新型鞋底。这种“华夫饼干”式的鞋底上的小橡胶圆钉，使它比市场上流行的其他鞋底的弹性更强。这种产品革新——看上去很简单——最先成就了奈特和鲍尔曼的事业。然而推动耐克公司在美国市场上跨入最前列的真正动力主要的还不是产品革新而是仿造。耐克公司以阿迪达斯公司的制品为模型进行仿造，结果，仿造者战胜了发明者。

2. 耐克公司的成功

实践证明，鲍尔曼发明的“华夫饼干”鞋底大受运动员欢迎。因而，随市场行情转好，这种鞋底在1976年的销售额达到1 400万美元，而1975年的销售额为830万美元，1972年仅为200万美元。

耐克公司由于精心研究和开发新样式鞋的工作而使其在制鞋业中处于领先地位。到70年代末，耐克公司的研究和开发部门雇用的研究人员将近

100 名。公司生产出 140 多种不同式样的产品，其中某些产品是市场上最新颖和工艺最先进的。这些样式是根据不同脚型、体重、跑速、训练计划、性别和不同技术水平而设计的。

在 70 年代末和 80 年代初，市场对耐克公司产品的需求已十分巨大，以至于它的8 000个百货商店、体育用品商店和鞋店经销人等经销商中的60%都提前订货，并常常为货物到手等待半年之久。这给耐克公司的生产计划和存货费用计划的完成提供了极大的方便。耐克公司销售额在 1976 年为1 400万美元，仅半年后便上升到 6.4 亿美元。其市场份额为 33%，为市场占有率之首。两年之后，它更遥遥领先，其市场份额已达近 50%。阿迪达斯公司的市场份额则减少了，不仅大大低于耐克公司，而且像布鲁克公司和新巴兰斯公司这样的美国公司也成为使它担忧的对手。

在 1982 年 1 月 4 日出版的《福布斯》中的“美国产业年度报告”把耐克公司评为过去几年中赢利最多的公司，位居全行业之首。

3. 耐克公司获得成功的因素

毫无疑问，耐克公司在 20 世纪 70 年代面临极为有利的初始需求。耐克公司利用了这种有利条件。其实，大多数跑鞋制造商在这些年间都获得了可观的收入。但耐克公司的成功远非仅仅由于简单地依赖有利的市场条件。耐克公司击败了所有对手，包括到那时为止占统治地位的阿迪达斯公司。耐克公司的成功，揭开了阿迪达斯公司、彪马公司和泰格尔公司等外国制造商常胜不衰的神秘性。

通过充分发挥潜力，耐克公司生产出比阿迪达斯公司种类更多的产品，开创了鞋型多种多样的先河。生产范围太宽也许会出现许多麻烦。生产范围过大可能会损害生产效率，从而使成本大大增加。许多人善意地建议耐克公司缩小生产范围，砍掉那些不过硬的产品，集中人力物力和注意力于优势产品，争取在竞争中获胜。但我们看到的是耐克公司并未采取这种策略，然而它却成为 70 年代最成功的公司之一。很显然，它的经营策略与阿迪达斯不同。什么是具有战略意义的产品组合呢?

虽然耐克公司也许违背了某些产品组合观念，然而让我们看看它是怎样违背和以什么为代价的。通过提供风格各异、价格不同和多种用途的产品，耐克公司吸引了各种各样的跑步者，使他们感到耐克公司是提供品种最全的跑鞋制造商。数百万各式各样、各种能力的跑步者都有这种观念。这在一个飞速发展的行业里，是一个很吸引人的形象。而且，在急速膨胀的市场上，耐克公司发现它能以其种类繁多的产品开拓最宽广的前景。它可以把鞋卖给变通零售商，例如，百货商店和鞋店，也可以继续与特种跑鞋店做生意。

型号繁多、每种产品生产量小，一般会使生产成本增加。但对耐克公司来说，这也许不是一个大问题。生产鞋的大部分任务承包出去了——约85%承包给国外的工厂，大多数是远东地区的工厂。由于许多外国工厂按照合同生产部分产品，因而，各种产品生产量小对耐克公司来说是一个无足轻重的经济障碍。

很早以前，耐克公司就开始重视研究开发和技术革新工作，公司致力于寻求更轻、更软的跑鞋，并使之既对一般的穿用者有保护性，也给运动员——世界级运动员或业余爱好者——提供跑鞋工艺所能制作的最先进产品。耐克公司重视研究和开发新产品，突出地表现在它雇用了将近100名研究人员，专门从事研究工作，其中许多人具有生物力学、实验生理学、工程技术、工业设计学、化学和各种相关领域的学位。公司还聘请了研究委员会和顾客委员会，其中有教练员、运动员、设备经营人、足病医生和整形大夫，他们定期与公司研究人员见面，审核各种设计方案、材料和改进运动鞋的设想。其具体活动有对运动中的人体进行高速摄影分析、运动员踏车的情况分析、有计划地让300多名运动员进行耐克实验、试验和开发新型跑鞋以及改进原有跑鞋和材料等。1980年用于产品研究、开发和试验方面的费用约为250万美元，1981年的预算将近400万美元。对于鞋子这样非常普通的物品，进行如此重大的研究和开发工作，可谓是空前绝后了。

在经营策略上，耐克公司没有多少标新立异，在很多方面它还是沿袭了阿迪达斯公司几十年前树立起来的制鞋业公认的成功市场策略。这些策略主要是：集中力量试验和开发更好的跑鞋；为吸引鞋市上各方面的消费者而扩大生产线；发明出印在全部产品上的、可被立刻辨认出来的明显标志；利用著名运动员和重大体育比赛展示产品的使用情况。甚至把大部分生产任务承包给成本低的国外加工厂，这也不单是耐克公司一家这样做。但耐克公司运用这些早已被证明行之有效的经营技巧可谓得心应手，比它的任何对手甚至阿迪达斯公司运用得更好和更有攻势。

耐克公司获得成功，主要不是由于它对销售工作进行了革新研究，或由于它发现了任何人都没看到的销售机会，抑或比那些运气不佳的对手在推销和广告宣传方面投入了更多的资金。耐克公司成功的关键因素是卓有成效的仿效。

当然，仿效必须审慎而行。被仿效的市场战略应当是最行之有效的、在历史上取得重大成就的战略。就跑鞋市场来说，长期以来阿迪达斯公司所施行的市场战略是生产型号多样的鞋、在重大体育竞赛中让运动员穿用带有公司标志的产品、不断使产品更新换代等。这几乎是不能更改的市场战略，所有跑鞋制造商都遵循这同一战略——只是耐克公司做得更好一些罢了。

一个公司在仿效上所要下的工夫是发展自己的个性。仿效并不意味着制造与别人完全相同的产品。只有那些成功的决策、标准和行为才是真正应该仿效的。此外，必须充分发展自己与众不同的个性特征和标记并建立善于抓住各种新机会的组织机构和管理部门。

最后，我们可以看到所谓市场优势和在市场上占据第一位也是非常不易的。任何公司，不论在市场是否占据领先地位，都不能依赖它的名声而无视发展变化着的外部环境和强大对手的攻势。阿迪达斯公司曾在制鞋业居于领先地位，正像国际商用机器公司在计算机行业中的地位一样。但阿迪达斯公司放松了警惕，从而在关键时刻的攻势变弱了。

竞赛时跑在前面的人很容易自满自大，在这里我们所看到的情况就表明了这一点。在市场需求急剧增长时，阿迪达斯公司却刀枪入库，马放南山，放松了警惕。在这期间，这位制鞋业领先者的销售额迅速上升，这使自满自足情绪油然而生。但这种迅速增长的销售额可能掩盖着市场份额下降的趋势，竞争者正在侵吞这个占统治地位公司的利益，获取重大收益。最终，优势转到一个或更多的现时强大的竞争者手中，先前占统治地位的那家公司也许再不能东山再起、重新占据领先地位了。一个公司的成功也许是另一个公司的错误造成的——与其说是被别人代替不如说是自己失误——没有采取或至少直到很晚才采取必需的行动。

案例 2　阿迪达斯的不良决策

如果你是一位长跑者，那么在 20 世纪 60 年代或 70 年代初，你只有一种合适的鞋可供选择：阿迪达斯（Adidas）。阿迪达斯是德国的一家公司，是为竞技运动员生产轻型跑鞋的先驱。在 1976 年的蒙特利尔奥运会上，田径赛中有 82%的获奖者穿的是阿迪达斯的运动鞋。

阿迪达斯的优势在于试用新的材料和技术来生产更结实和更轻便的鞋，采用袋鼠皮绷紧鞋边，四钉跑鞋采用的是尼龙鞋底和可更换鞋钉。高质量、创新性和产品多样化使阿迪达斯在 20 世纪 70 年代中支配了这一领域的国际竞争。

20 世纪 70 年代，蓬勃兴起的健康运动使阿迪达斯公司感到吃惊。一瞬间成百万的以前不爱好运动的人们对体育产生了兴趣。成长最快的健康运动的细分市场是慢跑市场。据估计，到 1980 年有2 500万—3 000万美国人加入了慢跑运动，还有1 000万人是为休闲而穿跑鞋。尽管如此，为了保护其在竞技市场中的统治地位，阿迪达斯并没有大规模地进入慢跑市场。

20 世纪 70 年代出现了一大批竞争者，如彪马（Puma）、布鲁克斯（Brooks）、新布兰斯（New Balance）和虎牌（Tiger）。但有一家公司更富有进取性和创新性，那就是耐克（Nike）。耐克公司为消费者提供了最大范围的选择，吸引了各种各样的运动员，并向消费者传递出最完美的旅游鞋制造商形象。

到 20 世纪 80 年代初慢跑运动达到高峰时，阿迪达斯已仅成了市场中的一个“荣誉称号”。竞争对手推出了更多的创新产品，更多的品种，并且成功地扩展到了其他运动市场。例如，耐克公司的产品已经统治了篮球和年轻人市场。到 20 世纪 90 年代初，阿迪达斯的市场份额降到了可怜的 4%。

案例思考题

1. 到 20 世纪 90 年代初，阿迪达斯的不良决策如何导致了市场份额的极大减少？不确定性在其中扮演了什么角色？

2. 你认为阿迪达斯的管理者今天能采取什么措施纠正它以前的错误？

案例 3 雅虎（Yahoo）帝国

1. 创意是关键

像计算机时代的许多公司一样，雅虎开始于一个后来被证明是好的想法，这个想法先是变成了一个爱好，后来才变成了创业者全力以赴开拓的事业。

1994 年 4 月，大维·费勒和杨致远——雅虎的两位开创者——以休假的方式离开他们正在攻读电子工程博士学位的斯坦福大学。因为他们发觉，跟踪互联网上各类网站和保持他们这一爱好需要他们投入更多的时间和精力。他们跟踪关注的网站名单越来越长，范围也越来越广。最终，他们把主要精力都集中到了雅虎上。他们将雅虎改造成一个大众化的数据库，以满足成千上万的网虫的需要。他们不断地开发大众化软件以帮助网虫更有效地寻找、辨识和编辑存储互联网上的各类资料。

2. 风险资本的第一次推动

建立大众化数据库，开发大众化软件，都需要资金支持。他们是如何解决每一个企业在初创时期都会遇到的资金问题的呢？高科技和新创意的孵化器——风险资本给予了他们大力的支持。

当时的产业背景是：NETSCAPE 发布了其第一版浏览器的测试版；第一个发布广告的 WEB 站点也已经出现；大众传媒开始大量报道因特网现象；风险投资基金也闻风而来，涌向 WEB 站点。

拿着正在哈佛大学读商业管理的老同学帮忙写的计划书，杨致远和大维开始不停地访问风险投资家和风险投资公司。最后他们找到了 SEQUOLA 投资公司，SEQUOLA 投资过数百家高科技公司，包括苹果公司、阿达利数据库公司、ORACLE、CISCO。

但是，SEQUOLA 的合伙人 MIKE MORITZ 当时却并不清楚雅虎的发展机会到底在哪里。杨致远把他们的模式称为"在 WEB 网上提供免费服务"，但是风险基金却还从来没有投资过任何免费服务产品。雅虎缺少有经验的工商管理人才，名字也不像现在这样响亮。所幸，MIKE 很快认识到，作为一种新兴媒体，雅虎代表着巨大商机。

包括 MCI、MICROSOFT、NETSCAPE 等其他投资者也找到了雅虎。美国在线（AOL）则想收购雅虎。他们提出：如果雅虎同意被收购，创业者很快变会变成百万富翁；如果他们不答应，那么，AOL 威胁说，雅虎就必须面对和 AOL 的正面交锋。确实，AOL 有足够的实力建立自己的"雅虎"，而且他们也有足够实力购买雅虎这个"竞争对手"。

NETSCAPE 也提出了自己的建议：股票互换，而且 NETSCAPE 的股票即将上市，比起 AOL 的股票价值也更高。杨致远和大维拒绝了 AOL 和 NETSCAPE，因为他们要开创属于自己的事业。

1995 年 4 月，SEQUOLA 与雅虎达成合作，前者对后者估价 400 万美元，并以这一评估为基础，投入资金。雅虎开始了他们艰苦卓绝的创业之路。

3. 雅虎快速成长

雅虎"在 WEB 网上提供免费服务"，那么它又是如何维持其日常运作的呢？

雅虎提供"免费服务"的对象指的是使用互联网的普通网民。然后雅虎利用其广泛的浏览量和页面访问次数来吸引工商企业到它的网站做广告（1998 年 12 月，雅虎的页面日点击次数达到了 1.67 亿次），而雅虎借以维持其运作的资金也就来源于它的广告收入。

1996 年，仅同 SOFTBANK 及其附属公司签订的广告合同就让雅虎得到 207.5 万美元的收入。该年雅虎公司实现净收入1 907.3万美元，是 1995 年 136.3 万美元的 14 倍。

1997年雅虎公司实现净收入7 045万美元，1998年实现了2.03亿美元。短短4年时间，其净收入已经增长了近200倍。

目前，雅虎的不同语种网站已经扩展到了15个国家，雅虎中文网站也于1998年第四季度正式开通，雅虎还在亚洲、欧洲、加拿大设有自己的办事处。据统计，到1998年9月，雅虎站点的日访问数为1.44亿次；到12月，又达到1.67亿次。

4. 进入“死亡峡谷”

根据风险投资的理论，创业者在筹集到至为宝贵的“种子资本”、“天使投资”，得以创立公司、开发技术，乃至于获得新产品问世等一系列成功，甚至于开始获得收入之后，还会面临失败的风险，因为新兴企业开始起步的地方往往只是一个技术上的设想，要把它变为现实的产品要经过很多的实验；而且开发成功之后，作为一种全新的技术和产品，公司必须向消费者宣传推广，引导消费观念和消费方式，实际上进行一个开发市场、开发全新产业的过程。在该阶段，新兴企业所费甚巨。一着不慎，全盘皆输。有很多创业者壮志未酬，所创企业在该阶段折戟沉沙，所以有人又把该阶段称为企业的“死亡峡谷”。

雅虎的成长过程同样经历了这一阶段。

与雅虎超常规发展相对应的是其成本的高投入。雅虎的成本费用一般包括广告宣传费、产品开发费和行政管理费。其中，以广告开支为最多，1995年是12.6万美元，1996年达到380.1万美元。1998年第二季度一次性投入技术开发费用、兼并VLA RREB公司及第四季度兼并YOYODYNE和HYPERPARALLEL公司的费用共计达到了1 500万美元，再加上无形资产的摊销，1998年实际净收入降为2 559万美元，比净收入下降87.39%。把费用考虑进去，1997年实际净亏损2 552万美元（1997年的一次性费用投入也达到2 510万美元）。高额的投入和费用支出使得雅虎不得不经常为资金的筹集而奔波。

5. 走出“死亡峡谷”——纳斯达克的第二次推动

雅虎股票在NASDAQ市场公开上市筹集到的巨额资金，极大地解决了雅虎在其成长过程中遇到的资金困难，为雅虎的快速成长起到了至为关键的第二次推动作用，使其顺利通过新设立公司成长过程中的“死亡峡谷”阶段。

1996年4月12日，雅虎在美国的NASDAQ市场以每股13美元的价格上市，发行了260万股，共筹集资金3 380万美元。以这笔资金为基础，雅虎公司的规模不断扩大，经营业绩也逐步扭亏为盈。1996年公司每股亏损

9 美分，1997 年每股盈利为零（如果考虑一次性投入及无形资产摊销，则为每股亏损 29 美元），1998 年每股盈利 45 美分（如果考虑一次性的投入及无形资产摊销则为每股盈利 23 美元）。

与 AMAZON 公司类似，雅虎作为 INTERNET 股票板块中重要的一支，一直保持着不断飚升势头。1996 年 6 月份一个月之内，雅虎股价上涨了 100%。1998 年，雅虎股价上涨到初次上市时的 10 倍，而且这个价格包含了几次拆股的影响：1997 年 6 月 29 日的二送一股票分割，1998 年 7 月 8 日的一送一股票分割。1999 年 1 月 12 日，雅虎又一次宣布了一送一的股票分割。1999 年 3 月 22 日，雅虎股票的均价达到 179 美元。

6.NASDAQ 市场的“雅虎法则”

雅虎股价的这种飚升之势用传统的“股价收益比”完全无法解释。因为，一直到 1997 年雅虎的收益还是负数。如何解释股价与收益的背离？

UPSIDE 杂志的主编 RICHARD L.BRAND 称之为“雅虎法则”，即只要“雅虎继续控制着史无前例的价格/收入比，互联网将继续是投放金钱的巨大场所”。也就是说，在互联网时代，衡量一只股票的价格不再是以公司的收益做参照，而是以它的收入为参考指标。一个公司收入的高速增长也确实反映了一个公司成长的能力和潜力，从这个角度来讲，并考虑到新技术将要对经济、社会和文化产生的全面影响，“雅虎规则”在一定程度上反映了实际情况。

【附表　西方管理思想小结】

附表 1　管理先驱及其主要贡献

姓　名	主 要 著 作	主 要 贡 献
Henri Fayol (1841—1925)	《工业管理和一般管理》(1961)	致力于将管理理论运用于人类所有组织的协调上
Harrington Emerson (1853—1931)	《效率是作业和工资的基础》(1900) 《效率的 12 条原则》(1912) 《科学地挑选职工》(1913)	在圣菲铁路公司研究并推广、宣传科学管理
Frederick W.Taylor (1856—1915)	《计件工资制》(1895) 《车间管理》(1903) 《论金属切削的技巧》(1906) 《科学管理原理》(1911)	科学管理之父。开发了高速切削工具。在工业中引入时间研究

续表

姓名	主要著作	主要贡献
Karl Pearson (1867—1936)	《人口出生率与社会价值的相互关系》(1913) 《统计表》(1914) 《统计表》(1933)	开发基础统计表及早期的统计技术，包括方差检验和标准差概念
Henry L. Gantt (1861—1919)	《工作、工资和利润》(1910) 《工业领导》(1916) 《工作的组织》(1919)	强调管理与劳动的关系。致力于良好的工作条件对工人的影响研究。开发了许多计划图表
Max Weber (1864—1920)	《社会组织与经济组织理论》(1947) 《社会学随笔》(1946)	研究行政管理理论的最早先驱
Frank Gilbreth (1868—1924)	《现场制度》(1908) 《动作研究》(1911)	对“最好方式”的研究及在工业中引入动作研究
Mary Parker Follett (1868—1933)	《动态的管理》 (Metcalf and Urwich 1947 年选编)	组织的基本原理与人类价值相互关系的实践和观察
G. Elton Mayo (1880—1949)	《工业文明的人类问题》(1933) 《工业文明的社会问题》《1933》	致力于工业关系中人与社会因素研究。特别强调适应性社会技巧中的技术技巧问题。领导一个小组在西屋电气公司霍桑工厂的深入调查研究
Chester I. Barnard (1886—1961)	《经理的职能》(1938) 《组织与管理》(1948)	处于社会压力中的领导管理。集权的概念。沟通、信息和组织在管理中的重要性
Kurt Lewin (1890—1947)	《社会冲突分析》(1948) 《社会科学的现场理论》(1951)	开发研究群体动态理论
Ronald A. Fischer (1890—1962)	《统计方法研究》(1925) 《实验设计》(1935)	应用统计方法的先驱。在实验设计方面作出重大贡献
Walter A. Shewart (1891—1972)	《产品生产中的经济质量控制》(1930)	在贝尔实验室应用可靠性理论和统计理论解决经济问题。开发了统计控制图

续表

姓名	主要著作	主要贡献
F.J.Roethisberger (1898—1974)	《管理和工人》(1939) 《管理与士气》(1941) 《管理新视角》(1948)	开创了管理中人的因素的试验研究
Peter Drucker (1909—2005)	《新社会》(1949) 《管理实践》(1954)	客观地发展了管理概念。作为评论家与作家，使管理大众化
G.B.Danting (1914—)	《线性不平衡条件下的线性最大化》(1947)	发展了线性规划的最基本的应用
Claude Shannon (1916—2001)	《沟通的数学理论》(1947)	建立了信息论的基础
Herbert A.Simon (1916—2001)	《管理行为》(1947) 《人的模型》(1957) 《组织》(1958)	组织内决策程序的开创性研究，强调决策中人的行为。注重管理心理学

资料来源：席酉民．管理研究．北京：机械工业出版社，2000.

附表2　西方管理史中的重点案例及其特征

主要焦点	效率、硬性资源	效率、软资源	效率与效果结合	更高水平的硬资源	整合效果与效率、知识管理
	1841—1911年	1927—1957年	1958—1971年	1972—1992年	1993年至今
主要案例	新泽西铁路事件 福特流水线作业制	西屋电气公司的工作成效 通用汽车的绩效管理	通用电气的信息化管理 IBM公司的计算机管理	美国三大汽车公司面临的挑战 日本丰田公司的崛起	互联网商业化 微软公司的创新
理论	科学管理	行为科学管理	管理科学	文化管理	整合创新管理
代表人物	泰罗、法约尔	梅奥、马斯洛	西蒙、戴明	威廉、大内	德鲁克、钱皮、圣吉、哈默
核心方法与内容	工程学： 人是经济人 企业内部的专业分工 职能管理	心理学： 人是社会人 行为科学 软资源能带来好的经济效果	运筹学： 人是复杂人 人工智能 计算机科学 管理现代化 定量化	企业文化学： 人是文化人 团队精神 创新	强调跨学科方法： 对策论 非线性科学 复杂性科学 企业再造，网络与虚拟化，核心能力，扁平化，学习型组织

附表3　管理的三个动力群体

学　术	咨　询	经　营
马克斯·韦伯	弗雷德里克·泰罗	卡内基
亨利·法约尔	彼得·德鲁克	福特
菲利浦·科特勒	罗伯特·布莱克	斯隆
哈罗德·孔茨	爱德华·博诺	托马斯·沃森
赫伯特·西蒙	汤姆·彼得斯	盛田昭夫
迈克尔·波特	约翰·李斯比特	丰田喜一郎
亨利·赫茨伯格	艾利·戈德拉特	安德鲁·格罗夫
肯尼斯·布兰查德	吉福德·平肖	比尔·盖茨
彼得·圣吉	爱德华·戴明	

资料来源：（英）安德泽杰．胡克金斯基．管理宗师．大连：东北财经大学出版社，1998.

附表4　主要管理理论或学派的主要代表人物

主要理论或学派	主要代表人物	职业主要经历（除管理研究外）	国　籍
科学管理	Frederick W. Taylor	学徒工、工程师、咨询	美　国
	Carl G. Barth	泰罗的助手、咨询和科学管理推广	美　国
	Henry L. Gantt	钢铁厂工程师、铸造部主任、咨询	美　国
	Frank Gilbreth	泥瓦工、工程师、咨询	美　国
	Lillian M. Gilbreth	心理学和管理学的教学、咨询	美　国
	Henry Gord	机械学徒工、工程师、总经理	美　国
一般管理理论	Henry Fayol	公司管理员、技术员、总经理、咨询	法　国
组织理论	Max Weber	教授、政府顾问和编辑	德　国
管理过程理论	Henry Fayol	公司管理员、技术员、总经理、咨询	法　国
	James D. Mooney	公司管理人员、总经理	美　国
	Ralph C. Davis	咨询、管理学院院长	美　国
	Harold Koontz	教授、管理教育和管理咨询	美　国
古典理论综合派	Lyndall F. Urwick	国际管理协会会长、咨询	英　国
	L. Gulick	多种管理公职、咨询	美　国

续表

主要理论或学派	主要代表人物	职业主要经历（除管理研究外）	国籍
行为科学（包括人际关系学说）	George E. Mayo	教授、咨询	美国
	Abraham H. Maslow	教授、咨询	美国
	Fritz G. Roethlisberger	教授、咨询	美国
	Frederick Herzberg	教授、咨询	美国
	Robert Tannenbaum	教授、咨询	美国
	Warren H. Schmidt	教授、咨询	美国
	Douglas M. McGregor	教授、咨询	美国
	W. G. Ouchi	教授、咨询	美国
管理科学	E. S. Buffa	教授、咨询	美国
	P. M. S. Blackett	教授、咨询	英国
决策理论	Herbert A. Simon	教授、咨询（唯一获诺贝尔经济学奖的管理学家）	美国
系统学派（社会系统和管理系统）	C. I. Barnard	商业统计、总经理、咨询	美国
	F. E. Kast	教授、咨询	美国
	J. E. Rosenzweig	教授、咨询	美国
经验主义学派	Peter F. Drucker	教授、咨询、企业家	美国
	E. Dale	教授、咨询	美国
	Thomas Peters	咨询	美国
	Robert Waterman	咨询	美国
	W. Newman	教授、咨询	美国
	A. P. Jr. Sloan	公司高级经理、总经理、董事长	美国
整合管理	M. Hammer	教授、咨询	美国
	J. Champy	教授、咨询	美国
	C. K. Prahalad	教授、咨询	美国
知识管理	Peter M. Senge	教授、咨询	美国
	Paul S. Myers	教授、咨询	美国
	Charles Sarwey	教授、咨询	美国

资料来源：孙耀君．管理思想发展．太原：山西经济出版社，1999；郭咸纲．西方管理学说史．北京：中国经济出版社，2003.

本章思考题

1. 企业管理理论形成的社会历史背景是什么？
2. 古典管理理论的主要特征是什么？代表人物及其主要观点是什么？
3. 企业管理理论丛林现象产生的背景和影响是什么？
4. 当代管理的新趋势体现在哪些方面？
5. 虚拟企业与科学技术进步的关系是什么？
6. 学习型组织与企业可持续发展的关系是什么？

第三章

中国管理理论与实践

本 章 要 点

本章首先从政治、军事、经济、工程等方面概括介绍了中国古代的管理思想，继而介绍了中国近代企业管理发展的历程和主导思想；本章还对解放区革命根据地的企业管理及解放后中国社会主义企业管理的基本情况做了概要性介绍。

中国是一个有几千年文化历史的文明古国，有着光辉灿烂的民族文化。在长期的生产实践中，形成了丰富的文化典籍和管理实践，其中有许多优秀的管理思想和管理理论。这些管理思想和管理理论是与中国国情和每个时期的政治、经济、科学、文化及意识形态密切相关的，对中国乃至整个人类的文明产生了深远的影响，成为人类文明宝库中的重要内容。

在改革开放的今天，在中国已经加入 WTO 全面进入国际市场的今天，在国内形成了学习西方管理理论热潮的今天，如何全面、正确地理解、对待并汲取中国的管理思想，是一个严肃并且必须认真研究的问题。当前，正当中国某些人盲目否定中国的管理思想之时，许多西方学者却十分重视研究和汲取中国的管理思想，美国、欧洲、日本、韩国等国家掀起了“中国热”。《论语》、《孙子兵法》、《老子》、《三国演义》成为日本企业家的必读书，作为日本企业文化核心的“团队精神”正是儒家家族伦理观念在企业中的运用，日本企业文化因而被称为“家族主义企业文化”，日本的资本主义因而被称为“儒家资本主义”。一位日本学者说，日本经济发展情况好的时候学习美国的方法，而在经济发展遇到困难和麻烦时，则从中国古代管理思想中寻找摆脱困境的办法。在韩国，《孙子兵法》的销量创韩国出版史上的最高纪录，企业家称孙子提出的战略战术为“企业的经营方针”，被企业家应用于激烈的市场竞争之中，孙子提出的“智信仁勇严”军人五德，在韩国被视为企业家道德的信条。

上述事实告诉我们，西方国家有益的管理经验我们应该积极吸取，但中国传统的管理思想的精华同样需要我们去继承。日本学者村山孚说得好："我希望中国朋友在实现中国企业管理现代化的道路上，千万不要以为只有外国的新奇概念和奥妙的数学公式才是科学。中华民族几千年来积累的文化同样是实现中国企业管理现代化的宏大源流。"

第一节　中国古代管理思想及其流派

一、中国古代管理思想

管理思想的历史是源远流长的。管理是人类一种意识性较强的活动，从人类开始进行管理活动起，随之也就出现了管理意识，并在长期的实践中，逐渐形成了管理思想。

中国古代管理思想的内容是极其广泛的，涵盖政治、军事、经济、工程等各个领域。受生产力水平的制约，管理发展最突出、管理组织最健全、管理活动最发达、管理思想最明晰的，要数政治领域和军事领域。但无论是治国还是治军的管理思想，其丰富的内涵，都是当今企业在激烈的市场竞争中制胜的法宝，是企业制定发展战略、竞争策略、经营哲学、激励方法、干部标准、厂风厂纪的思想宝库。需要说明的是，中国古代管理思想，在其漫长的历史过程中，并没有形成一个独立存在的体系，而是零散地存在于浩若烟海的古代政治、军事、历史等著作中，需要我们去发掘和研究。

（一）政治管理思想

中国古代政治管理思想主要有两个特点。一是宗法思想渗透一切，等级观念浓厚。在奴隶社会，就有"天子作民父母而为天下主"之说。整个社会被视为一个以天子为家长的等级森严的大家庭，等级越高，权力越大。孔孟之后，"君君、臣臣、父父、子子"更是成了铁律。至汉代，更是将以"三纲、五常"为核心的统治原则绝对化、永恒化，成为封建社会政治管理的最高准则。二是实行"仁"、"德"之治，重德轻刑，重义轻利。儒家极力倡导的"仁、义、礼、智、信"观念贯穿于政治管理思想中，主张"德主刑辅"和"重义轻利"，强调"德治"和"仁政"。此后，董仲舒提出为政之道应"正其谊（义）不谋其利，明其道不计其功"。宋代时，理学家又提出了"存天理、灭人欲"的主张。这些思想，牢牢渗透到古代政治管理的方方面面。

在具体的管理方略中，有很多至今依然很有指导意义的管理思想。

1. 用人思想

(1) 识别人才。唐朝魏征提出了《六观法》："贵则观其所举，富则观其所养，居则观其所好，习则观其所言，穷则观其所不受，贱则观其所不为。"乃是在人们地位、处境的变化中，观察人的举止、言谈、兴趣、修养和追求，来识别人的本质。

(2) 用人所长避其所短。《管子·形势解》指出："明主之官物也，任其所长，不任其所短。故事无不成，而功无不立。乱主不知物之各有所长所短也。而责必备。"另外，《晏子春秋·内篇问上》说："任人之长，不强其短；任人之工，不强其拙。此任人之大略也"。

(3) 用人不疑。宋代政治家欧阳修指出："任人之道，要在不疑。宁可艰于择人，不可轻任而不信。"意为宁可择人时多费一些精力，看准了再用，但不可轻易任用却不信任，不敢放手让其施展才干。

(4) 考核用人。《管子》中有一句名言："成器不课不用，不试不藏。"即对于人才，不经过考核不加任用，不经过试用，不作为人才储备。考核的办法是"听其言而观其行"，"循名实而定是非，因参验而审言辞"。

2. 奖惩思想

(1) 量功分禄。荀子指出："无能不官，无功不赏"。把"官"和"赏"区别开来，把官和能相对应，把功和赏相对应。墨子也主张"量功而分禄"，他把任官（用人）与分禄分别开来，主张对有功的多给荣誉和享受，而把官授予有才能的人。

(2) 奖惩的重要性。荀子说："赏不行，则贤者不可得而进也，罚不行，则不肖者不可得而退也。"没有奖赏，有才德的人就得不到提拔；没有惩罚，则不贤能的人就不能被斥退。

(3) 奖惩的原则。《韩非子·五蠹》中指出："是以赏莫如厚而信，使民利之，罚莫如重而必，使民畏之；罚莫如一而固，使民知之。故主施赏不迁，行诛无赦，誉辅其赏，毁随其罚，则贤不肖俱尽其力矣！"就是说，奖赏最好是重赏，而且该赏的一定要赏，使人们得到好处；惩罚最好是重罚，而且该罚的一定要罚，使人们感到害怕；法律要统一固定，使人们都知道。如果实行奖罚不随意变更，执行刑法不随意赦免，受奖者还要加以荣誉，受罚者随即加以恶名，那么，不管品德好的人还是品行坏的人，都会尽力去做好事了。诸葛亮也提出："赏罚之政，谓赏善罚罪也。赏以兴功，罚以禁奸。赏不可不平，罚不可不均。赏赐知其所施，则勇士知其所死；弄罚知其所加，则邪恶知其所畏。"（《便宜十六策·赏罚第十》）唐太宗李世民用最精练的语言阐述了赏罚严明的原则："赏当其劳，无功者

自退。罚当其罪，为严者咸惧”。(《贞观政要》)

3. 组织管理思想

《韩非子·扬权》指出：“事在四方，要在中央，圣人执要，四方来效”。其区分了决策层与执行层两个组织层次：中央政府决策，地方政府执行。这其中最高决策者十分关键，应该是“圣人”来进行决策，然后地方竞相效法、执行。

“威不两错，政不二门”。管子这句话强调了统一指挥、不能政出二门的原则。

“事无具细，毕陈于前。若网在纲，振之则举，弛则尽废。”苏辙这句话指出，决策者应抓主要矛盾，抓住关键，才能作出正确决策。他还指出：“祥其小，必废其大”。意思是，决策者若只专注于小事，专注于细枝末节，必然在重大决策上产生失误。

孔子说：“宽以济猛，猛以济宽，政是以和”。即提倡将宽与猛两手互为补充，使宽猛有度，则政治和谐，管理有序。

(二) 军事管理思想

与政治管理思想发展相联系，古代的军事管理思想也得到了较充分的发展。古代军事管理思想中最有代表性的，首推我国战国时代的军事著作《孙子兵法》。

《孙子兵法》对战争规律和军事管理作了哲学概括，因而不仅对于军事管理具有经典性的指导意义，而且对于其他管理理论的研究，特别是对于管理决策理论的研究，也具有重要的借鉴意义。比如《孙子兵法》中“知己知彼，百战不殆”，“得道多助，失道寡助”，“不战而胜，是为上策”的战略思想；“避实而击虚”，“因敌变化而取胜”的应变策略；“令之以文，齐之以威”，“令民与上同意”的带兵原则；“千军易找，一将难求”，“将者，智、信、仁、勇、严也”的人事哲学，以及三十六计的具体谋略……所有这些从整体上体现了指挥战争的系统思想。在现代管理中，至今仍被很多人奉为经典。

(三) 经济管理思想

谈古代的经济管理思想，必然要讲到白圭。白圭是战国时期的商业致富之术的鼓吹者，被后世商贾奉为商业的祖师。白圭的基本经营原则是“乐观时变”，即善于预测市场行情，并根据预测进行动态决策。“乐观时变”的主要内容既是后来的需求供给理论的简单雏形。比如，他指出，经商要注意把握“人弃我取，人取我予”的原则，不要盲从；同时，在看准了时机之后，决策要及时、果断，做到“趋时若猛兽鸷鸟之发”。再比如，他提出："岁孰取谷，予之丝、漆、茧；凶，取帛絮，予之食"。即丰收时谷贱，而丝、漆、茧等商品价格相对较高，收买谷物而抛出丝、漆、茧，可以从买价和卖价两方面得利。荒歉之年则正好相反。这些思想都来源于长期的实践经验，对今天的企业经营仍有指导价值。

需要特别指出的是，《孙子兵法》中诸如"以迂为直"、"主孰有道？将孰有道？天地孰得？法令孰行？兵众孰强？士卒孰练？赏罚孰明？吾以此知胜负。"这些战略战术思想，不仅在军事方面能发挥巨大作用，在经营管理上也都有重要意义。

在宏观经济思想方面，我国西周时期就提出了"量入以为出"的财政原则。荀子提出："田野县鄙者，财之本也，垣窖仓廪者，财之末也；百姓时和、事业得叙者货之源也，等赋府库者，货之流也"。他强调富国必须从发展经济、增加生产着手。如果不这样，而一味从财政上打主意，甚至以破坏生产力的办法来增加财政收入，那就等于"伐其木，竭其源，而并之其末"，就会根本破坏财政的基础，使财政陷于枯竭。宋朝苏轼提出，"用于国有节，取于民有制"。(《叶嘉传》)　即节约开支，减少百姓负担。

（四）工程管理思想

我国古代工程建设和管理的实践很多，其中最具代表性的，莫过于万里长城和都江堰水利工程，两者集中体现了我国古代人民在工程建设中的系统管理思想。

万里长城是世界七大奇迹之一。其历史可以追溯到公元前5世纪的战国时期，动用人力几十万，于明朝时完成，全长6300公里，蜿蜒于崇山峻岭之中，气势雄伟。这样浩大的工程是靠严密的组织和完善的管理才得以完成的。据《春秋》记载，当时的计划十分周到细致，不仅计算了城墙的土石方量，连所需的人力、材料，以及从何处征集劳力，他们往返的路程、所需口粮，各地应担负的任务也都一一明确分配。在工程上，明代长城是由镇城、路城、卫城、关城、堡城、城墙、放台、烟墩等不同等级、不同形式、不同用途的建筑，组合形成的一个完整的防御工程体系。在管理上，沿线设9个镇，每镇设总兵，上受兵部指挥，每镇之下又分别设"路"、"关"及城堡、墩台。这种"金字塔式"的管理系统，使命令可以自上而下地传达，又能使敌情信息可以自下而上地层层反馈。长城的整个建造、使用、管理构思充分体现了系统工程和系统管理的思想。

都江堰工程是系统工程的又一杰作。在工程修建之前，岷江洪水无法控制，人民深受其害。修建后，使成都平原"沃野千里，号为陆海"，灌溉面积历史上曾达300万亩。工程分为三部分，每部分不仅各自独立完成所承担的任务，而且总体上配合，形成一个有机整体。概括都江堰的指导思想是“乘势利导，因时制宜”。乘势利导，就是充分利用自然规律和地理环境，对洪水进行疏导，既起到排洪作用，又有利于灌溉，这是强调空间结构的协调。因时制宜，就是合理规定不同时间来截流或放水，并制定一系列的协调措施来管理都江堰，这是突出过程结构的协调。

二、诸子百家及其管理思想

（一）儒家“人本主义”管理思想

1.强调“仁爱”

“以人为本”是儒家管理思想的基础，其核心是强调“仁爱”。儒家管理思想有着鲜明的人本主义色彩，建立起了系统的人性管理模式。孔子以“仁”为核心的学说，把人从宗天神学中解放出来，使人获得了在宇宙中，在社会、国家中的重要地位。从此以后，儒家始终把人作为研究的对象，人的生存、人的价值、人的尊严、人的教育以及人的家庭和社会组织成了儒学一贯关心的课题。儒学明确断言，管理、治理的核心是人，管理的主体和客体都是人。“劳心者”、“尽伦尽制”的圣人是管理者，“劳力者”或从事某一具体职业的人是被管理者。随着人在宇宙和社会中地位的确立，儒家做出了人性本善的假设。以性善论为基础的人性管理模式，充分体现了儒家管理思想的人本主义性质。

这种以人为本，强调的是人际关系的和谐。“仁爱”之心、“忠恕”之道是人际和谐的伦理学基础。人皆有自尊心，自爱、自尊、自重，同时也爱他人，尊重他人，他人也就会尊重你。“爱人者人恒爱之，敬人者人恒敬之。”只有互敬互爱，才能达到人际关系的和谐。“仁爱”思想，在管理中有重要功能：其一，它是管理者必须具备的道德素质；其二，是实现企业宗旨的有效价值选择；其三，是企业内部加强团结和增强凝聚力的基础。上下和合，管理者与被管理者之间的和合，企业与企业之间的和合，企业与社会的和合，是社会生态平衡的基本条件。

儒家的管理思想表现在行政管理上就是施行仁政。当时，有以德为政和以刑为政两种思潮，儒家代表人物孔子和孟子都明确主张仁政。孔子说：“道之以政，齐之以刑，民免而无耻；道之以德，齐之以礼，有耻且格。”儒家仁政主张的双重作用是：一方面提醒统治者，如果要管理好国家，必须正名，制定礼乐，也就是先要有理想的制度规划；另一方面，对一切社会成员，要以君子的标准来要求，这是一种心理机制，是对士气的激励。因为衡量一个君子的标准与统治者正名的内容是一致的，所以这就使得个人在国家与社会中更有归属感，也更容易接受统治。

儒家的教育管理思想与其行政管理思想在宏观方面也是相互补充的。“不学礼，无以立”。可见教育的内容也是道德和行政管理的内容。

2. 重视管理的道德性

在性善论的基础上，儒家重视管理的道德性，把“道之以德”作为管理的主要手段，强调道德在管理的有序化中的重要作用。“道之以德，齐之以礼”是儒家独具特色的管理方法。儒家认定人为万物之灵，人是宇宙的中心，民众是国家的根本，人的本性又是善的，所以，对人的管理不能采取野蛮的、暴力的、强制的手段，而应该是文明的、按人性本有的本质规定确立与之相应的管理手段。“道之以德”是符合人性本善假设的管理手段。所谓“德”包含有“仁义”、“孝悌”、“忠恕”、“诚信”、“礼仪”等含义。“仁爱”是德的核心。通过道德的教育来使人保持着仁爱之心，培养人的正确的人生观、价值观，培养人的道德义务感和责任感，使之内化为“良心”，从而使人获得为社会做贡献的道德自律性，使之成为人们从事有利于社会的行为的内在驱动力。

孔子提出了道德人格的“君子”和“天命”的思想。孔子说：“不知命无以为君子。”君子就不仅是一般行道德之事的人，并且是在思想中对自己的本性和世界历史的发展有清醒认识的人。“君子”概念的提出，一方面是作为一种激励措施，是管理心理学中的一个重要手段；另一方面也对管理者本身的素质提出了较高的要求。

“立德、立功、立言”是儒家十分推崇的价值观。“立德”就是要克制私欲，使人性不断地升华，保持人格的完满，树立为社会建功立业的价值观。“立功”就是把立德所确立起来的价值观外化为实际的社会功效，即在社会的实践中，为社会做出自己应有的贡献。再加上“立言”，称之为“三不朽”。“三不朽”的价值观，是一种内在的驱动力，在中国历史上使不少人成为政治家、军事家、思想家、科学家，为人类的文明做出了杰出成就。儒家运用道德的内控功能和自律功能，把人们的各种各样的思想和行为经过调节，导向一个共同的目标来实现其管理的功能。

儒家推崇“见利思义”，主张“义以导利”、“义以生利”，反对“见利忘义”、自私自利的不道德的经营管理行为，提倡以诚信为本。

3. 重视人才

儒家历来重视人才的培养、识别、选拔、任用和考核等，建立了一套完整的人才管理理论体系。儒家的用人之道重视德才兼备，主张用发展教育的方法来培养人才，所以有一套十分科学的培养人才的方法；重视人才的识别，认为认识人是一件很难的事情，因为人是十分复杂的社会存在物；认为任用人才时，人的德行最为重要，要“量才授职”、“因能授官”，使其发挥自己的长处。在今天的国际管理发展的过程中，各个国家均把人力资源的开发作为首要战略来对待，儒家丰富的人才学理论对当今各类人才的开发，是一份宝贵的管理学财富。

4. 注重辩证的管理方法

以“阴阳互补”的方法论为指导，提出了“刚柔相济”、“宽严结合”的领导原则。儒家认为，世间一切事物都是对立的，又是互补的。阴与阳，刚与柔，宽与严，君与臣，天与地，尊与卑等，都是对立中的统一，是相互依存而互补的。由此，在实施管理的过程中，上级与下级、管理者与被管理者、领导与被领导之间的差别只是相对的，它们处在同一的互补的状态之中。因此，管理者认识问题、处理问题、实施管理的最佳方法是全面、“中道和合”、“刚柔相济”、“宽严结合”的。这样的领导方法，容易上下沟通，容易化解矛盾，实现有效的管理。

5. 确立“富民”、“安民”的管理目标

确立了以人为本的“富民”、“安民”的管理目标。儒家始终把“惠民”、“富民”、“安人”作为管理的目标，把“善政”、“仁政”、“王道”、“大同”社会作为其政治理想，把营建一个祥和、协调、均平、公正的社会作为其努力的方向。在儒家的治理目标和政治理想中，始终贯彻着人本主义的精神，把民众的生存、欢乐与疾苦放在重要的地位。孔子的富民安人的管理目标，企图通过德政，其中包括德治、均富和教育等方法来达到。孟子的管理目标是“保民”、“仁民”、“养民”，他企图通过“仁政”、“制民之产”、教育来实现。荀子的管理目标是“求治去乱”，进而实现王道政治。他企图通过“平政爱民”、“隆礼致士”、“尚贤使能”三个环节来达到。儒家富民安人的管理目标是他们的民本思想的重要表现，也是儒家管理思想的重要特色，它对于今天来说，仍然具有重要的价值。

（二）道家“无为而治”的管理思想

《老子》一书集中了道家始祖老子及其从众的主要思想，从该书中我们可以清晰地看出道家的管理哲学。《老子》一书中最主要的思想是提出了“道”的概念。《老子》第一章开篇明义就说：“道可道，非常道；名可名，非常名。无名天地之始，有名万物之母。”这是一种超越有形实体的万物本体。它的特点是化生万物，但自身却不是万物之一。“道生一、一生二、二生三、三生万物”，所以道是一切事物形成、生成、转化、消失的原因，因而这是一种动力和原则。这就表现了老子的另一个思想，即天道思想。天道思想直接反对的是人格神论的“天”。与有人格意志的“天”不同，万物因道而生，而道对于万物“生而不有，为而不恃，长而不宰”。因而这个道只是万物生成变化的规律和动因。老子的贡献不仅如此，他还对道化生万物的规律作了阐述，提出了素朴的辩证法思想，即“反者道之动”。因为在他看来，道是不可见、不可触的，不是万物之一，所以要用不同于认识事物的方法来认识道。老子提出的认识论主张是静观，他说：“涤除玄览，能无疵乎”，“为学日益，为道日损”。就是说，要从心中去掉一切对万物的认识，才能把握生成万物的道。道不仅需要认识，重要的是要遵道而行，这就进而过渡到老子的行为学说，他主张“自然无为”，理由是“道常无为，而无不为”。这“无为”不是“什么也不做”，而是做符合道的规定性的事。道本身对于万物“生而不有，为而不恃，长而不宰”，遵道之人也应像道一样，按照万物的本性行事，似乎是事物自身生成发展的，没有他物的作用，这就是自然。因而无为的基础是认识事物的本性。《老子》明确地反对背离事物本性的行为，“知常曰明；不知常，妄作，凶”，可见，无为所指的不是行不行动，而是行动的性质是否遵循事物自身的道理。

哲学与管理学的紧密联系在《老子》中表现得非常明显。《老子》的管理思想主要是“我无为而民自化”，也就是清静无为。道家坚决反对人为地制造一些不符合自然规律的规则，他认为那些人为地加于人民的规章条令已经违反了道法自然，“故失道而后德，失德而后仁，失仁而后义，失义而后礼。夫礼者，忠信之薄而乱之首”。老子的无为也和孔子的仁治一样，都对统治者和普通百姓有不同的要求，对统治者，清静无为，不是要他们什么都不做，而是让他们做到“绝圣弃智”，“绝仁弃义”、“绝巧去利”，这样做的结果是“民利百倍”、“民复孝慈”、“盗贼无有”。这不是普通的要求，因为无为的基础是理解了道，体现“道”的生活才可能是无为的。也就是抓住一般规律，来解决具体事件，以免陷入复杂的日常事务之中。这对后来魏晋玄学中的“主静”、“执一御众”很有影响，他们都强调统治与管理者要有全局观。对一般的被统治者，老子要求统治者对他们做到“虚其心、实其腹、弱其志、强其骨，常使民无知无欲”，就是说首先要让被统治者有一个比较好的物质生活。为此，他提出一种以平等为代价的管理方案——“天之道，损有余而补不足”。

在具体的管理经验上，道家的辩证法思想，如“图难于其易，为大于其细”、“弱之胜强，柔之胜刚”等，一直是后世牢记的范例。道家的管理思想集中体现在《老子》的小国寡民的社会理想之中。在这个社会中，人民“甘其食，美其服，安其居，乐其俗，邻国相望，鸡犬之声相闻，民至老死不相往来”。这是一个物质生活充足的和平社会，风俗淳厚，其统治者正是前面说到的无为而治的君王，他的统治策略是“功成事遂，百姓皆为我自然”。

（三）墨家“兼爱”的管理思想

墨家的主要思想基本都来源于其代表人物墨子，以及那本经典之作《墨子》。相比于孔子和老子，墨子的哲学与其管理思想有更大的同一性。《墨子》一书的宗旨，全书一以贯之就是“兼爱”。这表现在他的行政管理思想上就是要求“兼相爱”、“交相利”。他的这个观点是有针对性的，即是为了解决当时的社会问题。他说：“天下之害孰为大？曰：大国之攻小国也，大家之乱小家也；强之劫弱。众之暴寡，诈之谋愚，贵之傲贱”。如果天下之人能达到他要求的兼相爱，“有力者疾以助人，有财者勉以分人，有道者劝以教人”。大家就都会各自得到自己的利益，整体的利益会得到增加。墨子的思想可以说体现了非常理性的协作精神，然而这也反映了墨子认为物质利益是一切争斗原因的思想。

因此，他主张“尚贤”，也就是“选贤与能”，“不党父兄，不偏富贵，不娶颜色，贤者举而上之”。他把选拔人才的范围扩大到当时的贱人阶层，认为农夫、手工业者，只要有才都可以被选作官长；并提出“官无常贵，而民无终贱”；主张对博学贤良之士要“富之、贵之、敬之、誉之”，这也就是培养良好的尊重人才的氛围。其次，墨子还强调要“节用”、“尚俭”、“节葬”，这是针对当时的奢华之风提出的。还有，墨子提出的“力”的概念与孔子“命”的概念相对抗，要求人们凭自己的力量主动地去获得好的生活，“赖其力者生，不赖其力者不生”。墨子管理思想中还有一个重要的方面就是提出“天志”、“明鬼”。管理心理学中的一个重要问题是如何使决策正确执行，如何使一个规划变得可行，墨子是以宗教方式解决这一问题的。如果人们都追求自己的利益，如何才能实现兼爱呢？墨子启用了神灵的作用，他说：“鬼神之所赏，无小必赏之；鬼神之所罚，无大必罚之。”

（四）兵家“辩证主义”的管理思想

《孙子兵法》是我国最早的一部兵书。据《史记·孙武吴起列传》记载，历史上有两个孙子，一个是春秋时期与孔子大约同时代的孙武，另一个是战国时与孟子大致同时代的孙膑，现在一般认为《孙子兵法》十三篇是孙武所著。

孙武曾被吴王任命为将军，助吴国“西破强楚，北威齐晋”，是在实战中有过成功经验的军事家，他著的《孙子兵法》包含了丰富的辩证法思想，虽然是从军事管理出发的，但对于行政、经济管理等都有相当高的参考价值。

首先，《孙子兵法》突出了全局的重要性，认为事件不是孤零零地起作用的，军事不是与政事截然可分的另一物。孙武指出军事与政治和民心的关系至关重要，他说战争要取得胜利，需要五个条件："一曰道，二曰天，三曰地，四曰将，五曰法"。这第一位的道就是"令民与上同意也"。所以他强调"善用兵者，修道而保法，故能为胜败之政"。具体在行政管理上，孙武提出"令之以文，齐之以武"的原则，也就是一方面对被管理者用怀柔、鼓励、重赏等方法进行教育，一方面用严刑重罚等法纪手段来约束被管理者。通过这样的文武兼施，达到使军队上下一心，上令能够下达，士兵愿意以死效忠，从而战无不胜。

其次，在部署具体的行动时，孙武强调对知识的掌握，也就是在军事作战时，孙武着重指出必须对客观实际情况作全面的认识，强调认识优先性。他说"知己知彼，百战不殆"，"明君贤将，所以动而胜人，成功出于众者，先知也"。

再者，孙武特别强调了人的主观能动性，要求争取主动权。他说："善战者，致人而不致于人。"这样即使存在一些不足，也可以通过自己的努力克服，"背之善战者，先为不可胜，以待敌之可胜。"这就是控制事物发展的趋势，如何做到呢？孙武提出两个具体的操作办法：一是对敌人"避实而击虚"。这也要以前面提到的对敌我双方的情势的充分认识为基础，知道敌人的弱点，就可以"攻其不备，出其不意"。二是要"以患为利"。就是把对自己不利的情况转为有利的情况。比如自己"以少合众，以弱会强"时，可以设法把敌军分开，而我方集中专攻一路敌军。如果敌人在政治上有优势，也可以设法将其转化为劣势。孙武对战争的消极因素也有充分的认识，并纳入了他的通盘考虑之中。由于战争带来国库空虚，经济发展受到影响，孙武强调，军事斗争要速战速决，避免长期战争，要利用敌人的资源，要注意节俭等。此外，孙武也很重视对人才的选择。他强调择人任事，用将以德，认为将帅必须具备"智、信、仁、勇、严"五个条件，对君主的要求是用人不疑，让将帅有充分的主动权。

除了直接的管理经验外，作为对具体经验进行总结的孙武军事理论还具有丰富的辩证法思想。其中重要的一点是他提出"奇正相生"的观点——"战势不过奇正，奇正之变，不可胜穷"，因而高明领导者的高明之处，就在于识别和利用奇正态势的变化来取得胜利。也就是在任何情况下，都必须对全局有所把握，认识其中的奇正关系，从而掌握主动权。他说“凡战者，以正合，以奇胜”，并称“兵无常势，水无常形，能因敌变化而取胜者，谓之神”。这种辩证法思想后来被孙膑继承。孙膑强调“形胜之变”，不能“以一形之胜胜万形”，这也是要求灵活处理面对的问题，他甚至说“形以应形，正也；无形以应形，奇也”。

（五）管子“轻重有术”的管理思想

管子，又称管敬仲，名夷吾，春秋时期著名的政治家，曾辅助齐桓公九合诸侯，一匡天下。《管子》一书虽名为管子，其实是战国中后期各家著作的论文集。其中的哲学思想批判地继承了老子的思想学说，对荀子、韩非的哲学思想产生了重要的影响。

《管子》中的哲学思想同样是它的管理思想的基础。《管子·心术》中，明确地对“礼”做出了规定：“礼者，因人之情，缘义之理，而为之节文者也。故礼者谓有理也。理也者，明分以谕义之意也。故礼出乎义，义出乎理，理因乎宜者也”。这就是认为礼的作用是既顺乎人的情欲又能够表明社会身份，把社会管理的宏观构架——“礼”落实到人的内心情感上，使社会机构和它的正常运行既不脱离社会本身的规律，又不与人情相冲突。对于具体的社会管理方法，《管子》强调“法”，认为“法者，所以同出不得不然者也”，这是突出了法在社会中的强制性与划一性。至于法的来源，与礼一样，是最终以道和理为自己合理性的基础，“事督乎法，法出乎权，权出乎道”。法与礼结合的统治结果就是“名正法备，则圣人无事”。这与老子、韩非的“无为无不为”大体一样。可以看出，由道家一脉发展起来的管理方法，强调的是遵循事物的本性去管理：一方面认识事物的本性和人的本性，了解他们的发展趋向；另一方面，不要试图改变这些本性，而是顺其自然加以利用，不像儒墨二家，试图用改变人性的管理方式，来达到自己所想要的管理结果。遵道的管理方法最后的结果就是制定顺合自然的法律，执行法律时却严格标准决不徇情。《管子》中对“道”尊重的另一个结果是统治者本身应像道临天下一样，无私无欲，“恬愉无为，去知与故”。就是统治者自身在统治时不要夹杂私欲，要去掉巧智和做作，要按照臣民的实际情况去统治。这也是以道为本的管理思想的共同特征。

在这种管理思想的指导下，《管子》一书提出各种比较具体的管理方法和原则。首先，《管子》一书强调了满足人的自然本性的需要，在一切管理中具有重要地位，也就是经济在行政中的优先地位。它明确提出：“仓廪实而知礼节，衣食足而知荣辱，上服度则六亲固，四维张则君令行。”“凡治国之道，必先富民。”其次，它提出自己的管理心理学，认为行政管理不能仅靠经济，还要依靠意识形态，张扬四维，教化百姓。所谓“四维”，就是礼义廉耻。如何培养百姓的这种心理呢？《牧民》中明确提出敬鬼祀祖的方法，“守国之度，在饬四维；顺民之经，在明鬼神，祇山川，敬宗庙，恭祖旧。”这与孔子所说“慎终追远，民德归厚”是一致的。再次，明确提出要加强社会性的管理。与行政管理不同，社会性的管理主要针对治安、风俗、教育等内容。《八观》中提出了对社会性事务的管理。为了有一个好的社会环境，应该为百姓聚居区设立里门，便于治安；乡设乡官、里办学堂，要有定期的聚会，以便树立尊敬长辈、和睦相处的风气；乡里举荐人才，这样士人可以有路可循；严禁贿赂，使法令昌明。这种内政管理容易使得上下一心，上情下达，使行政组织的基层与社会结构的底层统一起来，全社会更加具有一致性。

《管子》一书中最有特色的地方是它具体的经济管理思想，最明显的特点是以“轻重”为核心的理财术和宏观调控综合管理。《管子》强调：“地者政之本也”，这是对农业的重视，它要求“均地分力”，“兴利除害”以振兴农业；根据“利出于一孔”的思想，即由国家来控制关系到国计民生的粮食和货币，提出“官山海”政策，即国家对盐铁进行统一管理。这两个具体主张都是以轻重之术理财为基础的，一方面强化量化与计算，一方面注重总体平衡。轻重之术主要是针对市场与物价的关系，国家从宏观上全面控制粮食的生产与储备，杜绝与国争利的现象，运用放贷、政令以及抛售和购买的经济手段来稳定物价，控制市场，从而调剂民用，充实国库。

（六）法家“抱法处势”的管理思想

韩非，出身没落贵族，曾与李斯同学于荀况门下，继承了荀况的性恶论。他认为人的行动都是从自己的利益出发的，并且人的这种为了自己的利益而行动的本性是不会改变的。在他看来，正是基于这种不变的人性，法家的治国之道才是正确而且是必需的，也就是要通过“严刑”、“重罚”来治国。可见法家管理方法的基础是人性的趋利避害。韩非说：“凡治天下，必因人情。人情者，有好恶，故赏罚可用。赏罚可用，则禁令可立而治道具矣。”正是基于这种对人情的理解和应用，法家反而在管理理论中杜绝感情色彩，释情而任法。

韩非总结前期法家各派的学说，提出了一套以“法”为主，“法”、“术”、“势”相结合的统治术。关于“法”，他说：“法者，宪令著于官府，刑罚必于民心，赏存于慎法，而罚加乎奸令者也。”也就是说，“法”是官府统一颁布的条令和规章，是公开给老百姓看的，法应具有公开性、稳定性、普遍性。关于“术”，他说：“术者，因任而授官，循名而责实，操杀生之柄，课群臣之能者也。”“术”是统治者任免、考察官吏的权术，这些是统治者自己的计谋，不能对外公开，只能藏之于胸。“势”是统治者占据高位所拥有的权力。韩非认为，“法”、“术”、“势”一个都不能缺，君主最好能够“抱法处势”，即在稳妥地掌握了统治权的时候，用其胸中的“术”推行法治。

从韩非的这些统治理论我们很容易理解他的具体的统治方法。在行政管理上，韩非主张要有一个并且只有一个首脑：这就是君主。君主的作用就是颁布法律，制定规章，保证法律的权威性，并且保证其他一切人在他和法律面前一律平等。君主维护法律的主要手段就是赏罚二柄，也就是褒奖守法者，严惩违法者。“为人臣者陈而言，君以其言授之事，专以其事责其功。功当其事，事当其言，则赏；功不当其事，事不当其言，则罚。”君主维护整个社会结构的方法是制定完备的官僚体系，然后选拔任用官员，这些官员的职位就叫“名”，统治者对这些官员工作的检查就是“循名而责实”，因而社会被想象成是一个各个部分各有分工的系统。既然社会上各个工作都有专门人去做，身为最高统治者的君主就没有具体的工作，他所做的就是选举贤才考察官吏。在选举贤才方面，韩非强调“所举者必有贤，所用者必有能”。在人才的考核方面，他强调“因任而授官，循名而责实”。他尤其强调，在人才选拔与考核时，统治者不能掺杂自己的好恶，而要按客观事实处置。在这种统治形式下，君主其实是另一种无为而治，也就是“无为而无不为”，即自己无所为而别人为他做一切。

第二节　中国近代管理思想与实践

近代的中国社会是一个半殖民地、半封建的社会，处于外国列强入侵、封建制度没落的内外交困之中。我国近代企业是在这种独特的环境下产生的。其生存和发展的过程是不断与帝国主义、封建主义以及后来形成的官僚垄断资本作斗争的过程。

一、近代中国企业管理的发展历程

《南京条约》订立后不久，主张“经世致用”的近代学者受林则徐的嘱托编纂成了《海国图志》一书，在书的序言中提出“师夷长技以制夷”的思想，引起了极大的回应，并产生了久远的影响，几乎成了整个近代工业兴起的理论基础。1859 年洪仁玕向洪秀全上了一个条陈叫《资政新篇》，强调用资本主义经营方式和劳动组织来发展中国经济。林则徐的学生冯桂芬提出“自强”、“雪耻”的思想，要求“博采西学”。但所有这些思想均局限在生产技术方面，未敢涉及中国的封建制度。

1. 官办军用企业

在这种“自强”思潮的影响下，从19世纪60年代起，在曾国藩、李鸿章、左宗棠、张之洞等一批有实力的督抚的倡导和支持下，兴起了一个官办军用工业运动。据统计，从1861年曾国藩建立安庆军械所到1890年张之洞创办湖北枪炮厂的30年间，共建军用企业24个，产品基本上都是枪炮弹药。官办军用企业的管理体制和组织机构与以前历代皇朝的官营手工业制度具有明显的沿袭性，除了传统管理工人的手段外，还加上了统率军队的经验。

2. “官督商办”和“官商合办”企业

在官办军用工业的带动下，与之配套的冶金工业、煤炭工业以及运送这些物资的铁路和航运事业成为必须优先发展的工业，而清政府的财政力量却难以承担这一重任。在这种情况下，清政府不得不放松对工业部门的要求，洋务派也提出“求富”的口号力倡兴办民用工业。从19世纪70年代起，一批有民间资本参加的企业出现了，但直到甲午战争之前，基本上所有民用工业均采用“官督商办”的形式，这种官督商办企业的弊端非常明显，“所有盈亏，全归商认，与官无涉”，官府坐收官利，入股商民在企业经营管理方面没有任何权力，商人很快就丧失了积极性。

针对这种情况，洋务派改变策略，以“官商合办”的管理体制取代信誉扫地的“官督商办”形式，即由官方和商方通过合同规定各自的权利、义务及盈余分配办法，各按认股比例出资，各派代表参加企业工作。但在实际操作中，企业大权仍操纵于官方委派的人手中，因而，商人依然常视官商合办为畏途。

总的来说，“官督商办”和“官商合办”企业对管理技术人员的要求已比官办军用企业有所提高，许多富有才干的有经验的买办被委以管理企业的大权。如李鸿章1873年起用怡和洋行买办出身的唐廷枢担任轮船招商局的总办。

3. 股份有限公司

在20世纪初，清政府面临的国际国内危机进一步加深，而戊戌变法运动虽然在慈禧太后的镇压下而流产，但其潜在影响并未终结。维新人士提出的某些改良措施实际上重新得到重视。清政府在中央设立了商务及农工商部，连续颁布了奖励科学技术发明和实业的规定。虽然，朝廷的措施大多流于虚文，但营造了一种重视和崇尚工商业的气氛，督抚等地方官员或集聚商会的士绅、商人被发动了起来。而且，由于“官商合办”和“官督商办”形式越来越失去吸引力，人们开始谋求私营企业的发展。在1904—1908年间，向公司注册局注册的公司达272家，其中一半以上采用的是股份有限公司形式。在这些企业中，家长式管理是最为普遍的管理模式，但也有少数民族资本家从提高企业效率和增进职工的主动性和积极性角度采取了一定程度的民主化措施。

二、中国近代企业管理思想

在封建主义、帝国主义和官僚资本双重压迫下生存并发展起来的中国近代企业，在从封建、手工业的管理方式逐渐向资本主义、大工业管理方式转变的过程中，一些企业在传统管理方式的基础上，引进了资本主义大工业一些先进的管理知识和方法，在经营管理上形成了一些具有时代色彩的特点，主要有以下几点。

（1）运用招股、入股、借贷等方式集资，并注意行业和企业的联营，力求扩大生产规模。

（2）开辟多种购销渠道，搞活经营。比如，自建原材料基地，生产主要原材料；广设原材料采购站，灵活规定收购价格，购储廉价原料，保证企业生产的需要。在销售方面，实行工商联营，扩大销售网点；利用广告、展览会等多种方式加强产品宣传，扩大影响，打开销路。

（3）推行机械化和半机械化生产，提高生产效率。引进国外先进设备和人才，合理安排生产工艺，改善生产组织，建立质量检验制度，开展内部专业分工。

（4）注重资金积累并灵活有效地运用资金，建立财会制度。

（5）制定和实施严格有效的规章制度。

（6）通过自办工商中学、专科学校，选派人员出国等形式，加强人才培养。

上述经营管理方式，体现在管理思想上，主要表现在以下几个方面。

（1）品牌意识。民族资本企业为了在竞争中取胜，力求“出品精美”，创造名牌，在国内外市场上赢得声誉，打开销路。比如，范旭东经营的天津永利碱厂生产的“红三角”牌纯碱，因质量优良获万国博览会金质奖章；吴蕴初经营的上海天厨味精厂生产的“天厨”牌味精，朱裴卿经营的天津东亚毛纺厂生产的“抵羊”牌毛线，五洲皂厂生产的“固本”牌肥皂，三友实业社的“铁锚”牌毛巾，这些都是畅销全国的名牌产品。

(2) 质量意识。民族资本企业为了反抗帝国主义和国内垄断资本的双重压迫，就努力提高产品质量，以增强市场竞争能力。他们以“国人愈爱国货，国货愈宜精良”自勉。比如，汉阳的周恒顺机器厂积极倡导“精工明料”，在生产上建立了一套严格的质量管理制度。

(3) 成本意识。尽力降低成本，“造费节减”，有助于增强产品竞争能力。工业资本家刘鸿生提出，“只有降低成本，才能提高竞争能力，增加企业利润。每一个企业负责人，必须重视成本核算，分析企业盈亏原因”，并首先推行了一套完整的成本会计制度，作为加强管理的措施。许多民族资本企业对于用料用物和其他各种费用开支，都是精打细算，不放过任何一个可以获利的机会，也决不允许出现任何一个浪费的缝隙，尽可能减少成本开支。比如，湖北裕大华纺织公司在选择厂址时，决定在内地设厂，采取“近购远销”的经营方针，努力降低产品成本。

(4) 市场意识。注重研究市场动向，根据市场的变化和趋势及时修订产销计划，掌握企业经营的主动权，做到以销定产，以销定进，加速资金周转。著名实业家穆藕初曾提出：企业必须积极采取措施，对原料之多寡、产品之优劣、社会之需要等进行精密的调查，并在这个基础上不断改善经营管理，才能做到“来源出路，节节灵通”，使企业发展立于不败之地；否则，就是“贸然从事”。

(5) 服务意识。民族资本主义企业在激烈的市场竞争中取胜，不仅要注重产品质量，还要把“服务周到热情”作为经营活动中的最重要的准则。如永安企业的资本家郭乐、郭泉总结出的“服务七方面”规定，在当时的商业界有很高的信誉；民生航运公司的卢作孚提出的“服务高于一切”的口号，深受客户和货主的欢迎，影响很大。

(6) 科学和人才意识。怀着“工业救国”理想的民族企业家范旭东的创业成功是与其对科学和人才的重视密不可分的。还在永利制碱公司筹备之时，范旭东就已理解了事业的真正基础是人才，他委托陈调甫去美国物色人才，陈调甫罗致了侯德榜、余啸秋、刘树杞、吴承洛、徐允钟、李德庸等一批高级技术人才，范旭东自己则在国内罗致了李烛尘、陈调甫、孙学悟、阎幼甫、傅冰芝等一批具有真才实学的实干家。为了获得技术熟练的职工，范旭东还成立了艺徒班。范旭东“绝对相信科学”，总是力求使自己创办的每项事业都建立在科学基础之上。在久大精盐公司开张营业时，他创建了久大研究室进行海盐综合利用研究；创立永利之后，又将久大实验室扩建为黄海化学工业研究社，从事精盐副产品的研究，并对永利的原料分析、成品检查、分析规程的确定、工艺操作指标的规定以及新技术的研究与采用作出了很大的贡献。

荣氏企业也很重视人才问题。1919—1927 年间曾开办公益工商中学，从中择优录用了很多毕业生。1928—1932 年间，又开办职员养成所，培养了一批中等纺织技术人才。从 1936 年起，还较大规模地开展了对技术和管理人员的在职培训。1940 年，申新九厂办起一所三年专科制的中国纺织染工业专科学校，后又改为四年大学制的中国纺织染工程学院。

（7）制度建设。近代企业大多制定并实施了严格的规章制度，其内容主要包括：要求职工听从指挥，服从调遣；要求职工不得玩忽职守；要求职工提高工作效率；要求职工改善服务态度等。这些制度即有剥削压迫工人的作用，又有加强企业经营和管理的作用。但就今天看来，不少制度仍是必不可少的。

（8）企业精神。民生实业股份有限公司 1926 年创办时就提出了“服务社会，便利人群，开发产业，富强国家”的宗旨。1933 年正式提出“民生精神”，即“个人为事业服务，事业为社会服务，个人的工业是超报酬的，事业的任务是超经济的”。要求大家在共同的信念下，“捏紧拳头，裹紧肚皮，艰苦创业”。东亚毛呢纺织品有限公司则提出了更为系统完整的“东亚精神”。在公司大楼上悬挂着“己所不欲，勿施于人”，“你愿人怎样待你，你就怎样待人”等大字，职工食堂墙上则绘着中英文对照的“军事纪律，基督精神”字样。右边悬挂着东亚公司的厂歌，左边悬挂着公司的“主义”。公司还编制了《东亚精神》一书、《东亚声》期刊及格言式的《东亚铭》，这些材料集中地概括了东亚公司的主义和准则。实际上，这些企业精神的倡导对职工的确起到了一定程度的教化和激励作用。可以看出，这些理论与后来日本企业家所倡导的精神，如“丰田精神”、“松下信条”，有很多相似之处。

第三节　中国当代社会主义管理理论与实践

从 1949 年 10 月 1 日中华人民共和国宣告成立起，中国步入社会主义建设和管理时期。但是，早在革命根据地时期，中国共产党就开始了社会主义企业管理的实践与探索。纵观我国企业管理的发展过程，既有成功的经验，也有失败的教训。分析和研究正反两方面的经验、教训，对于促进我国企业管理的发展具有重要意义。

一、解放前革命根据地的企业管理

我国革命的特点，是首先建立农村革命根据地，由农村包围城市，最后夺取全国政权。为了支援革命战争，巩固革命根据地，我们党注意发展经济，在根据地建立了自己的工业，第二次国内革命战争时期，在江西中央苏区开展工业生产，建立了一些公营工厂，为革命战争和人民生活而生产急需的物资。此后，公营工厂的规模、数量、门类不断增多。这个时期形成的管理思想明确地表现为政治上的目的，具有以下一些特点。

（1）具有优良的革命传统，坚持党的领导；以生产为中心；艰苦奋斗，勤俭创业，自力更生；学习革命军队中官兵一致的作风而形成政治民主、技术经济民主和管理民主的“三大民主”制度。

（2）实行供给制。这是由当时的经济条件所决定的。在企业管理上，像军队那样实行供给制，不实行独立核算，企业作为主管机关的附属单位，收入全部上交，费用开支全部由主管机关下拨，产品全部由主管机关分配，职工的生活待遇也实行供给制。

（3）小生产的经营管理方式。由于处于战争环境和农村环境，又是小型手工业生产，受小农经济的影响，商品经济很不发达。为了战胜经济困难，党号召革命根据地的军队和人民发扬艰苦奋斗、自力更生的革命精神，开展生产自救活动，这种自给自足的“小而全”的经营方式在革命根据地的公营企业中极为普遍地存在着。

二、解放后社会主义企业管理

1. 社会主义改造时期（1949—1956 年）

全国解放以后，没收了官僚资本企业，对这些企业进行社会主义改造。在企业内，逐步实行了民主改革和生产改革，打破了旧制度，建立了党领导下的工厂管理委员会，工人参加了管理，调动了广大职工的积极性和创造性，解放了生产力，促进了国民经济的迅速恢复和发展。

1953 年我国开始了发展国民经济的第一个五年计划，国家集中了全国的人力、物力和财力，进行了 156 项重点工程建设。由于国营经济日益壮大，社会主义企业不断增加，要求实行科学管理，但我国是从半殖民地半封建的基础上转变而来的，经济很不发达，缺乏管理现代化企业的经验，当时开始全面学习和引进苏联工业企业管理的制度和方法。在此基础上，我国国营企业实行了计划管理，建立了生产责任制，加强了技术管理，制定了技术工作规范，建立健全了厂内经济核算、经济活动分析的制度；设立了管理机构，加强了生产指挥系统；实行按劳分配，建立了计时、计件及奖励等工资制度；培训了大量的企业管理人员，开展了职工学文化、学技术、学业务的活动等。这些原则和办法，基本上反映了社会化大生产的要求，对促进我国工业生产的发展，使我国企业管理走上科学管理的轨道，保证大规模有计划的社会主义经济建设的顺利进行，起到了积极的作用。

但在这个时期，企业管理方面也存在一些缺陷，如管理权过于集中在上级主管机关，企业缺乏应有的自主权；主要是用行政办法管理，缺少用经济办法管理；重产量、产值，忽视经济核算和经济效益，同时在学习苏联工业企业管理中，不顾我国国情，盲目照搬，致使我们没有能够建立起一套符合我国国情的现代企业管理制度。

2. 社会主义建设时期（1957—1965 年）

这个时期，我国企业管理的重点是探索我们自己企业管理的道路，创建具有中国特色的社会主义企业管理模式。在社会主义建设总路线（鼓足干劲，力争上游，多快好省的建设社会主义）的鼓舞下激发了工业战线广大职工建设社会主义的热情，开展了加速社会主义建设的大跃进运动。由于指导方针上有严重的失误，不按客观规律办事，急于求成，夸大主观意志的作用，出现了不切实际的高指标、瞎指挥、乱操作，否定了规章制度，破坏了正常的生产秩序，造成了企业管理上的混乱和经济上的损失。

党中央为了纠正错误，及时提出了要尊重客观经济规律，重视商品生产和商品交换，注意搞好综合平衡，合理安排国家经济计划，反对平均主义等一系列的搞好经济工作的重要指导思想。1960 年，毛泽东作了关于“鞍钢宪法”的批示，特别是中央提出了关于“调整、巩固、充实、提高”的八字方针。制定和颁发了《国营工业企业条例》，即《工业七十条》，号召工业学大庆，在农业中提出了“人民公社六十条”，迅速扭转了企业管理的混乱局面，恢复了生产秩序，建立和健全了企业管理制度。总之，这一时期，我国在纠正三年恢复时期管理上的错误的同时，也在努力创建我国自己的企业管理理论体系。为我国管理思想体系提供了许多崭新的内容。

（1）为我国企业管理指出了方向。当时党的总路线集中阐述了我国企业管理思想的内涵，为管理理论的发展奠定了基础。

（2）开始注重对人的因素的研究，把激发人的积极性与提高生产效率结合起来，形成了一整套政治思想工作的原则和方法。如干部、技术人员和工人三结合的管理方式和组织机构；开展合理化建议活动；精神鼓励与物质利益相结合；开展细致的政治思想工作；建立岗位责任制；实行职工代表大会制，民主选举管理干部，以充分激发职工的主人翁责任感，等等。这些管理原则，充分体现了我国管理正在努力探索对人的因素的研究，正在努力把政治与经济统一起来，把人的思想觉悟与生产效率统一起来。

(3) 在管理中坚持实事求是的原则。纠正过去的浮夸作风，重申贯彻实事求是原则是我国管理的根本出发点，发挥革命优良传统，把解放思想与按客观经济规律办事结合起来，把大搞群众运动同严格的责任制度结合起来，把政治挂帅同物质鼓励结合起来等。这些基本管理思想，丰富了我国企业管理理论的内容，使我国管理理论有了明显的提高。

3. 文化大革命时期（1966—1976 年）

在 1966 年以后的十年间，我国的企业管理遭到了严重的摧残，林彪、江青反革命集团煽动无政府主义，把企业管理制度当作"管、卡、压"，把商品交换和按劳分配视为产生资本主义和资产阶级的土壤，造成了我国管理思想的大混乱、大倒退，使生产力遭到了极大的破坏。

4. 中国企业管理的整顿恢复阶段（1977—1984 年）

中国企业管理的整顿恢复阶段，具体地讲是从 1979 年 4 月召开的中央工作会议开始到 1984 年 10 月党的十二届三中全会结束。众所周知，中国的经济体制改革首先是从实行企业利润留成制度、扩大企业生产经营自主权开始的。但在改革之初遇到了一些问题，即改革要以哪一经济环节为基础，达到什么样的目标、怎样达到目标等。1979 年，蒋一苇先生首先提出了经济改革要以企业为基础的观点，即"企业本位论"。他认为：①在经济改革中，扩大企业自主权，是必要的，但这没有抓住问题的本质，本质是在理论上明确企业的性质和地位；②企业应当具有独立的经济权益；③企业必须是一个能动的有机体；④企业应成为自主经营并对其经营效果负责的有机体。"企业本位论"的提出，不仅为中国经济改革指出了重点，即以企业为基础，而且也为企业改革指明了方向，企业应当成为自主经营、自负盈亏的商品生产者和经营者。此后，党中央、国务院先后下发了一系列文件，提出扩权让利、实行经济责任制，给企业一定的经营自主权并通过试点逐步推广，使企业由过去那种没有任何经济自主权、没有自身经济利益向拥有一定限度的经营自主权和一定比例的经济利益转变，由过去附属于政府行政部门开始向经济实体转变，出现了政企逐步分开的理念和雏形。在这个时候，国家集中力量抓企业整顿，整顿企业劳动组织和财经纪律，恢复、建设企业内部管理规章制度，加强企业管理的基础工作，对企业领导班子也按"四化"（即革命化、年轻化、知识化、专门化）的要求进行了初步整顿。在这一阶段，人们逐步澄清了思想认识，开始以管理的两重性为理论基础学习、吸收、借鉴发达国家的企业管理经验，学习管理科学知识，并将其应用于实践当中。1983年初，袁宝华同志提出借鉴外国企业管理经验的十六字方针，即“以我为主，博采众长，融合提炼，自成一家”。在这期间，有关部门还在北京、天津、上海、大连、广州等地建立了8个企业管理培训中心，重点开展对经济管理干部和企业管理干部的培训。与此同时，还与发达国家的有关组织建立了合作关系，引进、推荐国外的企业管理经验，进行企业管理现代化的宣传与试点，建立了全国性的组织系统。

5. 中国企业管理的探索阶段（1984—1987年）

1984年10月党的十二届三中全会作出《中共中央关于经济体制改革的决定》以后，城市经济体制改革逐步全面推开。其间，为探索解决国家和企业的分配关系，先后推行了两步“利改税”，进一步扩大企业的经营自主权，但由于体制改革的不配套和历史条件的局限，没有取得预期效果。然而，改革给我们以深刻的启示，在探索企业改革的道路上获得了宝贵的经验、教训。一些地方在落实扩权让利措施的基础上，对小企业试行承包或租费经营，同时，在企业领导体制改革上实现了重大突破，开始推行厂长（经理）负责制，并提出了转换企业经营机制的要求。在这样的大气候下，企业管理受到了普遍的重视和提高，在全国开展了以经济与管理知识为主要内容的厂长（经理）统一考试，在企业内部大力推行经济责任制。全面计划管理（包括目标管理）、全面质量管理、全面经济核算、统筹法（网络技术）、优选法、系统工程、价值工程、市场预测、滚动计划、决策技术、ABC管理法、全面设备管理、线性规划、成组技术、看板管理、量本利分析、计算机辅助企业管理等18种现代企业管理方法得到广泛应用。期间，提出了贯彻企业管理现代化的五项重要内容，即管理思想现代化、管理组织现代化、管理方法现代化、管理手段现代化和管理人才现代化。在总结探索经验的过程中，1986年6月，国家经贸委提出“七五”《企业管理现代化纲要》。同年7月，国务院颁发《关于加强工业企业管理若干问题的决定》，从此，企业管理现代化的探索便在各地广泛进行。

6. 中国企业管理的升级阶段（1988—1992年）

在试点推行企业经营承包责任制的基础上，从1987年开始，国有企业特别是国有大企业普遍推行了经营承包制，一些小型企业实行租赁经营，有的还试行了股份制。为明确企业的法律地位，1988年，国家颁布了《工业企业法》，突出了企业责权利相结合的特点，企业自主权进一步扩大，政企职责分开和所有权、经营权的两权适当分离也被提到议事日程，同时加强了对企业行为的约束。以破“三铁”为主要内容的企业内部改革得到进一步深化，以实行承包制为重要形式转换了企业经营机制，促进企业面向市场。企业改革的工作重点是搞好国有大中型企业，并围绕这个重点，创造良好的外部环境，加大各项配套改革的力度。为巩固这些改革成果，加强企业管理工作，国家提出在全国范围内开展“抓管理、上等级、全面提高素质”的企业管理升级活动，使管理工作从普及和一般号召及管理方法的单项应用转变为制度化、指标体系化和整体优化，管理升级和晋升国家级企业成为当时的“热点”。企业自身在引进外资、技术和先进的管理经验的同时，也进行了大胆的探索，创造出不少行之有效的管理新方法，如石家庄第一造纸厂的以满负荷精神、满负荷目标、满负荷数据、满负荷行为、满负荷效果为基本内容，五马分肥（指政府、企业经营者、管理者、劳动者、开发者五方分担责权利）的“满负荷工作法”；大连显像管厂以全员自我控制为核心，对生产诸要素、生产全过程进行控制来实现企业功能整体优化的“全控管理法”等。这些创造性的实践活动，确实使中国的企业管理水平上了一个新台阶。

7. 中国企业管理的强化阶段（1992—1997 年）

这一阶段分别以党的十四大提出建立社会主义市场经济体制和党的十五大的召开为起止点。在这期间，党的十四届三中全会提出了把建立现代企业制度作为国有企业改革的方向。同时《中华人民共和国公司法》出台，企业开始全面推向市场。从国家与企业的关系上看，承包制完成了其历史使命，转机建制成为这一时期企业改革的主要内容。国有企业开始进行股份制改造和建立现代企业制度试点，一些企业在海内外上市，企业通过直接融资的办法吸收社会资金（包括一部分外资）扩大再生产，大大推进了企业技术改造和技术升级，企业改革不断深化。1995 年初，全国企业管理工作会议根据党中央、国务院的指示精神，强调提出“三改一加强”，主张将企业的改革、改组、改造和加强管理结合起来。然而，在深化改革的过程中也暴露出一些问题，如产品积压、企业破产、职工下岗等。

在这一阶段中的强化企业管理主要体现在两个方面：其一，以全国范围内学习邯钢的“模拟市场核算、实行成本否决”的管理经验为标志，加强企业管理。深入挖掘企业内部潜力成为管理的工作重点，不少企业在学习应用现代管理方法手段、创造新方法和推行整体优化的基础上，结合本企业实际和深化内部改革的要求，进行管理创新，取得了丰硕的管理成果。其二，随着社会主义市场经济体制的建设和现代企业制度的逐步建立，随着政企、政资的逐步分开，企业经营者的作用日益突出，因此，培育经营者队伍，加强自身修养，加速企业经营者的职业化、市场化、建立科学的管理体制，形成有效的激励与约束机制被提到了议事日程，这表明，企业经营者在企业管理中的地位与作用得到了应有的关注。

8. 中国企业管理发展的新的历史阶段（1997—　）

以党的十五大为标志，中国企业的改革与管理迈向了新的历史阶段。为实现在20世纪末使大多数国有大中型亏损企业摆脱困境，在大多数国有大中型骨干企业初步建立现代企业制度，使其成为自主经营、自负盈亏、自我发展、自我约束的法人实体和市场竞争主体的目标，为实现在2010年“适应经济体制与经济增长方式两个根本性转变和扩大对外开放的要求，基本完成战略性调整和改组，形成比较合理的国有经济布局和结构，建立比较完善的现代企业制度，经济效益明显提高，科技开发能力、市场竞争能力和抗御风险能力明显增强，使国有经济在国民经济中更好地发挥主导作用”的中长期目标，在着眼于从整体上搞好国有经济的同时，大力推动了其他所有制企业的健康发展。

在这期间按照打破垄断、鼓励竞争的原则，通过联合、兼并、改组，形成了一批技术水平高、有竞争能力的企业集团；推进政企分开，建立与健全企业的监管制度，有重点地向国有大中型企业派出稽察特派员；加强国有重点企业领导班子的管理和建设，坚持德才兼备原则，选拔政治素质高、经营管理能力强、公正廉洁的优秀人才担任企业领导；深化企业劳动、人事、分配等各项制度改革，建立企业的激励、约束机制，在有条件的企业试行经理（厂长）年薪制、持有股权等分配方式；积极探索公有制的多种实现形式，宜于实行股份制的国有大中型企业，应利用股票市场，进行股份制改造；同时从实际出发，采取多种形式开放搞活中小型企业，促进中小型企业的发展。切实加强企业管理，大力实施制度创新、管理创新和技术创新工程。

本章思考题

1. 如何正确看待我国古代的管理思想精华？简要概括我国古代管理思想的主要内容。

2. 你对中国古代哪位著名思想家的管理思想最感兴趣，为什么？试加以具体说明。

3. 我国近代管理思想的发展历程和主要特点有哪些？

第四章

目标与计划

本章要点

计划职能是管理各项职能中居于主导地位的职能。计划的关键是确定目标，因此，我们从目标的概念、性质等开始分析，然后介绍有关计划的种类、步骤等。计划是面向未来的，计划的制订过程离不开对外部环境和组织内部条件的分析，因此，预测工作成为计划中的重要环节。第三节主要就预测的概念和方法进行简要介绍。

第一节 目标与目标管理

一、目标的概念与特征

1. 目标的概念

目标是一个组织根据其任务和目的确定在未来一定时期内所要达到的成果或结果。

任何一个组织要想存在，都要有它的任务和使命，即组织的目的。根据组织的目的，再确定组织成员能够努力并付诸实施的具体目标。目标是协调人们行动的依据，它既是管理活动的出发点，同时也是管理活动追求的结果。组织正是通过目标来引导人们的行动并考核行动的结果的。

2. 目标的特征

(1) 目标的层次性。管理组织是分等级、分层次的。组织的总体目标确定之后，围绕着总目标就要依次确定下级各个分目标、子目标，而且，各等级、各层次的目标之间构成了目标与手段的关系。如图 4-1 所示。

(2) 目标的网络性。各等级、各层次的目标之间彼此相互关联、相互影响，并相互支持，形成了一个整体的目标网络。即目标之间左右关联，上下贯通，彼此呼应，融汇成一个整体。组织内各目标之间也只有形成了网络，才能保证组织目标的更有效实现。

(3) 目标的多样性。不仅由于组织的多等级性而导致目标的多样性，而且同一等级层次也会表现出不同的目标。如组织的总目标可能不只一个，既要保证产品质量，又要降低成本，还要培训职工等。目标的多样性是企业为更好地适应环境变化所必需的，但企业可以利用的资源是有限的，因此，管理者需要在多种目标之间取得平衡。

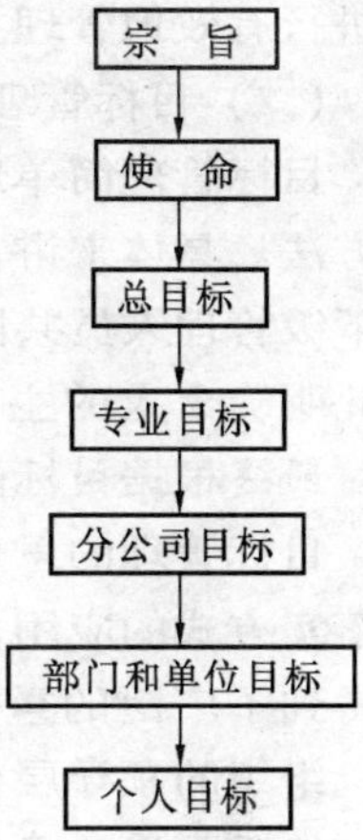

图 4-1 目标的层次系统图

(4) 目标的主次性。目标的多等级层次以及多种多样的目标网络，可能使管理者如何安排实现目标的行动成为困难。为此，就要将目标做主次之分。管理者应该将其主要资源用于主要目标的实现上，因为，目标的主次性是从目标的重要程度上划分的。在保证主要目标能够实现的基础上，再综合考虑次要目标的实现问题，或者将次要目标降为实现主要目标的约束条件。

(5) 目标的时间性。从时间上可以将目标划分为长期目标、中期目标和短期目标。短期目标一般指年度目标，它是实现中长期目标的基础。但是，各个短期目标的实现，不一定就能保证中长期目标的顺利实现。因为，有时为了长远利益，不得不牺牲眼前利益，因此，管理者要注意目标在时间上的衔接，使各时期的目标协调一致。

(6) 目标的可考核性。目标必须具体，否则无法实施，更无法考核。目标如果不能考核，就失去了存在的意义。最便于考核的目标是定量目标，但不等于说定性目标不能考核。定性目标可以通过具体说明、时间期限要求、成果要求等加强其可考核性。

二、目标管理

(一) 目标管理产生的背景

传统的管理理论主要是对执行人员的检查、监督与控制，而对管理者如何管理一直是困扰着人们的难题，因为管理者的工作不易定量化。20 世纪 50 年代美国出现了一种新的管理制度——目标管理（Management By Objectives)，受到普遍欢迎，并得到广泛应用。目标管理是在泰罗的科学管理理论和行为科学理论的基础上发展起来的，是由美国著名管理学家彼得·德鲁克首先提出的。他在 1954 年出版的《管理实践》一书中将目标管理作为一套完整的思想和管理方法提出。他认为，通过目标管理就可以对管理者进行有效地管理。

（二）目标管理的概念

目标管理简单地理解就是以有效实现预定目标为中心而进行管理的一种方法。具体来讲，目标管理是以重视成果管理的思想为基础，组织中的上下级管理人员共同参与制定一定时期内每个人必须达到的工作目标，并以此明确个人的主要责任，在实现目标过程中主要靠自主管理和自我控制，最终根据目标的实现程度考核每个成员的贡献。

目标管理的思想是在 1978 年引入我国的，伴随着各项计划指令层层分解落实方式的应用，特别是全面质量管理的开展，目标管理的思想在我国也得到了广泛的重视。结合我国的应用情况，我国习惯将目标管理定义为：组织的领导层根据组织的需要，确定未来一定时期内所要达到的总目标，然后再将总目标层层分解落实，以至于组织中的各级各类人员，包括每个职工都有自己明确的目标和措施，并以此作为考核工作的依据。

目标管理强调了目标的重要性，而且各级各类目标之间相互联系，相互支持，形成了整体的目标网络，为保证组织目标的完整性和一致性奠定了基础。同时，目标的制定和分解过程也是下级参与管理的过程，目标的实现要靠自我管理为主，因此也较好地体现了以人为中心的主动式管理。

（三）目标管理的步骤

目标管理的步骤大致可以分为以下几步。

1. 形成目标体系

组织的最高管理者，根据组织的需要与内部条件，制定出一定时期内经营活动所要达到的总目标，然后经过上下左右的协商，将总目标层层分解到下级各单位和部门，以至形成每个人的分目标。总目标指导分目标，分目标保证总目标，组织内部以总目标为中心，形成上下左右相互衔接，分工明确，协调一致的目标体系。目标的多少和目标实现的难易程度都要适当，而且要便于考核。在目标分解的同时，为了下级更好地实现目标，还伴随有权力的下放，即授权。

2. 组织实施

目标确定，权力下放后，各项具体目标是否能够如期完成就要靠执行者的自主管理了。上级管理者除非必需，否则不宜再具体针对每项措施做详细的指示，指手画脚、横加干预只能适得其反。但这不等于说上级可以撒手不管，上级管理者的责任从直接管理转变为间接控制，即针对下级的情况提出问题、提供情报，进行指导、协助，并且为下级更好地完成任务创造良好的工作环境。

3. 成果检查

成果检查既是上一个目标管理过程的结束，同时也是下一个目标管理过程的开始。成果检查，既能够作为奖惩的依据，也能发现工作中的薄弱环节和差距，为下一步做好工作创造了条件，提供了经验教训。成果检查的过程，一般是事先确定检查时间，到期后先由执行人自我检查，然后再上下协商，分析结果产生的原因，以便吸取经验教训，并为制定下一个目标作准备。对完成结果的奖惩办法是事先确定好的，实践中常常采用分级打分的方式，如达到预期目标以上，定为 A 级；刚好完成目标，定为 B 级；没有完成目标，但差距不大，定为 C 级；没有完成目标，且差距很大，定为 D 级。各级都有明确的奖励与惩罚的办法。

目标管理的步骤可以用一张过程图来表示，如图 4-2 所示。

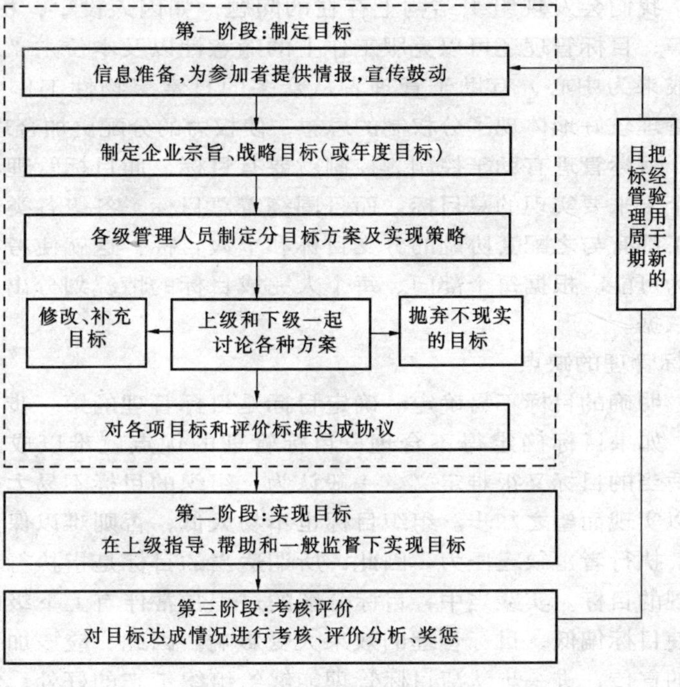

图 4-2　目标管理过程图

（四）目标管理的优缺点

目标管理开展以后，组织成员都有自己的明确工作目标，而且曾参与过目标的制定过程，这就使目标成为激励人们努力工作的要素。同时，也在一定程度上解决了以工作为中心的管理与以人为中心的管理之间的矛盾。目标管理在实践过程中表现出了其他管理方法所替代不了的优点，但同时也暴露出了一些局限性。

1. 目标管理的优点

首先，目标管理可以提高管理水平。因为，目标的确定过程就是一次很好的问题分析过程，在上下共同参与，并经过几上几下确定目标后，组织中人员的责任明确了。为了更好地实现目标，有关执行者一定要想办法，用尽可能少的付出来实现预定的目标，这本身就是加强管理的过程。组织内的成员都能够以用最好的方式来实现目标为己任，管理水平也就能够得到逐步地提高。

其次，目标管理有助于克服组织中的许多问题。在目标分解及成果评价过程中，我们会发现组织结构上存在的问题，如因人设事，机构臃肿，互相推诿等；目标管理还可以克服工作上的随意性以及本位主义；目标管理强调以成果为中心，有助于管理者从众多的日常事物性工作中摆脱出来；目标管理较好地体现了分权制的思想，使权力的分配更加合理。

最后，目标管理有助于控制。控制就要有目标，而目标管理不仅仅是组织有一个未来要实现的总目标，而且围绕着总目标，各级各类管理者以至每个职工都有与之配套协调的分支目标和个人目标，这就使考核每个人的工作成为可能。根据每个部门、每个人完成目标的情况划分出等级，奖惩也有了依据。

2. 目标管理的缺点

首先，明确的目标不易确定。确定目标是目标管理的第一步，也是关键的一步。如果目标确定得不合理，目标管理的优点就难以成立了。但是，所谓适当的目标又很难定义。一般认为，组织的目标不易太高，否则执行者难以实现而望之却步。组织目标也不易太低，否则难以保证资源的优化利用，执行者也缺乏压力。因此，所谓适当的目标是指执行者需要努力才能实现的目标。实践当中，目标分解的过程常常伴有上下级的讨价还价，最终使目标偏低，目标管理的效果大受影响。因此，应该加强对目标管理方法的宣传，进一步认清目标管理能够给组织带来的好处，促使员工自觉确定平均先进水平的目标。

其次，重视了结果但忽视了过程。目标管理重在靠结果说话，最终的评价也是针对结果的，这就有可能造成为了追求结果而忽视对过程的分析研究。比如，为了完成生产计划，将必要的设备维护修理计划取消，虽然目标完成了，但这是以牺牲长期利益为代价的，因此，目标的实现未必是好事。所以，应在重视目标的同时，加强过程研究，特别是在实现目标的方案论证上下工夫。

再次，目标管理强调的是短期目标。目标管理过程中，为了便于目标的层层分解和落实，一般确定的都是不超过一年的短期目标，但系统理论告诉我们，若干个短期目标的实现，不一定保证最优长期目标的实现，有时为了保证长远利益不得不牺牲眼前利益。所以，应该加强各个短期目标与长期目标的协调配合问题，在长期目标的基础上，恰当确定各个时期的短期目标。

最后，目标管理是耗时耗资很多的工作。目标确定的过程就是一个艰苦的过程，需要花大力气分析论证，确定了总目标后再层层分解，更不是短时间能够完成的事情。但是，如果不肯在统一思想，协调目标上下工夫，又可能导致目标管理的失败。因此，在目标管理的付出和效果之间存在着矛盾，必须认真分析并充分研究这个问题，即不要因花费时间、费用太多削弱了目标管理的效果，更不能为省事草率行事，使目标管理流于形式，失去意义。

第二节 计 划 工 作

一、计划工作的概念

计划工作包括制定计划、执行计划以及检查计划执行结果三个阶段。计划工作的结果是以不同形式表现的计划。计划是预先确定的详细行动方案，它解决了做什么、何时做、何地做、谁来做以及如何做的问题。计划的目的是为更有效地实现预期的目标。

计划的制定本身也是一个全面分析的过程。它是在对组织所处的内外部环境进行分析的基础上，根据执行者的能力，以及组织未来的发展需要，确定组织在未来一定时期内想要达到的目标和实现目标的方法。

计划工作职能在管理各职能中居于主导地位。因为，在计划职能中确定了组织发展的目标，并确定了实现目标的方法。只有这个问题解决之后，才能开始组织结构的设计，才能确定组织中应该划分多少层次；组织结构问题解决了，才能确定各个岗位上需要什么样的人，需要多少人；有了人及人的行动，才有沟通与激励的问题；组织中人们的行为要求是指向目标的，才会有必要控制。

计划工作职能还具有普遍性。因为，组织中各级各类管理者都要从事决策工作，决策又是计划的核心，因此，所有的管理者都要行使计划职能。

二、计划工作的意义

计划是对未来的部署，它为组织的发展提出了方向。古人云："凡事预则立，不预则废"，计划就是预的过程，它事先确定了我们应该做什么，谁来做，在什么时候、什么地点做，为什么做以及如何做。

（1）计划可以预知将来的机会与威胁。计划是面向未来的，未来又是难以确定的，而在做计划时，我们必须充分分析并了解环境的变化规律与变化趋势，掌握将来可能出现的机会与威胁，从而将不确定性降到最低的程度。越是环境多变，就越是要求方向明确，所谓"以不变应万变"。通过科学有效的计划，帮助我们利用机会，避开威胁。

（2）有利于组织目标的实现。计划为组织确立了明确而具体的目标，并且选择了有利于组织目标实现的方案，接下来就是按既定方案办。这一方面可以使组织中的高层主管人员从繁杂的日常事物中摆脱出来，另一方面组织中的各级管理者都有自己明确的目标责任，可以有助于协调。明确的目标和良好的协调，无疑会有助于组织目标的实现。

（3）有利于管理控制。控制的依据是计划，计划为组织规定了明确的目标和具体的实现目标的方案，即对人力、物力、财力和时间都作出了明确而具体的规定。各种计划付诸实施后，主管人员就可以根据目标对下级的工作进行检查和控制，使控制工作有了便于依据的标准，这既提高了组织工作的效率，保证人、财、物、时间得到最合理的安排，又使管理控制工作具体化。

三、计划工作的种类

对计划从不同的角度研究，就有不同的计划类型。

（1）按照计划的范围划分。计划的范围层次是根据组织的范围层次划分的，组织可以分为上层、中层和基层，计划也相应地可以分为上层计划、中层计划和基层计划。上层计划涉及面广，是对整个组织的目标以及实现目标的方案作出选择，因此非常重要，属于战略性的计划。中下层计划涉及的是局部问题，主要是关于如何实现本部门目标的问题，因此影响范围有限，属于战术计划。

（2）按照计划的时间长度划分。计划确定的是未来一定时期内组织所要实现的目标和实现目标的方法，未来一定时期的长度不同，计划的类型也有所不同。按照计划的时间长度可以将计划分为长期计划、中期计划和短期计划。长期计划一般在 5 年以上，是一个综合性的发展规划；中期计划一般为 3～5 年，是在长期计划的基础上，对组织的战略目标再做较为详细的部署；短期计划一般是以 1 年为期限的，也被称为年度计划，它是中长期计划的具体安排和落实。为了确保计划的实现，我们要做到长计划短安排，使长、中、短期计划协调起来，既避免长期目标缺乏具体安排而无法实现，也避免组织出现短期行为。

（3）按照计划的约束程度划分。计划确定后，要求执行人员按照计划的要求去做，但在具体执行过程中，由于计划的约束程度不同，又可以将计划分为指令性计划和指导性计划。指令性计划是上级下达的具有行政约束力的计划，下级必须不折不扣地完成；而指导性计划是上级给出的一般性指导原则，至于执行者如何做具有较大的灵活性。

（4）按照企业职能划分。企业类型不同，具体的职能部门设置也会有所不同。但从一般企业看，常常具有以下职能部门：供应、生产、销售、财务、人力资源、技术设备等。因此，相应的就有安排这些职能部门工作的计划，如供应计划、生产计划、销售计划、人力资源计划、设备技术管理计划等。

四、计划工作的原则

计划工作是制定计划的过程，在这个过程中，应该遵循以下原则。

（1）系统原则。编制计划过程中，要全面考虑组织内外部的需要，从整体出发，对组织内部要素及其结构进行分析，在统筹规划、全面安排的基础上，为组织未来的发展制定适宜的目标，并选择满意的实现目标的方案。

（2）重点原则。组织目标的实现需要消耗资源，在一定时期、一定条件下，组织可以利用的资源是有限的，而组织要实现的目标往往不只一个。因此，必须在计划过程中对目标进行分析，分清主次，确保影响全局的主要目标能够充分实现。

（3）可控原则。计划是管理的开始，控制是管理的目的。为了有利于控制，要求计划的内容明确而具体，只有计划执行的结果能被考核，才能实施控制。

（4）发展原则。组织内外部的要素和环境是不断变化的，因此，计划工作要面向未来，充分考虑变化对组织发展的影响，计划制定出来后不是一成不变的，而是要随着环境的变化及时调整。

(5) 经济原则。管理活动中的每一步都要进行经济性分析，即分析收益与成本之比，计划工作也要分析目标实现后带来的好处与为制定和实施计划所付出的成本，我们追求的是较少的投入能够取得较多的产出。

五、计划工作的步骤

(1) 确定目标。目标是组织存在的依据，是组织的灵魂。计划工作就是为组织制定明确的目标，并选择实现目标的最好方案的过程。为了使组织目标符合未来的发展，在确定目标之前，首先要分析未来环境可能提供的机会和出现的威胁，同时要了解组织自身的优势与劣势，即在估量机会的前提下，才能为整个组织及其所属人员确定未来一定时期内所要实现的目标，以及实现目标的战略、政策、程序等。

(2) 确定前提。在估量机会的基础上，确定了组织的发展目标之后，就要考虑如何更好地实现目标，即挑选实现目标的行动方案。但在拟订可行方案前要对组织环境未来的变化进行估计，也就是确定计划工作的前提条件。计划工作的前提是指计划执行时预期的内外部环境，如技术、经济、社会、法律、伦理等外部环境，以及组织的生产技术条件等内部环境。这些环境要素很多，要想对它们的变化作出事先的分析，就要有科学的预测。通过预测找出影响目标实现的敏感要素，抓住敏感要素，以确保所选方案能使目标有效地实现。

(3) 拟订备选方案。在了解未来可能的各种变化和自身可利用的资源后，就可以着手寻求各种能够实现目标的方案和途径。这一步需要管理者及其所属人员发挥创造性和想象力，在条件允许的情况下，尽可能地提出多个可行方案以供选择。

(4) 分析评价备选方案。将各种可行方案一一列举出来后，就可以对各个方案的优缺点进行分析。由于影响方案优劣的因素很多，因此，在分析评价方案时可能需要借助数学模型和计算机手段，再结合计划人员的经验和直观判断能力对方案作出评价。在分析过程中，一方面要注意环境的变化，另一方面也要充分考虑组织可以利用的资源条件，即在内部条件与外部条件结合的情况下，使方案实施取得最佳效果。

(5) 选定方案。将各个方案的优势和劣势作出明确的分析评价后，结合组织目标和环境变化的情况，就可以从多个可行方案中找出最有利于目标实现的方案，必要时还要提出两套减少因突然的变化而可能带来的损失的方案。

（6）制定辅助计划。实现总目标的方案确定后，还要将总目标分解为下级各管理层次的分支目标和辅助目标，也就是将总的计划方案分解为更具体的下级可执行的分支方案和辅助方案。

（7）制定详细预算。计划工作的最后一步是将选定的方案及其辅助计划用数字更加具体地表示出来，如收入、支出、消耗、盈余等。只有将人、财、物、时间等资源消耗，以及管理活动要取得的结果详细并单义性（数字化）地表示出来，计划才能交给下级实施，执行后的考核也才能有明确、具体的依据，从而做到有效的控制。

第三节 预 测

一、预测的概念

1. 预测的含义

预测是根据历史的和当前的有关资料，运用各种科学方法和手段，探索未来发展趋势，并定性或定量地对未来作出估计和判断。

预测是对未来的估计，但不是瞎估计。它是在对当前的组织内外部环境作出分析后，对计划实施过程中的组织内外部环境所作出的陈述。有人用数学语言描述预测的概念，认为“预测等于过去和现在的函数”。因此，预测成为联系过去与未来的桥梁。

2. 预测的特征

（1）预测要将影响目标实现的不确定因素找出来，并使之集中化。

（2）预测不可能100%准确。

（3）预测既是科学又是艺术。

3. 预测的重要性

（1）预测是决策的前提。组织活动可以划分为若干过程，每一过程都有自身的特点，但有一点是相同的，就是各个阶段都离不开决策。首先要确定组织的任务和目标，即作出战略决策，然后是战术的选择，但不管是战略决策还是战术决策，都要先对未来的情况作出描述，即预测。没有科学的预测，就没有可靠的决策。

（2）预测是计划的依据。组织的战略目标确定后，就要对如何实现目标作出方案的选择。即要具体确定有关的财务计划、生产计划、人力资源计划、供应计划、营销计划等。在计划的制定和执行过程中，组织内外部的环境要素是会发生变化的，通过预测可以尽量了解并把握这些变化，对未来的变化了解得越全面，计划才能越符合未来的需要，由于变化而给组织带来的损失才能降低。

(3) 预测是掌握经济活动规律的必要条件。预测本身是根据预测对象过去和现在的情况，分析和研究其发展变化的规律性，从而推断未来的发展趋势。科学的预测能够帮助人们了解规律，并按规律办事。对于经济活动来说，就能够减少盲目性，增强自觉性。另外，科学技术进步与经济发展之间有密不可分的关系，科技进步可能引发新的需求，也可能改变原有的需求，掌握科技进步的规律能够帮助我们找到新的市场机会。

二、预测的种类

(1) 按预测时间分类。按预测时间可以将预测分为短期预测、近期预测、中期预测和长期预测。长期预测一般在5年以上；中期预测在3~5年之间；近期预测在1年内；短期预测是以季度、月、旬为单位的。

(2) 按预测范围分类。按预测的范围可以将预测分为宏观预测和微观预测。宏观预测一般指国家、地区或部门的预测；微观预测一般指具体的某个组织对某一事物的预测，如企业的产品产销量预测、市场占有率预测等。当然，所谓宏观与微观的划分也是相对的。

(3) 按预测方式分类。按预测方式可以将预测分为定性预测和定量预测。定性预测是利用预测者的经验和分析判断能力对问题作出的分析判断；定量预测是根据收集到的数据的规律性，建立适当的数学模型后，经过计算作出的预测。定性预测的方式简便易行，省时、省力，但主观性较强；定量预测的方式相对复杂，费时、费力，但准确性、可信度要高于定性预测。因此，实际工作中应该两种方式结合起来，做到优势互补。

(4) 按预测内容分类。按预测内容可以将预测分为社会发展预测、经济预测和技术预测。社会发展预测是对未来的社会问题进行估计和分析判断，如人口、环境、生态问题等；经济预测是对经济发展规律和发展趋势作出判断；技术预测是探索科学技术的发展变化方向以及各种科技手段出现的可能性和对社会、经济的影响等。

三、预测的步骤

整个预测过程可以归结为五步：明确预测目标，收集资料，确定预测方法，作出预测，分析预测结果。

1. 明确预测目标

明确预测目标就是要确定预测的任务，即阐明要对什么问题作出预测，同时也能够在组织形式上保证预测工作的顺利进行。预测是耗时、耗力、耗钱比较多的工作，因此，一定要在预测开始之前就预测的课题和任务进行分析。

2. 收集资料

预测的目标、任务明确后，就可以围绕着它收集有关的资料、数据。为了保证预测的可靠度，我们不仅要了解与问题相关的过去的信息，也要了解其现在的状态；不仅要掌握有关的国内信息，也要了解国际信息；不仅要收集组织内部信息，也要收集外部的环境信息。收集信息是一项长期的工作，为了确保资料的全面、完整、准确，有必要在组织中建立数据库，充分利用计算机存储、整理并传递信息。当然，我们所收集的数据资料不是越多越好，在收集资料的过程中要随时考虑经济性问题。在收集资料的过程中强调的是资料的真实性、可用性。

3. 确定预测方法

预测的方法可以分为两大类，一类是定性预测法，一类是定量预测法。定量预测方法又可以分为两种不同的模型，一种是时间序列分析模型，一种是因果分析模型。

4. 作出预测

预测的方法和预测模型确定之后，就可以将数据代入模型中进行计算了。根据管理决策的目标是追求满意解的原则，我们就可以得到有关问题的答案，即求出了预测值。

5. 分析预测结果

预测结果出来以后，不能立即提供给决策部门作为决策依据。因为影响预测结果的因素很多，因此，必须对预测结果进行经验分析或评估，查看预测结果的准确度及偏差。通过对预测结果的分析评估，可以给出一个适当的预测区间或对预测结果进行修正。

预测的基本步骤可以用一个框图来表示，见图 4-3。

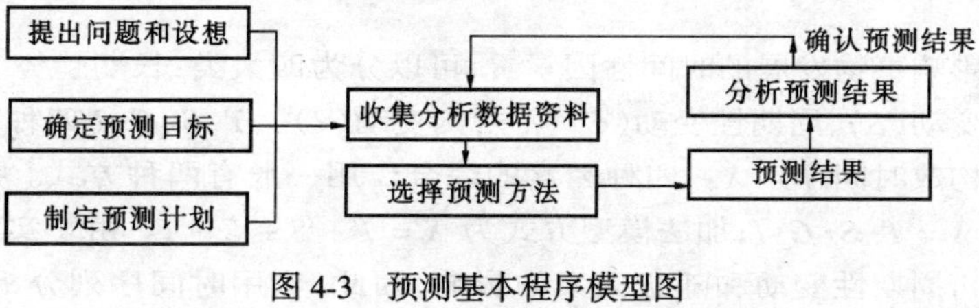

图 4-3 预测基本程序模型图

四、预测的方法

（一）预测方法的类型

（1）定性的预测方法：判断分析法、集合意见法、联测法、转导法等。其特点是简单、便捷、低成本，但片面、不明确。

（2）定量的预测方法：时间序列方法、因果关系分析预测法等。其特点是精确，但复杂。

（二）预测方法简介

1. 判断分析法

它是预测者根据已有的历史资料和现实状况，依靠个人经验和综合判断能力，对预测对象的变化趋势作出判断的预测方法。

（1）专家会议法。寻找适量的专家，通过会议的形式，对未来的情况作出判断。这种方法的关键在于会议的组织，如选什么样的专家，选多少，以及专家是否能够充分发表自己的意见，等等。

（2）专家小组法（德尔菲法）。选定适当的专家，通过函询的方式，并经过多次反馈后，对组织预期的内外部环境作出估计。这种方法的关键是专家的选择，以及征寻意见表的拟订。

德尔菲法是一种常用的定性预测方法。首先，不记名地发出征寻意见表，然后收回意见表进行统计分析，再形成第二轮的问题，再次发给专家，第二次收回意见反馈后，重新统计分析，一般三四轮后，就可以得到较为一致的看法。

判断分析法的优点是简便易行，适应性强，成本较低。但也有局限性，由于缺乏论证过程，因此主观性较强，也容易受权威或个别专家左右。

2. 时间序列分析法

时间序列分析法是以历史的时间序列数据为基础，运用一定的数学方法使其向外延伸，来确定预测对象的发展变化趋势。这种方法的特点是：认为事物发展在时间上是连续性的，而事物发展的具体结果又是随机性的。

从影响事物发展的时间性因素看，可以分为四大类：长期趋势变动（T）、季节性变动（S）、周期性变动（C）、不规则变动（I）。T、S、C、I 四种变动的综合作用构成时间序列 X。四种因素的综合作用一般有两种方式。乘法模型方式为 $X = T \cdot S \cdot C \cdot I$；加法模型方式为 $X = T + S + C + I$。由于实际中无法量化分析周期性变动和随机因素的影响，因此，应用时间序列分析时，常采用简化的模型方式，即 $X = T \cdot S$ 或 $X = T + S$。

时间序列分析方法只考虑历史数据，不分析因果关系，因此，只要有历史数据，就可以对问题未来的发展作出一定的判断。这种预测方法虽然简便，但不是本质预测，所以，不能用来进行长期的预测。

根据对时间序列数据具体的处理方式不同，这种方法又可以进行进一步的详细分类。下面简单介绍两种。

（1）一次移动平均法：其计算公式为

$$M_t^{(1)} = \frac{x_t + x_{t-1} + \cdots + x_{t-n+1}}{n}$$

式中 $M_t^{(1)}$——第 t 期的一次移动平均值；

x_t——第 t 期的原始数据；

t——时序数据的期数；

n——分段的数据点数。

（2）一次指数平滑法：其计算公式为

$$S_t^{(1)} = \alpha X_t + (1 - \alpha) S_{t-1}^{(1)}$$

式中 $S_t^{(1)}$——表示第 t 期的一次指数平滑值；

$S_{t-1}^{(1)}$——表示第 $t-1$ 期的一次指数平滑值；

α——加权系数，$0 < \alpha < 1$。

α 值的大小体现了不同时间数据在预测中起到的作用不同。α 越大，其对应项在 $S_t^{(1)}$ 中所占的比重越大；α 越小，其对应项在 $S_t^{(1)}$ 中所占的比重越小。

时间序列方法中除以上介绍的两种外，还有二次移动平均、二次指数平滑、季节系数法等多种方法。

本章思考题

1. 什么是目标管理？目标管理有哪些优缺点？
2. 计划工作有哪些种类？分别有何特点？
3. 预测的重要性体现在哪些方面？
4. 预测的方法有哪几类？适用范围分别是什么？

第五章

决　　策

本 章 要 点

决策是管理活动中最基本、最重要的内容，它贯穿于管理的全过程和各个方面，事关管理工作的成败。决策活动要求管理者要充分发挥意识的能动作用，掌握科学决策的理论与方法，运用现代科技成果，遵守科学的决策程序，做到决策的科学化、民主化、最优化。

本章内容涉及决策的概念、理论、特征及分类，现代决策的一般程序，决策方法与技术等。

第一节　决策的概念、类型及程序

一、决策的概念

决策是人类的一种特殊的认识活动。因为决策是人的有意识、有目的的思维过程，是在实践基础上对信息的收集、加工和输出过程。决策过程显示了人类认识活动所特有的选择性、创造性。

决策（Decision Making）是指为实现某一目标，从若干可以相互替代的可行方案中选择一个合理方案并采取行动的分析、判断过程。

决策在管理中具有特别重要的意义。一项管理工作总是先作决策，再制定计划、组织实施、协调、控制等，决策贯穿于管理的全过程。在组织、计划和控制的每一项活动中，在制定计划需对情报资料进行选择时，在确定组织性质、规模、结构时，在随机处理问题时都需要决策。

我国历史上有许多成功的决策广为世人传颂，如夏朝的大禹治水，他采取疏导的方式治服了洪水；商末的姜太公足智多谋，辅佐周文王推翻商朝建立了周朝；战国时，大将田忌和齐王赛马，孙膑做出了用田忌的上马去赛齐王的中马，用田忌的中马去赛齐王的下马，用田忌的下马去赛齐王的上马的正确决策，最终使田忌取胜；汉朝的张良“运筹帷幄之中，决胜千里之外”，帮助刘邦打下了天下；三国时期，诸葛亮为刘备出谋划策，屡建奇功；元朝末年，朱元璋采纳了“广积粮、高筑墙、缓称王”的决策，取得了战略性的胜利。

在国际商务领域，也充满了优秀决策的例子。如曾任英特尔公司首席执行官的安迪·格罗夫（Andy Grove）20 世纪 80 年代中期决定退出动态随机存取存储器存储芯片业务，转而致力于微处理器，这是一项冒险的决策，对此，英特尔公司的许多高级管理人员均持不同意见，然而，这一决策最终让英特尔公司走上了正轨，并成为全世界最富有、最强大的公司之一。另一个著名的实例是在蜂窝电话领域的诺基亚公司，其之所以成了年销售额 100 亿美元的业界领袖，归因于该公司的管理者决定卖掉无关的业务，例如纸张、轮胎、铝业等，将公司的资源集中用于电子产品。

下面是美国管理协会评出的 12 项最优决策：

（1）迪斯尼将动画片更名为“米老鼠”。

（2）20 世纪 60 年代初，莫利斯创“万宝路”（西部牛仔）品牌。

（3）1980 年，特纳创 CNN，24 小时新闻。

（4）1924 年，沃森将“计算－制表－记录”公司更名为国际商用机器公司。

（5）1981 年，盖茨向 IBM 颁发 DOS 软件许可证。

（6）1957 年，SONY 公司开发“随身听”。

（7）1984 年，苹果公司开发 PC，施乐丧失良机。

（8）1072 年，威尼斯与热那亚合资商业航海。

（9）1903 年，福特开发生产线。

（10）1492 年，西班牙女王派哥伦布航海，发现新大陆。

（11）1905 年，西尔斯公司开发商品邮购业务。

（12）20 世纪 70 年代，松下开发 VHS 视频技术，颁发许可证。

与决策成功的实例相对应，现实中也有许多决策失败的案例。那么，企业为什么会失败呢？请看以下内容。

企业为什么会失败

为什么企业会失败呢？按照《公司》杂志的说法，企业失败不是因为产品、市场方面的知识欠缺，而是由于企业高层缺少决策技能。企业家一旦决定开始做生意，他们会全心地投入进去，但是往往在决策时发生错误。

• 这是一个伟大的产品，你也非常喜欢它，但是这些并不意味着它符合市场要求。

• 这是一个绝妙的商机，起步非常容易，投入也非常少。这可能是真实的，但是如果对于你是真实的，那么对于你的竞争对手也同样是真实的。你最好还是寻找比你的竞争对手更好的项目吧。

• 我的预测是非常保守的。虽然你认为你的计划是在非常保守、谨慎的预计下作出的，但是你最好还是再做一份有可能失败的计划。因为经验告诉我们，真正开始实施一项计划所花费的时间和金钱往往是预想阶段的两三倍。销售预测几乎从未实现过。

• 有这么多钱做保证，我们不会失败的。斤斤计较是不需要的，但是太多的钱会带来决策的不谨慎和成本失控的危险。

• 太幸运了，我们最大的客户是通用汽车（或者施乐、IBM）。传统上许多管理者都喜爱这种位置，今天你最好还是做好失去这种客户的准备——这随时随地都会发生。

• 我的人从来没有害怕过我，他们告诉我经过深思熟虑的事情。他们也会告诉你一些你喜欢听的事情。你需要忠诚、各种有用的信息、可信任的建议者。这样才能使你不会落入到无意识的吹捧的包围中。因为你不得不和他们一起工作。

• 事实上，我们的一些重要指标看起来从没有这样好过。不要忽略问题的迹象，不要假想问题是突然发生的，要时刻注意发现问题的迹象，并马上处理它们。

二、决策的特征

(1) 决策是个过程，不是“瞬间”作出的决定。决策有一定的程序和规则。

(2) 决策要有明确的目的。决策是为了解决某个问题，达到某种目的而采取的行动，没有问题，就没有困惑和犹豫，也就不需要决策，没有目的，我们又无从决策。

(3) 决策要有若干备选方案。如果只有一个方案，则无从比较其优劣，也没有选择的余地。因此，从多个方案中进行比较和选择是科学决策的重要原则。

(4) 决策要进行方案之间的比较和分析。各个备选方案都是可行的，必须确定评价标准，对各个方案从技术、经济、社会等方面进行综合分析与评价，从而确定各个方案对目标的贡献程度以及潜在的问题。

(5) 决策的结果是要选择一个合理的方案。决策过程是一个研究复杂的、多变量、多约束条件问题的过程。现实中的决策要达到所谓最优是不可能的，因此，决策者要对决策的评价指标确定一个最低标准，超过这个标准并在总体上达到预期效果即为合理，或称为满意。

三、决策理论

1. 古典决策理论

古典决策理论是基于“经济人”的假设而提出来的。古典决策理论认为，应该从经济的角度来看待决策问题，即决策的目的在于为组织获取最大的经济利益。古典决策理论的主要内容是：

（1）决策者必须全面掌握有关决策环境的信息情报；

（2）决策者要充分了解有关备选方案的情况；

（3）决策者应建立一个合理的自上而下的执行命令的组织体系；

（4）决策者进行决策的目的始终都是使本组织获取最大的经济利益。

古典决策理论假设，作为决策者的管理者是完全理性的，决策环境的稳定性是可以被改变的，在决策者充分了解有关信息情报的情况下，是完全可以做出完成组织目标的最佳决策的。古典决策理论忽视了非经济因素在决策中的作用。

2. 行为决策理论

行为决策理论认为影响决策者进行决策的不仅有经济因素，还有其个人的行为表现，如态度、情感、经验和动机等。行为决策理论的主要内容是：

（1）人的理性介于完全理性和非理性之间，即人是有限理性的，这是因为在高度不确定和极其复杂的现实决策环境中，人的知识、想象力和计算力是有限的。

（2）决策者在识别和发现问题时容易受知觉上的偏差的影响，而在对未来的状况作出判断时，直觉的运用往往多于逻辑分析方法的运用。所谓知觉上的偏差是指由于认知能力的有限，决策者仅把问题的部分信息当作认知对象。

（3）由于受决策时间和可利用资源的限制，决策者即使充分了解和掌握有关决策环境的信息情报，也只能做到尽量了解各种备选方案的情况，而不可能做到全部了解，决策者选择的理性是相对的。

（4）在风险型决策中，与经济利益的考虑相比，决策者对待风险的态度起着非常重要的作用。决策者往往厌恶风险，倾向于接受风险较小的方案，尽管风险较大的方案可能带来较为可观的收益。

(5) 决策者在决策中往往只求满意的结果，而不愿费力去寻求最佳方案。导致这一现象的原因有多种：决策者不注意发挥自己和别人继续进行研究的积极性，只满足于在现有的可行方案中进行选择；决策者本身缺乏有关能力，在有些情况下，决策者出于对个人某些因素的考虑而作出自己满意的选择；评估所有的方案并选择其中的最佳方案，需要花费大量的时间和金钱，这可能是得不偿失的。

行为决策理论抨击了把决策视为定量方法和固定步骤的片面性，主张把决策视为一种文化现象。

3. 当代决策理论

当代决策理论的核心内容是：决策贯穿于整个管理过程，决策就是整个管理过程。

组织是由作为决策者的个人及其下属、同事组成的系统。整个决策过程从研究组织的内外环境开始，继而确定组织目标，设计可达到该目标的各种可行方案，比较和评估这些方案进而进行方案选择（即做出择优决策），最后实施决策方案，并进行追踪检查和控制，以确保预定目标的实现。这种决策理论对决策的过程、决策的原则、程序化决策和非程序化决策、组织机构的状况同决策过程的联系等作了精辟的论述。

对当今的决策者来说，在决策过程中应广泛应用现代化的手段和规范化的程序，应以系统理论、运筹学和电子计算机为工具，并辅之以行为科学的有关理论。这就是说，当代决策理论把古典决策理论和行为决策理论有机地结合起来，它所概括的一套科学行为准则和工作程序，既重视科学的理论、方法和手段的应用，又重视人的积极作用。

4. 直觉决策

管理者何时最有可能使用直觉决策的方法呢？有以下八种情况：①存在高不确定性时；②极少有先例存在时；③变化难以科学地预测时；④“事实”有限时；⑤事实不足以明确指明前进道路时；⑥分析性数据用途不大时；⑦当需要从存在的几个可行方案中选择一个，而每一个的评价都良好时；⑧时间有限，并且存在提出正确决策的压力时。

在运用直觉时，存在一个管理者可遵循的标准模型吗？他们似乎遵从两种方法之一：或是在决策过程之初使用直觉；或是在决策过程结尾时使用直觉。

在决策开始时使用直觉，决策者努力避免系统分析问题。他让直觉自由发挥，以期产生灵感。而在决策制定结尾时的直觉运用，有赖于确定决策标准及对其权重的理论分析，以及制定和评价方案的理性分析。这一切完成后，决策者便停止这一过程，目的是为了筛选和消化信息，一二天后再作出最后的选择。这种方法被形象地描述为“睡眠决策”。

四、决策的分类

（一）按决策的层次划分

1. 战略性决策

战略性决策是指与发展方向和远景规划等有关的决策，即为使企业与变化着的外部环境保持平衡，使企业适应外部环境所进行的决策。通常包括组织目标、方针的确定，组织机构的调整，开拓新市场，合并企业，企业产品的更新换代，技术改造等，这些决策牵涉到组织的方方面面，具有长期性和方向性。其特点是：影响的时间长，范围广，较多地注意外部环境的影响，如国家有关的政策法令，科学技术的发展，物资供应情况及市场销售条件等。由于现代企业外部变化迅速，战略决策日益显得重要。从现代企业所处的环境来说，企业的主要领导者应抓好战略决策。例如，瑞士的机械表曾行销全世界，占世界市场的 70% 。因此，当 20 世纪 60 年代第一块石英表出现时，瑞士钟表商不以为然，拒绝采用此项技术。而日本人做出了大力发展石英电子技术的决策，结果迅速占领了世界市场，而瑞士钟表企业在 1975—1979 年却倒闭了 100 多家。20 世纪 60 年代，日本汽车工业约落后于美国半个世纪，处于购买零件进行组装阶段。当时美国、西德等国主要发展豪华型高级汽车，日本采取了灵活的经营决策，如引进美国的关键技术，消化创新变成自己的技术，将大批量单品种的生产过程改造为小批量多品种的生产过程，并针对石油危机研制开发小型节油汽车等，结果仅用 10 年就赶上了美国，并向美国出口技术。

2. 管理性决策

管理性决策是指在组织内贯彻的决策，属于战略性决策执行过程中的具体决策。管理性决策旨在实现组织中各环节的高度协调和资源的合理使用。如企业生产计划和销售计划的制定、设备的更新、生产过程的合理选择、设备的合理配置、劳动力的平衡、资源和能源的合理使用，新产品的定价以及资金的筹措等都属于管理性决策的范畴。它是执行战略性决策时，在组织和管理上合理选择和使用人力、物力、财力等方面的决策。其特点是：执行性、影响的时间短、范围小，较多注意内部环境各因素间的关系。

3. 业务性决策

业务性决策称为作业决策。是日常工作中为提高生产效率、工作效率而做出的决策，牵涉范围较窄，只对组织产生局部影响。属于业务决策范畴的主要有：工作任务的日常分配和检查、工作日程（生产进度）的安排和监督、岗位责任制的制定和执行、库存的控制以及材料的采购等。

战略性决策属于计划型决策，是主导性决策；管理性决策和业务性决策则属于执行型决策，也可称为战术性决策。

（二）按决策过程信息的完备程度划分

1. 确定型决策

确定型决策是指在稳定（可控）条件下进行的决策。在确定型决策中，决策者确切知道自然状态的发生，每个方案只有一个确定的结果，最终选择哪个方案取决于对各个方案结果的直接比较。

2. 风险型决策

风险型决策也称随机决策。在这类决策中，自然状态不止一种，决策者不能知道哪种自然状态会发生，但能知道有多少种自然状态以及每种自然状态发生的概率。

3. 不确定性决策

不确定性决策是指在不稳定条件下进行的决策。在不确定性决策中，决策者可能不知道有多少种自然状态，即便知道，也不能知道每种自然状态发生的概率。

（三）按决策主体划分

1. 个人决策

即决策的主体是单个人。也称作独裁决策。在独裁决策中，常常要运用直觉决策，即从经验中提取精华的无意识过程。在独裁决策中，管理者运用专业知识和过去已习得的与情境相关的经验，在信息非常有限的条件下迅速做出决策选择。

管理者在何种情况下最有可能使用独裁决策的方法？研究者确定了七种情况：①时间有限，但又有压力要做出正确决策时；②不确定性水平很高时；③几乎没有先例存在时；④难以科学地预测变量时；⑤事实有限，不足以明确指明前进道路时；⑥分析性资料用途不大时；⑦当需要从几个可行方案中选择一个，而每一个方案的评价都不错时。

2. 群体决策

群体决策是指由若干人组成的集体共同对问题进行研究，然后确定目标及行动方案。群体决策方式是优缺点并存（见表 5-1）。

（1）群体决策的优点

①提供更完整的信息。一个群体将带来个人单独行动所不具备的多种

经验和不同的决策观点。

②产生更多的方案。因为群体拥有更多数量和种类的信息，他们能比个人制订出更多的方案。当群体成员来自于不同专业领域时这一点就更为明显。

③增加对某个解决方案的接受程度。许多决策在作出最终选择后却以失败告终，这是因为人们没有接受解决方案。但是如果让受决策影响或实施决策的人们参与决策制定，他们将更可能接受决策，并更可能鼓励他人也接受它。群体成员不愿违背他们自己参与制定的决策。

④提高合法性。群体决策制定过程是与民主思想相一致的，因此人们觉得群体制定的决策比个人制定的决策更合法。拥有全权的个体决策者不与他人磋商，这会使人感到决策是出自于独裁和武断。

(2) 群体决策的缺点

①消耗时间。组成一个群体显然要花时间。此外，一旦群体形成，其成员之间的相互影响常导致低效率，结果造成群体决策总要比个人决策花更多的时间。

②少数人统治。一个群体的成员永远不会是完全平等的。他们可能会因组织职位、经验、对有关问题的知识的掌握、易受他人影响的程度、语言技巧、自信心等因素的不同而不同。这就为单个或少数成员创造了发挥其优势、驾驭群体中其他人的机会。支配群体的少数人，经常对最终的决策有过分的影响。

③屈从压力。在群体中要屈从社会压力，从而导致所谓的群体思维(Groupthink)。这是一种屈从的形式，它抑制不同观点、少数派和标新立异等以取得表面的一致。群体思维削弱了群体中的批判精神，损害了最后决策的质量。

④责任不清。群体成员一起分担责任，但实际上谁对最后的结果负责却不清楚。在个人决策中，谁负责任是明确具体的。而在群体决策中，任何一个成员的责任都被冲淡了。

表 5-1 群体决策的优缺点

潜在优势	潜在劣势
①大量信息； ②更多的观点与方法； ③智力激发； ④人们理解决策； ⑤对决策认同	①个体主导； ②满意为主； ③群体思维； ④责任不清

（四）按决策涉及的问题划分

从决策涉及的问题看，可把决策分为程序化决策与非程序化决策。

组织中的问题可被分为两类：一类是例行问题，另一类是例外问题。例行问题是指那些重复出现的、日常的管理问题，如管理者日常遇到的产品质量、设备故障、现金短缺、供货单位未按时履行合同等问题；例外问题则是指那些偶然发生的、新颖的、性质和结构不明的、具有重大影响的问题，如组织结构变化、重大投资、开发新产品或开拓新市场、长期存在的产品质量隐患、重要的人事任免以及重大政策的制定等问题。

程序化决策涉及的是例行问题，而非程序化决策涉及的是例外问题。

（五）按决策目标的多少划分

根据决策目标的多少可分为多目标决策和单一目标决策。

第二节 决 策 过 程

无论是哪种类型的决策，一般地说，有效的决策过程均包括如下的步骤（见图 5-1）。

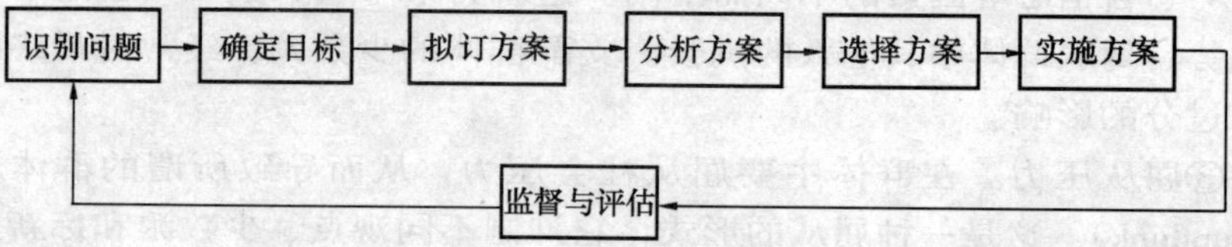

图 5-1 决策制定过程

一、识别决策问题

管理者通常密切关注与其责任范围有关的数据，这些数据包括外部的信息和组织内的信息。实际状况和所期望状况的偏差提醒管理者潜在机会或问题的存在。识别机会和问题并不总是简单的，因此，管理者必须特别注意要尽可能精确地评估问题和机会。另外一些时候，问题可能简单明了，只要稍加观察就能识别出来。

问题识别是主观的，比如销售额下降了 5%是问题吗？同一个问题在一个经理看来是问题，而另一个经理却认为这是事情的满意状态。

评估机会和问题的精确程度有赖于信息的准确程度，所以管理者要尽力获取准确的、可信赖的信息。低质量的或不准确的信息将使时间白白浪费掉，并使管理者无从发现导致某种情况出现的潜在原因。

即使收集到的信息是高质量的，在解释信息的过程中，也可能发生扭曲。有时，随着信息持续的被误解或有问题的事件一直未被发现，信息的扭曲程度会加重。大多数重大灾难或事故都有一个较长的潜伏期，在这一时期，有关征兆被错误地理解或不被重视，从而未能及时采取行动，导致灾难或事故的发生。

更糟的是，即使管理者拥有精确的信息并正确地解释它，处在他们控制之外的因素也会对机会和问题的识别产生影响。但是，管理者只要坚持获取高质量的信息并仔细地解释它，就会提高做出正确决策的可能性。

二、确定目标

目标体现的是组织想要获得的结果，所想要获得结果的数量和质量都要明确下来，因为目标的这两个方面都最终指导决策者选择合适的行动路线。

目标的衡量方法有很多种，如我们通常用货币单位来衡量利润或成本目标，用每人时的产出数量来衡量生产率目标，用次品率或废品率来衡量质量目标。

根据时间的长短，可把目标分为长期目标、中期目标和短期目标。长期目标通常用来指导组织的战略决策，中期目标通常用来指导组织的管理决策，短期目标通常用来指导组织的业务决策。无论时间的长短，目标总指导着随后的决策过程。

三、拟订备选方案

一旦机会或问题被正确地识别出来，管理者就要提出达到目标和解决问题的各种方案。这一步骤需要创造力和想象力，在提出备选方案时，管理者必须把其试图达到的目标牢记在心，而且要提出尽可能多的方案。

管理者常常借助其个人经验、经历和对有关情况的把握来提出方案。为了提出更多、更好的方案，需要从多种角度审视问题，这意味着管理者要善于征询他人的意见。

对于程序化决策，可行方案很容易识别，而且事实上常常是根据组织的规则和程序完成即可。但是，非程序化决策往往要求拟订能够满足公司需要的新的行动方案。至于在高度不确定性条件下做出的决策，管理者可能只开发一两种惯常的方案，解决问题只要求满意就可以了。

备选方案可以是标准的，也可以是独特的和富有创造性的。标准方案通常是指组织以前采用过的方案。通过头脑风暴法、名义组织技术和德尔菲技术等，可以提出富有创造性的方案。

四、分析方案

决策过程的第四步是确定所拟定的各种方案的价值或恰当性，即确定最优的方案。为此，管理者起码要具备评价每种方案的价值或相对优势和劣势的能力。在评估过程中，要使用预定的决策标准（如想要的质量）对各种方案以及每种方案的预期成本、收益、不确定性和风险进行评价，最后对各种方案进行排序。一般而言，成功的决策者通常使用四个标准来对备选方案进行正反两方面的评价（见图 5-2）。

通常，管理者必须同时考虑上述四个标准。一些错误的管理决策产生的根源即在于对备选方案的不良评价。例如，最典型的决策失败的案例之一是美国 NASA（美国国家航空航天局）和 Morton Thiokol 公司的管理者所做的发射挑战者号航天飞机的决策。这一决策导致了 1986 年 7 位宇航员的丧生。在这一决策中，NASA 和 Morton Thiokol 公司希望向美国公众展示太空计划的成功，以确保得到未来的拨款可满足经济可行性标准，而这一标准和确保宇航员的安全（伦理标准）是冲突的，管理者认为经济可行性更重要，所以做出决策。

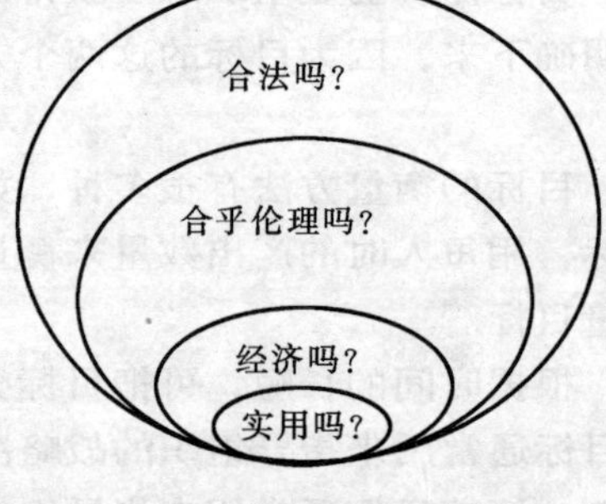

图 5-2　决策备选方案的一般评价标准

五、选择理想方案

在决策过程中，管理者通常要做出最后选择，但做出决定仅是决策过程中的一个步骤。尽管选择一个方案看起来简单——只需考虑全部可行方案并从中挑选一个能最好解决问题的方案，但实际上，做出选择是很困难的。由于最好的决定通常建立在仔细判断的基础上，所以管理者要想做出一个好的决定，必须仔细考察全部事实，确定是否可以获取足够的信息并最终选择最优方案。

最佳方案通常具有下列特征：它能够最佳地适合组织的总体目标和价值观，并运用最少的资源获取预期成果。管理者努力选择风险性和不确定性最小的方案。对于大部分非程序化决策而言，由于某种风险是内生的，所以管理者尽量去评价成功的希望究竟有多大。在不确定性条件下，管理者有时甚至需要依靠直觉和经验来判断给定的行动方案是否能获得成功。

六、实施方案

方案的实施是决策过程中至关重要的一步，在方案选定以后，管理者就要制定实施方案的具体措施和步骤。实施过程中通常要注意做好以下工作：

①制定相应的具体措施，保证方案的正确实施；

②确保与方案有关的各种指令能被所有有关人员充分接受和彻底了解；

③应用目标管理方法把决策目标层层分解，落实到每一个执行单位和个人；

④建立重要的工作报告制度，以便及时了解方案实施的进展情况，及时进行调整。

七、评价和反馈

一个方案的实施可能涉及较长的时期，在这期间，形势可能发生变化，而初步分析建立在对问题或机会的初步估计上，因此，管理者要不断对方案进行修改和完善，以适应变化了的形势。同时，连续性活动因涉及到多阶段控制而需要定期进行分析。

具体来说，职能部门应对各层次、各岗位履行职责和达成目标的情况进行检查和监督，及时掌握执行进度，检查有无偏离目标，及时将有关信息反馈给决策者。决策者则根据职能部门反馈的信息，及时追踪方案实施情况。当实际执行与既定目标发生部分偏离时，应采取有效措施，以确保既定目标的顺利实现；对客观情况发生重大变化，导致原先目标无法实现的，则要重新寻找问题或机会，确定新的目标，重新拟定可行的方案，并进行评估、选择和实施。

需要说明的是，管理者在以上的决策各个步骤中都要受到其个性、态度、行为、伦理和价值观以及文化等诸多因素的影响。

以上为决策程序的各基本阶段。决策程序与人类解决问题的思维过程有密切联系。美国心理学家杜威将人类解决问题的过程概括为三个基本步骤：问题是什么？备选方案是什么？哪个备选方案最优？

美国学者卡斯特和罗森茨韦克将决策程序各个阶段之间的逻辑结构绘成下图（图 5-3）。

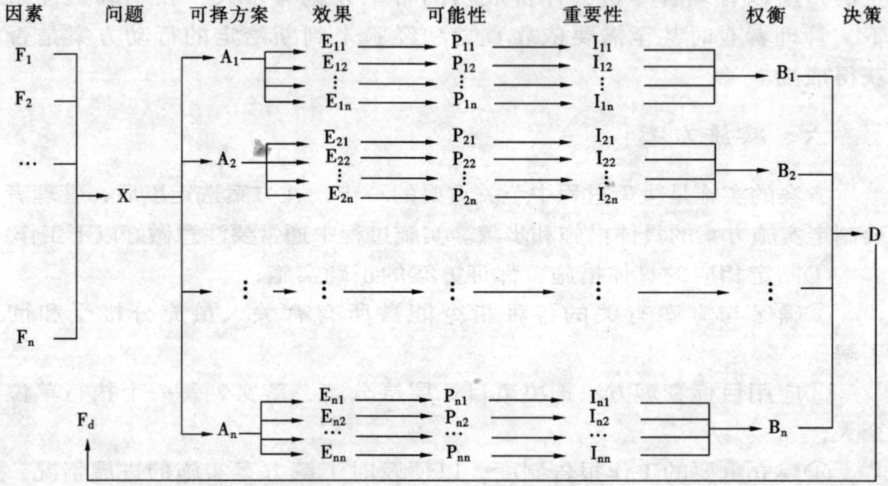

图 5-3　决策程序结构图

第三节　决 策 技 术

一、决策的硬技术与决策的软技术

1. 决策的硬技术

决策的硬技术，是指根据已经掌握的数据资料，建立数学模型，并利用计算机手段进行决策的方法。决策的硬技术是建立在严格的逻辑论证和实验基础上的。第二次世界大战后，由于运筹学和计算机技术的发展，决策技术数学化、模型化、计算机化成为热潮。许多人认为所有的决策问题都可以用数学模型描述，但是，他们忽略了管理决策的组织过程以及人的创造性思维。20 世纪 70 年代以后，人们开始逐渐认识到盲目追求数学化是很危险的，因此，开始考虑决策的组织因素和心理因素等特征。

2. 决策的软技术

决策的软技术，是指在充分考虑决策的组织行为以及社会心理等方面的因素基础上，主要凭借决策者的经验及综合判断能力而作出决策的方法。决策的软技术更加强调了建立数学模型之前的定性分析，如怎样确定适当的决策目标，决策过程应如何组织等，同时也使具有丰富经验的决策者在缺乏数据或变化多端的环境中迅速作出选择。

二、几种常用的决策手段

1. 期望值决策

期望值决策，是指根据历史统计资料或经验估计出的未来各种可能发生情况的概率作出的决策。

（1）最大期望收益决策准则。利用已知的各种自然状态发生的概率及各方案在各种自然状态下可能取得的收益值，计算出各方案的期望收益值，从中找出期望收益最大的所对应的方案即为最优方案（见表5-2）。期望收益值的表达式为

$$E_i = \sum_{j=1}^{m}(P_jX_{ij}) \quad i = 1,2,\cdots,n$$

式中 E_i——方案 i 的期望收益值；

P_j——状态 j 发生的概率；

X_{ij}——方案 i 在状态 j 下的收益值。

表 5-2 收益表

方案＼状态	状态1 P_1	状态2 P_2	…… ……	状态 m P_m	E_i
Q_1	X_{11}	X_{12}	……	X_{1m}	E_1
Q_2	X_{21}	X_{22}	……	X_{2m}	E_2
…	…	…	……	…	…
Q_n	X_{n1}	X_{n2}	……	X_{nm}	E_n

【例1】

某文化用品商店拟在元旦前进一批挂历。若在元旦前售出，则每套获利4元，若元旦后售出，则每套亏损5元。该店估计市场销量及其概率见下表。试确定最佳进货方案。

销量	2 000	2 500	3 000	3 500
概率	0.2	0.3	0.4	0.1

解：

方案＼状态	2 000 0.2	2 500 0.3	3 000 0.4	3 500 0.1	E_i
2 000	8 000	8 000	8 000	8 000	8 000
2 500	5 500	10 000	10 000	10 000	9 100
3 000	3 000	7 500	12 000	12 000	8 850
3 500	500	5 000	9 500	14 000	6 800

经计算，$E(Q_2)$ =9 100 最大，故采用进 2 500 套的方案最佳。

（2）最小期望损失决策准则。利用已知的各种自然状态发生的概率及各方案在各种自然状态下可能取得的损失值，计算出各方案的期望损失值，从中找出期望损失最小的所对应的方案即为最优方案。其表达式为

$$E_i = \sum_{j=1}^{m}(P_j X_{ij}) \quad i = 1,2,\cdots,n$$

式中 E_i——方案 i 的期望损失值；

P_j——状态 j 发生的概率；

X_{ij}——方案 i 在状态 j 下的损失值。

【例 2】

见例 1，用最小期望损失值标准计算。

解：

方案＼状态	2 000 0.2	2 500 0.3	3 000 0.4	3 500 0.1	E_i
2 000	0	2 000	4 000	6 000	2 800
2 500	2 500	0	2 000	4 000	1 700
3 000	5 000	2 500	0	2 000	1 950
3 500	7 500	5 000	2 500	0	4 000

经计算，$E(Q_2)$ =1 700 最小，故采用进 2 500 套的方案最佳。

2. 机会均等决策准则

如果我们不能肯定未来各种状态中哪一种发生的可能性更大，则只能认为它们有同等的机会发生。这时计算过程是相同的，只是将概率值改为 n 分之一即可。

3. 决策树法

决策树法是根据逻辑关系将决策问题绘制成一个树型图，见图 5-4，按照从树梢至树根的顺序，逐步计算各结点的期望值，然后根据期望值准则进行决策的方法。决策树法简单直观，便于应用，特别适用于复杂的多级决策问题。

决策树由决策点、方案分枝、自然状态点、概率分枝和结果节点所组成。决策点是进行方案选择的点，在图中用□表示；方案分枝是从决策点引出的若干条直线，每条线代表一个方案；自然状态点是方案实施时可能出现的自然状态，在图中用○表示；概率分枝是从自然状态点引出的若干条直线，每条线表示一种可能性。结果节点是表示不同方案在各种自然状态下所取得的结果，在图中用△表示。

【例 3】

为生产某种新产品，有关部门提供了两个建厂方案。方案一为建大厂，需投资 300 万元，建成后如果产品销路好，每年可获利 100 万元，如果销路差，每年要亏损 20 万元；方案二是建小厂，需投资 180 万元，小厂建成后如果产品销路好，每年可获利 40 万元，如果销路差，每年可获利 30 万元；方案三是先建小厂，试销 3 年，若产品销路好再扩建，扩建需投资 100 万元，扩建后若产品销路好则每年的盈利可增至 95 万元。方案的使用期均为 10 年。根据市场预测，产品销路好的概率是 0.7，销路差的概率是 0.3，应如何进行决策？

解： 根据题意绘制决策树，见图 5-4。

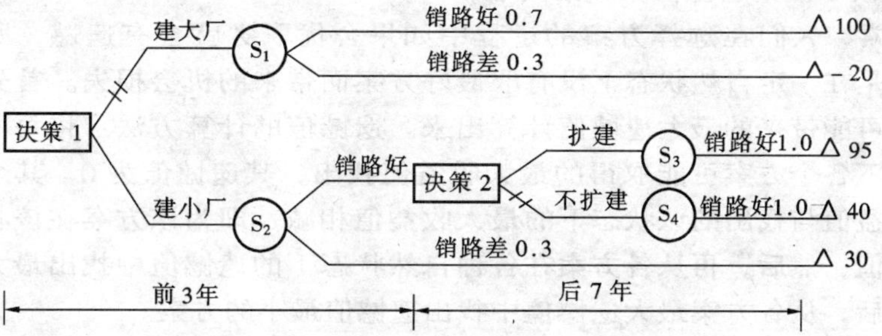

图 5-4　例 3 的决策树

计算各节点的期望益损值如下：

S_4：　$40 \times 1.0 \times 7 = 280$

S_3：　$95 \times 1.0 \times 7 - 100 = 565$

经过比较，S_3 的期望收益值大于 S_4，则应在 3 年后扩建。

S_2：　$40 \times 0.7 \times 3 + 0.7 \times 565 + 30 \times 0.3 \times 10 - 180 = 389.5$

S_1：　$100 \times 0.7 \times 10 + (-20) \times 0.3 \times 10 - 300 = 340$

比较 S_2 和 S_1，S_2 大于 S_1，所以决策者应该采用方案 3，即先建小厂，若销路好再扩建。

上述为风险型决策的几种决策方法，以下为不确定型决策常用的几类方法。

4. 乐观准则（极大极大决策准则）

决策者凭借冒险精神，在不知道未来各种可能状态的发生概率的前提下，将各个方案在各种状态下可能取得的最大收益值作为该方案的收益值，然后，再从各方案的收益值中找出最大收益值的方案。

5. 悲观准则（极大极小决策准则）

决策者本着稳中求胜精神，在不知道未来各种可能状态的发生概率的前提下，将各个方案在各种状态下可能取得的最小收益值作为该方案的收益值，然后，再从各方案的收益值中找出最大收益值的方案。

6. 折中决策准则

为了在乐观与悲观中取折中值，既不过于冒险，也不过于保守，先确定折中系数 α，$0<\alpha<1$，$\alpha=0$ 则为悲观准则，$\alpha=1$ 则为乐观准则。将各个方案在各种自然状态下可能取得的最大收益值找出，用它乘以 α，再加上最小收益值乘以 $1-\alpha$，即为各方案折中后的收益值，从中找出折中后收益值最大的方案即是。

7. 极小极大遗憾值决策准则

通常，人们在选择方案的过程中如果舍优取劣就会有遗憾，所谓遗憾，就是在一定自然状态下没有取最好方案而带来的机会损失。首先将各个方案可能带来的最大遗憾值计算出来。遗憾值的计算方法：将每一种自然状态下各个方案可能取得的最大收益值找出，其遗憾值为 0，其余各方案的收益值与找出的该状态下的最大收益值相减，即为该方案在该状态下的遗憾值；然后，再从各方案在各种自然状态下的遗憾值中找出最大遗憾值；最后，从各方案最大遗憾值中找出遗憾值最小的方案。

【例 4】

现在有五个方案 A_1、A_2、A_3、A_4、A_5，四个自然状态 Q_1、Q_2、Q_3、Q_4（它们出现的概率不知道），其相应的损益矩阵如表 5-3。

表 5-3 单位：百万元

自然状态 / 方案	Q_1	Q_2	Q_3	Q_4	乐观	悲观	折中	遗憾
A_1	4	6	6	7	7	4	6.1	2
A_2	2	4	6	9	9	2	6.9	3
A_3	5	3	4	5	5	3	4.4	4
A_4	3	7	6	8	8	3	6.5	2
A_5	3	5	2	5	5	2	4.1	4
决策	最大期望收益值				9	4	6.9	2

设：折中系数 $\alpha=0.7$，各方案的折中值为

$$A_1 = 7\times0.7+4\times0.3 = 6.1$$
$$A_2 = 9\times0.7+2\times0.3 = 6.9$$
$$A_3 = 5\times0.7+3\times0.3 = 4.4$$
$$A_4 = 8\times0.7+3\times0.3 = 6.5$$
$$A_5 = 5\times0.7+2\times0.3 = 4.1$$

遗憾值计算表如表 5-4：

表 5-4

自然状态 / 方案	Q_1	Q_2	Q_3	Q_4
A_1	1	1	0	2
A_2	3	3	0	0
A_3	0	4	2	4
A_4	2	0	0	1
A_5	2	2	4	4

用不同准则进行分析，最终作出的决策也有所不同。乐观准则选取方案 A_2，悲观准则选取方案 A_1，折中准则选取方案 A_2，遗憾值准则选取方案 A_1 与 A_4。方案 A_1、A_2 在分析中有两次被选中，因此成为最优方案的可能性更大，而方案 A_4 只在一次分析中被选中，因此带有一定的偶然性，可以不作考虑。

三、效用理论

在风险型决策中使用统计概率，是假设决策者会以统计概率作为决策的依据。换句话说，我们评价决策者的行为是否合理，是以决策者选择的方案成功的可能性有多大为依据的，成功的可能性越大，决策行为越合理。但这并不是真正的合理，比如，有一项决策，成功的可能性有 60%，合理的行为似乎应当是采用这个方案，但这种合理并不是真正的合理，因为仍有 40% 的可能性会失败，而决策者也许不愿意冒这 40% 的风险。在决策失误的后果十分严重的情况下更是如此。因此，为了使概率在决策中具有实际意义，我们需要了解每个决策者对待风险的态度。决策者对待风险的态度称为效用，用来分析决策者对待风险的态度的理论就称为效用理论。

根据效用理论，决策者对待风险的态度是因人而异、因事而异、因级别地位而异、因资金性质而异的。比如，级别地位较高的经理，比级

别地位较低的经理要承担更大的风险。又如，同一位经理运用同量的资金，用于购置工厂设备时所期望的成功概率，可能高于用在广告上所期望的概率，但换一位经理可能恰恰与之相反。总之，对风险的态度每人都不相同。有些人很不喜欢承担风险，而其他一些人则勇于冒风险，有些人对某些情况不敢冒风险，而对别的情况却冒险心理极强。这种情况表明，决策者的风险偏好性在他们认定概率时起关键作用。图 5-5 给出了四种典型的风险曲线，即风险厌恶者曲线、赌博者曲线、平均曲线和个人曲线。个人曲线是一般人在个人生活方面的风险偏好曲线，在赌注小的时候，多数人愿意冒险，但是在赌注增大时，他们很快就变成风险厌恶者了。

在实际工作中，大多数管理者的风险偏好曲线并不是平均曲线，而是风险厌恶曲线。这说明统计概率对制定实际决策并不是非常合适。在这种情况下，我们可以采用个人偏好曲线代替统计概率。

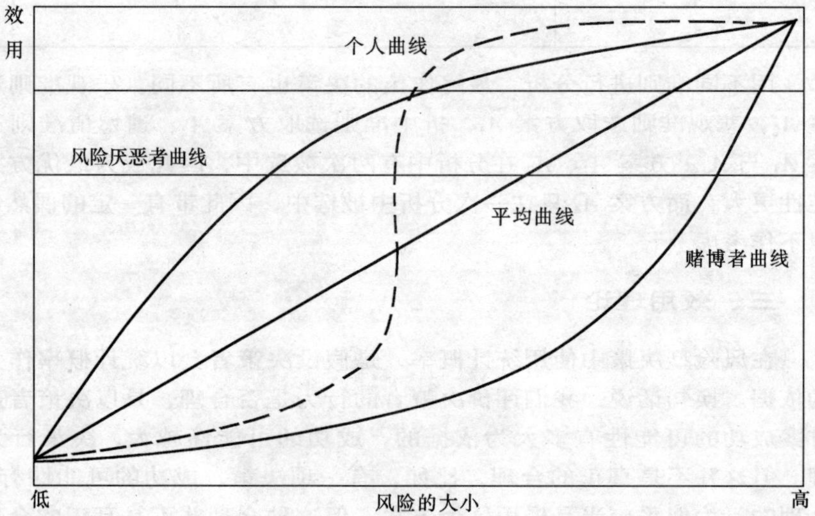

图 5-5　效用曲线

【案例分析】

案例 1　欧洲迪斯尼乐园：法兰西位于何处？

直至 1992 年，迪斯尼公司在开办主题公园这方面一直是非常成功的。

1955年，公司在美国加利福尼亚州阿纳海姆市开办了第一家主题公园——迪斯尼乐园。乐园的主题曲"这是一个小世界"。"兜售一种美妙无比的美国幻境，让游人既能放心欣赏各种异国文化，又容易产生那种生活在大家庭之中的热乎乎的感情。黑暗的隧道与颠簸起伏的过山车能吓唬住小孩子，但公园里决不会出现现实世界的各种阴险恐怖。人们熟悉的迪斯尼动画片和连环画中的各种角色分散在园内各处随时引导游人，带领他们去观看米老鼠表演或是去听鱼美人的歌声。"阿纳海姆迪斯尼乐园旗开得胜，马到成功。70年代在佛罗里达州再奏凯歌。1983年，迪斯尼公司成功开办了东京迪斯尼乐园，结果证明日本人真是非常喜欢他们的米老鼠。使日本人快乐之后，迪斯尼公司的主管们把注意力转向巴黎，这个自誉为欧洲高雅文化及高风格、高品位之都的城市。许多人问："他们为什么选中巴黎?"当迪斯尼公司想要再建一个主题公园的消息第一次透露时，全世界超过200个地区的行政官员低声下气地恳求并用现金引诱迪斯尼公司将乐园建在自己的家乡以创造魔术般的奇迹。而最后选中巴黎是出于人口统计学及财政补贴方面的考虑的。大约1 700万欧洲人居住在离巴黎不到两小时汽车旅程的地方。还有3亿1千万人用不到两小时或更短的时间就可飞到巴黎。此外，法国政府也渴望把迪斯尼公司吸引到巴黎来，给公司提供了超过10亿美元的各种奖励，法国政府期望这个项目能给法国创造30 000个就业机会。

1986年底，迪斯尼公司深陷于和法国政府的谈判之中。谈判比预期要长得多，这激怒了以乔·夏皮罗（Joe Shapiro）为首的迪斯尼公司谈判代表。法国谈判首席代表说，美国的夏皮罗先生居然失去耐性，冲向房门，以完全非法国人的方式，用脚不断踢门并大喊："让我砸点什么东西!"此时，法国代表真是大吃一惊。同时迪斯尼公司还受到来自法国知识分子的无情中伤，他们攻击移植迪斯尼梦幻世界到巴黎是对法国文化的侮辱。一位知名学者把它叫做"文化上的切尔诺贝利（Chernobyl）核灾难"。文化部长宣布将抵制开幕式，声称欧洲迪斯尼乐园是美国的陈旧货色和为消费社会所不受欢迎的象征。1992年夏，没受到干扰，迪斯尼公司按计划开办了价值50亿美元的主题公园。欧洲迪斯尼乐园开张不久，法国农民就将拖拉机开到乐园门口并将入口封锁住。全世界电视都转播了这一抗议行动。但这一抗议行动不是针对迪斯尼乐园本身，而是针对美国政府的，原因是美国政府要求法国削减农业补贴。尽管如此，这一事件使全世界都关注着迪斯尼乐园与巴黎之间的这桩没有爱情的婚姻。

之后发生的是经营上的决策失误。迪斯尼公司的政策是，在乐园内不提供酒精饮料，但法国人的习惯与此相反，他们中餐要喝一杯酒，因此这件事引起了法国人的恼怒。迪斯尼公司认为星期一游客是最少而星期五最多，并按这种想法安排人手，但实际情况与此相反。另一个出人意料的不愉快事件是旅馆的早餐一片混乱。迪斯尼公司的一位经理回忆说，“有人告诉我们欧洲人不吃早餐，因此我们压缩了餐厅的面积”。他接着说：“你猜怎么着？每个人都来吃早餐。我们在旅馆只有350个座位的餐厅里招待2 500个吃早餐的人。排队的队伍长得让人害怕，而且他们不仅想要吃小面包和咖啡，他们还想吃咸肉和鸡蛋。”午餐时间也是一个问题。每个人都想在12：30吃午餐，因此人群拥挤不堪。服务员笑着使愤怒的顾客平静下来，请他们“做些修改”，告诉他们可以在上午11点到下午2点之间来吃午饭。

还有一个重要问题即职工问题。迪斯尼公司试图采用在美国和日本行之有效的团队工作模式，但这种模式在法国却遇到了麻烦。欧洲迪斯尼乐园开业后的前9周内，大约有1 000名雇员（占雇员总数的10%）辞职不干，其中有一个22岁的医学院学生，来自附近小镇，要求周末工作。在两天的“洗脑”（他把迪斯尼公司的培训叫“洗脑”）之后，接着又和上级就他用午餐的时间发生了争论，一气之下离开了。另一名前雇员指出：“我认为，他们不了解欧洲人是什么样的。”

但是，最大的问题是欧洲人游园的时间并不像迪斯尼公司期望的那样长。虽然每年有将近100万游客入园游览，这与迪斯尼公司的计划相去不远，但大多数游客只在乐园里玩一两天。大多数欧洲人认为主题公园是只供游览一天的场所，而不是长期度假的地方。这对迪斯尼公司是巨大的打击。公司投资数十亿美元在乐园附近建造了豪华旅馆，但一日游的顾客不需要旅馆，因而在大多数时间里，旅馆半空着。更糟的是，法国游客数低于预期数目，在1994年只有40%的游客是法国人。一位经理为难地指出，许多游客是住在欧洲的美国人，或者更为奇怪的是在欧洲度假的日本人。结果，到1994年底，欧洲迪斯尼乐园累积亏损额已达20亿美元。

案例2　可口可乐决胜奥运

随着年轻一族日益成为消费主体，百事可乐公司的“新一代选择”广告策略成功抢夺了大批的年轻消费者，并用强大的明星阵容和宣传气势压倒了可口可乐公司。

在刘翔巴黎世锦赛夺得铜牌之前，可口可乐与他取得了联系。经过认真筛选和评估后，可口可乐看中了他的潜质，“只花一个星期就签订了合同”。

2004年雅典奥运会期间，每天在赛事直播中反复出现的一个由刘翔和滕海滨出演的“要爽由自己”的广告，随着奥运圣火的越烧越旺，随着刘翔夺得小组第一名，并开始与欧美人竞争金牌，所有这一切极大地刺激了社会的消费欲望，推动了可口可乐的品牌影响力和终端销售。此时，百事可乐的娱乐明星广告却被人们淡忘。刘翔夺得奥运冠军后，以刘翔名字命名的“刘翔特别版”可乐在各地几近脱销，可口可乐反败为胜！

用最小的成本获得了最大化的商业价值——这是此案例成为最佳的关键。

可口可乐的成功绝非偶然。它一向把“欢乐、活力”作为两大宣传重点，其最佳创意表现当然是与音乐、运动相联系。从1928年阿姆斯特丹奥运会，可口可乐就开始提供赞助。此次可口可乐的奥运战略是一年之前就形成的，可口可乐开始“选秀”时，大多数公司连奥运计划都没有开始做。可口可乐对奥运“选秀”异常重视，其市场部旗下有专门负责体育赞助的机构，在奥运之前就深入中国运动员参战的各个项目进行选秀，并要经过一段时间的筛选和仔细评估。

可口可乐的胜利不只在选择代言人上。由于打了个时间差，他们5月初邀刘翔代言时广告合约价格只有35万元一年。成为冠军后的刘翔被广告商高价抢夺，身价急升至上千万。

案例3　铱星移动电话的决策分析

2000年3月18日，耗资50多亿美元建造66颗低轨卫星的美国铱星公司，宣告破产。全世界为之震惊，铱星陨落了。

“铱星系统”计划开始于1987年，历时11年，整个投资共计50多亿美元。它的目标是建立一个把地球包起来的“卫星圈”。1998年铱星公司实现了这个梦想——网络覆盖全球（包括南、北极及各大海域）。这一系统的设计寿命为5~8年。这是世界上第一个大型低轨卫星通信系统，也是全球最大的无线通信系统，每年仅维护费就需几亿美金。

铱星系统自诞生后，殊誉不断。美国的《大众科学》将其列为年度百项最佳科技成果之一，数百位中国科学院院士也将其评为1998年世界十大科技成就之一。科索沃战争中，难民和军方都曾依赖它互递消息，1999年台湾大地震时，铱星系统及时地向外界发布了信息，可以说，铱星在诞生之后，对人类的发展与进程功不可没。

但又是什么原因使铱星陨落呢？

一、市场定位错误

铱星系统的高科技含量是谁也否认不了的。但这个世纪末的科技童话用66颗璀璨夺目的卫星将自己定位在了“贵族科技”之上。铱星手机每部价格高达3 000美元，其通话费用过于高昂（国内每分钟9.8元人民币，国际每分钟27.4元人民币），虽然后来降低了收费标准，但也未能扭转败局。这一切使得铱星公司发展的用户数目远远低于它的市场预测，而用户数目是一个通信公司得以运营的最基本的前提。在开业的前两个季度，铱星公司在全球只发展了1万个用户，而据铱星的估计，仅在中国市场其初期规模要达到10万个用户。这使得铱星公司在前两个季度的亏损即达10亿美元。

二、决策失误

铱星系统技术的先进性在于用户不依赖于地面网而直接通信，它通过卫星之间星际链路直接传送信息。但“事有正亦有反”，正因为如此，才造成了铱星公司系统风险太大、成本过高、维护成本居高不下的竞争劣势。

再者，铱星公司由于受投资方及签订的合约所限，在系统本身还不完善的情况下，匆匆投入商用的决策也是毁灭性的。

三、营销观念落后

铱星公司在破产之前，其营销与运作存在一系列失误。如系统已经投入商业使用，而零售商们还未得到铱星电话机；客户有了需求，但又没有顺畅的销售渠道来使之尽快得到满足；铱星的决策动机又向消费者传达了一个信息：铱星手机不是面向普通百姓的东西。这样，就失去了很多顾客。

作为一个全球性的个人卫星通信系统，其在理论上应是对全球通信市场全面开放，由一个经营者在全球统一负责经营。而事实上这根本不可能。从整个系统的建造到终端产品的生产，铱星公司只是扮演着一个投资方的角色，而不是直接参与运营，很多时候只能是心有余而力不足。

四、债务危机雪上加霜

铱星公司运营不到一年，其公司股票在纳斯达克交易所“停牌”。而纷至沓来的到期债务又使公司的运营举步维艰。

1999年8月13日，铱星公司宣布破产保护。其最大股东摩托罗拉公司两次投入近10亿美金；2000年2月6日，移动电话业的大亨克雷格·麦克考牵头的投资集团也准备对铱星公司注资6亿美元，但2月中旬，日本第三大电信公司、铱星日本公司的最大股东DDI宣布关闭日本铱星公司。于是，克雷格宣布停止对铱星公司的资金援助；而摩托罗拉公司绞尽脑汁的资产重组方案也告流产。这一连串的致命打击将铱星公司推下了悬崖。

总而言之，铱星系统虽然代表了未来通信发展的方向，但因为在“错误的时间、错误的市场、投入了错误的产品”，因而无可奈何地陨落了。

案例4　营业额滑坡后

白杨餐厅是一个有近40年历史的老餐厅。然而，这家历史悠久、誉满京城的老餐厅，近来被急剧地卷入了餐旅业市场的竞争旋涡之中。

白杨餐厅地处商业中心附近，曾经是本市最好的餐厅之一。餐厅一直以经营俄式西菜为主，由于管理科学，餐厅莱肴可口，标准化程度高，价格公道，气氛恬静，卫生整洁，服务周到。凡在此就餐的中外宾客，无不交口称赞。然而，近来餐厅的买卖开始被邻近新开业的一些餐厅，如中美合资经营的“肯塔基”炸鸡店，经营法式西餐的“罗贝尔”餐厅和几家饭店餐饮部抢走了，营业额日渐减少。

这天，餐厅青年领班钟响走进经理办公室。钟响，21岁，在餐厅工作3年了。他工作踏实，好学上进，现除工作外，还在一所旅游学院上夜大。钟响一进办公室，便开门见山地向经理提出建议。他认为，餐厅生意不景气的原因，可能是经营范围太窄，因此，餐厅应该扩大经营范围，增设某些方面的服务。然而，有多年管理餐厅经验的经理则认为，白杨餐厅一向是以提供传统的俄式佳肴和服务来吸引顾客。

青年领班不同意经理的看法。钟响说：“很多人喜欢在吃饭前喝点酒。他们来这里，既是为了品尝莱肴，也是为了休息轻松一下。我想，如果我们的宽敞的门厅一侧，增设一个酒吧间，我们的收入会提高的。在价格上，我们可以考虑在正餐之前一小时的酒吧收费上实行优惠价，这样可以吸引更多的客人，而客人在酒吧坐上半小时左右，即将到正餐营业的时间，自然不愿再劳神投奔他处。对于只想临时用点便餐的顾客，可配以各式西点小吃。另外，我们还可以隔日或在周末聘请一个小型乐队，为宾客助兴，甚至可以为顾客提供一个跳舞的场所。现在，人们的生活水平越来越高，需要层次也越来越高，外国客人不满意‘白天看庙，晚上睡觉’的枯燥的旅游生活。国内顾客，特别是年轻人，不满足于看电影、看电视、‘压马路’、玩棋牌的晚间生活，这样做，我们的客源是不会成问题的。经理，让我们在这方面试试吧，看能否改变现在的局面，走出困境。”

经理听了钟响的一席话，感到有一定道理。他沉思片刻，对钟响说：“小钟啊，你对餐厅这样关心真是太可贵了。你的建议对我很有启发。对餐厅目前的情况，我也正在考虑，我认为目前餐厅营业额滑坡的现象是暂时的。从市场竞争来看，一个本来比较平静的行业，有新进入者就会产生动荡，就会产生竞争。动荡与竞争之中，是会以优胜劣汰达到新的平静的。从顾客需求看，人们对新事物总有一种好奇感，别的餐厅刚开业，吸引一部分顾客是必然的。但是，人们对餐厅的风格、菜肴的水平和服务质量是有比较、有偏好的。我们白杨餐厅一直是经营中高档西餐的，我想，在这几方面，我们有优势。如果增设酒吧、舞会等服务项目是不是破坏了餐厅特有的风格了呢？而举办舞会，从场地的布置到公安部门的规定又都有一定麻烦，还会使我们的餐厅不伦不类。”钟响插话：“经理，恕我直言，在这个问题上，您的观念是否有些陈旧。”“别急，等我说完。”经理说，“当然，你的建议对我很有启发，你看是不是把酒吧换成咖啡厅更好一点儿？……”

案例思考题

1. 分析白杨餐厅的内外环境条件，你同意钟响关于增设酒吧、舞厅等服务项目的建议吗？为什么？

2. 你认为白杨餐厅的营业额下降还可能有其他原因吗？如果有，它们是什么？

3. 如果你是白杨餐厅经理，你如何做出决策？采取什么对策使白杨餐厅在餐旅业的竞争中取胜？

本章思考题

1. 决策有哪些特征？
2. 决策的程序包括什么内容？决策备选方案的评价标准如何把握？
3. 有哪几种主要的决策理论？其基本观点分别是什么？
4. 什么情况下建议采用群体决策？
5. 你认为在决策制定过程中哪一步最重要？说明理由。
6. 风险型决策和不确定型决策的主要方法有哪些？

第六章

组 织

本章要点

企业目标能否顺利实现，很大程度上取决于企业组织是否能有效运行，组织功能是否能正常发挥。因此，组织结构的合理设计以及组织的正常运行就成为管理学中十分重要的内容。同时，良好的组织结构也为人员配备奠定了基础。组织结构有多种形式，企业具体采用何种形式受组织环境等因素的影响。

本章介绍企业组织及组织工作的概念；介绍组织设计及运行中的主要问题，如组织的纵向设计、横向设计、职权划分，组织运行中的集权与分权，委员会管理等。同时，还介绍了有关非正式组织的一些基本问题。最后，还介绍了有关组织创新与变革以及组织文化等方面的内容。

第一节 组织及其重要性

一、组织

(一) 组织的概念

对于组织的概念，国外有关学者众说纷纭。被誉为“管理过程理论”之父的法约尔，最早指出的管理五职能，其中之一就是组织，并认为企业的组织职能主要包括：设计组织结构，确定各部分间的相互关系，制定规章制度，以及招收、训练、评价职工等。之后的西方组织理论学者，对组织都下过不同的定义。“组织理论”之父韦伯提出了“理想行政组织”的概念，他把理性合法权力看作组织的基础和支柱。他的着眼点是，根据权力大小所决定的组织纵向关系，把整个企业组织按照权力关系划分为上、中、下三个层次。穆尼和巴纳德对组织的概念提出了自己独到的见解。穆尼认为，组织是一种在一个协调的整体里，把具体的任务或者职能联系起来的技术。巴纳德认为，组织即协同努力，是人们有意识地调整共同活动或力量的系统。穆尼把组织看作是一个“整体”；巴纳德则把组织定义为一个“系统”。但两人都强调了整体或系统的内部联系和协同。这就把组织的内涵深化到其内部的相互关系。另外，巴纳德还强调组织是“两人以上的有意识的协调和活动的合作系统”。他突破了古典组织理论把组织看作是静态组织机构的认识，强调了人是组织的重要因素，应该把组织结构与人的行为特性结合起来的新观念，而且他强调“两人以上”，这就从人的社会结合的角度提出了组织产生的起点，成为人们研究组织产生与发展的“路标”。在巴纳德之前，英国的厄威克还曾对各种组织理论进行过比较性的综合研究，他把重点放在组织要素和组织原则上，其对组织的理解基本上与管理的内涵相同，即把组织职能划分为包括组织在内的“多职能”和只有组织职能的“单职能”。

综合起来，实际上组织的概念可以理解为，组织是由两个人以上的群体组成的有机体，是一个为了共同目标，内部成员形成一定的关系结构和共同规范的力量协调系统。

（二）组织的本质特征

1. 共同目标

任何一个组织都要有一个共同的目标，它是组织内部成员协作意愿的必要前提。只有组织的目标被组织成员所接受，才会导致协作活动。对每一个组织成员来说，组织的共同目标是外在的、非个人的、客观的目标。共同目标的实现，要靠组织成员的共同努力。而个人目标则是内在的、个人的、主观的目标。要使每个成员都为实现组织的共同目标做贡献，不能要求共同目标就是他的个人目标，而应尽力做到共同目标的实现有助于他的个人目标的实现。同时，组织成员对共同目标的理解也会存在差异。有人站在组织整体利益的立场上客观地理解组织的共同目标，也有人站在个人立场上主观地理解组织的共同目标，这两种理解往往会发生矛盾，尤其当共同目标复杂、抽象时，更是如此。组织中主管人员的重要任务，就是要克服组织目标和个人目标的背离，克服对共同目标不同理解的矛盾。当然，随着组织的发展和环境的变化，组织的共同目标也必须相应地改变。

2. 相关结构

即组织内部成员之间存在着的内在的联系。如领导与被领导的关系，工作的协作关系，以及信息沟通等。组织内的相关结构要被组织成员明确、了解，每一个成员要有一个信息联系的明确的正式渠道，以保证信息快速、准确、不中断地流通。

3. 内部规范

这是指所有成员都要遵循的，且区别于其他组织的规范。组织是由人组成的，每个人的行为都会对组织共同目标的实现产生影响。为了保证共同目标的实现，就要适当限制个人的行为，要求每个成员自我克制。要加入一个组织，首先要认可其内部规范，否则将被组织开除或自行退出。正是由于组织具有内部规范，才使每个人的努力结合在一起。

（三）组织的基础

组织构造的基础有两点：差异化与一体化。差异化是指企业由许多从事不同任务的单元构成，这些单元分别采取不同的工作技能和工作方法。而一旦管理者决定了要把哪些任务组合成哪些工作单元，他们又必须把这些差异很大的单元协调组合起来以更好地满足实现组织总体目标的需要，这就是一体化。

1. 差异化

差异化因劳动分工和专业化分工而产生。劳动分工指的是组织中的工作被细分为更小的工作任务，由企业中不同的个人和单位完成不同的工作任务。专业化指的是不同的个人和单元通常只负责整个工作任务中的某些特定部分。显然这两个概念紧密联系。例如，会计和秘书因为本身不同的专长而从事不同的工作；而营销、研发、人力资源等工作又被划为不同部门。在组织中需要完成众多不同的工作任务，从而使专业化和劳动分工成为必然，因为组织的复杂性使任何人都不能独立完成全部任务。

哈佛教授劳伦斯和罗素发现，处于复杂多变环境中的企业（如金融投资公司）呈现高度差异化，以适应复杂多变的外界挑战；而在简单稳定环境中的企业（如集装箱公司）差异化程度较低；处于中间环境的（如食品公司）差异程度居中。

2. 一体化

当组织结构差异化后，管理者必须考虑一体化的问题。组织中所有的专业化工作任务都不能由某一单元完全独立地完成，因为这些不同的单元都是某个更大的组织的一部分，他们之间必然存在着某种程度的沟通和合作。一体化以及其相关概念“协调”，指的是连接组织中的各个部分以实现企业整体使命的程序和步骤。

一体化可以通过促进合作和协调的机制实现。任何一项连接不同工作单位的职务都承担着调和的职能。公司的差异化程度越高，对各个单元之间的一体化的要求也越高。成功的高差异化企业往往同时具备高度的一体化。如果企业生存在复杂的环境中，差异化程度很高，但却又不能将不同的工作有效地协调起来，那么企业很有可能走向失败。

一体化主要解决的问题是横向或纵向的信息处理。应该将组织设计成能提供实现组织总目标所必需的所有纵向和横向信息流动的一种结构状态。如果组织结构不能满足组织对信息的需要，那么组织中的成员不是无法得到足够的信息，就是花费过多时间去处理一些与其工作关系不大的信息，这些都会影响组织的运行效率。这就需要解决如何选择纵向联系和横向联系的手段的问题。如果认为纵向联系手段的设计主要是为了实施控制，那么横向联系手段的设计则是为了促进协调。

组织可以在两类方案中做出选择：一是依照传统的以效率为中心的组织，强调纵向的沟通和控制；另一个是采用现代的学习型组织，强调横向的协调。图 6-1 比较了效率型和学习型组织在信息交流方面的特点。在企业中，最好的做法当然是将纵向联系和横向联系的手段结合起来使用。

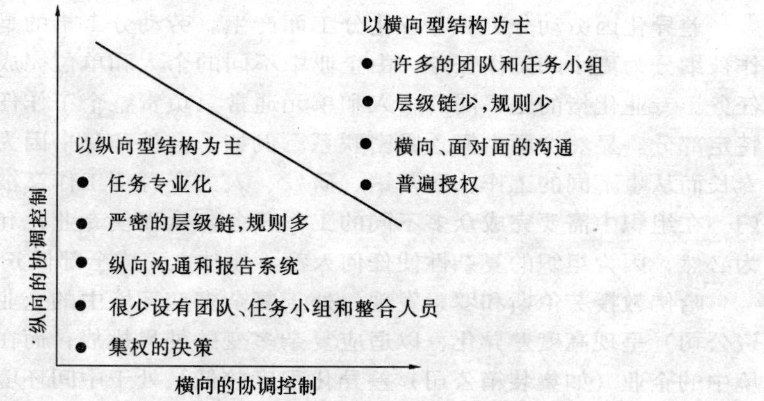

图 6-1　以效率为中心和以学习为中心的组织对比

（四）组织的重要性

自从工业革命之后，组织逐渐包围着我们，并以多种方式改变着我们的生活，表 6-1 说明了组织对个人和整个社会的重要性。

表 6-1　组织的作用

①把资源集合到一起以实现组织的预期目标； ②以效率为基础提供产品和服务； ③鼓励创新； ④适应着环境，同时影响着自然环境和人类社会的变迁； ⑤为利益相关者（所有者、顾客、员工、社区等）创造价值； ⑥适应多元化，承担社会责任，并在不断影响人类的伦理观念

在这些作用中，组织通过对资源的整合，为消费者提供产品和服务。组织适应并影响着迅速变化的环境，有些大公司设有专门的部门负责监视外在环境并找出适应或影响环境的方法。例如为适应环境和在全球范围内展开竞争，可口可乐公司与世界各地企业达成战略联盟和缔结合作伙伴关系。同时因为市场竞争，组织必须不断进行创新从而以更低的成本为消费者创造更多的价值。麦当劳对如何使用核心竞争力为顾客创造更多的价值进行了深入研究，这项研究导致了额外价值餐的推出和在从未想到的地方如沃尔玛连锁店内开设餐厅的决策。另外，组织还必须应对和适应今天劳动力多样化以及不断增加的对伦理和社会责任的关注等方面的挑战，并要找出有效的办法来激励员工，使他们一起工作以实现组织目标。

然而不仅是组织改变着我们的生活，而且掌握充分信息的管理者也是能够改变组织的。

二、企业组织

1. 企业组织的发展过程

任何组织都是从低级到高级发展起来的，企业组织也不例外，其原始状态产生于人的简单协作，而形态完备的组织则是产生于分工。伴随着企业内部分工由低级到高级的发展，企业组织也从无到有，大致经历了三个发展阶段：从无专职管理者到产生专职管理者；从资本家“一人管理”到以资本家为首的“组织管理”；从纵向分工的直线组织到横向分工的职能组织。

第一阶段：企业从无专职管理者到有专职管理者。

这一阶段发生在资本主义前期和初期，最初从家庭手工业到手工业作坊。这时作坊主与帮工都要参加劳动，作坊主既是作坊的所有者、管理者，又是直接生产者。只是在作坊的规模逐步扩大，资本逐步增多之后，作坊主才逐步摆脱直接生产劳动，成为老板，即最初的专职管理者。当作坊主的管理活动同直接生产劳动完全分离后，他也就从小业主变成专门从事企业管理活动的资本家了，这也是管理活动同直接生产劳动历史性分工的标志。它揭开了企业管理的序幕。

第二阶段：从资本家“一人管理”到以资本家为首的“组织管理”。

小业主变为资本家，只是出现了专门管理者，但没有产生管理组织。最初的专职管理者，只是资本家一个人进行的“一人管理”。这样的管理活动不可能出现管理分工，只能是包揽一切的、混杂而粗放的。随着企业规模的扩大，资本家同时雇用的劳动者越来越多，当被雇用的人数超过一定数量后，原始的粗放管理方式就不适应了，于是逐步从资本家的“一人管理”发展为在资本家指挥下的“组织管理”。

这个历史过程，大约发生在16世纪前后，即从手工业作坊的简单协作向工场手工业过渡的阶段。当时，随着资本主义企业简单协作规模的扩大，雇佣工人人数的增加，使没有分工的简单协作向有分工的复杂协作过渡，管理活动的内容和范围也扩大起来，原来资本家的“一人管理”方式已渐渐不能适应，客观上要求对全部管理活动做一个大致的分工。资本家从工人中选出他信任的人做监工，将直接和经常监督单个工人和工人小组的职能交给监工。这又发生了管理的第二次分离，即监工也从直接生产劳动中分离出来。这样，监工和他的雇主一起就组成了最初的企业管理组织。

企业管理组织产生后，其内部出现了管理人员之间的第一次分工，即资本家与监工之间的分工。这实质上是集权与分权的分工，我们将这种分工称为管理组织的“纵向分工”。纵向分工出现后，就产生了企业的等级管理，但这时的管理关系是直线组织关系，即领导与被领导、指挥与被指挥、汇报与接受汇报的关系。

随着工场手工业规模的扩大，监工的数量逐渐增加。当监工增加到一定数量之后，资本家直接指挥和协调许多监工的活动出现困难，于是在资本家与监工之间，又出现了一个新的管理层次，即“监工长”层。这时的管理组织由两个层次发展为三个层次，管理组织进一步复杂化了。

第三阶段：从纵向分工的管理组织到横向分工的管理组织。

企业管理组织的产生和纵向分工的结果，形成了等级分明的“指挥链”，指挥链既是权力线，也是信息通道。纵向的分级管理是管理组织中的一种初级分工。因为，各个监工不过是分担了原来由资本家一人承担的管理和监督工作，即各个监工仍然在自己管辖的区域内进行包揽一切的“个人管理”。

随着科学技术的进步和企业规模的扩大，特别是生产分工和专业化的发展，使管理内容越来越复杂，一人行使多种职能的个人管理越来越不适应，管理业务的分工势在必行。于是，出现了管理组织的第二次分工，即职能分工。职能分工的含义包括两点：一是职能管理从直线管理中分离出来；二是职能管理内部划分为若干个专业的职能。这种分工的结果，促进了企业职能管理人员的产生和职能组织的出现。这次分工是在同一个层次和等级范围内，在各种平行的管理业务之间进行的专业分工，同以等级分工为特点的“纵向分工”相对应，我们称之为“横向分工”，也称部门划分。

企业职能组织大致出现于18世纪中叶，即工场手工业的发达时期和第一次产业革命初期。随着生产分工的发展，计划、组织、协调、核算等管理业务也越来越复杂起来，特别是当第一次产业革命出现大机器之后，设备管理和工艺管理便被提到议事日程上，资本家不仅要寻求层次管理的代理人，而且，还要寻求职能管理的代理人。例如，当记账算账的业务增多之后，就要雇用一个会计，把计算工资、核算盈亏等职能分给他。当出现机器之后，就要雇用专职技师从事机器的维护、修理、更新等业务。大机器的普遍采用，要求工人能够适应机器的节奏，因而，需要对工人进行训练，甚至对工人的每个动作都要进行精确的计算和科学的管理。于是。在泰罗时代的动作研究和时间研究的基础上，一项新的管理职能出现了，即计划职能。管理组织也从直线组织发展为职能组织。泰罗还专门设计了职能制的组织结构，但因为他单纯强调职能管理，因此造成多头领导的混乱，因而行不通。之后，法约尔将企业管理组织内部的纵向分工和横行分工予以综合，便产生了直线参谋制。至此，管理组织在分工的推动下达到了比较完备的形态。

伴随着信息时代的到来，在生产力和生产分工的不断推动下，企业管理的分工不断发展，企业管理组织也在直线参谋制的基础上不断发展和完善，其趋势不仅是管理分工的细化，而且朝系统管理的方向发展。如事业部制、矩阵制、多维立体组织结构形式等，这都是系统思想在管理组织中的应用结果，由此，传统的管理组织正向现代管理组织过渡。

2. 企业组织的概念

企业组织有其形成和发展变化的过程，企业组织概念既有一般组织的共同特征，也有其特殊特性。企业中的人不是单纯的人，而是与机器联系在一起的，是在生产经营活动的组织中存在的。因此，企业组织是人与机器的结合，是以人为主体的，由人机系统组成的有机体。

由于企业组织是一个非常完善的系统，我们在阐述它的概念时，就要将一般组织的共性与企业组织的特性结合起来。经过全面分析和综合，企业组织的概念可以概括为：企业组织是一个以企业全体人员为主体，包括人和物在内的有机组合体。企业的全体人员为了企业的共同目标，建立组织结构，并且一一指定职位，划分职责，交流信息，沟通协调，并且形成独自的规范和文化，以此获得最大效率。

第二节　组织结构及其类型

组织结构是决定员工如何运用资源达到组织目标及完成其任务的正式系统。而组织设计是管理者做出明确的组织选择的过程，明确的组织选择能促使一个特殊组织结构的建立。因为外在环境和内在资源的不同使得存在着多样的组织结构。

一、组织结构的四大板块

无论是建立一个新的组织，还是对现有组织结构进行调整，或者对现有组织进行深入的变革，都需要仔细考虑以下四方面的因素，也就是组织结构的四大板块：

(1) 合理地将工作划分为可由个人或小组完成的任务，称为分工。

(2) 合理而高效地将任务加以组合。将员工和任务分组通常称为部门划分。

(3) 指明组织中谁向谁汇报，这种部门内部上下之间的联系产生了组织的等级。

(4) 建立机制，使各部门的活动相互衔接、配合，并监控合作的有效性，称为协调。

关于这四个板块，可以通过一个简单的实例加以说明：

(1) 你去任何一家餐厅吃饭，厨师专门做菜，而小工只负责备菜，这是分工。

(2) 厨房里的员工负责制作食品，大堂里的服务员为你服务，这是部门划分。

(3) 如果你对服务不满，说"叫经理来"，服务员不得不去向领班汇报，这是等级。

(4) 你所点的菜，服务员可能通过对讲机、掌中宝、或者直接跑腿告知厨房，这是协调。

1. 分工

亚当·斯密在著名的《国富论》开篇中讨论了别针生产中的劳动分工。斯密这样描述了别针厂的生产：一个人拉线，另一个打直，第三个人切割，第四个磨尖，第五个人打磨顶部以安别针头。10 个人一天可制成48 000枚别针。斯密说，如果他们各自单干，每人每天大概最多能做 20 枚。斯密提出，分工的最大优点是把工作划分为简单独立的小块，由专人分别负责，使整体生产力呈几何级数增长。如今，我们使用分工而不用劳动分工这一名词，反映了这样的事实，即所有的组织工作，从生产到管理，都可以细分。

劳动分工是差异化的最明显的表现，虽然分工可以带来一系列诸如发挥个人灵巧性、有利于使用专用设备、降低培训成本、完成复杂性工程等好处，但还是需提防其负面效应，主要是避免工作简单化。如果工人发现他们从事的简单化工作烦人、单调，就有可能变得消极和不愉快，从而有可能降低工作效率。

研究人员提出了把任务组合成工作从而避免工作简单化的办法：工作扩大化和工作丰富化。

（1）工作扩大化（job enlargement）是通过劳动分工增加一个既定工作中不同任务的数量。例如，好利来的服务生既要现场制作蛋糕还有可能要参与外卖订餐的送货，他们的工作中的任务量就比麦当劳的服务生更大。工作扩大化的意图是加大一个工人所从事任务的范围，这将减少工人的厌倦和疲劳感，并激发他们的良好表现——提高所提供产品和服务的数量和质量。

（2）工作丰富化（job enrichment）是要提高一个工人对工作的负责程度。例如，①允许工人探索新的或更好的方法来完成工作；②鼓励工人发展新技能；③允许工人决定如何做工作，让工人自我监督和衡量他们自己的业绩表现。

一般来说，做出提高工作丰富化和工作参与度组织设计选择的管理者，可能会提高工人工作的弹性程度而非刚性程度，这有利于建立一个弹性的组织结构。

2. 部门划分

为了掌握组织结构中的复杂的正式关系网，管理者通常组织结构图来描述工作的划分情况。在组织结构图中，方框表示工作的合理分组，成为部门。如在银行中，一组员工负责向小企业贷款，并管理小笔贷款，银行的管理者有可能将这些人设立为一个小企业借贷部。部门是管理者将工作划分后，决定将哪些工作归入“类似”的小组的结果。可以想象，组织中有着各种工作和部门，而不同的组织中，工作和部门划分会有所不同。

部门划分方式包括职能划分、事业部划分、多重组合及横向组合等。部门的划分方式将影响到员工个人，因为这些员工将拥有共同的主管，使用共同的资源，以及对部门的绩效负责，并趋向于彼此认同和相互合作。

3. 等级

企业中的权力金字塔通常是这样构成的：CEO占据最上面的位置，是最高管理层中的高级成员之一，高级成员还包括总裁和副总裁，他们掌握整个组织的战略管理；其次是中层管理人员，在这一层次的管理者主要管理工厂或部门；最底层由更低一层的管理人员和工人组成，他们是企业的操作者。汇报关系就在这些层级间展开，管理者通过指挥链来进行控制，高层次的人有权决策并告诉低一层次的人该做些什么。20世纪80年代美国公司掀起了减少组织层次的浪潮，杰克·韦尔奇领导 GE 把它的管理层次从 29 级砍到现在的 5 级。现在大多数管理者都相信组织层次减少将使组织更有效率、行动更快、更节省成本。

除了层次，等级的另一个重要构成是控制跨度。直接向某个管理者或主管汇报的下属的数目称为控制跨度。控制跨度的差异对组织形态的影响是直接的，如果规模保持不变的话，小的控制跨度使组织有较多的管理层次；与之相对的是大的控制跨度会使组织扁平，层次减少。

我们举例来说明，假设有两个组织，基层操作员工都是 4 096，如图 6－2所示，如果一个控制跨度为 4，另一个为 8，那么控制跨度宽的组织比控制跨度窄的组织在管理层次上至少少两级，可以少配备 800 人左右的管理人员。控制跨度没有一个定量标准，一个理想的控制跨度应该实现可控条件下的组织层次最小化。

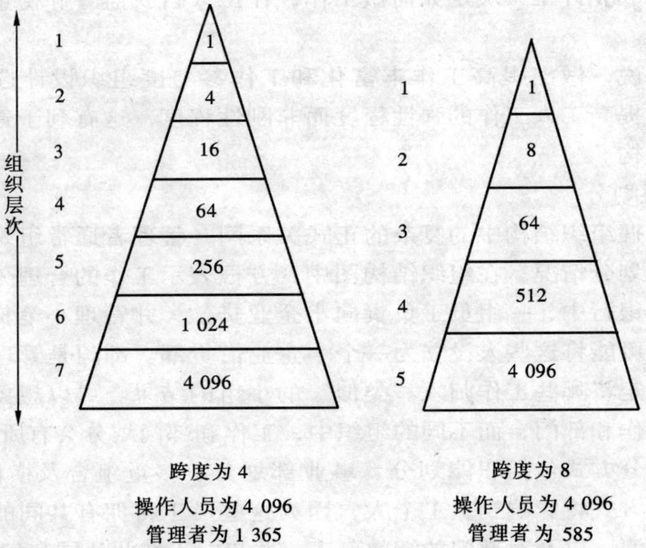

图 6-2　控制跨度比较

4. 协调

协调是为了实现组织目标而对各部门的工作进行统筹的过程。如果没有协调，人们将缺乏全局观念，容易以牺牲组织目标为代价来追求部门的局部利益。

协调的程度取决于工作性质以及从事这项工作的各部门员工的相互依

赖程度。如果一项工作能够从其他各部门的沟通中受益，则需要高度协调。如果该工作对信息交流的要求很低，独立性较强，那么减少部门间的协调有助于提高工作效率。面临非常规和不可预见的工作、工作环境不断变化或各部门间的相互依赖性很高时，密切协调可以使工作受益。另外，设定了很高的绩效目标的组织通常需要更为密切的协调。

二、组织结构的类型

管理人员通常面临的组织决策是：如何把工作组合起来以更好地满足组织的环境、战略、技术和人力资源的需要。大多数高层管理团队选择把工作组合成部门，并发展一个职能组织结构来运用组织的资源。当组织成长时，便设计一个事业部结构，或一个更复杂的矩阵或产品小组结构。

（一）职能型结构

在职能型结构组织里，工作和部门按企业的职能和它们所需要的技能来划分并组织起来。职能是工作在一起的一群人，拥有相似的技能或使用相同类型的知识、工具或技艺来执行他们的工作：生产、营销、人力资源、开发研究、财务等。图 6-3 是职能型结构的典型图例。

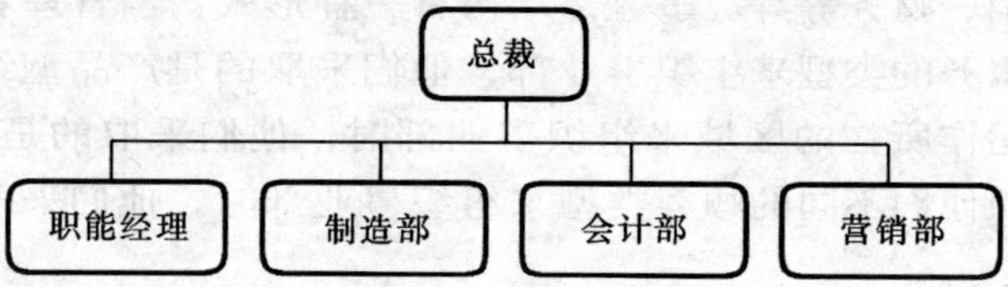

图 6-3　职能型结构

职能型组织结构将从事类似任务的人按照其知识和技能组合到一起，这样他们可以进行相互学习，使得他们的技能更加专业化。并且因为该任务和其他任务没有太大关系，具有独立性，激励了部门内部员工之间的相互合作。另外，由于职能部门内部可以共享某些设施，实现了规模经济。

当从事类似任务的人被组合到一起，管理者更易于监督和评估他们的表现。假设一种相反的情况，如果营销专家、物流专家和房地产专家被组合到同一职能部门，接受财务经理的监督和领导。想一想，这财务经理该多累啊，并且还不得不制定一套复杂的评价体系来比较这些不同任务的效果。而如果具有相同知识和技能的人被组合到一起，经理很容易比较出谁做的更好，谁做的稍差，并且可以帮助较差的向好的方向努力。

职能型结构的主要不足在于：当一个组织成长时，它对外在环境的变化反应迟钝。因为这时需要部门间的合作，而不同部门间由于知识技能的专业化使得横向沟通困难，并且各职能部门的管理者由于忙于监督自己的部门及完成部门目标，他们只能从他们自己的、相对狭窄的视角来认识组织面临的问题，从而导致对组织总体目标认识不清。

职能型组织结构的优缺点见表 6-2。

表 6-2　职能型组织结构的优缺点

优　　点	缺　　点
①职能部门内部实现规模经济； ②促进知识和技能向纵深发展； ③对员工的监督和评估更简易； ④最适应于只有少数几种产品的组织	①对环境变化反应迟钝； ②可能导致所有决策堆积于高层，层级链超载； ③部门间协调沟通比较困难； ④各部门对组织总体目标认识有限

（二）事业部结构（产品、市场和地域）

随着企业的不断成长，多元化经营等问题的出现使职能型结构的缺点日益明显，使其不能应付多种多样的产品、顾客和地理区域。大型组织的多数管理者选择采用事业部组织结构来创立一系列业务单元，从而为不同的顾客生产其所需要的产品。每个事业部把所有的职能单独纳入其中，包括生产、营销、财务等等。事业部结构有三种形式：当管理者按照他们提供的产品和服务的类型来组织事业部，他们采取的是产品型结构；当管理者按照经营运作所在的区域来组织事业部时，他们采取的是地域型结构；当管理者按照他们不同的顾客类型来组织事业部时，他们采取的是市场型结构。

1. 产品型结构

在产品型结构（见图 6-4）的组织中，高层管理者把各种截然不同的产品线或业务放到不同的事业部，并且让事业部经理负责制订适当的业务层次的战略，使该事业部在其产业市场上进行有效竞争。每个事业部独立

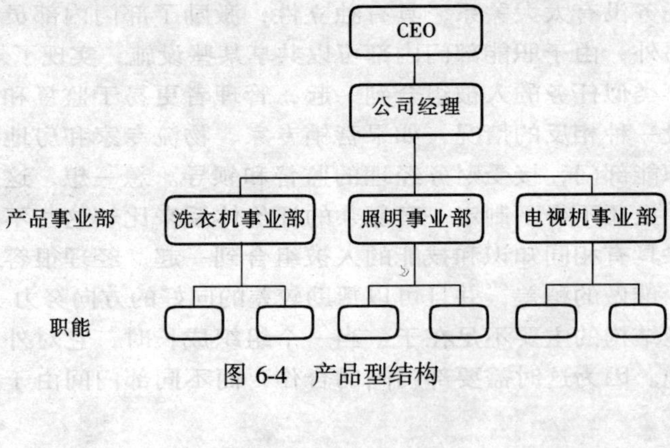

图 6-4　产品型结构

自治，具有全套职能，如营销、研发、财务等，职能经理向业务部经理汇报，业务部经理向高层管理者或公司经理汇报。多元化倾向强烈的企业偏重使用产品型结构。强生公司是产品型组织结构的一个典型代表，强生公司共有 168 个事业部，它们被划分成 33 个组，每一组都对少数产品负责。

产品型结构有如下优点：

（1）更容易管理信息需求。员工紧密围绕一种产品展开工作，不需要操心其他产品，对信息需求少了。

（2）职能经理能专注于唯一的产品领域，所以他们能积累技术专长，并很好的调整这个具体领域的技能。

（3）事业部经理更了解本行业，能针对性的选择业务层战略，为顾客提供差异化或者低成本的产品。

（4）工作责任更加明晰，职能型结构中管理人员能够在出现问题时推卸责任，而产品结构中管理人员获得了更多完成工作所必需的资源，所以必须独立承担更大的责任，不同部门的业绩和利润很容易进行对比。

2. 地域型结构

当组织在国内和国外迅速扩展时，位于总部或中心的管理者要管理处于不同地区或国家的业务更加困难。地域型结构（见图 6-5）即事业部按消费市场的地理位置来划分，在这种情况下很容易成为管理者的选择。当企业追求跨国战略时，由于不同地区的消费者对于产品的要求差异很大，管理者多采用全球地域型结构（见图 6-6），即在组织运作的世界每个区域设立不同的事业部。与之不同的是，如果标准化的产品（或产品差别很小）更能被全球不同地区的消费者所接受的话，他们可能采取全球型结构（见图 6-7），即选择几个制造中心来从事生产，通过设立的国际事业部把各事业部的产品分销到世界各地。国际事业部的管理者主要是通过设在国外的子公司来进行分销和销售的。例如梅塞德斯-奔驰在德国设计和制造汽

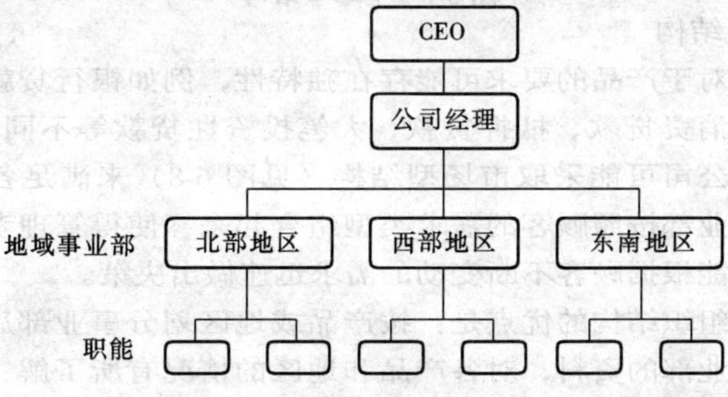

图 6-5 地域型结构

车的绝大部分，然后通过其国际事业部向世界各地提供其产品。

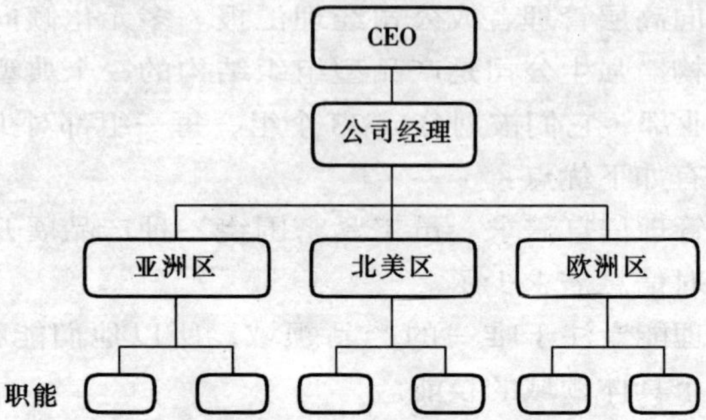

图 6-6　全球地域型结构

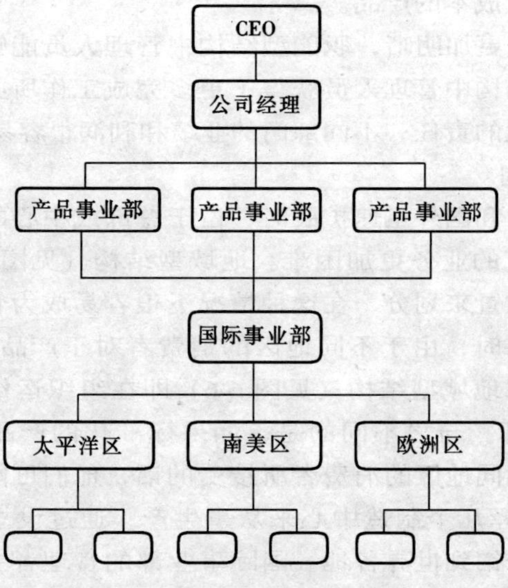

图 6-7　全球型结构

3. 市场型结构

不同顾客对于产品的要求可能存在独特性，例如银行贷款部可能面临小企业、个人消费贷款、抵押贷款、大笔投资性贷款等不同的客户要求。这种情况下，公司可能采取市场型结构（见图 6-8）来满足各种各样的顾客需求。把事业部按照顾客的需求类型组合起来，使得管理者对顾客的需求反应更快，能根据顾客不断变动的需求迅速做出决策。

事业部型组织结构的优点是：按产品或地区划分事业部后，总公司可以根据各个事业部的资料，对各产品和地区的情况有所了解，能够迅速作出反应。这样，既有利于公司的最高领导层摆脱日常行政事务，真正成为

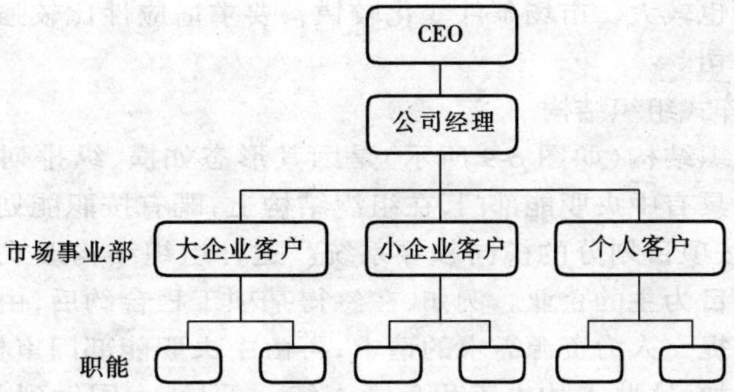

图 6-8 市场型结构

强有力的决策机构，又能加强公司所属各事业部领导人的责任心，充分调动他们搞好企业生产经营活动的积极性和主动性，增强企业生产经营活动的适应能力；它有利于把联合化和专业化结合起来，一个公司可以经营种类很多的产品，形成大型联合企业，而每个事业部及其所属工厂，又可以集中力量生产某一种或几种产品，甚至也可以集中生产产品的某些零件，实现高度专业化；每一个产品的地区事业部都是一个利润中心，总公司可以从每一个利润中心的盈亏而获知哪一个部门的成绩较佳，为此，每个事业部的负责人都要承担责任。各事业部的主管要负责计划、调配、控制等管理工作，因而有机会从整体观念出发，从事部门的各项管理业务，在工作岗位上得到了训练，有助于培养和提高他们的领导素质；对职能人员来说，由于有明确的责任界限，便于考核，因而能够更好地协调他们的关系，调动他们的积极性。

事业部型组织结构的缺点是：容易使各事业部只考虑自己的利益，影响各事业部之间的协作；公司与各事业部的职能机构重叠，用人较多，费用较大，参见表 6-3。

表 6-3 事业部型组织结构的优缺点

优 点	缺 点
①对各地区市场的需求变化反应更迅速； ②公司最高层脱离日常事务真正成为强有力的决策中心； ③有利于把联合化和专业化结合起来； ④各事业部成为独立利润中心，有利于提高管理者素质； ⑤最适应于规模大、产品种类多的企业	①各事业部更易为己着想，影响组织总体协调； ②公司和各事业部的职能机构重叠，人员较多，费用大

这种组织结构形式适用于企业规模较大，产品种类较多，各种产品之

间的工艺差别也较大，市场条件变化较快，要求适应性比较强的大型联合企业或跨国公司。

（三）矩阵式组织结构

矩阵式组织结构(如图 6-9 所示)是因其形态如横、纵排列的矩形而得名。企业本身具有中央职能部门,在组织结构上,既有按职能划分的垂直领导系统,又有按项目划分的横向领导系统。这种组织结构形式常常出现于以完成工程项目为主的企业。例如,在签得某项工程合约后,由工程负责人向企业最高层提交人力资源需求的请求,再由中央职能部门审核,从有关部门抽出人力参加,这些人均由工程负责人统一领导,力图做到条块结合,以协调各有关部门的活动,保证任务圆满完成。这些抽出的职能人员组成职能小组,待该项工程的工作完成后,他们再回到原职能部门待命。

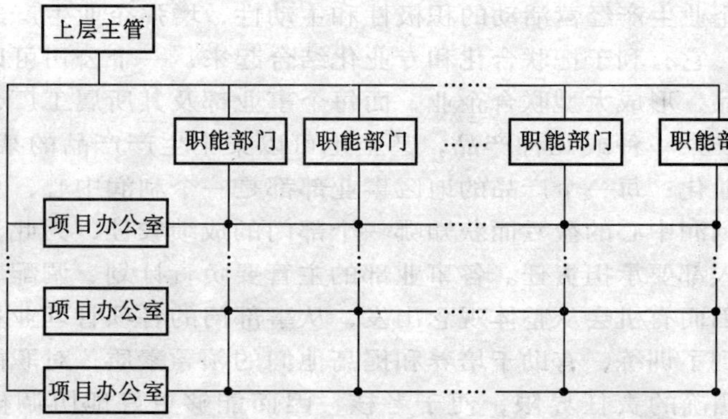

图 6-9　矩阵式结构

矩阵式组织结构的优点是：机动灵活，适应性强。它是按照完成某一特定任务的要求，把具有各种专长的有关人员调集在一起组成工作组，这样，便于沟通意见，易于接受新观念和新的方法。由于能够集思广益，因此，对工程项目能够有较好的控制，获得成功的机会较大。采用矩阵式组织结构形式，还有利于把管理中的纵向联系和横向联系更好地结合起来，加强各职能部门以及职能部门与任务之间的协调。工程项目经理负责全权领导某一项目，必然与顾客有较密切的接触，容易与顾客建立良好的关系。项目经理一职的设立，还可以提供训练全面管理人员的机会。

这种组织结构形式的缺点是：稳定性较差。由于小组成员来自各个职能部门，当任务完成后，仍要回到原来的工作部门，因而容易产生临时观念，对工作有一定的影响；由于小组成员要接受双重领导，既隶属于职能部门，又隶属于项目小组，若两个部门的意见不统一，就会使他们的工作无所适从。从职能部门看，人员经常调进调出，也会给正常工作造成某些困难。具体可参见表6-4。

表6-4 矩阵式组织结构的优缺点

优　点	缺　点
①机动灵活，适应性强； ②有利于把管理中的纵向联系和横向联系结合起来，促进总体协调； ③项目经理负责，有利于与顾客建立良好关系； ④最适应于设计、研制等创新性质的工作	①稳定性较差； ②小组成员受双重领导，可能因双方意见不统一而无所适从，降低效率； ③人员流动大，可能导致工作遭遇困难

这种组织结构形式适用于设计、研制等创新性质的工作。例如，军工、航天工业，高科技产业。采用这种组织结构形式，选好项目负责人很重要。良好的项目负责人应该具备以下条件：

（1）具有选择、组织与领导不同技术人员成为一个有效工作组织的能力。

（2）对整个工程和产品所需的技术有全盘的了解。

（3）具有主持会议与沟通信息的能力。

（4）具有了解法律条文，可以与顾客磋商合约的能力。

（5）具有解决各组工作人员之间矛盾的能力。

（6）具有分析事物，提供简明扼要的资料供最高管理层决策用的能力。

（四）多维立体组织结构

在矩阵组织结构的基础上再增加一些内容，就形成了多维立体组织结构（见图6-10）。例如，在由产品和地区构成的矩阵组织结构的基础上，再增加按职能划分的管理机构，就构成了三维立体组织结构。美国生产化学和塑料产品的道－科宁公司采取了四维立体组织形式，该公司在产品经理与职能经理的矩阵上又增加了营业经理与市场经理。该四维立体组织的关键是营业委员会的设立，营业经理负责一个地区的业务经营，他们对这个地区的业务负责，直接归公司的最高主管领导。营业委员会通常由研究、生产、销售、技术服务以及发展部门的代表形成，此外，还包括有关成本与经济物价方面的专家。这种组织结构形式适合于跨国公司或者跨地区的大公司。

各种组织结构形式都有其利与弊，企业究竟采用哪种形式，应该从实际出发。一般说来，选择企业组织结构形式，要考虑企业的目标，生产性质，规模大小，产品种类的多少，生产工艺特点，以及市场大小等因素。

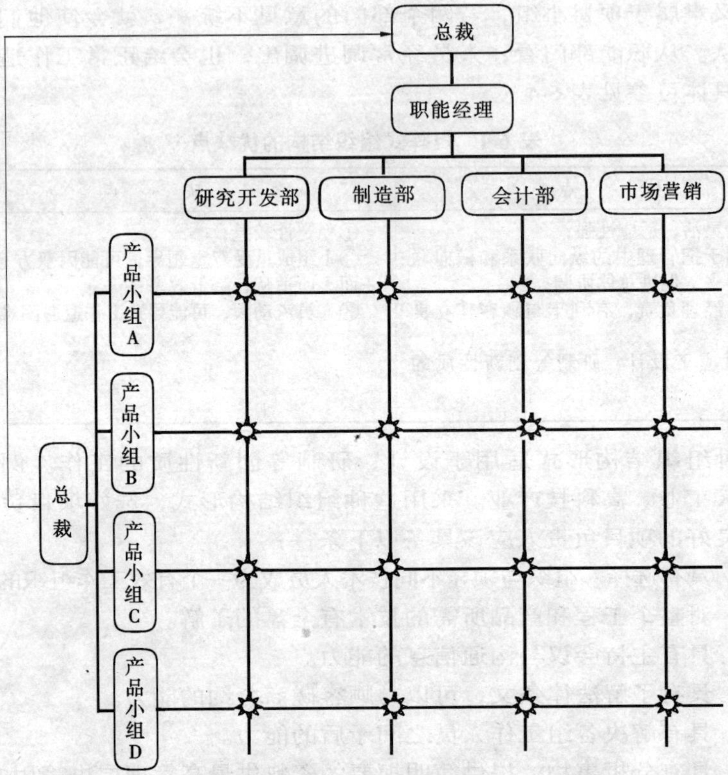

图 6-10　多维立体结构

不同的企业会有不同的组织结构形式，同一个企业在不同的时期，组织结构形式也会有变化。在同一企业中，也可能把几种不同的组织结构形式结合起来应用，形成一个多种形式的复杂的组织结构。总之，伴随企业发展，不能固定不变地只采用一种模式。

第三节　企业组织结构设计与运行

一、企业组织结构设计

(一) 组织结构设计原则

(1) 目标统一。组织结构的建立，应以有利于组织内的成员实现组织目标为目的，每一个部门的存在，都必须对达到企业目标有所贡献。也就是说，通过把组织目标层层分解为分目标，落实到组织中的各部门直至个人，来统一组织各部门和个人的活动。

(2) 幅度层次适当。幅度是指一个领导能直接管理其下属的人数，层次是指组织管理的阶梯。幅度与层次之间呈反比关系。在组织中担任主管工作的人能够管理其直接下属的人数是有一定限制的，不易过多，也不易过少。

(3) 唯一核心。一个组织只能有一个核心，否则，就不能有效地运转。而且，组织内的各人应该只有一位直接的上级，他只接受该上级的命令，并向他负责。

(4) 权责对等。权责对等是法约尔首先提出的。与权限相适应产生了职责，即有权就要有责。同时，与职责相适应就要有权限，即有权才能负责。每个人所负责任的大小，应该与他所获得的权力大小相称，权力过大或过小都不宜，而且，一旦接受权力，就应该负绝对的责任。

(5) 直达简化。组织内的信息联系和业务往来，一定要取最短的线路。如果机构臃肿，层次繁多，人浮于事或职能重叠，都会影响组织效率。

(6) 协作制衡。制衡即相互的约束。在组织中，既要提倡协作，也要坚强制衡。例如，在组织结构中，既要有决策和执行决策的组织，也要有审核、评价决策及决策执行情况的组织。如果组织中只讲协作，不讲制衡，就会出现滥用职权、为所欲为的现象。

(7) 稳定性与适应性相结合。组织在环境中存在，环境条件的变化必定影响组织目标，影响组织人员的态度和士气。为此，必须针对这些条件的变化，对组织做适应性调整。但是，组织结构的过多调整与变化，也会对组织产生不利影响。主管人员必须在稳定与变化之间寻求一种平衡，既能保证组织结构的适应，又能保证组织目标的实现。

(二) 组织结构要素

企业组织结构要素包括哪些内容，众说不一。法约尔认为企业组织要素包括人、人员的培训与选择、人的能力。巴纳德认为企业组织要素是共同目标、协作意愿、信息。将各家之说综合起来，企业组织结构要素包括以下几个方面。

(1) 目标。目标是组织的前提要素，没有目标就没有组织。从企业组织结构看，组织有最高领导层、中间职能部门层以及基层执行层。因此，目标也有总目标、中层各部门目标以及基层各部门目标和个人奋斗目标。企业组织内各层次的目标要尽力保持一致，若出现了矛盾，应从总目标出发，这是组织内成员都要遵循的原则。

(2) 协同。协同是组织运转的效率要素。组织内各部门、各人员之间，只有协调一致，共同努力，才能保证组织运转的高效。否则，组织内将出现信息流通不畅，甚至处处扯皮，严重的可影响组织目标的实现。

协同是与不协同对立而言的，组织内出现不协同的原因有以下几点：

①企业组织无目标或目标不明确，组织成员无法围绕目标协调各自的行为；

②个人目标与组织目标背离；

③组织内各成员的个人目标之间的差异。

因此，为保证组织的协同性，就要首先明确目标，并尽力将个人目标与组织目标协调起来，以实现组织最大限度的协同。

(3) 人群。人群是企业组织的基础，组织内没有人不行，因此，有的管理学家说“管理即人”。人的价值观、道德规范、行为准则，对组织的协调运转必然产生影响。

(4) 职位。职位是组织内的一个个联结点，起到承上启下、左右配合的作用。根据组织内各业务工作的流程，确定所需的职位。

(5) 职责。职责是指组织内各职位的责任。无论是领导层还是执行层，都要有自己的岗位责任，并且根据此责任指导、协调和考核个人的行动。

(6) 关系。关系是指企业组织中各部门以及人员之间的相互关系。一般组织内的关系可以概括为三大类，即授权关系、协作关系、制约关系。直线组织（即纵向分工）中，主要是授权关系和制约关系。例如，上级指挥与下属服从的关系，上级授权与下属分权的关系，上级保证条件与下属保证实现的关系等。横向职能组织（即横向分工）中，除授权关系外，更多的是协作与制约关系。例如，某部门承担的业务内容和业务数量，该部门应为其他部门提供的协作和服务，其他部门应为该部门提供的协作和服务，该部门同其他部门之间的相互制约的内容和程度。研究企业组织必须首先搞清各部门之间的关系，依照关系再确定责任。

(7) 信息。企业生存于变化万千的市场里，各种信息的收集、整理与传递就显得愈发重要。企业中主要有三大流，即人流、物流、信息流。这里的物流是广义的，包括了资金的流动。如果组织内信息流通环节出故障，就像人体的神经系统出毛病一样，会出现瘫痪的症状。因此，企业组织要协调发展，就有赖于信息传递的快速与准确。信息的表示方式有多种，如指令、情报、信号等。信息传递方式也很多，如口头、书面及多种视听信号。

(三) 组织设计

1. 纵向设计

组织结构设计的内容之一是划分组织层次，解决组织的纵向结构问题。

随着组织任务的增加以及规模的扩大，为了保证组织目标的有效实现，组织中就出现了管理层次。一般来说，管理层次分为上层、中层、下层，也称战略规划层、战术计划层和运行管理层。美国斯隆管理学院在研究组织管理的层次结构问题时，提出了“安东尼结构”，并对组织中三个层次的主要功能做了分析，见表 6-5。

表 6-5 不同组织层次的特点

问题如何考虑	战略规划层	战术计划层	运行管理层
主要关心问题	是否实施 什么时候实施	怎样实施	怎样干好
时间幅度	3～5 年	0.5～2 年	周、月
视野	宽广	中等	狭窄
信息来源	外部为主，内部为辅	内部为主，外部为辅	内部
信息特征	高度综合	中等汇总	详尽
不肯定和冒险程度	高	中	低

通过对组织中各层次功能的分析，我们能够看到，组织中的各个层次都应有明确的分工。上层主要是从组织的整体利益出发，对组织实行统一指挥和综合管理，并负责制定组织的目标和大政方针。中层的主要职能是为了达到组织的总目标，为各职能部门制定具体的管理目标，拟订和选择计划的实施方案、步骤和程序，评价生产经营成果和制定纠正偏离目标的措施等。下层的主要职能是按照规定的计划和程序，协调基层组织的各项工作并实施计划。

组织结构中自上而下具体应该划分多少层次，视组织规模而定，当组织规模一定时，较大的管理幅度就意味着较少的管理层次，较小的管理幅度就意味着较多的管理层次。按照层次与宽度的反比关系，就形成了两种模式，即扁平型结构与高型结构。扁平型结构可保证信息的直接传递，信息损失少，失真少，有利于工作效率的提高；但管理幅度的加大，会使上级对下属的监督出现困难，同时也增加了同级沟通联络的工作量。高型结构具有分工细致明确，管理严密的特点；但增加层次后，容易出现信息传递不畅，甚至使上下意见沟通受阻，影响组织目标的实现。为了保证组织工作的有效性，我们应该以多一层机构，就多一些出故障的可能性作为约束，以尽可能地减少组织层次。

实际工作中，一个主管人员能够直接有效地监督和管理多少下属，即管理幅度是多少，没有最好的、普遍适用的方案，因为，管理幅度不是一个常数，它有很大的弹性。例如，美国管理协会 1951 年对 100 多家大公司的调查表明，总经理下属人数从 1 人到 24 人不等。因此，我们更重要的不是研究数字，而是要全面了解影响管理幅度的要素。

影响管理幅度的要素可以概括为以下几点。

（1）主管人员及其下属的能力。能力强的主管人员，比相同组织层次、相同工作的其他主管人员能直接监督和管辖更多的下属。同样，如果下属工作能力强，工作的自觉性高，也有利于增加主管人员的管理幅度。

（2）面对问题的种类。主管人员面对复杂、困难的问题或涉及长远战略问题时，直接管辖的人数不易过多。反之，在处理日常事物时，可管辖较多的下属，以减少管理层次。

（3）组织沟通的类型及方法。若上下级以及同级之间相互沟通较易，或采用了有效的信息沟通手段（计算机网络等），对下属又有较健全的考核制度，则可增加管理幅度，减少管理层次。

（4）授权。主管人员善于授权，既可以提高自身的办事效率，也有利于增强下属的责任心。责权明确后，可减少主管用于监督的时间和精力，从而也能够加大管理幅度。

（5）计划。明确的计划可使下属了解自己行为与企业目标之间的关系，从而减少了主管人员指导工作及纠正偏差的时间，有利于增加幅度，减少层次。

（6）组织与环境的关系也影响着管理幅度。

2. 横向设计

部门划分是组织结构设计的内容之一，解决的是组织的横向结构问题。

部门通常指组织中的主管人员为完成规定的任务而有权管辖的一个特殊的领域。法约尔指出，部门是“为了用同样多的努力生产出更多更好的产品的一种分工”。划分部门的方式很多，每个组织都应在适当的条件下，选择有利于实现组织目标的划分方式，甚至可以多种划分方式混用。

从不同的角度对部门进行划分，常见的划分方式有以下几种。

（1）按人数划分。这是最简单、最原始的划分部门的方法，如军队中的军、师、团、营、连即为此种划分方法。这种划分方法考虑的只是人力。

（2）按时间划分。如果在正常的工作日不能满足工作需要，基层组织常采用这种划分部门的方法。例如，企业按早、中、晚三班编制进行生产。这也属于古老的划分部门的方法。

(3) 按职能划分（如图 6-3 所示）。按职能划分部门是最普遍采用的一种划分方法。它遵循专业化的原则，以工作或任务的性质划分部门，并按这些工作或任务在组织中的重要程度，分为主要职能部门和从属派生部门。主要职能部门处于组织的首要一级，在主要职能部门之内再划分次要职能部门。

按职能划分部门的优点是：遵循专业化原则，因此，能充分发挥专业职能。主管人员的注意力集中在组织的基本业务上，更有利于组织目标的实现。

这种划分方式也有不利的一面，即容易导致“隧道视野”的现象。所谓“隧道视野”的现象是指：由于各职能部门专业化，使职能部门的专业人员除了本部门外，其余什么都不顾，就如同过隧道一样，除了本身领域外，其他什么也看不见。这种部门主义或本位主义，给部门之间的相互协调带来很大的困难。

(4) 按产品划分（如图 6-4 所示）。即按组织向社会提供的产品来划分部门。它是随着科学技术的发展，为了适应新产品的生产而产生的。按产品划分部门的优点是：有利于发挥专用设备效益，有利于发挥个人的技能和专业知识，同时也有利于部门内的协调。它使得部门主管人员把注意力集中在产品上，有利于产品的增长和发展。这种划分方式的缺点是：要求更多的人具有全面管理的能力；产品部门独立性强，整体性差，增加了主管部门协调、控制的困难。

(5) 按地域划分（如图 6-5 所示）。即按地理位置来划分部门。它是为了调动地方、区域的积极性，谋求取得地方化经营的某种经济效果。当各地区的政治、经济、文化等因素影响到管理时，按地域划分部门才能发挥其优势。这种划分方式的优点是：有利于改善地区的协调，也有利于培养管理人员。这种划分方式的缺点是：组织中需要更多具有全面管理能力的人才；增加了主管部门控制的困难；地区部门之间往往不易协调等。

(6) 按服务对象划分。即按组织服务的对象类型来划分部门。例如在商店中，按服务对象划分为电器部、化妆品部、体育用品部等。

(7) 按设备划分。即根据设备类型和特点进行划分。它的优点是充分发挥了设备的效率，使设备的维护保管及材料供应和人力运用等更加方便。

(8) 其他。在一些组织中，也常有按市场营销渠道、按字母等来划分部门的方法。

总之，无论采用哪种划分部门的方式，都必须坚持以确保组织目标实现为目的，要做到有效、有弹性、均衡。

3. 职权设计

职权划分是组织结构设计的内容之一，解决的是组织结构中的职权问题。

纵向划分将组织分为若干层次，而横向划分是在每一层中形成若干部门，横纵相交就出现了节点，这些节点就是组织中的各个岗位，为了保证各岗位目标的实现，必须为各个岗位确定其职权。

职权是经由一定的正式程序赋予某一职位的一种权力。根据责权对等的原则，接受权力的同时也就承担了责任，这责任是与职权共存的，称之为职责。职责是某项职位应该完成的某项任务的责任。

组织内的职权有三种类型：直线职权，参谋职权，职能职权。

(1) 直线职权。直线职权也称指挥权，是指某项职位或部门所拥有的作出决策、发布命令等权力。组织中的各层主管人员都应具备直线职权，否则难以对下属进行控制并施加影响力。当然，位于不同层次的主管人员，由于其功能不同，职权的大小和范围也有所不同。

组织中自上向下有若干条线将各层主管人员联结起来，我们称这些线为权力线。权力线也被称作指挥链，通过指挥链使信息从上向下或从下向上传递，所以，指挥链既是权力线，又是信息通道。

(2) 参谋职权。参谋职权是某项职位或某部门所拥有的辅助性职权，包括提供咨询、建议等。组织中的参谋职位或部门只有与其上级之间的联结关系，而没有与之相联结的下级，因此，参谋人员只对上级负责，而不能向下级发布指令。这样既发挥了专业人员的作用，为上级主管作出科学的决策提供依据，同时也避免了多头领导。

参谋可以是单个人，也可以为团体。个人即参谋人员，他是直线人员的咨询人员，协助直线人员执行职责。团体即“智囊团”或“顾问班子”，它常常作为一个独立的机构或部门，它聚合了多方面的专家，凭借集体智慧，协助直线主管进行工作。

(3) 职能职权。职能职权是某职位或某部门所拥有的原属于直线主管的那部分权力。当直线主管人员将部分权力授予参谋人员，使之能够行使向下属发布指令的权力时，职能职权便产生了。

由于业务部门或参谋部门是由职能管理专家组成的，因而，职能职权大部分由业务或参谋部门的负责人来行使。职能职权是职权关系中的一个特例,可以认为它介于直线职权与参谋职权之间。

了解了组织中的职权关系后，就要正确处理好三种职权之间的关系。首先，要充分发挥职能职权的作用。一方面，参谋人员要客观地提供意见，另一方面，主管人员也要有自己的主见。其次，要特别注意适当限制职能职权。职能职权的出现是为了实施有效的管理，但毕竟同时造成了多头领导，因而当利弊共存时，要保证其所得大于所失。为此，就要限制职能职权的使用范围及其级别。

4. 组织设计结果

组织设计的结果最终体现在组织手册上。组织手册中包括组织系统图和职位说明书，它表示各部门、各职位的职责与职权，以及各部门、主要职位之间的相互关系。

(1) 组织系统图。组织系统图又叫组织树，它用图形的方式表示组织内各机构、岗位、上下左右的相互关系。其垂直形态表示职权关系，水平形态则表示分工或部门化。

(2) 职位说明书。用文字说明各工作名称，主要职能、职责以及相应的职权，通常也称之为岗位标准或工作标准。

二、企业组织运行

(一) 权力与授权

1. 权力

组织中确立了适当的部门后，上层人员就需要赋予下层适当的权力，以便下属能行使这部分权力，去支配企业的资源，完成其分内的工作。

根据法约尔的解释，权力是给予命令及要求受命者服从的能力。西蒙则认为，权力是可以行使引导别人行动的决策能力。当下属接受授权时，便要对上级负责并完成其权力范围内的工作。

2. 授权

(1) 授权的概念。高层主管人员将其行使引导别人行动的决策权，交由下属去行使的过程被称之为授权。授权者对被授权者有指挥监督权，被授权者对授权者负有报告与完成任务的责任。

目标管理从某种意义上说就是授权的一种形式。目标制定后，上级只用目标管理下级，下级在一定的监督之下，有相当的自主权、行动权。

(2) 授权的原因。一般来说，下列原因可能产生授权行为：

①例外原则。高层主管人员包揽全部管理工作，这在组织规模较小，业务简单时，不失为明智之举，但规模扩大，业务复杂时，就可能因小失大，得不偿失。因此，高层主管人员应该将一些小事情或例行的事情，交由下属人

员行使，只需下属对他作定期的汇报，以了解下属的工作成果，并判断是否需要作出指导。

②时间限制。主管人员一天可用的时间有限，无法保证组织中发生任何事情时均在现场，为了避免耽误工作，可将权力授予下属，以便下属及时解决现场出现的问题。

③体能的限制。个人的体能有限，工作过于劳累会导致效率下降，甚至积劳成疾。主管人员当感到工作量超过自己的体能时，就需要将其中一部分工作交由下属去处理。

④知识的限制。在知识经济时代，各部门工作的技术性及专业性越来越强，必须由专业人员来管理，因此，需要赋予专业人员一些权力，以便他们开展有关的工作。

⑤提供培养人才的机会。人才培养是企业不可忽视的大问题，通过授予有前途的下属一定的决策权力的方式，使下属在主管人员的帮助下，在自己进行管理决策的工作中获取经验，迅速成熟，以备将来主持全局工作。

（3）影响授权程度的因素。

①授权的代价。接受授权的下属，由于能力、经验及获取的信息有限，作出的决策可能不是最理想的，甚至可能出现错误，这就会给企业造成不同程度的损失。况且重大决策的正确与否责任重大，因此，对于较重要的决策、耗费较多的决策，往往不宜授权，这样的决策应该由较高管理部门作出。

②政策的一致性。企业内的决策若由多人作出，由于各人偏好不同，判断能力各异，可能作出不同的决策，引起行为的不一致，从而影响企业整体形象。因此，企业主管人员如果十分重视政策的一致性，就不会授权；反之，在不同地区，或客观条件允许有不同的决策者，则管理人员可能加大授权程度。

③企业规模。企业规模小，工作不复杂，则宜于集权；但规模较大，工作复杂，沟通协调及控制较困难时，则宜于分权。

④企业的形成历史。如果企业是从小逐步壮大起来的，则其主管人员往往采用集权方式。如果是由若干企业合并而成的大企业，则分权程度较高。

⑤管理人才。主管人员的素质与数量影响着分权的程度。主管人员数量充足，经验丰富，训练有素，管理能力较强，则可以较多的分权，反之趋向集权。

⑥控制技术及手段。通信技术的发展，统计方法、会计方法以及其他技术的改善，为授权提供了方便。

⑦管理哲学。主管人员的个性与所持的管理哲学影响权力的集中与分散。

⑧环境因素。决定分权程度的因素中大部分属于组织内部的，但影响分权程度还有一些外部因素，例如经济、政治因素。这些外部因素常促使集权。例如困难时期和竞争加剧可能助长集权。

（二）委员会

1．委员会的含义

现今稍具规模的企业都少不了委员会。委员会可以解释为：一群人有计划地聚在一起，对某一特定问题进行讨论或商议决策的组织。这一将组织中的最高决策权交给两位以上的主管人员，即将权力分散到一个集体中去的过程，也被称为集体管理。

企业内常见的委员会有董事会、工作委员会、预算委员会、咨询委员会等。它们可以是直线的，也可以是参谋式的；可以是正式的，也可以是非正式的；可以是永久的，也可以是临时性的，达到特定目的后就解散。

2．委员会的优缺点

委员会的优点主要包括以下几方面：

（1）集思广益。委员会能够对问题作出比较全面的探讨，经过集体讨论、集体判断后得出的方案更切合实际情况，而且能够避免主管人员仅凭个人的经验所造成的判断失误。

（2）协调。委员会成员通常由各部门选派，当工作或问题涉及几个部门时，可以在委员会内互相沟通信息，交换意见。这既有利于减轻上层主管人员的负担，又可以加强部门之间的合作。

（3）民主管理。对于重大问题，需要委员会集体讨论决定。委员会开会讨论过程中，代表各自利益的委员们都有发言权与投票权，他们适当地使用这些权力，就可以防止或减少某些人大权独揽或以权谋私等弊端的发生。

（4）鼓励下属。委员会作为群体决策组织，可以使下级主管人员甚至组织的一般成员有机会参与决策的制定过程，从而可以调动下属的积极性。同时，下级主管人员也有了向上级主管人员学习管理经验的机会。

委员会的缺点主要包括以下几方面。

（1）成本高且耗费时间长。委员会需要经常开会讨论有关问题，委员们用于开会的时间可能很多，会议本身就既要花钱又要花时间。况且，委员们开会期间，不能在原岗位上工作，可能给组织带来更大的损失。

（2）意见不易统一。委员们代表各自的利益群体，可能在某些问题上争论不休，迟迟不能作出决定，贻误时机。即使最终得出结论，也常常是个折中方案，彼此可能都不会有所得益。

(3) 职责分离。委员会中每个人提出的建议要想成为决定，都需要委员会集体讨论，最终的决策也是集体讨论的结果，这使得委员会中的每个成员对决策负责的责任感下降。

(4) 少数人操纵的可能性。委员会的存在是为了反映集体的智慧，虽然委员由各部门选出，但在讨论问题时，只能由少数人控制会场，有可能出现少数人将自己的意志强加给他人甚至集体的现象。如果委员会作出的决定只是少数人的意见，委员会成为个别人的工具，这就从根本上否定了委员会产生的前提。

3. 利用委员会应注意的问题

(1) 委员的选择。委员会的委员人数不宜过多，也不宜过少，一般5～15人为宜。委员应该有代表性，其知识和能力均能胜任。

(2) 主席的选择。委员会主席担负着委员会有效运转的责任，其领导能力足以影响委员会的成效。因此，委员会主席应该由德高望重，领导能力、分析能力很强的人担任。

(3) 议题的选择。提交委员会的议题必须经过适当的选择。议程与议题最好在开会之前交各委员，以便委员们有充分的时间思考问题，阅读资料，在会议期间提出有针对性的建议与质询。

(4) 决议案的审核。委员会的所有会议都应该有记录，并在会议结束后现场传阅，让各委员做必要的修改或更正。会议通过的建议，须作出报告。

(5) 权限范围。委员会的职责范围、权限大小，必须有明确规定，并使委员了解详情，避免出现讨论超出委员会权限的问题。

(6) 定期评价。对委员会的工作成绩必须作出定期的评价，其工作成果必须大于所付出的代价，以保证有效实现组织目标。

4. 董事会

董事会是委员会的形式之一。它是股份公司的法定代表，由股东会选出的若干董事组成。股东会授权董事会决定企业的业务方针、经营范围和规模，以及其他关系到公司全局性的重大问题。董事会就上述问题对股东会负责。

董事会的主要职能包括以下几方面。

(1) 受托管理。董事会受股东的委托负责管理公司，它不仅对股东负责，还要对社会负责，对公司职员负责，对顾客负责。

(2) 决定公司目标。董事会的基本职能之一是确定公司的目标及实现这一目标的基本战略和政策。

（3）挑选总经理。挑选总经理是具有长远意义的工作。总经理执行董事会的任务，并对董事会负责。董事会对总经理推荐的将担任经理的人员有最后批准权。

（4）核实计划与检查成果。由于董事会对公司的管理负有责任，为确保各项计划的切实执行，必须检查执行情况，定期考核总经理的工作绩效。

（5）批准预算。

（6）维持公司的长期稳定。董事会应根据环境的变化不断地维持调整其目标和计划，使组织能够适应环境的变化并维持公司的长期稳定。

（7）决定利润分配。董事会决定利润的分配方法，即决定利润是作为红利和企业扩建提成来分配，还是偿还未付清的债务。

（8）通过有见解的质询来检查计划与经营情况。董事应该对公司的经营状况提出有见解的质询，以此检查公司的计划执行与经营状况。

董事会一般一个月至两个月召开一次例会。在特殊情况下董事长可以临时召开会议，讨论并决定公司的经营方针与经营战略，检查其执行情况，决定重大的人事和财务问题，挑选精干的总经理协调公司与股东、管理部门与股东之间的矛盾。董事会闭会期间，由董事长负责董事会的日常工作，由总经理（总裁）经营公司的日常业务。董事长一般从在本公司工作并具有名望的经理人员中选出。董事长是董事会的最高负责人，总经理受聘于董事会，执行董事会的决策，经营公司的日常业务，接受董事会的监督检查并对董事会负责。

（三）组织结构调整

1. 组织结构调整的原因

企业组织结构建立时是处于理想状态的，但企业组织存在于动态的社会环境中，随着环境的改变，或企业自身的扩充，业务多元化等，其现有组织结构将无法有效地适应当前活动，为了保证组织活动的效率，确保组织目标的实现，就要考虑改变或更新企业组织结构。

2. 组织结构欠佳的表现

怎样才知道现存组织结构已不完善或已不能最有效地适应当前的活动要求了呢？以下几点便是在组织结构欠佳时可能出现的特征。

（1）组织内的决策人员无法预知问题的发生，要事后才能作出补救。

（2）组织本身对外界环境的变化缺乏反应，使决策人员无法对环境的变化趋势作出正确的估计。

（3）组织已了解到外界环境的变化，但不能采取应变措施，避免损失。

（4）组织内信息流通不畅，决策人员决策时不能及时获得有关的资料。

(5) 组织内的成员常感觉自己的工作与别人发生摩擦，甚至使工作受阻。

(6) 组织内部成员对自己在组织中所扮演的角色的认识越来越模糊，职责不明确。

(7) 管理人员感觉工作繁多,常常加班加点也不能把工作干完。

(8) 各部门的人员互相埋怨或投诉。

(9) 管理人员搞不清谁是自己的下属，或虽然知道某人是自己的下属，但又不知道他应该负责做什么工作。

(10) 出了问题不知道该由谁来负责。

(11) 在企业内某一职能部门组织特别庞大，主管或所属人员态度高傲，看不起别的部门的人员，以致引起其他部门的非议。

以上情况如果常常在企业内出现，就要检查组织结构，看看是否需要调整。

第四节　企业组织结构的权变因素

根据权变理论，管理者所设计的组织结构处于一个不断变化、充满不确定性的环境之中。因此就没有一个所谓“最优”的组织结构模式存在，管理者必须根据外部条件的变化和组织的内部特点来设计相应的组织结构。对组织结构产生影响的主要因素有：组织所处的环境、组织所追求的战略与目标、组织应用的技术、组织的规模（见图 6-11）。

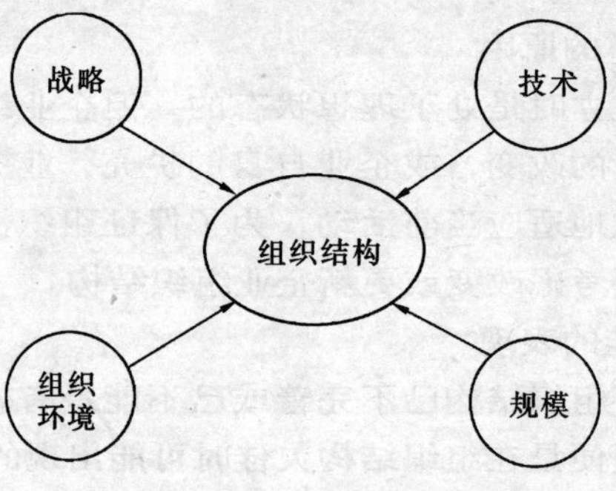

图 6-11　影响组织结构的权变因素

一、组织环境

从广义上说，环境是无限的，它包括了组织外部的每一个方面。在这里我们把组织环境定义为存在于组织边界之外，可能对组织的总体或局部产生影响的所有因素。对于任何组织，其环境因素都可以从10方面加以分析即行业现状、原材料、人力资源供给、金融资源、市场、社会技术水平、经济形势、政府、社会文化以及国际环境。

1. 环境的不确定性

组织环境的不确定性意味着决策者不能得到关于环境各要素的足够信息，因此无法预见外界的变化。不确定性增加了组织反应行动失败的风险，并使决策方案成本和成功概率的估算变得困难。

环境的不确定性可以通过两个指标来衡量：环境的复杂性和环境的稳定程度。环境的复杂性关系到企业运营的环境因素的多寡。影响企业的外部因素多，而且各因素之间又是相互影响的，这样的环境则是复杂的。环境的稳定程度是指环境因素在时间上的变化状况，如果环境在较长时间内没有变化，则环境是稳定的。通常把简单—复杂和稳定—不稳定这两个衡量维度相结合，可以形成一个评价环境的不确定性程度的分析框架。图6-12给出了这个分析框架，并且举出范例。

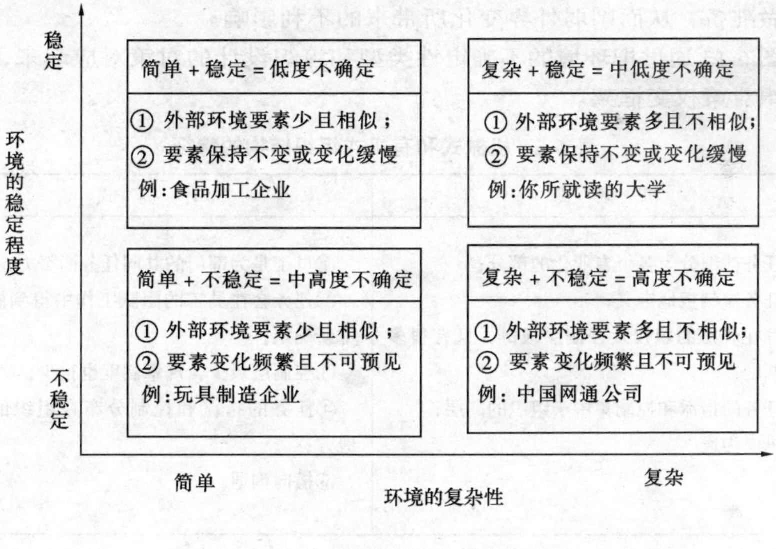

图 6-12 环境不确定性分析框架

2. 组织设计的对策

环境的不确定性使得组织结构存在运行风险，处于不确定性环境中的企业通常在组织设计时采取如下对策：

（1）增加职位和部门。当外部环境的复杂性增大时，组织中的职位和部门的数目也相应的增加，这样也提高了企业内部的复杂性。这种关系也是组织作为一个开放性系统的表现。环境的每一方面都有相应的职能部门或人员来应对，这样可以保持组织同外部环境主要因素的联系和协调：①收集、整理和分发外部环境变化的信息；②代表企业向外部环境输出信息，以加强外界对企业的认识；③作为缓冲角色包围在技术核心周围，吸收环境的不确定性。

(2) 通过分化和整合，加强企业管理中的协调和综合职能。当外部环境处于复杂而迅速变化的状态时，企业的各职能部门必须高度专业化，因为对每一环境要素的成功反应，都需要专门的技能。但是高度分化的一个结果是部门之间协调变得更加困难，因此组织有必要配备专门的整合人员，加强部门协调。

(3) 采用有机式组织结构。机械式组织与有机式组织是相对的。表 6-6 总结了有机式组织和机械式组织的区别。随着环境不确定性的增加，组织更趋于有机，柔性更强。

(4) 强化计划职能和对外部环境的预测。计划和预测工作，可以使企业早做准备，从而削弱外界变化所带来的不利影响。

图 6-13 通过把环境的不确定性类型和组织设计的对策对应起来，给出了组织对策权变框架。

表 6-6 机械式和有机式组织结构的特征

机 械 式	有 机 式
①任务被细分为各个专业化的部分； ②任务被刻板地定义； ③存在严格的职权及控制层级链，且有很多规章制度； ④任务的指派和控制集中于组织的高层； ⑤纵向沟通	①员工是为部门的共同任务而努力； ②任务会在员工的团队工作中得到修正和重新确定； ③控制层级少，规章制度也很少； ④任务的指派和控制分布在组织的所有地方； ⑤横向沟通

资料来源：Adapted from Gerald Zaltman，Robert Duncan，and Johnny Holbek. Innovations and Organizations. New York：Wiley，1973. 131

二、战略

一般来讲，高层管理者指明组织发展的方向。他们设定组织的目标，

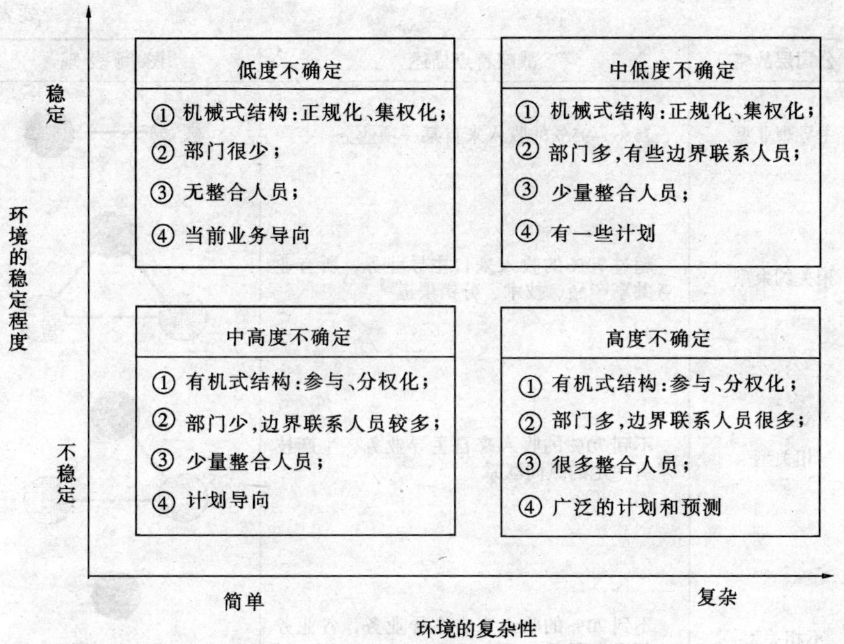

图 6-13　环境不确定性和组织对策权变框架

并制定组织实现这些目标的战略。因为战略深刻地影响着组织结构，因此组织结构应当服从于组织战略。正如钱德勒（Alfred Chandler）研究的结论——组织战略一般先于组织结构变化并引致组织结构的变化，一旦战略形成，组织结构应做出相应调整，以适应战略实施的要求。

1. 公司层战略与组织结构

公司层战略指的是一家公司在多个行业或产品市场上，为了获得竞争优势而对业务组合进行选择及管理的行为。该战略主要关注两个问题：公司应该在哪些业务中经营，公司应该如何管理这些业务。多元化因此成为公司层战略的基本类型，即最高层为企业制定多项业务的组合。

一个公司的各项业务的关联程度不同，使得公司层战略的具体类型也不同，表 6-7 给出公司层战略的分类。

表 6-7　公司层战略分类

公司层战略	战略特点描述	图例表现
单一事业型	超过 95% 的收入来自某一项业务	

续表

公司层战略	战略特点描述	图例表现
主导事业型	75%～95%的收入来自某一项业务	
相关约束型	超过70%的收入来自主导业务，所有业务共享产品、技术、分销渠道	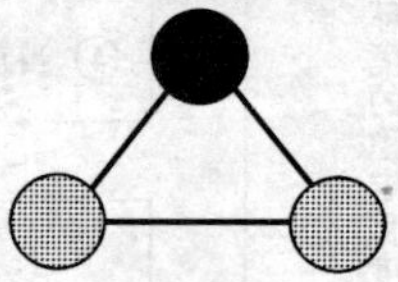
相关型	不到70%的收入来自主导业务，生产技术有一定的纵向联系	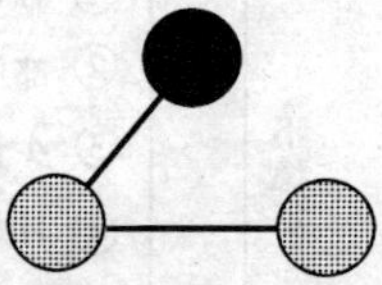
不相关型	不到70%的收入来自主导业务，各业务之间没有联系	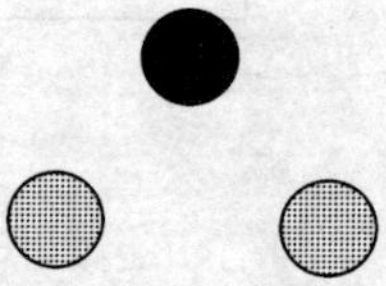

资料来源：Adapted from R.P.Roumelt. Strategy, Structure and Economic Performance. Boston: Harvard Business School, 1974.

在确定公司层战略时所选择的业务组合方式直接影响着企业的组织结构设计，表6-8总结了公司层战略与组织结构的对应关系。

表6-8　公司层战略与组织结构的对应关系

公司层战略	组织结构
单一事业型	职能型组织结构
主导事业型	附有单独核算单位的职能型组织结构
相关约束型	事业部型组织结构
相关型	多维立体型组织结构
不相关型	子公司制

2. 竞争战略与组织结构

雷蒙德·迈尔斯（Raymond Miles）和查尔斯·斯诺（Charles Snow）认为管理者都试图制定出与外部环境相匹配的竞争战略来获得竞争优势。组织要设法保持内部组织特征和组织战略与外部环境相适应。组织可采用的三种竞争战略是：探索（prospector）型战略、防御型（defender）战略、分析型（analyzer）战略。

采用探索型战略适合组织处于动态、成长中的环境的情况，着眼于创新、冒险、寻求新的机会以及企业成长；防御型战略更关注组织的稳定甚至业务收缩，关心内部的效率和控制，以便为稳定的顾客群提供可靠的、高质量的产品；分析型战略介于两者之间，这种战略试图维持一个稳定的企业，同时在周边领域中创新，即企业中有些产品位于稳定环境，而另一些产品位于动态、成长的环境中。

表 6-9 给出了与这三种战略相对应的组织结构的特征。

表 6-9 竞争战略及其相应的结构特征

结构特征	探索型战略	防御型战略	分析型战略
主要结构形式	事业部制	职能制	矩阵制
集权与分权	分权为主	集权为主	适当结合
计划管理	粗泛	严格	有严格也有粗泛
高层管理人员构成	营销、研发专家	工程师、成本专家	联合组成
信息沟通	横向为主	纵向为主	纵向横向兼有

三、技术

所谓技术是用来将组织的投入（原材料、信息、思想）转换为产出（产品和服务）的各种工具、方法、设备和装置。任何组织都有一个反映组织主要目标的技术核心。在变化着的环境中，技术对组织结构有着重要的影响，现在我们主要从组织级和部门级两个层次来讨论这种影响。

1. 组织级技术与组织结构

对制造技术最早并且最有影响的研究是由英国工业社会学家伍德沃德（Joan Woodward）开始的。他根据制造过程中技术的复杂性程度将所调查的企业分成三类：单件小批生产、大批量生产、连续生产。所谓技术复杂性是指制造过程中机械化的程度，技术复杂度越高，意味着大部分工作由机器完成，工人的作用小。单件小批生产是按满足顾客特定需要的小批量订单进行加工装配；大批量生产是以标准化零配件的长时间生产为特征的制造过程；连续生产的整个流程都是机械化的，生产过程连续不断，标准化程度高，自动化设备控制着生产过程。

伍德沃德将技术的复杂性和企业的运营进行对比分析，发现组织结构特征可以归结为有机式和机械式两种，成功的单件生产和连续生产类型的组织采用有机式结构，而成功地大批量生产类型的组织采用机械式结构。

这些关系具体见表6-10。

表6-10 技术复杂性与结构特征的关系

结构特征	技术		
	单件生产	大批量生产	连续生产
管理层数目	3	4	6
主管理人员的管理幅度	23	48	15
直接工人与间接工人的比例	9:1	4:1	1:1
管理人员占全体员工的比率	低	中等	高
工人的技术熟练程度	高	低	高
工作流程的规范化程度	低	多	低
集权程度	低	高	低
口头沟通的数量	多	少	多
书面沟通的数量	少	多	少
总体的结构形态	有机式	机械式	有机式

资料来源：Adapted from Joan Woodward. Industrial Organization: Theory and Practice. London: Oxford University Press, 1965.

2. 部门级技术与组织结构

现在把分析转到部门层面，因为组织内的部门并不一定处于技术核心的位置。但组织中的任何一个部门都有其特定的生产过程，该过程也包含着某种独特的技术。在理解部门技术方面，最有影响力的是查尔斯·佩罗（Charles Perrow）提出的分析框架。佩罗提出通过两个维度来考察组织的结构和过程：任务的多样性和工作的可分析性。多样性反映了生产中预料之外的新事件的发生频数。如果部门人员在工作中遇到大量未曾预想到的事件，任务多样性就较高；可分析性是指工作活动可以分解为具体的工作阶段和步骤，这样操作者就可以遵循一个客观的、程序化的方式来解决问题。将多样性和可分析性两个维度结合起来，在此基础上可以区分出部门的四种主要类型的技术：常规技术、手艺技术、工程技术和非常规技术（如图6-14）。

部门级技术的性质一旦认定出来，与之相应的组织结构也就可以确定了。部门所用的技术通常与该部门的一系列结构特征相联系，这些特征包括员工的熟练程度、正规化程度以及沟通方式等。

部门的整体结构可以分为有机式或机械式。在所有其他条件相同的情况下，技术愈是常规化的，组织结构也应当愈是机械式的；相反，技术愈是非常规化的，组织结构就应当愈是有机式的。常规技术只有少量的例外，问题易于分析。比如用来生产钢铁和汽车或者提炼石油的大量生产过程，就属于这一类。工程技术有大量的例外，但可用一种理性的、系统的分析进行处理。桥梁建造就属于这一类。手艺技术处理的是相对复杂，但有少量例外的问题。制鞋和家具修补等属于这一类。而非常规技术以有许多例外和工作难以分析为特征，这类技术可以以航天业务为代表。

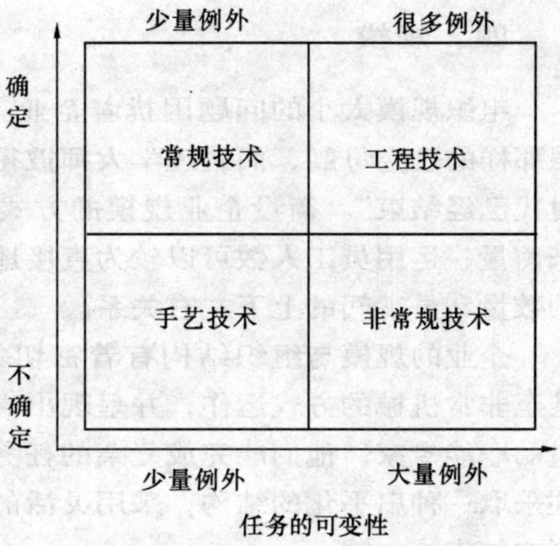

图 6-14　部门级技术分析框架

控制和协调方法必须因技术类型而异。越是常规的技术，越需要高度结构化的组织。反之，非常规的技术，要求组织结构具有更大的灵活性。部门整体的管理结构可以通过正规化、集权化、工人技术熟练程度、控制跨度、沟通和协调五个特征项来描述。图 6－15 归纳了部门技术与结构及管理特征之间的关系。

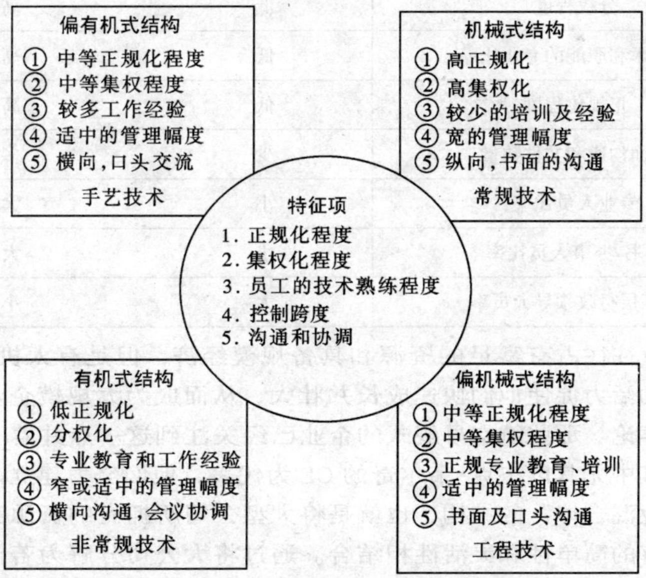

图 6-15　部门技术与结构及管理特征的关系

四、规模

组织规模太小的问题困扰着企业。每一个企业都梦想着成为全球500强那样的航空母舰，而管理学大师彼得·德鲁克则宣称“《财富》500强的时代已经结束”。衡量企业规模的方式很多，最直接的方式是运用员工数来衡量，运用员工人数可以较为直接地反映组织这一社会系统内管理层次的数量和员工间的上下左右关系。

企业的规模与组织结构有着密切关系。大企业往往是以一种标准化、甚至非常机械的方式运作，并呈现出高度的复杂性。复杂性使组织拥有大量的职能专家，他们能完成复杂的任务，生产出复杂的产品。而小企业往往采取一种扁平化的结构，采用灵活的管理风格。企业规模对组织结构的影响如表6-11所示。

表6-11　企业规模及其相应的结构特征

结构要素	小型企业	大型企业
管理层次的数目（纵向复杂性）	少	多
部门和职务的数量	少	多
分权程度	低	高
技术和职能的专业化	低	高
正规化程度	低	高
书面沟通和文件数量	少	多
专业人员比率	小	大
文书/办事人员比率	小	大
中高层行政领导人员率	大	小

大企业往往占有富足的资源和具备规模经济，但是有太机械的缺点；而小企业的活力促使他们快速成长并壮大，从而成为大规模企业，这似乎成为一个悖论。那些航空母舰式的企业已经关注到这一点并着手去解决这个问题，其中尤其以杰克·韦尔奇的GE为代表，他们努力建立一种“大企业和小企业混合体”的结构，也就是将大型公司所拥有的资源和渠道与小企业所特有的简单性和灵活性相结合。通过将大公司分解为若干小型的营业单位，而以小企业的结构去运营，从而获得小企业的灵活性和富有创造性的优势。

第五节 组织创新与变革

如今企业面对动态的、不确定的组织环境，可以说是如履薄冰，时刻小心。从前面我们的讨论可以看出，组织面对如此的环境必须快速行动，持续不断地调整自身以适应外界环境的变化。本节我们从组织创新与变革的动力、变革的类型、变革的阻力、成功推行变革的策略等几方面就组织创新与变革问题进行探讨。

一、组织变革的因素

组织进行创新变革的目的很多,例如改善激励,提高工作绩效;加强协作,明确沟通渠道;降低缺勤率和人员流动率;减少矛盾冲突等等。而促进组织变革的因素可以从很多角度去考虑:①首先劳动力的性质发生了变化。文化多元化和专业人员的增加使得组织不得不尽力调整以适应多元化的环境。为了吸引和留住以多元化为特点的劳动力队伍,人力资源政策和实践就必须加以改革。②技术进步,尤其是计算机控制取代了直接监督,全面质量管理方案被越来越多的组织所采用,使得管理者的控制跨度更大,组织结构也就更加扁平。③随着全球经济一体化走的更远,竞争环境发生了变化,竞争者来自世界各地。同时组织不断面临传统竞争对手的抗争,还要面临具有创新优势的小企业的挑战。④社会大发展趋势,受大学教育者增多,年轻人婚姻推迟,离婚率上升等,使得市场结构发生了相应的改变。⑤世界政治的变化也不得不考虑,冷战结束,发展中国家,尤其以中国为代表的国家的经济转型。外界环境的这些变化,给组织既带来了机遇,也面临着很大的挑战。同时组织自身随着发展规模的变化,人员的素质和心理也有了调整,因此组织在其运营的各个方面进行着剧烈的变革以识别和应对各种威胁,充分利用机会。图 6-16 对组织变革的环境因素进行了总结。

变革是当今的潮流。以前的变革只是渐进而间断发生的，今天的变革则是激进的、持续的。正如百事可乐前任首席执行官韦恩·卡洛威所说，最坏的管理法则就是“没有损坏，就不要修补”，在当今的形势下，“即使东西没有损坏，你也要主动打破它，因为它很快就会落伍”。

二、变革的类型

（一）渐进式变革和激进式变革

可以根据变革的影响范围来定义渐进式变革和激进式变革。渐进式变

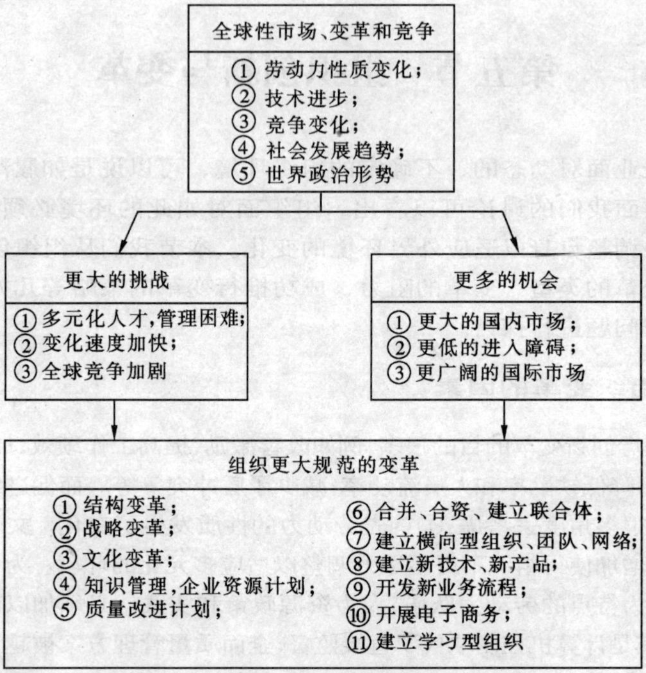

图 6-16　引发重大组织变革的驱动因素

革是一种逐步演进的办法，在维持原有组织总体平衡的基础上，在原有结构和框架中进行持续的小的变革。由于其是在原有框架和管理流程内进行，因此不易触及组织的根本问题，只会引起局部的变化。它可能包含技术改进或产品改进。而激进式变革则是打破组织原有的运行规则，建立一种新的模式，使整个组织发生变化。激进式变革常常包含了新的组织结构和管理流程的产生，可能要采用突破性技术。例如，在营销部门扩大销售队伍是一项渐进式变革，而改变职能结构，把营销人员直接分配到各个具体产品部门，这就是激进式变革了。

渐进式变革不触动组织原有的框架，因此易于开展，但是把握不好的话可能收效很小。而激进式变革遭遇的阻力可能会比较大，甚至会产生过大的震动或破坏，因此领导变革者的权威性如何就显得很重要。

从前边所分析的组织变革的驱动因素可以看出，现在企业所处的环境是动荡而不可预见的，因此激进式变革更被企业关注一些。企业只有不断地变革其结构和管理流程，才能使信息在企业内更快的传递，更快地做出决策。企业的转型和整顿都被认为是激进式改革。一个典型的例子就是联想集团于1994年进行的组织结构大变革。他们放弃了高度集权的大船结构管理体制，实行集权与分权相结合的舰队结构管理体制，即把业务部门按产品区分组成了事业部结构，各事业部拥有市场策划、科研开发、生产控制等权力，各自制订经营计划，各自负责生产、科研，自主制定产品价格、建立销售网络，实际上扩大了各部门参与市场竞争的能力。正是这一变革使联想集团迅速成长。联想当时之所以这样做的原因是1993年以后，世界一流的计算机企业大举进入中国。在遵循摩尔定律的计算机产业中，产品技术日新月异，新产品上市的周期变得越来越短。企业对市场变化的反应速度直接决定企业的命运。IBM、康柏、HP等国外公司凭借着雄厚经济技术实力不断蚕食国内市场，使得一些民族品牌相继被挤垮。联想在对新的市场环境准确把握后，果断进行了1994年适应性组织创新。组织结构变革后，企业取得了明显的成效，联想集团的市场占有率也不断地提高，从1995年起连续3年位居全国第一，1998年销售收入达到170亿元，进入亚太地区前五强。

（二）变革的策略类型

无论是激进式变革还是渐变式变革，管理者都需要找到一个切入点来实施他的行动。我们把管理者所具体进行的变革活动分为四类：技术变革、产品及服务变革、战略与结构变革、文化变革（见图6-17）。这四类要素组合在一起构成了一个企业的特性，管理者以这四类变革为武器，能使企业获得竞争优势，使企业在自己的目标市场上发挥最大的影响力。

1. 技术变革

技术变革指的是生产流程方面的变革，其中包括了促进企业形成特有竞争力的有关知识和技能基础。技术变革的目的是改进生产过程的效率或者生产更多的产品。具体内容涉及产品生产和服务提供中的各方面技术，包括工作方法、生产设备和作业流程。早期对管理和组织行为的研究大多着眼于技术变革。例如，20世纪初，科学管理在实践和多项研究的基础上实施技术变革以提高生产率。而近些年，由于行业内部的革新或竞争压力，常常需要组织进行技术变革，推动自身引进新的设备、工具和操作方法。计算机技术的普及是现在技术变革的主要力量，通过计算机网络系统和各种软件包的匹配，组织可以建立起更加精细和复杂的管理信息系统。

许多大型组织设立了专门的研发中心或创业团队，他们享有很大的自主权和资金支持，以更机动灵活的方式进行工程设计、系统分析等新技术的研发。

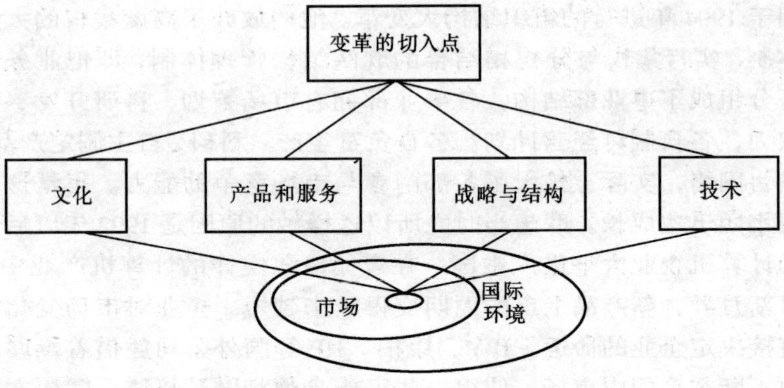

图 6-17　变革的四种策略类型

资料来源：Joseph E. McCann，“Design Principles for an Innovating Company.” Academy of Management Executive 5（May 1991）：76-93.

2. 产品及服务变革

产品及服务变革是一个组织的产出方面的变革。所谓新产品可以指对现有产品的某种改进也可以是全新的产品。生产新产品的目的是为了增加市场分额，或者开发新市场、新顾客。例如波导公司，其原先是提供数字寻呼机的企业，随着数字寻呼机市场的极度萎缩而移动通信市场的迅速崛起，它转向制造手机，并最终成功转型成为中国国产手机的领军企业，不但使企业生存下来了并获得新的发展机会。

一个新产品的成功往往是受以下几个因素的影响：

①进行新产品创新并取得成功的企业往往对顾客需要有更好的理解，尤其是对市场营销关注更多；

②进行新产品创新并取得成功的企业往往能够有效地利用外部的技术，听取外部的建议，即便其很多的工作是在企业内部完成的。

③进行新产品创新并取得成功的企业中，高层管理者对创新给予了充分的支持。

3. 战略和结构变革

战略和结构变革涉及组织的管理领域，具体包括组织监督管理的各个方面，如组织结构、战略管理、奖惩政策、劳资关系协调方式、管理信息和控制系统、会计和预算系统等。组织结构的变革通常是自上而下的，是由管理高层推动的，这点与技术变革相反，技术变革通常是自下而上进行的。

变革的推动者可以对组织设计中的一个或多个关键因素加以改变。例如，合并部门职责，精简纵向层次，拓宽控制跨度，从而使组织结构更扁平化，更少官僚性。也可以对整个现有组织结构作重大变动，例如从简单的职能结构向事业部或者矩阵结构转变。

前面所举的联想集团例子中的变革就是企业结构变革。而当联想收购IBM个人电脑部后，不得不再一次面对业务重组和组织结构变革。

4．文化变革

文化变革是指员工的价值观、态度、期望、信念、能力和行为方式的变革。文化变革涉及员工思维方式的变革。这里发生改变的是人的思想观念，而不是技术、结构或产品。在当今这个任何组织都可以买到新技术的大环境中，员工的动机、技能和责任观造就了企业的竞争优势。企业文化的变革会使企业发生根本的改变，并常常会导致员工的责任感和授权方面发生重大变革，同时使企业和客户间的关系更密切。

最近出现了一个新趋向，即企业再造、组织结构向扁平化转变以及全面质量管理方案的实施等，这些通常都导致企业文化发生了显著变化，因此，管理者在进行这些变革之前必须对文化可能出现的转变做好充分的准备。中国现在所推行的国有企业改革，简单看来是产权结构和组织结构的变化，其实质要改变的是企业的文化问题，改变以往对市场反应迟钝的官僚作风，取而代之的是建立一种充满活力、创新精神和责任感的企业文化。

图6-17中所示的四种变革是相互依存的，也就是说一种变革实施后常常会要求实施另一些变革。比如，新产品的开发可能会要求生产技术的变革，组织结构的变革会带来组织文化的变革。因此在组织变革过程中，须把这几个要素当作一个相互依存的系统，对组织某一部分的变革往往意味着对组织其他部分也要加以变革。

三、变革的阻力

组织是由人与人之间的关系构成的系统，组织变革涉及对原有关系的重组，因此难免受到组织成员的抵制。变革的阻力不一定以统一的方式表现出来，阻力可以是公开的、潜在的、直接的或延后的。公开和直接的阻力容易处理，而潜在的或延后的阻力使变革成功的可能性受到极大挑战。潜在的阻力可能会降低组织成员对组织的忠诚感，使他们丧失工作的积极性，增加工作错误率，并且很难识别。一次变革阻力所产生的影响可能比较小，但是变革的阻力常常是延后的和储备性的，它常常表现出累积效应。

下面分析组织变革的阻力，为了便于分析，我们把其分为个体阻力和组织阻力两方面。

1. 个体阻力

变革的个体阻力来自于基本的人类特征，如知觉、个性、心理和需要。图 6-18 概括了个体抵制变革的四个原因。

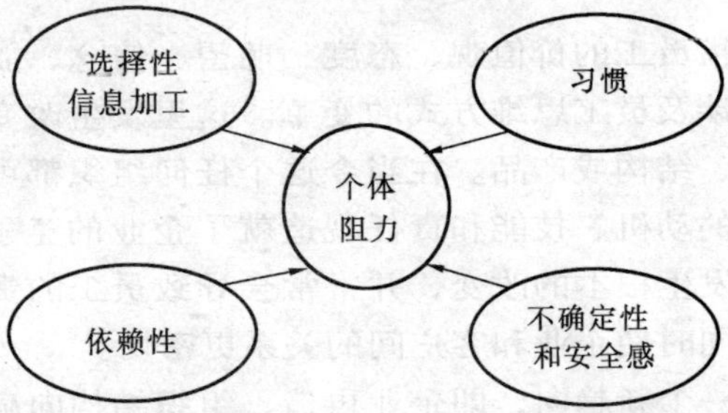

图 6-18　个体阻力的原因

（1）选择性信息加工。个体通过知觉塑造自己的认识世界。这个认识世界一旦形成就很难改变。为了保持知觉的完备性，个体有意对信息进行选择性加工，对别人的建议只在自己的框架内做出反应。他们只听自己想听的，而忽视那些对自己已建构起来的认识世界构成挑战的信息，或者错误理解那些收到的信息。就像那些面临着引进全面质量管理的生产工人，他们可能充耳不闻上司关于统计知识的必要性和变革会带给他们的潜在收益的解释。

（2）习惯。在需要做出选择的时候，我们往往不断重复着自己以前所做的决定，这就是习惯。比如听说中国国家足球队踢了一场比赛，虽然你没有看，但是你很可能做出很不屑的判断——又输球了，这就是你的固定思维模式——习惯。人类就是这种习惯性的动物。生活很复杂，我们每天都需要面对林林总总的选择，但我们不能对这些决策的所有备选方案一一进行考察，为了应付这种复杂性，往往会依靠习惯化或模式化的反应。某种习惯一旦形成，就可能成为人们获得满足的源泉。然而面对组织变革时，员工以惯常的方式作出反应的趋向就成为变革的阻力源。例如，由于部门调整需要给你换一个办公间，这就意味着你不得不改变很多习惯——惯常的进出路线、物件的摆放位置等。

（3）依赖性。当人们还没有培养起自我更新的观念时，对他人的依赖性就可能成为组织变革的阻力。缺乏自我更新观念而对他人有很强依赖性的人总是阻止变革，他们害怕这种改变使得其和自己依靠的人之间的联结纽带被割断，除非他们依靠的人认为需要变革，并把变革引入他们的行为中时，他才会认同变革。这种情况在东方或者中国的企业里比较常见，我们习惯性的在工作环境中建一张关系网，由此来寻找依靠，而变革可能会挫伤这种关系网，一种阻止变革的原因就是怕自己的“靠山”因变革而失去权威。

(4) 不确定性和安全感。变革要用模糊和不确定性代替已知的东西。当面临崭新的、不熟悉的情况时会使员工对未来表示担忧。这种不确定性不仅来自变革本身，而且还来自于变革所带来的后果。当人们对成功没有把握，害怕遇到挫折和失败时，往往会通过守旧来保持所谓的安全感。想一想，如果一个公司取消固定薪酬制度，依靠业绩提成来确定员工报酬，虽然这样员工的收入可能大幅上升，但是对于收入上升的概率有多大员工很难准确把握，他们可能会强烈地反对、阻挠。

2. 组织阻力

组织就其本质来说是保守的，他们积极地抵制变革。中国国有企业改革已经进行了多少年，但是每前进一步总是小心翼翼、如履薄冰、进展缓慢。抵制变革的组织力量总结起来可能有以下六个方面（见图 6-19）。

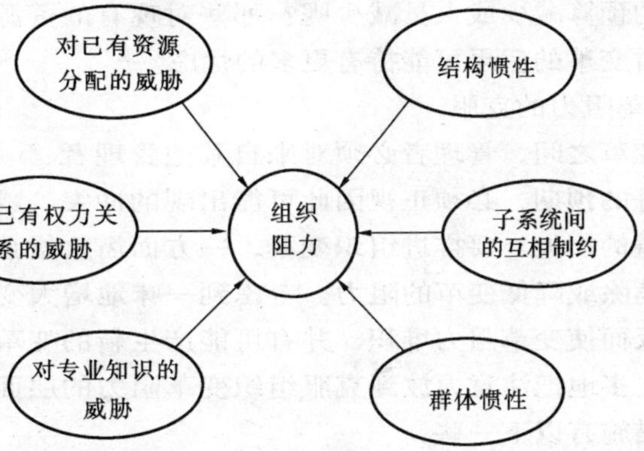

图 6-19　组织中抵制变革的原因

(1) 结构惯性。组织通过其固有机制来维护它的稳定性。例如前边所讲到的文化建立过程中的甄选。经过挑选的员工才能进入组织，在其进入组织后，组织会以某种方式来塑造和引导他们的行为。培训和其他社会化技术强化了员工的具体的角色要求和技能。组织的规章制度、操作流程、薪酬晋升制度也强化了这种稳定性。这种保持稳定的结构惯性可以保持组织的有效运行，但是当面临变革时，结构惯性就会起到反作用。

（2）子系统间的互相制约。组织这个大系统是由许多子系统组成的。对一个子系统进行变革时难免会影响到其他子系统，从而形成一定的阻力。比如对生产流程进行改进，组织结构可能需要进行变革，以与之相适应。

（3）群体惯性。即使个体想改变他们的行为，但由于群体的内在动力可能产生抵制力量而难以实现。

（4）对专业知识的威胁。组织中的变革可能会威胁到专业群体的专业技术知识。例如，企业如果采取ERP（企业资源计划系统）使得公司能对市场、生产、存货等数据进行实时动态管理，但是这可能遭到公司原有的信息处理专业人员的反对，这种通过终端与总部直接进行信息交流的方式对他们的专业技术知识构成了威胁。

（5）对已有的权力关系的威胁。任何决策权力的重新分配都会威胁到组织长期以来已有的权力关系。比如，在组织中引入参与决策或自我管理的工作团队的变革，就常常被基层主管和中层管理人员视为一种威胁。

（6）对已有的资源分配的威胁。组织中控制一定数量的资源的群体常常视变革为威胁。他们倾向于对资源分配的原本状态感到满意。变革是否意味着他们的预算减少或人员减少呢？那些对现有的资源分配体系最感到满意的部门对变革的后果可能持有更多的忧虑。

（三）变革阻力的克服

在实施变革之间，管理者必须对来自其他管理者、一般员工或顾客的阻力做出很好的预期，必须正视因此可能出现的冲突、威胁和员工所感受到的潜在利益的损失。要推进组织变革，一方面需要增强变革的动力，另一方面需要消除或降低变革的阻力。考虑到一味地增大变革的推动力并不能解决问题反而使变革阻力堆积，并有可能产生新的变革阻力。因此组织管理者应该更多地把注意力放到克服组织变革阻力的层面上来。具体来说可以采取的措施有以下一些：

（1）让变革与利益相关者的需要和目标保持一致。克服阻力的最佳策略是保证变革满足各方面的真正需要，使个人、群体和组织的变革目标保持一致。同时要强调群体之间的协调一致与相互支持，使变革活动成为组织上下一致关心的事情。但是组织变革遭遇一定的阻力也许是好事，因为抵制会为那些无意义的变革或纯粹为变革而变革的做法设置障碍。总之，克服变革阻力的通常要求是让该项变革的确对相关者有益。

（2）沟通和教育。沟通促使变革的利益相关者了解变革的必要性和变革所可能带来的结果，从而阻止因不实的传闻或误解而导致的不满的发生。失败的变革一般都是因为信息沟通不畅，员工只能从外部获得关于变革内容的传闻，而高层管理者只注重与公众和股东沟通。而实际上员工是与变革关系最密切的群体，也是受变革影响最大的群体。高层管理者与员工双方之间开诚布公的沟通会使变革在双方协商理解的氛围下进行。同样教育可以帮助员工理解和掌握变革实施后自己的新角色和应对办法。

(3) 参与和介入。让有关人员及早、广泛地参与组织变革，应该成为变革实施过程的有机部分。让有关人员参与变革的计划制订和实施，使他们对变革有发言权，让他们产生一种自己能控制变革活动的意识。这样做可以使他们的利益得以表达，提高他们的积极性，认清变革可以给他们带来的利益，从而接受变革。这些参与者中应包括受到变革影响、对变革方案的制订有潜在贡献以及对变革的成败有支配作用的人员。

(4) 强制和惩罚。作为最后一项措施，管理者可以通过取消反对者职务或晋升支持者职位，甚至解雇或调换反对者工作部门的方法来降低阻力。但是这种运用权力来压制反对者的办法在大多数时候是不明智的，会遭遇反对者的厌恶，甚至更强烈的反对。但是如果组织遭遇到大的危机，必须快速推进变革时，这种方法可能是有效的。

四、成功地推行变革

1. 勒温的三步模型

科特·勒温（Kurt Lewin）认为成功的组织变革应该遵循以下三个步骤：解冻现状，移动到新状态，重新冻结新变革使之持久（见图6-20）。

图6-20 勒温的三步变革模型

现状可以看作一种平衡状态，变革通常要打破原有的平衡。打破平衡即解冻，解冻可以通过三种途径来实现（见图6-21）：①利用推动力。推动力是指引导员工行为脱离现状的力量。这需要研究人们是否认识到改革的需要，使人们看到组织需要变革，通过正面激励措施鼓励员工接受变革。②解除约束力。约束力指阻碍偏离现有平衡状态的力量。增加对员工的压力，消除妨碍变革的障碍。③如果阻力极大，要想解冻就要同时使用上述两种方案，一是减小阻力，一是增加变革方案的吸引力。

移动是在解冻后向员工指出新的方向，使员工向变革目标趋近并形成

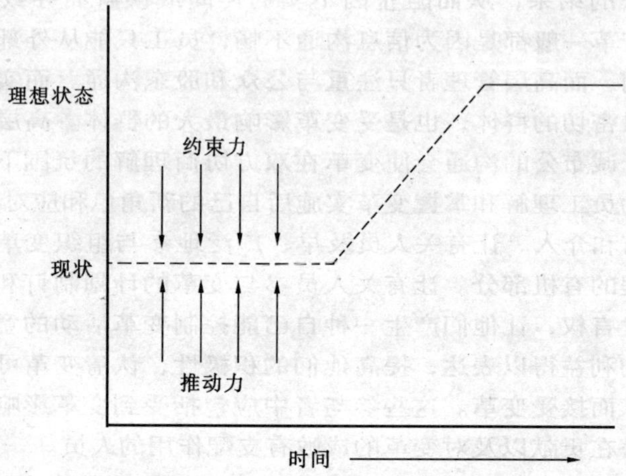

图 6-21　给现状解冻

新的态度和行为。一旦变革付诸实施，要想成功需要重新冻结新形势，这样才能长时间维持变革的结果。如果没有重新冻结变革成果，变革可能会遭遇失败，员工会试图回到原来的平衡状态。重新冻结的目的是通过对推动力和约束力二者进行平衡使新状况更为稳定。重新冻结可以通过一系列措施来达成，例如可以通过上调工资、明确变革方向等方法塑造一种信任氛围。控制受变革影响的员工行为的正式规章制度，也应进行修正以强化新局面。当然，经过一定时间之后，工作群体自身的规范也会发生改变以维持新的平衡。当达到了这种情况后，管理层就需要依赖于更正式的机制进行运作了。

2. 变革的实施技巧

（1）真正识别变革的需要。要对当前的问题进行仔细的针对性分析，确定组织存在多大的问题或机会。并且要使变革的相关人员认识并认可这些问题。如果问题没有得到深入的分析并在全体成员中进行沟通、取得共识，变革过程就不应该强行推进。正如前边所述，通过推动力和解除约束力的双重激励，在组织中产生一种紧迫感使得员工从原有观念中解冻，从而主动投入时间和精力采用新的技术或程序。

（2）广泛征询有关变革的想法。即要与其他管理人员讨论，组建变革任务小组调查问题，向供应商征询意见，或请组织内有创造性的员工提出解决办法。这也是鼓励员工参与变革的好机会，因为他们需要自由地进行思考，以便探讨新办法。

（3）获得高层管理者的支持。成功的变革必须得到高层管理者的支持，高层管理者应当明确地指出变革的目标和方向。对于重大的变革，例如结构重组，必须得到总裁、副总裁的同意；部门内的较小改革，也必须有相关的有影响的管理者的支持。

（4）为变革设计循序渐进的实施方案。大规模的改革不可能一蹴而就，否则利益相关者可能因为压力过大而抵制变革。试想如果一个企业老板突然走进办公室，宣布我们现在实行整体变革，所有部门现在打乱重组，会出现什么样的后果。大规模的变革应该分解为几项小变革，然后分步实施，在初步实施改革方案的过程中，变革领导者可以根据现状调整方案，改进创新效果，这样会使得那些原有的犹豫不决的组织成员看到变革的好处而支持余下的变革。

（5）创建变革团队。单独设立的创新部门或特别任务小组能精力集中地提出和实施变革的可行方法。独立的部门才会有充分的自由去开发真正符合需要的新技术。设立任务小组，使变革有了专门的管理力量，有助于保证变革的实施。

（6）培育创新带头人。创新带头人是变革过程中最有效的武器之一。合格的创新带头人是自觉自愿的全身心地投入实现某个新构想的自愿者。创新的技术带头人能确保所有的技术活动都是正确的、完善的。另外还需要有支持、促进作用的管理带头人，他们负责说服人们实施变革，必要时甚至动用强制手段。

第六节　组 织 文 化

近年来对组织文化的讨论方兴未艾，主要是越来越多的企业认识到组织文化是有一定效用的，如可以使组织的运作更成熟，使员工更能投入企业，从而带来组织的利益与成效等。

一般而言，企业文化的形成受到两大因素的影响：其一是适应外在环境和生存的需要，其二是内部整合的需要。

外在环境不断变化，尤其是在现今竞争激烈和国际化的影响下，各种企业不得不找一些空当来定位与生存，这种外部适应的需要便有助于组织文化的形成。此外，企业为了建立和维系有效的工作关系，往往强调共同的价值观和态度等。因此，企业因外部适应与内部整合的需要，自然地产生出员工所共同拥有的价值观等文化本质，即用以规范企业员工个人行为的组织文化。

一、组织文化的概念

文化是一个多义的概念。其一，指人类在改造自然社会的实践活动中创造的一切物质财富和精神财富的总和，既包括物质文化，又包括精神文化，实际是整个人类社会文明。其二，指人类创造的精神文明，包括社会制度、社会意识形态、科学、技术、思想、道德、文学、艺术、思维方式、生活方式等。组织文化不同于上述两种意义上的文化。因为上述的文化概念都是以整个社会为参照系来说明文化含义的。组织文化，仅指一个组织内部的文化，包括组织管理哲学、组织的价值观体系、组织的人才观、组织的社会观、组织的效益观，以及组织的科学文化、技术文化、法治文化、道德文化、管理文化、环境文化、审美文化、竞争文化、感情文化、决策文化、指挥文化、民主文化、领导艺术和人际关系等。

组织文化如同一个人、一个社会的文化一样，它是伴随着组织的产生而产生，伴随着组织的发展而发展的。任何一个组织事实上都有自己的文化，只不过文化的性质、特征水平不同罢了。同行业、同类型、同级别的组织，之所以一个先进一个落后，关键是组织文化不同。虽然组织文化是一种远离数学，不能对之作定量分析的“软东西”，但这种“东西”才是最难啃的。

过去几十年间，美国的企业界过分强调理性方法、数学方法和电子计算机在管理中的作用，美国的管理学院主要讲授数学、统计学、决策学、运筹学、规划论、对策论和计算机课程，不讲人文科学。认为只有能够用数学模型描述，并能在计算机上作定量分析的因素，才是靠得住的，符合理性的；认为企业哲学、企业文化都是难以捉摸的魔术，纯属经验不是科学。现在美国企业界认识到，日本企业之所以优于美国企业，不在于管理技术，而在于企业哲学和企业文化。美国著名管理学家小托马斯·沃森说：“一个企业的基本哲学对成就所起的作用，是远远超过其技术或经济资源、组织结构、发明创造和时机选择等因素所能起的作用。”另一位美国著名的管理学家切斯特·巴纳德说：“一位领导者的作用，只不过是利用组织中的社会力量塑造出一定的价值观，并加以引导罢了。杰出的经理们应该是价值观的塑造者。”

当今在美国最畅销的管理学著作《成功之路——美国最佳管理企业的经验》一书，以大量事实论证了企业哲学、企业文化的重要性，它指出：“我们有一个强烈的信念，就是认为超群出众的企业之所以能做到这一步，是因为它们有一套独特的文化品质；是这种文化品质使它们脱颖而出，鹤立鸡群。”“出色公司所形成的那套文化，体现了其伟大领导人物的价值观和他们那一套实际的做法，所以在原来的领导人物去世后，人们可以看到这种为大家所共同尊奉的价值观还能存在下去好几十年。”

二、组织文化的内容

1. 企业环境

企业环境是形成企业文化的最重要的因素。每个企业都由于产品、竞争者、顾客、技术、政府的影响以及其他条件而面临着不同的环境。为了在市场上取得成功，每个企业都必须有效地执行各种经营职能，但在不同市场条件下经营活动的重点是不同的。由于企业所处的环境不同，产销单一产品的公司和在未知成功与否之前便投入大笔研究开发经费的公司相比，就不可能发展出相同类型的企业文化。

2. 价值观

价值观是一个组织的基本观念及信念，它们构成企业文化的核心。具有强有力文化的组织都有由其成员共享的、丰富而又复杂的价值观体系。塑造和增强共有价值观应该是管理者最关心的事和担负的重要职责，因为，价值观能够强有力地影响组织成员的行为。在成功的企业中，共有价值观常以类似广告语言的形式来表达，如杜邦公司的“通过化学能使美好的生活变得更美好”，美国电话电报公司的“全民服务”。对拥有共有价值观的企业来说，这些词句并非平淡无味的口号，而是有着充实而丰富的内涵。由于这些词句是组织哲学的实质内容，因此成为企业文化的“核心价值观”。由核心价值观可以发展出许多具体信息，例如，某个公司的核心价值观是“为顾客服务”，从这个基本观念出发，可以发展出诸如“应该用心地倾听顾客的抱怨”、“务必使顾客的问题得到解决”等信念。这些信念和组织的核心价值观紧密结合在一起，成为组织成员的行动准则。

3. 英雄

英雄是指那些体现企业文化的人物，这些人将组织的价值观人格化，因而成为组织成员效法的楷模。假如价值观是文化的灵魂，那么，英雄就是价值观的化身和组织力量的体现。英雄是伟大的带动者，是每个遇到困难的人都想依赖的对象，他们有着不可动摇的个性和作风，他们敢做别人想做而又不敢做的事情。总之，英雄是企业中举足轻重的人物，是象征性的人物。英雄的作用是增强企业的基本价值观。有些英雄是与企业“共生的”，而有些则是在特定环境中塑造出来的。精明的公司经理往往从员工中挑选人员充当这样的英雄角色，因为其他人会竭力仿效英雄的行为。每个具有强有力的企业文化的公司都具有许多这样的英雄。

两家公司名字的由来

——清华同方

“同方”两字源于《礼记·礼行》。书中有“儒有合志同方”句。“方”乃“道义”之意。清华园最早的建筑——同方部，曾长期作为每年8月27日祭奠孔子的地方，其意为“志同道合者相聚的地方”；同方部，也曾是清华园内贤能之士聚会之地。

清华同方秉承清华大学“自强不息，厚德载物”的准则，逐步建立起自己独特的企业文化。

其企业行为准则：承担、探索、超越——做事的准则

忠诚、责任、价值——做人的准则

——北大方正

“方正”一词源于《汉书·晁错传》：“察身而不敢诬，奉法令不容私，尽心力不敢矜，遭患难不避死，见贤不居其上，受禄不过其量，不以亡能居尊显之位。自行若此，可谓方正之士矣。”

其企业哲学及行为准则为：方方正正做人，实实在在做事，实务尽责，诚信为本，持续创新。

4. 典礼和仪式

典礼和仪式是组织有系统、有计划的日常例行事务。组织通过仪式告诉员工应有的行为，通过典礼提供为组织所赞赏的范例。企业文化若要健全地发展，必须有某些仪式和典礼来体现它的价值观。如果没有一定的表达方式，任何文化都会枯萎。缺乏仪式和典礼，价值观的传播和渗透便失去了渠道。企业中的仪式包括社会交往仪式、工作仪式、管理仪式等。具有强有力的企业文化的公司总是明确说明希望员工遵循的日常行为的礼仪。

5. 文化网

文化网是企业的价值观和有关英雄的神话、传说的传递渠道。在具有强有力的企业文化的企业中，每一个人除有一个正式职位外，还有另一个职位，如“间谍”、讲故事者、“传教士”、耳语者、非正式群体等，这些

人形成了一个隐蔽的权力阶层。由这“另一职位”构成的所谓“文化网”，实际上是企业内部信息沟通的主要手段，是传播价值观和信念的主要渠道，它把企业的各个部分联系在一起。这个网络是重要的，它不仅为员工传递信息，而且还能对这些信息的含义加以解释。文化网络能够稳固企业的基本信息，能够通过传播英雄人物的功绩和成就来提高英雄人物的象征价值，能够为改革设置一个良好的气氛，能够为企业管理者提供一个有影响力的严密的机构。

三、组织价值观的提炼与塑造

组织价值观的提炼与塑造对于组织素质的提升具有关键意义，它不仅有利于组织文化的重建，有利于心智模式的改善等，而且从组织修炼的具体实施来说，从建立共同愿望着手是一种可行的选择，而价值观的提炼与塑造可以作为建立共同愿望的重要组成部分，甚至可以说是建立共同愿望的前提。

1. 从组织文化到组织价值观

组织文化是组织价值观得以形成的背景和基础，因此，要提炼和塑造组织的价值观，应当以组织文化背景为基本的参照系。事实上，任何组织都无法脱离其所处的环境而存在，组织文化也不可能是完全独立于其环境的文化。当然，组织文化并非由其环境的文化所唯一决定，这也正是组织价值观提炼与塑造的意义所在。

美国企业文化专家劳伦斯·米勒在《美国企业精神——未来企业经营的八大原则》一书中指出，几乎在美国的每个大公司中，都在发生企业文化的变革，老的企业文化在衰变，新的企业文化在产生。美国的企业具有强烈的竞争精神，这种竞争精神可以包括在八种基本价值观之中。

(1) 目标原则。成功的企业必定具备有价值的目标，而领导者本身有着崇高的目标，并把目标传达给其他人，借此带动别人，形成“目标驱动”。对个人来说，人们都有自我实现的需求，如果不献身于一种有价值的目标，人就不能自我实现。

(2) 共识原则。企业成功与否，要看能否聚集众人的创意，能否激励员工和管理人员一起从事创造性的工作。另一方面，在现代企业中，员工都受过专门的教育和训练，文化知识素养大幅度提高，他们都有自己的目标，因此，要求领导和管理方式从“指挥式”转向“共识式”。

(3) 卓越原则。卓越不是指成就，而是一种精神，一种动力，一种工作伦理。最成功的企业都注重培养追求卓越的精神，也就是不断求新、不断变革的精神。

（4）一体原则。把管理人员与员工划分开来，或者把组织员工划分为“脑力劳动者”和“体力劳动者”，已经被认为是一种旧的传统。在现代企业中，已十分注重创造组织内部的一体感。事实上，在员工具有较高素质的情况下，他们都具有自我管理的能力，因此，可以通过减少不必要的管理层次，并尽可能的让基层的员工参与管理，负有一定责任，以此来强化员工的参与意识，强化组织的一体感。

（5）成效原则。成效是激励的基础。对成效给予金钱奖励是必要的，但金钱绝不是全部，它只能是一个主要的部分，除了金钱之外，还必须给予精神上的激励。在很多情况下，荣誉比奖金更有价值。

（6）实证原则。这里的所谓实证，是指在企业的经营决策中强调科学的态度，对被认为是“已知”的事情要追根究底，善于运用逻辑思考，善于运用基本的统计分析、决策分析的工具。

（7）亲密原则。所谓亲密感，是指人们接受和给予爱的能力，是一种非常基本的人性追求。在组织内部，人与人之间的相处必须真诚、友善、尊重、信任和关切，当这种关系健全时，就会存在亲密感。有了亲密感，才能提高组织成员对组织的信任、牺牲和忠诚的程度。

（8）正直原则。正直就是诚实，前后一致，以负责的态度进行工作。每个领导者都有跟随者，而跟随是一种信任行为，也就是对领导有信心。但只有当领导者本身正直时，这种信任能得以产生，才能长期保持。最成功的领导，就是能激发下属的潜能，并能令组织员工为实现组织目标去真诚追求的人。但只有在领导者与其下属相互信任时，才可能实现这种领导。

米勒的八项原则体现了美国企业的强烈竞争精神，因而具有较典型的美国文化的特征。但从上述的“亲密原则”中也可以看到，其中似乎已经部分地融入了Z型组织的特征，而Z型组织则在很大程度上吸取了日本企业的特点。或许可以说，美国文化在自我发展中产生了这种变化的趋势，但总体说来，美国文化较多地以个人为中心，而东方文化则较多地强调集体观念。

我们从IBM（国际商用机器）公司和索尼公司价值观的差异中可以较明显地看到文化背景对于企业价值观的影响。这两个著名的企业在组织价值观方面有不少共同之处，但其差异也是较明显的。这种差异至少表现在以下几个方面：“IBM公司把尊重个人放在首位，而索尼公司则强调职工对公司的忠诚；IBM公司强调卓越的工作，以卓越的工作体现人们成功的境界，而索尼公司则强调贡献，以职工对公司的贡献来体现自己的价值；IBM公司把公司的价值观人格化，以公司英雄人物的行为来激发职工对共同目标的追求，而索尼公司则注重职工为崇高的目标共同努力而产生相互激励的气氛。……IBM公司侧重于个体的人，强调‘人的自我实现’，而索尼公司则侧重于群体的人，强调‘人的归属’。……IBM公司致力于建设以销售为中心的文化，运用发现需求、满足需求的营销策略，……索尼公司则致力于塑造以团队为中心的文化，它运用挖掘潜在需求、创造需求的营销策略。”

2. 组织宗旨与组织手段

大内指出：“极为重要的是，在宗旨中，不仅规定所要达到的目标，而且要规定达到这些目标的手段。一种完全的宗旨陈述包含着敏感性和复杂性，这些因素经常引起经理和雇员的注意。……这种宗旨必须把组织同其更广阔的社会环境联系起来。在Z型公司中，其宗旨描绘出公司同其所有者、雇员、顾客以及同一般公众的恰当关系，正如戴顿—赫得逊公司的宗旨所表明的，公司对其四种对象的服务都有着具体的目标。这些目标和有关的重要目的如下：

（1）作为消费者的购买代理人，满足他们对商品和服务的需要和期望。

（2）为我们的雇员提供个人和职业上的发展。

（3）为我们的股东提供一种有吸引力的财务收益。

（4）为我们在其中经营的社区提供服务。”

在这里，公司宗旨已经把价值观具体地体现到公司与所有者、雇员、顾客和一般公众的关系上，相对而言，汉诺瓦公司的三个方面的核心价值观——功绩至上、开放和以地方为主——就更侧重于实现目标的手段。

组织文化的差异往往也会体现在组织手段上。如在产品开发方面，IBM公司强调的是优质的服务，以此来维持公司与用户的关系；而索尼公司强调产品质量，优质的产品可以减少售后服务的需要。在营销策略方面，IBM公司强调研究市场，研究公司内部和外部环境的变化，着重了解市场需求，并注重市场情报的统计与分析，在决策程序上则运用情报分析的结果制订可行方案，通过专家论证进行优化组合和选择，以确保决策的合理准确，切实可行；而索尼公司则注重市场调查，掌握市场动向，并采用自上而下的广泛征求意见的集体决策方法，以使得决策符合实际，深入人心，同时，公司的最高决策层有时还采用直觉判断、模糊决策的方法，以适应瞬息万变的市场，而并不单纯以图表、数据为依据。

3. 组织领导人的素质与组织价值观

如大内所说："归根结底，如果没有等级制度中最高领导人的直接支持，一个组织的变革是不能成功的。"我们目前的组织无一不是实行等级制度的组织，要将我们的组织变革为Z型组织或学习型组织，领导人的作用是极其重要的，是起着关键性的决定作用的。对于组织价值观的提炼与塑造来说，组织领导人的素质也就是最关键的决定因素。

劳伦斯·米勒指出，在其所有的八个原则中，正直是绝对不能妥协的一个原则。"共识"可以不完全，"目标"可以转变，"卓越"可以打折扣，"成效"可以大致符合标准，但是，正直却不能有任何折扣。"正直"是新企业文化的磐石，也是成功的领导者不可或缺的品质。事实上，在其"目标原则"中，领导者本身具有崇高的目标也是一个必要条件。这就指出了领导人所必须具备的两项基本素质。

此外，组织价值观的塑造需要组织成员的参与，在学习型组织中，这应通过团队学习来达成。对领导人来说，能否将自己的信念坦诚地公开并对自己的信念持有充分的信心，就是其基本素质的一个方面。如史密斯所说："要学会悬挂假设并不容易。你的假设根植于你内心深处的信念和价值观；假如有人挑战你的假设，他等于在挑战你内心深处的感觉。……愿意悬挂假设，其实就代表了你对自己有信心，假如你的信念真的那么有价值，就应该经得起别人的探询。假如这些信念经不起检验，那么你应该开放你的胸襟，重新考量你的信念。"

总而言之，领导人的素质对于整个组织的修炼是极其重要的。对于组织价值观的塑造来说，既然高层领导人的价值观在组织价值观中占有主导地位，因此，领导人自己的价值观本来就在一定程度上决定了组织的价值观。这是对于组织领导人的最基本要求：在提炼与塑造组织价值观之前，先对自己的价值观进行深刻的检视与反思，需要的话，先提炼与塑造好自己的价值观。

对每个组织来说，价值观的提炼与塑造都是一件十分重要的事。每个组织都有自己的特点，都应该充分发掘出自己的特点。如比尔·体利待所说："任何一个在一起工作了一些时间的人群团体，任何一个长期存在的组织，事实上，任何一个国家或民族，经过一段时间以后，都发展出一种宗旨，一系列传统，一套惯例。这些总合起来，都有自己的特色，它们充分阐明了这个组织，并把这个组织同其他类似组织区别开来，不论它是好是坏。"

四、组织卓越的特征

现在许多著作都在研究企业如何在动荡环境中保持组织卓越，实现组织的长期繁荣发展。有关组织卓越的一些主要观点可以概括为图 6-22 中所示的内容。它们可以总结为四个方面：战略导向、高层管理、组织设计以及企业文化。

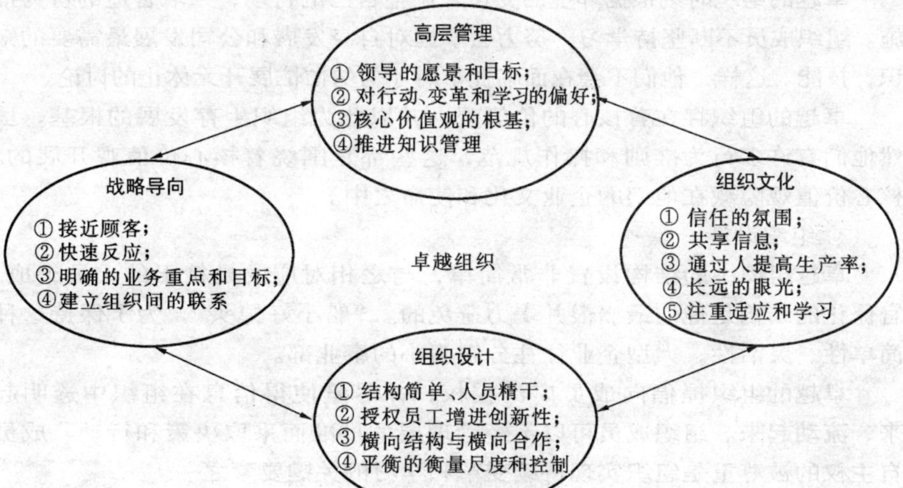

图 6-22 组织卓越的相关因素

1. 战略导向

卓越的组织把顾客当作上帝，竭尽所能地为顾客提供最大价值的产品和服务，并确立了以顾客满足为主导的价值观。他们一般都花费大量的精力来了解顾客的最新需求并对此做出反应。例如网络交易平台“淘宝网”注意到顾客对在线电子支付安全性存在的担心，巨资开发了“支付宝”这个更可靠安全的电子支付平台。

卓越的组织会对问题和机会作出快速的应对措施，而不会麻木不仁、熟视无睹。他们一般努力实现信息在组织内的最广泛共享，鼓励成员去发现问题并且支持他们进行试验来探究应对办法。

卓越的组织知道自己的核心竞争力在哪里，他们力图避免在次要的地方浪费自己的精力，而是努力做自己最擅长的。联想公司近两年剥离了大量不相关的产品线，转而把注意力集中在主业——计算机相关产业上来。

卓越的组织深知在快速变化的全球竞争环境下“合作”的重要意义，他们甚至寻求与竞争对手建立伙伴关系以取得双赢。

2. 高层管理

卓越的组织都有自己清晰而坚定的愿景目标。组织的高层深思熟虑，提出组织的愿景，并使得组织内的每个成员都清楚并深刻理解该愿景的深刻意义，从而明确奋斗方向、知道每一步应该做什么、应该怎么做。

卓越的组织时刻根据环境的变化来调整自己的行动，采取合适的行为措施。组织成员不断坚持学习，努力去掌握对自身发展和公司发展最需要的知识、技能。这样，他们不会在面临变革时才匆匆忙忙展开无休止的讨论。

卓越的组织存在着核心的价值观，并以此为组织生存发展的根基。虽然他们有许多行为准则和操作规范，这些都是围绕着核心价值观开展的。核心价值观隐藏在他们的企业文化和使命之中。

3. 组织设计

卓越组织中的结构设置非常简单，与之相对应的是精干的人员组成。官僚化的结构是他们最痛恨并竭力避免的。“船小好掉头”，为了保持这种简单性、灵活性，大型企业往往分解为小的事业部。

卓越的组织提倡向成员广泛授权，并尽量使得信息在组织中透明起来、流动起来。组织成员可以不经管理层的批准而采取决策和行动。成员自主权的被尊重是组织实现持续变革和学习的关键要素之一。

卓越组织促进高程度的横向交流和合作。像我们前边所说的跨职能小组就体现了这一点。

组织的卓越取决于多方面的能力和价值观念。平衡财务与非财务的衡量指标能更好地评价组织的绩效，而且也能促使管理者将所有的员工引导到关键战略目标上。平衡计分卡是目前在企业中比较盛行的一种衡量方法，平衡计分卡把员工的目标和活动与组织战略联系在了一起。信息技术飞速发展，这些新技术的应用使得公司内信息交流更加快捷和流畅，员工们通过电子方式相互联系，他们被不断分配到变更的团队中，能使组织中的独特资源、能力和核心竞争力得到充分的利用。

4. 组织文化

卓越的组织充满一种信任的氛围，大家能推心置腹地交流问题，畅所欲言，共同寻找所面临的问题关键所在，这样就减少了沟通的成本。无所谓管理者、普通成员，大家一起工作就必须相互信任。

卓越的组织中信息不是独裁者用来控制成员所独享的，而是强调信息的共享性。他们开创各种渠道，使得信息能够在组织内实现最大程度的流通和分享。只有实现信息共享，才能避免成员之间的相互猜忌，建立信任氛围。

卓越的组织强调以人为本，把人看作是提供组织质量和实现高效率的根本，他们坚决避免把人看作机器的一部分，而仅仅在乎技术的进步。对于员工的广泛授权，也是建立在对组织成员的尊重的基础之上。

卓越的组织眼光远大，他们不会竭泽而渔。这些组织希望能够使自己的成员整体素质全面提高，为他们开创更宽广的就业前景，而不是仅仅通过提高薪酬、晋升职位等简单的办法把他们现有价值使用完。在类似于GE这样的成功大企业中，他们都设有企业大学或类似机构。

卓越的组织注重学习氛围和适应性。他们反对一成不变地固守一种模式，而是在学习中探讨，在适应中提高。

【案例分析】

案例　谁该对此事负责?

请阅读下面小故事，并迅速回答前3个问题。然后，稍微多花些时间回答第4~6题。最后才可以小组讨论结果、标准及含义。

从前，在一个古老的王国，住着一位非常年轻而美丽的公主。公主最近嫁给了一位有钱有势的贵族，她和丈夫一起住在一座又大又豪华的城堡里。但是，年轻的公主并不满意，因为她一个人独自坐在家里品尝草莓，而她丈夫却频繁地到邻国作长途旅游。她觉得自己被忽略了，很快就变得不高兴。一天，正当她一个人在城堡的花园时，一位英俊的流浪汉从比邻城堡的森林里冲出来。他暗中偷窥美丽的公主，很快便赢得了她的芳心，并把她带走了。

调情之后，年轻的公主发现她自己被流浪汉无情地抛弃了。接着，她发现，回到城堡的唯一的道路要穿过邪恶男巫士的令人毛骨悚然的森林。她害怕一个人在森林里冒险，便想到了她的慈善而聪明的教父。她向教父说明了她的困境，祈求教父的谅解，并请求教父帮助她在丈夫回来以前回到家里。可是，教父被她的举止震惊了，拒绝宽恕她，也不给予她任何援助。公主泄气了，但仍然意志坚定，她隐瞒了自己的身份，向王国所有骑士中最显贵的骑士寻求帮助。骑士听到她的悲惨遭遇后，答应永无止境的帮助她——但要适当收费。可糟糕的是，公主没有钱，骑士于是策马而去搭救其他的少女了。

美丽的公主再也没有其他可以寻求帮助的人了，便下决心一个人独自去勇敢地面对巨大的危险。她沿着自己知道的最安全的道路前行，但是就在她几乎快要走出森林时，邪恶的男巫士发现了她，并让火龙把她吞噬了。

案例思考题

1. 谁在该组织里面？谁在该组织外面？组织的界限在哪里？
2. 对于美丽的公主的死亡，谁的责任最大？
3. 责任第二大的是谁？责任最小的是谁？
4. 你做出上述回答的标准是什么？
5. 要阻止上面的事情再度发生，你建议采取什么干预措施？
6. 组织发展和变革的含义是什么？

人　物	责任最大	责任第二大	责任最小
公　主			
丈　夫			
流浪汉			
教　父			
骑　士			
男巫士			

注：每一列只选一个人物。

资料来源：Adapted from J. B. Ritchie and Paul Thompson. Reprinted with permission from *Organization and People: Redings, Cases and Exercises in Organizational Behavior*. Copyright 1980 by West Publishing, pp. 68—70. All rights reserved, in Dorothy Marcic, *Organizational Behavior: Experiences and Cases*, 4th ed, pp. 378—379.

本章思考题

1. 什么是组织？如何理解组织的重要性？
2. 简述企业组织结构的主要形式，各种类型的组织结构的优缺点是什么？适用范围如何？
3. 组织结构的权变因素有哪些？各因素之间的关系如何？
4. 组织文化产生和形成的背景是什么？企业文化的主要内容有哪些？
5. 组织卓越的表现有哪些方面？
6. 你能否阐述一下现代组织结构的演变历程及未来的发展趋势？

第七章

领 导

本章提要

领导是管理活动中不可缺少的职能之一，没有领导，管理活动就如同一盘散沙而达不到目标。本章以领导职能为中心，重点阐述领导的作用和功能，领导工作原理，领导者的素养和艺术，领导者如何激励职工等基本问题，以便在管理活动中充分发挥领导的职能和作用。

第一节 领导概述

一、领导的概念

关于领导的概念，从不同的角度有不同的阐述，如认为领导是一种对下属进行指挥和控制的统治形式；领导是为达成目标而实施的影响力；领导是权力和责任的统一等。但一般说来，领导是指引和影响个人或组织，在一定条件下实现目标的行动过程。也就是说，领导不是一个静态事物，它是一个过程，实质上是一个行为过程，即所谓的领导行为。而致力于实现这一过程的人，就是领导者。凡是有人类聚集的地方，就有领导者存在。任何组织和团体，无论在哪一国家，无论其规模大小，总会有团体领导人，他们对内主持整个团体，对外代表团体的全部，是团体的象征。

对于领导这一活动过程，实施是有其条件的。领导的实现条件如下：

（1）领导是针对被领导者而言的。没有被领导者，没有群众就无所谓领导。

（2）领导必须对社会的某一群人具有一定的影响，不管这种影响是自然地影响一群人，还是迫使一群人服从。

（3）领导的最佳效用常常表现在人类行为或团体生活的某个方面，而非全部。所以，在某一团体内能很好地发挥领导作用的人，未必能在其他团体中也同样很好地发挥其领导作用。

(4) 领导是在一定环境中实施的，离开特定的环境，就谈不上领导的结果。所以，领导的行为必然要适应客观环境的要求，不仅适应，还应致力于改造环境。这样，领导实质上就是一个动态过程。这个过程，是受领导者、被领导者以及所处环境三要素作用的复合函数，公式表现为：

$$领导 = f(领导者,被领导者,环境)$$

这里要注意区分领导和领导者两个概念，领导者是名词，领导是名词，也是动词，当领导作为名词解释时，它等于领导者，当作动词解释时，它包括了领导者、被领导者、环境三个因素。

二、领导的功能

领导的功能主要有以下几个方面：

(1) 组织功能。领导的最终目的（也是管理的目的）是实现企业的目标。而围绕这一目标，充分估计和考虑组织的内外部环境条件，合理组织人力、物力、财力去实现这一目标，就是领导的组织功能。

(2) 激励功能。领导的激励功能在于能够给下属以有效的激励，使职工保持旺盛的工作积极性而不衰落。因为任何组织中下属的工作热情和积极性，没有任何措施以期保持长久是很困难的。领导的作用就在于通过有效的激发鼓励，诱导劝说下属，以最大的努力自觉地为实现组织的目标而奋斗。事实证明，人们往往倾向于追随这样的领导。

(3) 营造和维持一种良好的工作环境，是领导的又一重要功能。因为，要使组织运转状态达到高度有效与和谐，必须借助于组织内卓有成效的领导活动。通过这样的领导，才能使组织内部有严密的结构，明确的目标和职责，完善的制度规范，合理的劳动报酬，良好的工作条件，畅通的沟通网络，协调融洽的人际关系。这样一种良好的工作环境，人际交流氛围，是每一位下属所期盼的，也是组织和团队取得预期成效的保证。

三、领导的权力及影响力

(一) 领导者的权力

权力是职位上的权限，是由组织以法律或条例的形式固定下来的。权力是一种控制力，一种影响力，必须在两人或两人以上的群体之间才能产生。权力也是构成企业的必要条件，正式组织一般都是建立在合法权力的基础上的。

那么谁拥有权力呢？企业的领导者才是权力的拥有者。凭借权力的控制力和影响力，一个企业的领导人有权招聘人员，对下属进行奖罚，运用生产资料进行商品生产经营，以至于辞退职工，剥夺他们的某些权利和要求等。如果企业领导人不拥有其合法权力，企业的正常经营就不能维持。

不过，组织中处于同样领导地位，具有同样权力的不同领导者，在权力运用上往往会出现差异悬殊的领导效果。

有的领导者，能正确判断及调节组织中的各种冲突，使下属的生产积极性得到良好的发挥；而另一个领导者虽然组织的环境条件并没有变化，但他的领导效果却差很多。造成这种差异的原因当然是多方面的，而不善于运用权力往往是最根本的。

（二）权力的分类

大多数管理学家认为，权力可分为两类，即法定权力和非法定权力。也可以把它们理解为领导影响下的两个成分，即权力性影响力和非权力性影响力。

1. 权力性影响力

权力性影响力是由国家的法律、法令和主管部门的决议命令带来的。它体现着个人与国家、集体的关系，是一种正式规定。合法权力是通过正式授权而获得的，一般是自上而下的授予。合法权力影响力的特点是：对别人的影响带有强迫性、不可抗拒性，以外在形式来发生作用。构成权力影响力的主要因素是传统因素、职位因素、资历因素等。

（1）传统因素。这是指人们对领导者的一种传统观念，认为领导者不同于普通人，他们有权、有才干，强于普通人，这些观念逐渐形成某种形式的社会规定，产生了对领导者的服从感。所以，服从领导作为一种观念，广泛影响着人们的思想，这使得领导者在其言行之前，就获得了这种影响力，似乎只要是领导，自然就有这种力量。

（2）职位因素。这是指个人在组织中的职务和地位（职位）会使其下级产生畏惧感。领导者的地位（职位）越高，权力越大，别人对他的畏惧就越厉害，他的影响力就越强。这种影响力与本人素质无关，纯粹是社会组织赋予的力量。

上述情形，使领导人客观上获得了影响，造成了其行使职权的有利条件。

（3）资历因素。领导者的资格和经历也是领导影响力的构成因素。资历是历史性的，它反映一个人过去的情况。人们对于资历较深的领导者，都是较敬重的。

2. 非权力性影响力

由影响力产生的权力，与法定权力的显著差别是，前者没有正式的规定，也没有上下授予形式，更多地表现为下属对上级的顺从和依赖关系。构成非权力性影响力的因素很多，有品格因素、能力因素、知识因素和感情因素，有时候它能起到法定权力不能起到的约束作用。

(1) 品格因素。领导者的品格主要包括道德、品行、人格、作风等，它反映在领导者的一切言行中。优秀的品格会给领导者带来巨大的影响力，使人产生敬爱感，吸引人、诱使人去模仿。

(2) 才能因素。领导者的才干、能力是非权力性影响力大小的重要因素。才能不单反映领导者是否能胜任自己的工作，更主要的反映了工作的结果是否成功。一个有才能的领导者，会不断给企业带来成功，使人们产生敬佩感。这种敬佩感是一种心理磁力，吸引人们自觉地去接受影响。

(3) 知识因素。知识是一个人最宝贵的财富，它本身就是一种力量。一个领导者拥有他所领导的行业的知识技术及专业知识，那么他又多获得了一种权力，即专长权力。职位权力加上专长权力，使他具备了更加优越的领导条件。

(4) 感情因素。感情是人对客观事物好恶倾向的内在反映，人与人之间建立了良好的感情关系，便能产生亲切感，有了亲切感，相互吸引力就大，彼此的影响力也就越大。

一个领导者平时待人和蔼可亲，体贴关怀下级，与职工的关系非常融洽，其影响力往往比较高。相反，上下级关系紧张，易造成双方的心理距离，产生排斥力、对抗力，产生负影响力。

这说明，感情也是一种很大的影响力。一个企业领导人要在企业中将他们的决策变成下属自觉的行动，单凭法定权力是不够的，即使具有了专长权力，而没有感情的权力，仍不能最大限度地发挥领导者的作用。

法定权力能使下属服从，专长权力及职位权力能赢得职工的敬畏。所以，要使下属能在感情上与领导心心相印，忧乐与共，就必须发挥感情的影响力。如何发挥感情影响力呢？这就要克服官僚主义，改进工作作风，深入下属，关心职工疾苦，在其权力范围内合法、合理、合情地满足下属的正当需要，踏踏实实干几件实事。

这种权力性影响力和非权力性影响力还可用图 7-1 更清晰地表现出来。

四、领导工作原理

1. 指明目标原理

指明目标原理，是指领导工作应使全体人员明确理解组织目标，这样

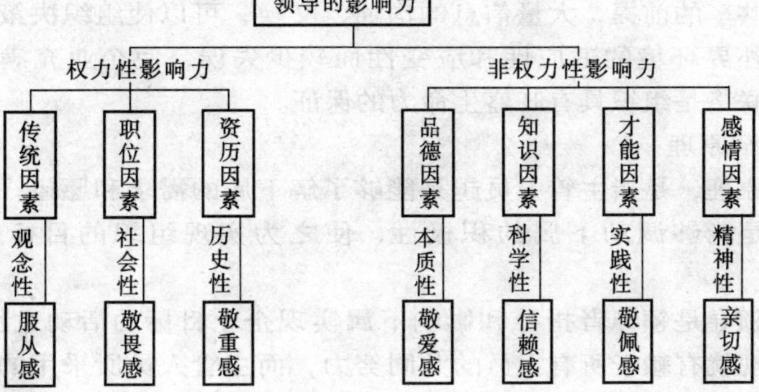

图 7-1　领导影响力图示

人们实现组织目标的可能性就越大。因为使组织成员充分理解组织目标，完成其任务，这是领导工作的重要组成部分，也是使组织工作有效的前提。

2. 命令一致原理

命令一致原理，是指主管人员在实现目标的过程中下达的命令指示要一致，这样下属执行命令的过程中出现的问题和发生的摩擦就会减少，因而就有利于目标的实现。

命令一致原理强调的内容之一是下级只能接受一个上级的领导，而且不能越级领导。这样上下级之间的命令传递才能顺畅，任务才能落实。而多头领导，越级领导，其他人员对领导的干预都是命令一致原理所不容的，也是领导最为忌讳的。另外，命令一致原理还不允许领导所发布的命令和批示有相互矛盾和抵触的地方，更不能“朝令夕改”，使下级人员无所适从，丧失信心，造成工作程序的混乱。

3. 直接管理原理

直接管理原理，是指主管人员同下级的直接接触越多，所掌握的各种实际情况就越准确，从而领导工作就更加有效。

现实管理活动中，主观反映与客观实际总是有距离的，领导的直接管理越多，领导与实际工作越接近，即与客观越接近，领导的工作方法与现实就越吻合，就越有助于目标的实现。

4. 沟通联络原理

沟通联络原理，是指主管人员与下属之间越有效、准确及时地沟通联络，整个组织就越会成为一个真正的有机整体。

沟通联络是领导工作所采用的重要手段之一，也是组织内部大量信息、情报共享的前提，大量信息的沟通、交换，可以使组织决策最大限度地保持与外界环境的适应性和应变性而较少失误，使企业充满活力。因此，沟通联络是组织具有旺盛生命力的保证。

5. 激励原理

激励原理，是指主管人员越是能够了解下属的需求和愿望，并给予满足，就越是能够调动下属的积极性，使之为实现组织的目标作出更大贡献。

因为领导是领导者指导和影响下属实现企业目标的活动过程，因此，目标的实现就有赖于所有人员的共同努力，而主管人员所采用的激励措施越符合个体和组织的特点，从他们的愿望、要求、情感、需要出发，就会使激励效果越奏效。

五、领导与管理

对于组织而言，领导与管理都是非常重要的，有效的管理者也必须是领导者。因为管理者和领导者各有一些区别性的才能，这些才能会给组织带来不同的优势，如图 7-2 所示。在图中，管理者和领导者各是不同的才

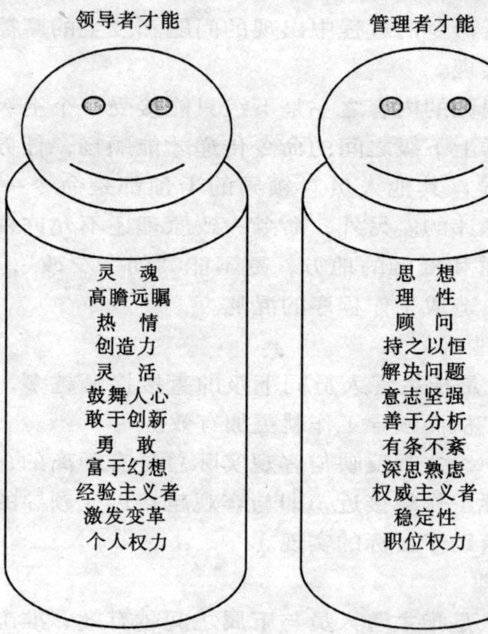

图 7-2　领导者与管理者的才能

能与技能的组合，这些才能和技能在个体身上常常重叠在一起。理想的状态是：管理者能够均衡地开发管理才能和领导才能。

管理者和领导者的差别还体现为权力的来源以及下属的服从程度不同。管理权力来自于个体在组织中的地位，领导权力来自于个人因素，如个人的兴趣，目标和价值观。领导权力促进组织的愿景，创造力和变革。

第二节 领导理论

领导才能与追随领导者的意愿都是以领导方式为基础的，所以，许多人开始从研究领导者的内在特征转移到外在行为上，这就是领导者的行为方式理论。这种理论认为，依据个人行为方式，可以对领导进行最好的分类。然而，至今还没有一个公认的“最好的”分类。因而，就有了各种各样的分类法，这里只着重介绍几种比较有代表性的理论。

一、怀特和李皮特的领导方式理论

美国管理学家怀特（Ralph K. White）和李皮特（Ronald Lippett）所提出的三种领导方式理论：权威式（Authoritarian）、民主式（Democratic）及放任式（Lassea-faine），这是一般人最熟悉的分类。

(1) 权威式领导。所有政策均由领导者决定；所有工作进行的步骤和技术，也由领导者发号施令行事；工作分配及组合，多由他单独决定；领导者对下属较少接触，如有奖惩，往往对人不对事。

(2) 民主式领导。主要政策由组织成员集体讨论决定，领导者采取鼓励与协助态度；通过讨论，使其他人员对工作全貌有所认识，在所设计的完成工作的途径和范围内，下属人员对于进行工作的步骤和所采用的技术，有相当的选择机会。

(3) 放任式领导。组织成员有完全的决策权，领导者放任自流，只给组织成员提供工作所需的条件和咨询，较少参与具体的管理，也不主动干涉，只偶尔表示意见。工作进行几乎全部依赖组织成员自己。

这三种领导方式中，一般认为以民主领导方式的效果较好。

二、领导连续流

1958 年，美国洛杉矶加利福尼亚大学的罗伯特·坦南鲍姆（Robert Tannenbaum）和沃伦·施米特（Warren H. Schmidt）首次运用领导模式连续分布场的形式，以领导者运用职权的程度和下属享有自主权的程度为基本特征变量，排列和描述了7种不同类型的领导模式（参见图7-3），并分析了影响领导方式的因素和选择领导模式的方法。坦南鲍姆和施米特认为，选择领导模式需要考虑三方面的因素，即领导者、被领导者、环境。与领导者有关的因素包括领导者的价值观念、领导者对下属的信任程度、领导者对领导方式的偏好和倾向，以及领导者在不确定性环境中对安全感的需要。与被领导者有关的因素包括被领导者愿意承担责任的程度、被领导者的知识和经验、被领导者对工作任务及其重要性的认识程度，以及被领导者对不明确的指示的接受程度等。环境方面的影响因素主要有组织的类型和性质、群体效能、工作任务或问题本身的性质、时间压力等。

1973年，坦南鲍姆和施米特对他们的理论进一步作了补充和修改。他们在原有模型的周围画了两个圈，以此表示组织环境和社会环境对领导方式所施加的影响。这样做的目的是要强调领导方式所具有的开放系统的性质，并强调企业外部组织环境和社会环境两者所产生的各种影响。

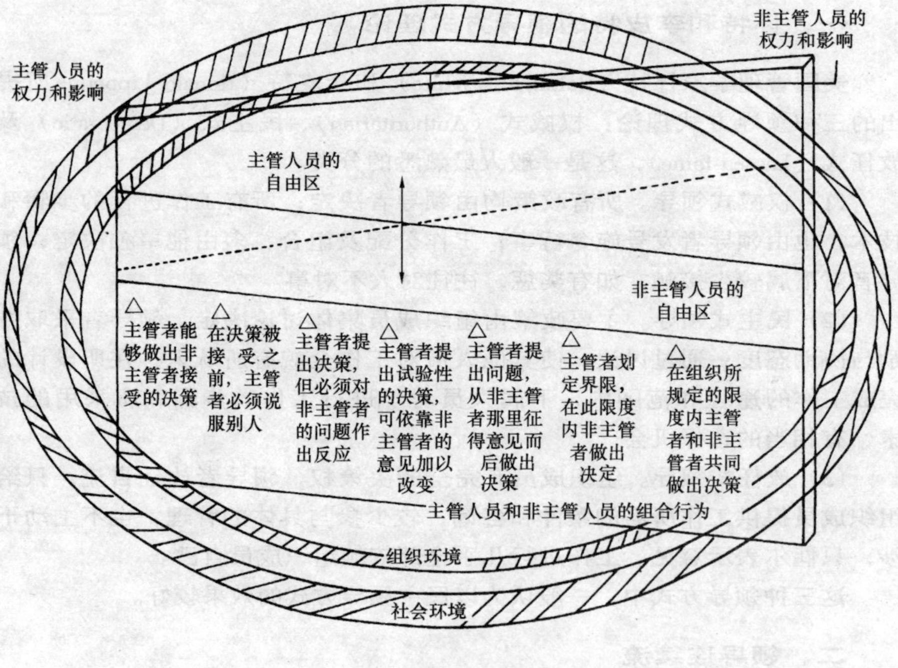

图7-3　主管者—非主管者的行为连续流

三、“工作中心”与“员工中心”理论

1947 年以后，美国管理学家利克特（Rensis Likert）及密歇根大学社会研究所的有关研究人员，曾进行了一系列的领导研究，其对象包括企业、医院及政府各种组织机构。

1961 年，他们把领导者分为两种基本类型，即“以工作为中心”（Job-centered）的领导与“以员工为中心”（Employee-centered）的领导。前者的特点是，任务分配结构化，严密监督，工作激励，依照详尽的规定行事；而后者的特点是，重视人员行为反应及问题，利用群体实现目标，给予组织成员较大的自由选择的空间。

据此，利克特倡议员工参与管理。他认为，有效的领导者是注重于面向下属的，他们依靠信息沟通使所有各个部门像一个整体那样行事。群体的所有成员（包括主管人员在内）之间形成一种相互支持的关系，在这种关系中，他们感到在需求价值、愿望、目标与期望方面有真正共同的利益。由于这种领导方式要求对人采取激励方法，因此，利克特认为，它是领导一个群体的最为有效的方法。利克特假设了四种管理方法，以此来研究和阐明他的领导原则。

（1）“利用-命令式”方法。主管人员发布指示，决策中没有下属参与；主要用恐吓和处分去控制下属，有时也偶尔用奖赏去激励下属；惯于由上而下地传达信息，把决策权局限于最高层，等等。

（2）“温和-命令式”方法。用奖赏兼某些恐吓及处罚的方法去鼓励下属；允许一些自下而上传递的信息；向下属征求一些想法与意见，并允许把某些决策权授予下属，但加以严格的政策控制。

（3）“商议式”方法。主管人员在做决策时征求、接受和采纳下属的建议；通常试图去酌情利用下属的想法与意见；运用奖赏并偶尔兼用处罚的办法和让员工参与管理的办法来激励下属；即使下情上达，又使上情下达；由上级主管部门制定主要的政策和运用于一般情况的决定，但让较低一级的主管部门去作出具体的决定，并采用其他一些方法商量着办事。

（4）“集体参与”方法。主管人员向下属提出挑战性目标，并对他们能够达到目标表示出信心；在诸如制定目标、评价目标所取得的进展方面，让群众参与其中并给予物质奖赏；即使上下级之间的信息畅通，又使同级人员之间的信息畅通；鼓励各级组织作出决定，或者将他们自己与其下属合起来作为一个群体从事活动。

利克特发现，那些用第四种管理方法去从事管理活动的管理人员，一

般都是极有成就的领导者，以此种方法来管理的组织，在制定目标和实现目标方面是最有成绩的。他把这些主要归之于员工参与管理的程度，以及在实践中相互支持的程度。

四、俄亥俄州立大学的二维构面理论

美国俄亥俄州立大学的研究者们从 1945 年起，对领导问题进行了广泛的研究。他们发现，领导行为可以利用两个构面（dimensions）加以描述：①关怀（consideration）；②“定规”（initiating structure）。这种理论一般称之为“俄亥俄学派理论”或“二维构面理论”（two dimensional theory）。

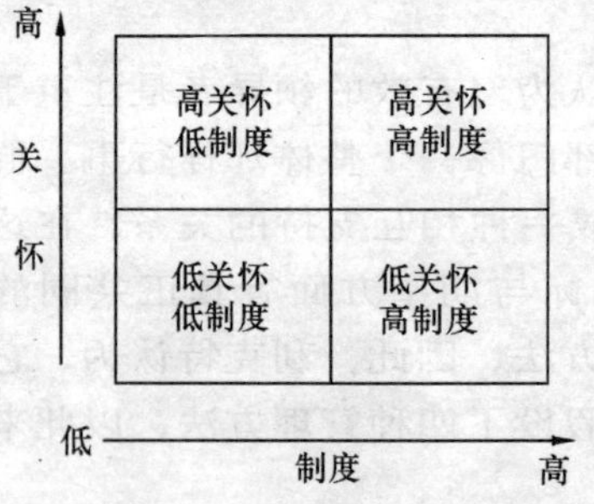

图 7-4　俄亥俄州立大学领导行为坐标

所谓“关怀”，是指一位领导者对其下属所给予的尊重、信任以及互相了解的程度。从高度关怀到低度关怀，中间可以有无数不同程度的关怀。而所谓“定规”，也就是指领导者对于下属的地位、角色与工作方式是否都有制定规章或工作制度。这里，定规用“制度”表示，这也可有高度的制度和低度的制度。因此，二维构面可构成一个领导行为坐标，如图 7-4 所示，大致可分为四个象限或四种领导方式。

这些学者企图发掘这些领导方式与一些绩效指标之间的关系，如旷职、意外事故、申诉、流动率等。他们发现，在生产部门内，工作技巧评定结果与制度程度呈正相关，而与关怀程度呈负相关。但在非生产部门内，这种关系恰恰相反。一般来说，高制度、低关怀的领导方式效果最差。

虽然其他人的研究未必支持上述结论，但这些研究激发了日后对于领导问题愈来愈多的研究和探讨。

五、管理方格图

美国管理学家布莱克（Robert R. Blake）和穆顿（Jane Mouton）于 1964 年设计了一个巧妙的管理方格图，醒目地表示了管理者对生产的关心程度和对人的关心程度（见图 7-5）。

图中横坐标与纵坐标分别表示对生产和对人的关心程度。每个方格表示“关心生产”和“关心人”这两个基本因素以不同程度相结合的一种领导方式。对生产的关心表示为主管者对各种事物所持的态度，例如政策决定的质量与程序与过程，研究的创造性，职能人员的服务质量、工作效率以及产品产量等。对人的关心其含义也很广泛，例如个人对实现目标所承担的责任，保持职工的自尊，建立在信任而非顺从基础上的职责，保持良好的工作环境及人际关系。这和上述二维构面理论相似：①它也是采取二维构面来说明领导方式，即对人的关心程度（Concern for people）和对工作的关心程度（Concern for production）；②它也以坐标方式表现上述二维构面的各种组合方式，各有 9 种程度，因此，可以有 81 种组合，形成 81 个方格。这就是所谓“管理方格”，其中有 5 种典型的组合，表示 5 种典型的领导方式。

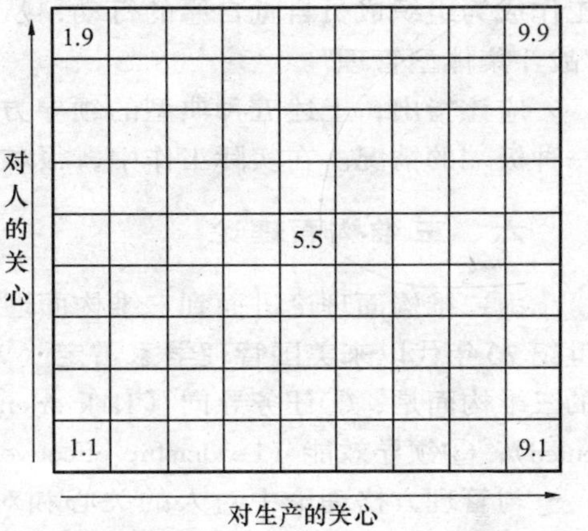

图 7-5　管理方格图

（1）1.1 型方式。表示对工作和人都极不关心，这种方式的领导者只做一些维持自己职务的最低限度的工作，也就是只要不出差错，多一事不如少一事，因而称为“贫管型的管理”。

（2）9.1 型方式。表示对工作极为关心，但忽略对人的关心，也就是不关心工作人员的需求和满足，并尽可能使后者不致干扰工作的进行。这种方式的领导者拥有很大的权力，强调有效地控制下属，努力完成各项工作，因而称为“独裁的重任务型的管理”。

（3）1.9 型方式。表示对人极为关心，关心工作人员的需求是否获得满足，重视搞好关系，强调同事与下级同自己的感情，但忽略工作的效果，因而被称为“乡村俱乐部型的管理”。

（4）5.5 型方式。表示既对工作关心，也对人关心，兼而顾之，程度适中，强调适可而止。这种方式的领导既对工作的质量和数量有一定要求，又强调通过引导和激励去使下属完成任务。但是这种领导往往缺乏进取心，乐意维持现状，因而被称为“中庸之道型管理”。

（5）9.9 型方式。表示对工作和对人都极为关心。这种方式的领导者能使组织的目标与个人的需求最有效地结合起来，既高度重视组织的各项工作，又能通过沟通和激励，使群体合作，使下属人员共同参与管理，使工作成为组织成员自觉自愿的行动，从而获得高的工作效率，因而被称为“战斗集体型管理”。

应该指出，上述五种典型的领导方式，也仅仅是理论上的描述，都是一种极端的情况。在实际工作中，很难会出现纯之又纯的典型领导方式。

六、三维构面理论

由二维构面理论进而到三维构面理论（three dimensional theory），是20世纪70年代以来美国管理学家雷定（William J. Reddin）的贡献。他所利用的三维构面是：①任务导向（Task oriented）；②关系导向（Relationships oriented）；③领导效能（Leadership effectiveness）。

与管理方格理论中对人的关心和对生产（工作）的关心的构面相似，雷定把领导方式简要地分为四种基本领导方式，如图7-6所示。

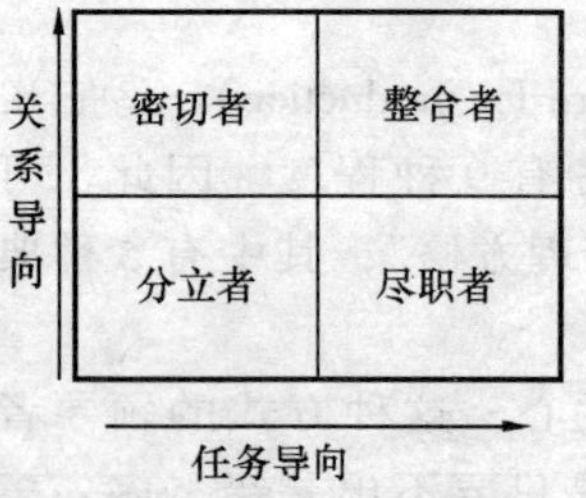

图7-6 雷定的四种基本领导方式

（1）密切者（related），是指这种领导者重视人际关系，但不重视工作和任务。只要能使群体和睦相处，关系融洽，时间和效率均属次要。

（2）分立者（separated），是指这种领导者，既不重视工作，也不重视人际关系，与下属人员似乎各不相干，一切照规定行事，不考虑个人差异。

（3）尽职者（dedicated），是指这种领导一心只想完成任务，铁面无私、秉公办事。

（4）整合者（integrated），是指这种领导兼顾群体需求及任务完成，能通过群体合作达到实现目标，故属于整合性质。

雷定的理论特点在于第三构面——领导效能。雷定不认为上列四种领导方式中有哪一种最具效能，而是每一方式都可能发生效能，或者可能缺乏效能，因而他认为效能是另一种单独的构面。为此，雷定分别给每一方式两个名称，一个代表有效的领导方式；另一代表无效的领导方式。

雷定认为，一种领导方式有效与否取决于当时所处的环境，用得对了，便是有效的领导方式；用得不对时便无效。这就包含了环境因素对领导方式和领导效能的影响。

七、权变理论

领导的权变理论是关于被领导者、环境等因素对领导者行为的影响的一种理论。该理论认为，并不存在一种普遍适用的“最好的”或“不好的”领导方式，领导的行为若想有成效，必须随着被领导者的特点和环境的变化而变化。这一观点可用下述公式加以表达：

有效的领导者 = f（领导者，被领导者，环境）

权变理论中较有影响的理论有以下几个。

1. 费德勒模型

费德勒权变模型（Fiedler Contingency Model）。费德勒（Fred E. Fiedler）在大量调查研究的基础上提出了该模型。他认为，群体绩效的最大化取决于两个因素的合理匹配：与下属相互作用的领导者的风格、情境对领导者的控制和影响程度。

费德勒理论的第一个基本假设是，领导者所领导的组织具有好的工作表现时，其领导是有效的，而不是通过领导者的所作所为及其本人来判断。费德勒的第二假设是，领导者通常难以改变其领导方式，当领导者的领导方式与适宜的情境一致时，其领导会非常有效。第三个假设是，对领导者有利的情境取决于领导者对其下属行为的影响程度。

费德勒开发了最难共事者问卷（Least Preferred Co-worker questionnaire, LPC），用以测量领导者个体是任务取向型还是关系取向型，或处于两者之间。另外，他还分离出三项情境因素（权变变量）用以确定领导的有效性：

（1）领导者与成员的关系。这是指领导者被成员所接受的程度，即信任、喜爱、尊重、忠诚和愿意追随的程度以及领导者对下属的吸引力。

（2）任务结构。这是指工作任务是否明确，即成员对组织任务的理解程度（结构化或非结构化）。

（3）职位权力。这是指领导者拥有的权力变量（如雇用、解雇、晋升和加薪）的影响程度。

通过组合这三项因素，可以找到领导行为模式的恰当匹配。费德勒把领导者所处的情境从最有利到最不利，共分为八种不同的类型。他认为，三项因素齐备是领导最有利的情境，三者有一项或两项具备是领导的一般情境，三者都缺的是最不利的情境。费德勒通过对 1 200 个团体进行调查分析得出结论（见图 7-7）：当个体的 LPC 分数与三项权变因素的评估分数相匹配时，则会达到最佳领导效果。

（1）在极为有利或不利的情况下，任务导向性是有效的领导类型，效果较好。

（2）在一般的情况下，关系导向型是有效的领导类型，效果较好。

上下级关系	好				差			
任务结构	明确		不明确		明确		不明确	
职位权力	强	弱	强	弱	强	弱	强	弱
情境类型	1	2	3	4	5	6	7	8
环境有利性	有利			一般				不利

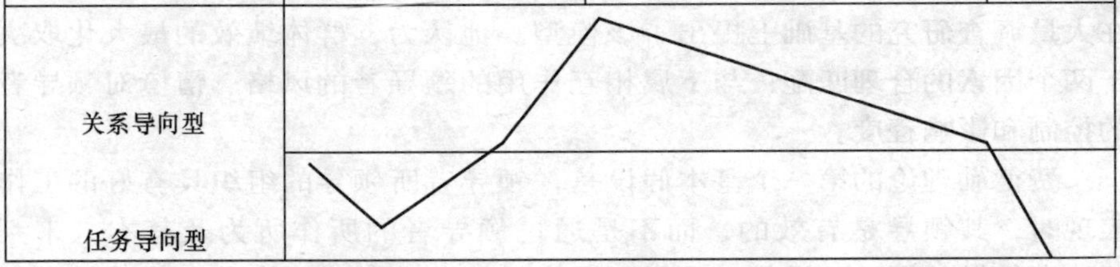

图 7-7　费德勒领导模型

按照费德勒模式，个体的领导风格是稳定不变的，因此要提高领导的有效性，或替换领导者以适应情境，或改变情境以适应领导者。所以，如果一个单位的情境因素最好或最坏，就要选择以关心工作任务为中心的领导人；反之，应选择以关心人为中心的领导人。但是，该模型也存在一些缺点。如，LPC 问卷只是一份简单的心理测验，由此产生的 LPC 分数并不稳定；权变变量也过于复杂等。

2. 领导生命周期理论

保罗·何塞（Paul Hersey）和肯尼思·布兰查德（Kenneth Blanchard）开发了领导生命周期理论，也称情境理论（Situational leadership theory），这是一个重视下属的权变理论，即依据下属的成熟度水平来选择正确的领导风格会取得领导的成功。无论领导者做什么，其领导效果都取决于下属的活动。

何塞和布兰查德将成熟度（Maturity）定义为：个体对自己的直接行为负责任的能力和意愿，它包括两项要素：工作成熟度与心理成熟度。前者包括一个人的知识和技能，工作成熟度高的个体拥有足够的知识、能力和经验去完成他们的工作任务，而不需要他人的指导。后者指的是一个人做某事的意愿和动机，心理成熟度高的个体不需要太多的外部鼓励，他们靠内部动机激励。何塞和布兰查德将成熟度划分为四个阶段：

第一阶段 M1，这些人执行某任务既无能力又不情愿。他们既不胜任工作又不能被信任。

第二阶段 M2，这些人缺乏能力，但却愿意从事必要的工作任务。他们有积极性，但目前尚缺乏足够的技能。

第三阶段 M3，这些人有能力却不愿意干领导者希望他们做的工作。

第四阶段 M4，这些人既有能力又愿意干让他们做的工作。

何塞和布兰查德将任务行为和关系行为组合成以下四种具体的领导风格：

（1）命令（高任务-低关系），即领导者告诉下属应该干什么、怎么干以及何时何地去干。

（2）说服（高任务-高关系），即领导者同时提供指导性的行为与支持性的行为。

（3）说服（低任务-高关系），即领导者与下属共同决策，领导者的主要角色是提供条件与沟通。

（4）授权（低任务-低关系），即领导者提供极少的指导或支持。

图 7-8 概括了情境领导模型的各项要素。当下属的成熟度水平不断提高时，领导者不但可以不断减少对活动的控制，还可以不断减少关系行为。在第一阶段中，下属需要得到明确而具体的指导；在第二阶段中，领导者需要采取高任务—高关系行为，高任务行为能够弥补下属能力的欠缺，高关系行为则试图使下属在心理上“领会”领导者的意图；在第三阶段中运用支持性、非指导性的参与风格可获最佳领导效果；第四阶段中，领导者不需要做太多事，因为下属既愿意又有能力担负责任。

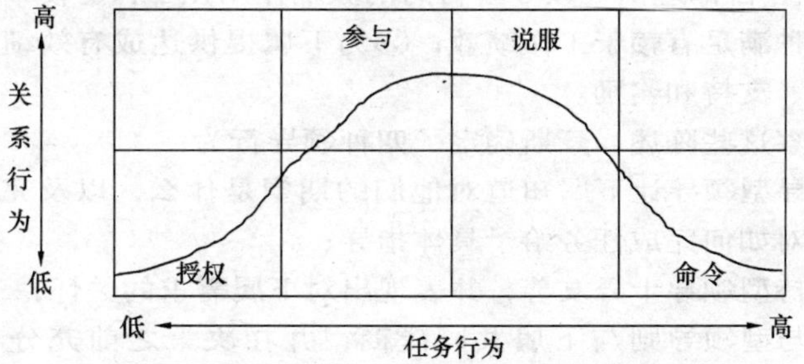

成熟	M4	M3	M2	M1
	成熟	比较成熟	初步成熟	不成熟

图 7-8 情境领导模型

何塞和布兰查德的四种领导风格与管理方格论的四个“角”极为相似，生命周期理论与管理方格论也有相似之处，但管理方格论强调的是对生产和员工的关注，是一种态度维度，而生命周期理论强调的是任务与关系的行为。

3. 路径-目标理论

路径-目标理论是罗伯特·豪斯（Robert House）开发的一种领导权变模型，该理论认为，领导者的工作是帮助下属达到他们的目标，通过明确指明实现工作目标的途径来帮助下属，提供必要的指导和支持，为下属清理各项障碍和危险，以确保各自的目标与群体或组织的总体目标相一致。如图 7-9 所示。

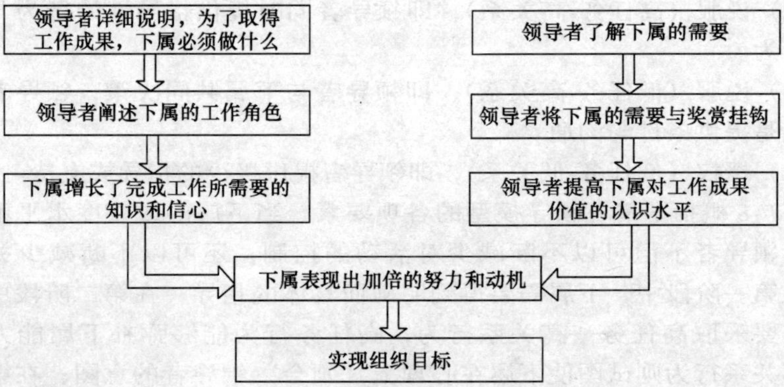

图 7-9 路径-目标理论中领导者的作用

按照路径-目标理论，领导者行为的激励作用在于：①使下属的需要得到满足，这种满足有赖于工作绩效；②为下属提供达成有效绩效所必需的辅导、指导、支持和奖励。

为了考察这些陈述，豪斯确定了四种领导行为：

（1）指导型领导让下属知道对他们的期望是什么，以及完成工作的时间安排，并对如何完成任务给予具体指导；

（2）支持型领导十分友善，并表现出对下属需求的关怀；

（3）参与型领导则与下属共同磋商，并在决策之前充分考虑他们的建议；

（4）成就导向型领导设定富有挑战性的目标，并期望下属实现他们的最佳水平。

与费德勒的领导理论相反，豪斯认为领导者是灵活的，同一领导者可以根据不同的情境表现出任何一种领导风格。

如图 7-10 表明，路径-目标理论提出了两类权变变量作为领导行为—结果关系的中间变量，他们是下属控制范围之外的环境（任务结构，正式

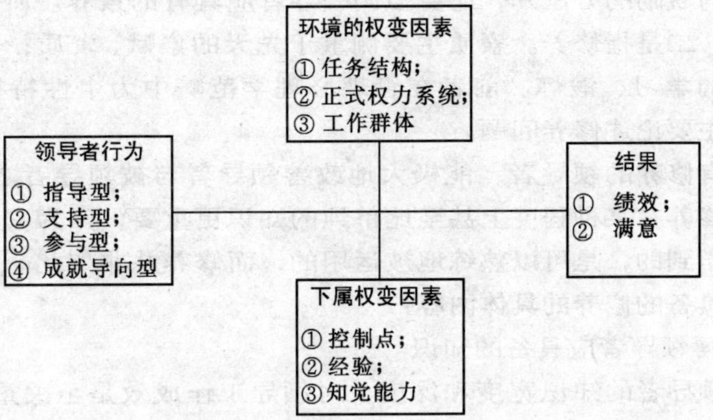

图 7-10 路径-目标理论

权力系统和工作群体）以及下属个性特点中的一部分（控制点、经验和知觉能力）。以下是由路径-目标理论引申出的一些假设范例：

（1）当任务不明或压力过大时，指导型领导导致了更高的满意度。

（2）当下属执行结构化任务时，支持型领导导致了员工高绩效和高满意度。

（3）对知觉能力强或经验丰富的下属，指导型的领导可能被视为累赘多余。

（4）组织中的正式权力关系越明确时，领导者越应表现出支持型行为。

（5）控制点为内部的下属，对指导型风格领导更为满意。

（6）当任务结构不清时，成就导向型领导将会提高下属的努力水平。

对这些假设的验证性研究结果是令人振奋的，也就是说，当领导者弥补了员工或工作环境方面的不足，则会对员工的绩效和满意度起到积极的影响。但是，当任务本身十分明确或员工有能力和经验处理它们而无须领导干预时，如果领导者还花时间解释这些任务，则下属会把这种指导性行为视为累赘多余甚至是无用。

第三节 领导者的修养与领导艺术

一、领导者的修养

一个领导者要做好领导工作，完成自己的职责，除了掌握领导理论，掌握沟通与激励的方法外，还要强调领导者应具有的素养。所谓素养，一是指素质，二是指修养。素质主要侧重于先天的禀赋、资质；修养主要侧重于后天的学习、锻炼。前者在管理心理学范畴中为个性特征方面的内容。本节主要论述修养问题。

一个有修养的领导者，能极大地改善领导者与被领导者之间的关系。领导者的修养在某种程度上甚至比单纯的知识更重要，因为，某些行为方式是可以学到的，是可以熟练地被运用的，而修养并非如此。以下是有关领导者应具备的修养的具体内容：

1. 懂得领导者应具备的知识

一个领导者的知识宽度和深度，对领导工作成效是至关重要的前提，如果懂得可使领导更有效果的种种因素和随机应变的各种领导方式，将更有助于每个主管人员成为有效的领导者。诚然，领导理论及其研究的工作量如此之大，不可能让每个主管人员全部精通它们，但是作为一个主管人员必须学习和理解。这些内容虽然可能有其局限性，但是，这却是领导者必备的基本知识。当然，仅仅懂得这些知识是不够的，作为一个主管人员，还必须具备将这些知识应用于实际的能力。

2. 移情作用（或称“进入角色”）

这是美学和心理学的概念，意思是说，一个人将自己的意识以想象力投射到他人身上的能力。正如通常所说的，就是将自己置于别人的地位，模拟他人的感情、意见与价值观念的能力。

一位主管人员也像其他人一样，具有目标、抱负、价值观念和个人见解。但如没有移情作用，他常常会假设他的下属们具有同他们一样的品性，对事物的观点都是一致的，而实际上并非如此。因此，主管人员不应该主观地假设下属与他们自己一定具有同样的情感。如果作出这样错误的假设，在工作上就往往导致独断专行的“家长式”作风。所以，主管人员必须对下属进行全面的了解，除了工作之外，还要了解他们的个人关系、经济与健康状况、抱负、价值观等。把自己置于下属的位置仅是一个方面，而直率又真诚地努力去了解下属将是更重要的方面。主管人员如果能自问一下“在他们的位置上我会如何反应”，这样长期坚持下去，会在实践中形成一种技能。设身处地地为下属着想，必然会取得下属的信赖，从而为有效地指导与领导下属打下基础。

3. 客观性

主管人员应力求不带个人感情地去观察与寻查事件（事情）的起因。因为主管人员也是人，必然和下属产生一定的感情。但重要的是要客观地对下属进行评价，判定结果的真实原因，并采用明智的步骤来帮助表现较差者，鼓励表现较好者。这就要求主管人员不能只强调有移情作用，在客观性与移情作用之间要尽可能地予以平衡。

为培养客观性，一个主管人员需要有很强的意志。主管人员只要有决心和修养，就能克服仓促判断、愤怒、责怪以及感情用事等倾向。领导者克制与冷静的分析是有素养的表现。

4. 自知之明

人们为了了解自己为什么这样做，自己的行为会引起别人的什么反应或不引起反应，甚至可能是反感，那就必须要了解自己，即有自知之明。若没有自知之明，或不能做到这一点，移情和客观处事是不可能的。

因此，主管人员应了解自己的处事态度与习惯对下属的影响，以便改变自己那些可能影响下属的言行。这就是说，要求人贵有自知之明的能力，并应对自己言行的反应查找原因。例如，可以通过各种调查，找出产生各种不同反应的原因，从而正确地认识自己。

二、领导艺术

现代社会中的组织，常常是由一个多种因素组成的比较复杂的社会组织。它不可能脱离整个社会。因此，这就对组织中的主管人员的领导方法提出了更高的要求，同时也决定了主管人员的工作在很大程度上是创造性的。领导艺术就是富有创造性的领导方法的体现。在履行指导与领导职能的过程中，科学是与艺术相互结合、彼此交织在一起的。主管人员要具备灵活运用各种领导方法和原则的能力与技巧，才能率领和引导人们克服前进道路上的障碍，顺利实现预定的目标。

有关领导艺术的内容，目前尚无统一的看法，归结起来，有如下几种。

1. 履行职能的艺术

履行职能的艺术主要包括沟通联络、激励和指导的艺术。如沟通联络要把握好沟通联络的方法，了解沟通联络的类型，针对完成任务的性质及实现目标的要求，运用不同的沟通联络方法进行沟通联络。同时，要特别注意非正式沟通对企业领导成效的影响。在领导活动中，信息的沟通要明确完整，力求表达得清楚准确，努力消除下级人员的思想顾虑，积极地解决各种形式的问题，这对有效的领导是十分重要的。

2. 决策的艺术

决策是从两个以上可供选择的方案中选择其中最佳方案的过程。而在非程序化决策过程中，主管人员的决策技能起了重要的作用。人们在一定经验的基础上，对未来事件的判断具有远视力和洞察力，主要反映在及早察觉组织发展的有利条件和不利条件，依靠周密思考，集中群众的正确意见，做出既有事实根据又先于别人想到的不寻常的战略决策。

3. 授权的艺术

对下属指派职责，授予下级相应职权，激发下级尽职尽责的义务感就是授权。除了因事择人、视能授权、按照预期成果授权、按职责与职权相适应原则授权、授权必须彻底等原则外，授权时要把握好授权的艺术。

（1）在可能的范围内，尽量把工作交给下级去做。这样既能调动下级人员的积极性，又能节约领导者时间，使其处理更重要的问题。

（2）在授权中，授权工作的难度应比承担工作的人平时表现出的能力大些，以增强其奋进精神，以便成功后有成就感。

（3）公开授权。有关人员都了解谁被授权执行某任务，以便提高授权者的威信，使授权者有压力，有紧迫感。

（4）授权后，上级领导应注意发现和鼓励下级的工作绩效，而不应过分计较下级实施工作中的手段。

（5）除非事前协调好，否则，上级不应将两位或两位以上人员共同履行的职责或完成的工作交给其中一人去完成。这样扬此抑彼，易造成矛盾。

（6）上级授权应由简到繁，循序渐进地进行。

（7）上级不应姑息迁就受权者的“反授权”行为，即上级不能接受被授权者未完成的工作，代替其完成。

（8）上级授权之后，应对被授权者进行工作追踪，一是了解被授权者的工作进度，二是要求被授权者按时提出工作进度报告，以便上级进行控制。

4. 协调人际关系的艺术

领导的最终效果取决于领导者和被领导者对指示、命令的理解和执行情况。良好的人际关系对加强这种理解是不容置疑的。通过领导活动，处理好企业中的正式组织关系，如各层次、各部门、各环节的关系，是领导活动的目的。

5. 运筹时间的艺术

领导者的工作时间可分为两部分，一部分为可控时间，一部分为不可控时间。有效地利用可控时间，变不可控时间为可控时间，缩小不可控时间的比重，对领导者意义重大。制定企业合理定额，完善企业各项规章制度，运用先进的管理方法和手段对企业进行管理，都可以提高领导者的时间利用率。

总之，领导艺术建立在主管人员个人的经验、素养和洞察力的基础上，认真讲求领导艺术，有助于提高工作的有效性，有助于密切主管人员和员工的关系。在这样的环境中，将能够造成一个有集中又有民主，有纪律又有自由，有统一意志又有个人心情舒畅生动活泼的崭新局面。

三、可资借鉴的某些准则

作为主管人员，必须具有足够的修养和管理艺术。苏联《经济与生活》月刊曾刊载题为《管理的艺术》一篇文章，对这方面提出了一些基本准则，可以为我们所借鉴。

文章强调指出，作为主管人员应当具备的最重要的特性是：要能理解人，了解人的强点和弱点；如果某工作人员的缺点不如他的优秀品质那样突出的话，对其缺点宜采取宽容态度；要能体谅关心下级。由于每个人都各有各的独特的作风，因此，树立领导人的某种标准，实际上是不可能的，但如下准则对所有主管都是有意义的。

（1）要理解与人为善的艺术；善良是力量的特征。

（2）在任何时候都不要伤害工作人员的自尊心。

（3）要永远放弃两面派行为：对下级一副面孔，对长官又是另一副面孔。

（4）永远要以“您”称呼下级，别忘记说“请”字。

（5）别惧怕新事物，如果做什么事都用20年前的老办法，那么这个事实本身就说明，你在某种程度上是个保守派。

（6）查处任何过失时，在采取某些措施之前，要尽量耐心地听取犯错误人的解释。

（7）请记住，不善于听取意见是受挫领导者的职业缺点。因此，你要学会听取意见，甚至不要用诸如“简短些!”这样刺激性的话打断话多的工作人员。

（8）请相信那些值得信任的人。如果一个人认真地完成受托的事情，不要用过多的提醒和指示使他难为情。请让他有机会安安静静地、不受“干扰”地工作。

（9）对干得好的，不要舍不得致谢。那些认为“催促”可起推动作用，表扬会使人头脑发昏，并导致自我安慰和骄傲自满的领导者大错特错了。领导者的好话过去是现在仍然是刺激人们工作尽力和勤奋的最有效因素。

（10）如果由于差错而必须申斥的话，请你单独地找他面谈。绝大多数人都很忌讳在自己同事面前受到责备，完全不允许在工作人员的下级在场的情况下申斥他。

（11）无论如何不要断然把下级人员划分为“坏的”和“好的”。请你遵循这样一条原则：每个人身上的优良品质比不良品质总是多得多，需要的只是激励前者，抑制后者。

（12）要及时地向下级通报自己的设想和计划，这会在集体中建立共同努力、信任的气氛，有助于集体高高兴兴去实现你的设想。实践证明，把某些领导的权力授予下级人员的做法，会改善集体的精神面貌，使人产生不辜负所受到的信任和希望的心理感受，有助于更充分地挖掘工作人员的潜力。好的领导者应当多多地承担错误的责任，尽可能少地接受表扬。

【案例分析】

案例1　领导者的素质与领导风格

雷诺兹今年22岁，即将获得哈佛大学人力资源管理的本科学位。在过去的两年里，她每年暑假都在康涅狄格互助保险公司打工，填补去度假的员工留下的工作空缺，因此她在这里做过许多不同类型的工作。目前，她已接受该公司的邀请，毕业之后将加入互助保险公司成为保险单更换部的主管。

康涅狄格互助保险公司是一家大型保险公司，总部有5 000多名员工。公司奉行员工的个人开发，这已成为公司的经营哲学，公司自上而下都对所有员工十分信任。

雷诺兹直接负责25名职员，她们的工作不需要什么培训，而且工作具有高度的程序化，但员工的责任感十分重要，因为更换通知要先送到原保险单所在处，要列表显示保险费用与标准表格中的任何变化，如果某份保险单因无更换通知的答复而将被取消还需要通知销售部。

雷诺兹的工作群体的成员全部为女性，年龄跨度从19～62岁，平均年龄为25岁。其中大部分人是高中学历，以前没有过工作经验，她们的薪金水平为每月1 420～2 070美元。雷诺兹将接替梅贝尔的职位，梅贝尔为互助保险公司工作了37年，并在保险单更换部做了17年的主管工作，现在她退休了。雷诺兹去年夏天曾在梅贝尔的群体里工作过几周，因此比较熟悉她的工作风格，并认识大多数群体成员。她预计除了兰兹之外，其他即将成为她下属的成员都不会有什么问题。兰兹今年50多岁，在保险单更换部工作了10多年，而且作为一个“老太太”，她在员工群体中很有分量。雷诺兹断定，如果她的工作得不到兰兹的支持，将会十分困难。

雷诺兹决心以正确的步调开始她的职业生涯。因此，她一直在认真思考一名有效的领导者应具备什么样的素质。

案例思考题

1. 影响雷诺兹成功地成为领导者的关键因素是什么？如果以群体满意度而不是以群体生产率定义成功，影响因素是否依然还相同？

2. 你认为雷诺兹能够选择领导风格吗？如果可以，请为她描述一个你认为最有效的风格。如果不可以，请说明原因。

3. 为了帮助雷诺兹赢得或控制兰兹，你有何建议？

案例2　管理风格

某市建筑工程公司是个大型施工企业，下设一个工程设计研究所，三个建筑施工队，研究所由50名有中高级职称的专业人员组成。施工队有400名正式职工，除少数领导骨干外，多数职工文化程度不高，没受过专业训练。在施工旺季还要从各地招收400名左右农民工补充劳动力的不足。

张总经理把研究所的工作交给唐副总经理直接领导、全权负责。唐副总经理是位高级工程师，知识渊博，作风民主，在工作中总是认真听取不同意见，从不自作主张，硬性规定。公司下达的施工设计任务和研究所的科研课题，都是在全所人员共同讨论、出谋画策取得共识的基础上，作出具体安排的。他注意发挥每个人的专长，尊重个人兴趣、爱好，鼓励大家取长补短，相互协作，克服困难。在他领导下，科技人员积极性很高，聪明才智得到了充分发挥，年年超额完成创收计划，科研方面也取得显著成绩。

公司的施工任务，由张总经理亲自负责。张总是工程兵出身的复员转业军人，作风强硬，对工作要求严格认真，工作计划严密，有部署，有检查，要求下级必须绝对服从，不允许自作主张、走样变型。不符合工程质量要求的，要坚决返工、罚款；不按期完成任务的扣发奖金；在工作中相互打闹、损坏工具、浪费工料、出工不出力、偷懒耍滑等破坏劳动纪律的都要受到严厉的批评、处罚。一些人对张总的这种不讲情面、近似独裁的领导方式很不满意，背地骂他“张军阀”。张总深深地懂得，若不迅速改变职工素质低、自由散漫的习气，企业将难以长期发展下去，于是他亲自抓职工文化水平和专业技能的提高。在张总的严格管理下，这支自由散漫的施工队逐步走上了正轨，劳动效率和工程质量迅速提高，第三年还创造了全市优质样板工程，受到市政府的嘉奖。

张总经理和唐副总经理这两种完全不同的领导方式在公司中引起了人们的议论。

案例思考题

1. 你认为这两种领导方式谁优谁劣？

2. 为什么他们都能在工作中取得好成绩？

案例3　一只鸡引发的故事

某宾馆经理接到处分职工王大成的报告，他觉得问题不太清楚，于是深入到餐厅了解情况。原来王大成的母亲患病开刀住院，他母亲想喝鸡汤，由于半个月来王大成白天去宾馆上班，晚上在医院陪夜，实在太累了，第二天一醒就已经快10点了，他急着上班，但他没忘记母亲想喝鸡汤的嘱咐，情急之中，就在餐厅偷拿了一只鸡，犯了错误。经理了解了情况后，就带着慰问品去医院看望王大成的母亲，经理向她表示歉意，表示对她关心不够，并说："王大成在工作中表现很好，在家里对您也很孝顺，他是您的好儿子。"患病的母亲含笑听着，经理一直没谈他儿子偷鸡的错误。第二天经理找王大成谈话。他说："你一贯表现很好，也能正确处理家庭和工作关系，母亲患病，仍然坚持上班，不迟到、不早退，这很好。"接着，他又严肃指出："你这次偷拿公家东西，是十分错误的。家庭有困难，可以跟组织上讲，绝不应该采取这种错误做法。既然违反了宾馆纪律，就要照章处罚。餐厅对你的处分意见（记大过一次，扣发当月奖金）我完全同意，你有什么想法？"

王大成对这种赏罚分明、合情合理的处理十分感动，不住地点头说："我错了，记大过、扣奖金都是应该的，我没有意见。"

这时经理离开座位，他说："你妈妈生病半个多月了，我们都不知道，更没有关心，我们很对不起你，现在，我代表宾馆党政领导诚恳地向你道歉，请你原谅。"说着，经理毕恭毕敬地向王大成鞠了一个躬。

案例思考题

1. 请你用领导理论评价经理处理犯错职工的做法。

2. 如果经理按例行公事处理，只在下面送来的处分报告上批"同意"两字，其效果又如何？

本章思考题

1. 什么是领导？领导的功能是什么？
2. 何为领导的影响力？领导的影响力由哪些因素构成？
3. 论述管理方格理论，其中最有效的领导者应属于哪种类型？
4. 根据费德勒模型，如何才能提高领导的有效性？
5. 根据生命周期理论，如何根据职工的成熟度实施有效的管理？

第八章

激 励 与 沟 通

本 章 提 要

管理的中心工作是激励。激励是管理活动的重要内容。激励的前提是良好的沟通，在具有良好沟通意愿的基础上，通过掌握沟通的艺术和技巧，则可以使沟通与激励达到事半功倍的效果。本章重点介绍激励的相关理论——激励内容理论、过程型激励理论以及行为改造型激励理论；沟通的概念及标准程序、过程、方式；有效沟通的渠道与手段；消除沟通障碍的方法等。

第一节 激 励

一、激励的概念

激励，从词义中理解，是激发鼓励之意；从管理的角度理解，主要是指激发人的动机，使人有一股内在动力，朝向所期望的目标前进的心理活动过程。

在这里，人的行为是由动机所支配的，动机是由需要所引起的，行为的方向就是实现目标，满足需要。所以，人的行为的心理活动过程，即是实现目标的过程，可通过图 8-1 所示的模式反映出来。

图 8-1　激励的模式

人们由未满足的需要引起需要，这种未满足的需要使人产生心理紧张，躁动不安，由此产生满足这一需要的动机。动机导致行为，当这一行为的结果使需要得到满足，达到目标时，人的紧张感消除，而满足的程度如何又会反过来衡量最初的需要。正是由于人的这种心理机制特点，才使得激励成为可能。

二、对人的认识

对组织中人的不同假设，将直接影响到主管人员的管理行为。美国行为科学家麦格雷戈（D. M. McGregor）在其所著的《企业的人性方面》一书中提出了X理论、Y理论的观点。“X理论”认为，人生来就好逸恶劳，不愿意负责任，缺乏上进心，因此，管理人员必须对下属进行强制，并且用处罚相威胁，才能迫使人们有效地工作。

“Y理论”的观点同“X理论”相反。“Y理论”认为，人并非天生厌恶工作，在正常情况下，人们愿意承担工作，具有高度的想象力、智力和创造力，因此，强制和威胁不是管理的唯一手段。“Y理论”还指出，管理应当创造一种条件，能多方面地满足个人的需要，又能达到集体的目标。

还有许多经济学家对“人性”都有许多论述，提出各种假设，这里把人们对人性假设的观点归纳如下。

（1）“经济人”假设。“经济人”是一种最单纯的假设，是指以完全追求私人利益为目的而进行经济活动的主体。这种假设认为，人都希望以尽可能少的付出，获得最大限度的收获，并且为此可以不择手段。

（2）“社会人”假设。“社会人”是指以追求满足社会需要为主要目的而进行经济活动的主体。这种假设认为，个人不是单纯地追求金钱收入的，他们还追求人与人之间的友情、安全感、归属感等方面的心理满足和社会需要。

（3）“管理人”假设。“管理人”是指遵循令人满意准则进行经济活动的主体。这种观点认为，人的理性是有限的，人们不可能作出最佳的决策，而只是在可能的范围内作出令人满意的决策。

可以看出，上述各种假设，都只强调个体的某一个侧面。现实中的个体，实际上是上述各方面的综合。他们时而按经济人方式行事，时而表现为一种社会存在，时而按满意准则行事。这样的个体可以称之为“复杂人”。

在现实生活中，人是千差万别的，上述人性假设并非都能涵盖。不过这种种假设对研究管理工作还是有很大帮助的，至少可以使人们认识到，作为团体和组织中的个人，是一个非常重要的因素，必须充分考虑其个体的特点，才能实施管理，才能奏效。

三、激励理论

许多管理学家、心理学家和社会学家们从不同角度研究了如何激励人的问题，并提出了相应的激励理论。通常，我们把各种激励理论归纳划分为三大类，即激励内容理论、过程型激励理论和行为改造型激励理论。

（一）激励内容理论

1. 需求层次理论

美国心理学家亚伯拉罕·马斯洛（Abraham H. Maslow）提出了需求层次理论（The hierarchy of needs theory）。他认为，人类的需求是以层次的形式出现的，由低级的需求开始逐级向上发展到高级需求。他还认为，当一组需求得到满足时，这组需求就不再成为激励因素了。他将个人的需求分为生存的需求、安全的需求、友爱和归属的需求、自尊的需求以及自我实现的需求。由于每个人的需求各不相同，因此，主管人员必须用因人制宜的方法对待人们的各种需求。在工作中，主管人员要注意决定这些需求的各个特性、愿望和欲望，在任何时候，主管人员都应考虑到人的各种需求。因为，绝大多数人，尤其在现代社会里，都具有马斯洛需求层次中所列的全部需求，见图 8-2。

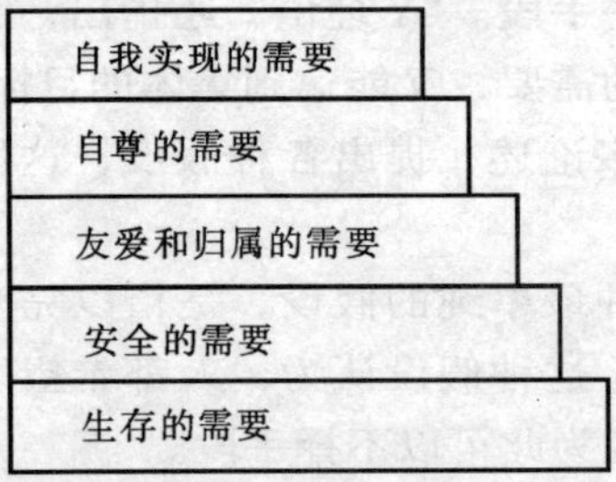

图 8-2　马斯洛需求层次示意图

2. 双因素理论

赫茨伯格认为，人类有两种不同类型的需要，或者对激励而言，存在两种不同类型的因素，它们彼此独立，而且能以不同的方式影响人的行为。赫茨伯格称能促使人们产生工作满意感的因素为激励因素；相应地称另一类促使人们产生不满意的因素为保健因素。

美国心理学家赫茨伯格（F. Herzberg）通过调查，发现人们对诸如本组织的政策和管理、监督、工作条件、人际关系、薪金、地位、职业安定以及个人生活所需等，如果得到后则没有不满，得不到则产生不满。这类因素就是他所称的“保健（hygiene）因素”。此外，他还发现，人们对诸如成就、赏识（认可）、艰巨的工作、晋升和工作中的成长、责任感等，如果得到则感到满意，人就会受到极大的激励。这就是他称为的“激励（motivator）因素”。保健因素通常与工作条件和工作环境有关，它不能直接起激励职工的作用，但能防止职工产生不满的情绪；保健因素改善后，职工的不满情绪会消除，但不能带来满意，职工处于一种既非满意、又非不满意的中间状态；激励因素才能产生使职工满意的积极效果。这一理论提示人们，现实中确有不能激励人的因素，要给予关注。如果主管人员能够提供某些条件以及满足保健性需要，也可能会保持组织中人们一定的士气水平。

3. 激励需求理论

美国心理学家麦克莱兰（D. C. Maclelland）提出激励需求理论，认为人的基本需要有三种，即成就、权力、社交需要。

（1）对权力的需要。麦克莱兰发现，具有较高权力欲的人对施加影响和控制表现出极大的关心。这样的人一般寻求领导者的地位，他们十分健谈、好争辩、直率、头脑冷静、善于提出要求、喜欢讲演、爱教训人。

（2）对社交的需要。极需社交的人通常从友爱中得到快乐，并总是设法避免因被某个团体拒之门外带来的痛苦。作为个人，他们往往保持一种融洽的社会关系，与周围的人保持亲密无间的关系，能相互谅解，随时准备安慰和帮助危难中的伙伴，并喜欢与他们保持友善的关系。

（3）对成就的需要。极需要成就的人，对成功有一种强烈的要求，同样也强烈担心失败。他们愿意接受挑战，为自己树立具有一定难度的（但不是不能达到的）目标。对待风险采取一定的现实主义态度，宁愿承担所做工作的个人责任，对他们正在进行的工作情况，希望得到明确而又迅速的反馈。他们一般喜欢表现自己。麦克莱的研究表明，对主管人员来说，成就需要比较强烈。因此，这种理论常常应用于对主管人员的激励。他还认为，成就需要可以通过培养来增强。他指出，一个组织的成败，与其所具有高成就需要的人数有关。

4. 奥尔德佛（Alderfer）的“生存、相互关系、成长需要”激励理论

奥尔德佛的“生存、相互关系、成长需要”激励理论，即“ERG 理论”。它是指对生存（existence）、相互关系（relatedness）、成长（growth）的需要理论。这是奥尔德佛根据试验和研究于 20 世纪 70 年代提出的一种内容型激励理论。他的这一理论系统阐述了一个关于需要类型的新模式，可以说发展了马斯洛和赫茨伯格的理论。

（1）奥尔德佛的“ERG 理论”的内容。奥尔德佛认为把人类需要适当加以归类是必要的，而且在较低层次需要和较高层次需要之间要有基本区别。

生存需要，是指全部的生理和物质需要。这一类需要大体上同马斯洛“需要层次论”中的生存的需要和部分安全的需要相对应。

相互关系的需要，是指人与人之间相互关系、联系的需要，它同马斯洛需要层次论中的部分安全的需要、友爱和归属的需要、部分尊重的需要相对应。

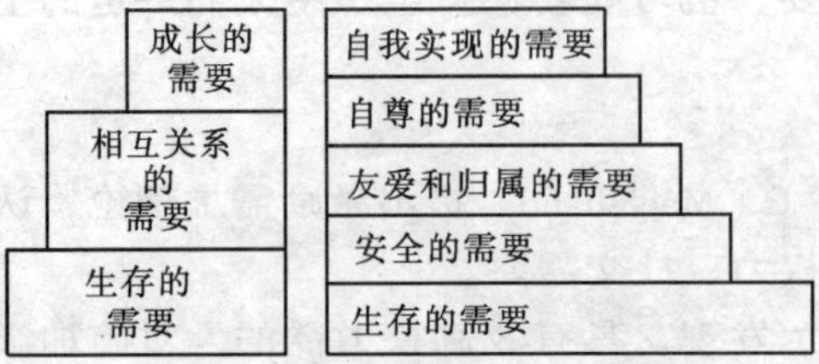

图 8-3 人类需求层次分类对比图

成长的需要，是指一种要求得到提高和发展的内在欲望。它不仅包括充分强调发挥个人的潜能、有所作为和取得成就，还包括要不断提高创新能力的需要。它同马斯洛需要层次论中部分尊重的需要和自我实现的需要相对应。如图 8-3 所示。

显然，奥尔德佛对需要的这种归类，同马斯洛和赫茨伯格的方式是相似的，只是他把需要归为三种，并认为它们之间没有严格的界限。

(2) 奥尔德佛的"ERG 理论"的主要观点。

①各个层次的需要得到的越少，则这种需要越为人们所渴望。

②较低层次的需要越是得到较多的满足，对较高层次需要就越渴望。

③较高层次需要越是满足得少，则对较低层次需要的渴求也就越多。这点属于需要受挫。

"ERG 理论"的特点，表现在它对各层次需要之间的内在联系做了比较有说服力的阐述。上面三点，从图 8-4 中可以反映出来。

(二) 过程型激励理论

1. 期望理论

期望理论（Expectancy theory of motivation）是美国心理学家费鲁姆(V. H. Vroom)于 1964 在他的《工作与激励》一书中提出的。他通过考察人们的努力行为与其所获得的最终奖酬之间的因果关系，来说明激励的过程。期望理论的基本观点是：人们在预期他们的行动将会有助于达到某个目标的情况下，才会被充分激励起来去做某些事情以达到这个目标。他认为，任何时候，一个人从事某一行动的动力，是由他的行动的全部结果(或积极的或消极的）的期望值乘以那个人预期这种结果将会达到所要求目标的程度决定的。换言之，他认为，激励是一个人某一行动的期望价值和那个人认为将会达到其目标的概率的乘积，用公式表示为：

$$激励力 = 期望值 \times 效价$$

在这里，激励力是指激励水平的高低，它表明动机的强烈程度；效价是指一个人对某一目标（奖酬）的重视程度与评价高低，即主观认为奖酬价值大小；期望值是指一个人对自己的行为能否导致所想得到的工作绩效及其可能性。从公式上可以看出，当一个人对达到某一目标漠不关心时，那效价是

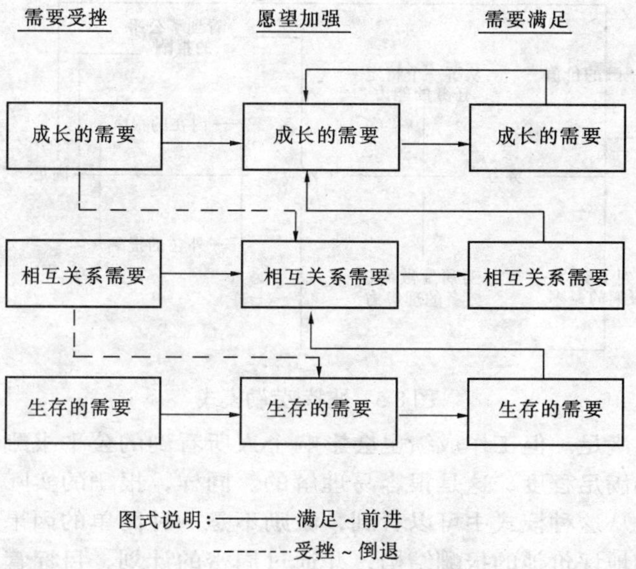

图 8-4 需求间的相互关系示意图

零。而当一个人宁可不要达到这一目标时，那就是负的效价，结果当然是毫无动力。同样，期望值如果是零或负值时，一个人也就无任何动力去达到某一目标。因此，为了激励职工，主管人员应当一方面提高职工对某一成果的偏好程度，另一方面帮助职工实现其期望值，即提高实现期望值的概率。

2. 波特-劳勒模式

波特（L. M. Porter）和劳勒（E. E. Lawler）在期望理论基础上引申出了一个实际上更为完善的激励模式，并把它主要用于对主管人员的研究上，如图 8-5 所示。

正如模式所示，努力的程度（激励的强度和发挥出来的能力）取决于报酬的价值、对该报酬需要的程度以及实际得到报酬的可能性。这种努力和得到报酬的可能性又受实际工作成绩的影响。很明显，假如人们知道他们能做某件工作或者已经做过这样的工作，他们就能更好地评价所需作出的努力，并更好地知道得到报酬的可能性。在工作中的实际成绩（所做的工作或实现的目标）主要取决于所作的努力。不过，它在很大程度上也受一个人做该项工作的能力（知识和技能）和他对所做工作的理解力（对目标、所要求的活动以及任务的其他要素的理解程度）的影响。工作成绩又导致内在的报酬（例如一种成就感或自我实现感）和外在的报酬（例如工作条件和身份地位），这些又和个人对公平的报酬的理解糅合在一起，从

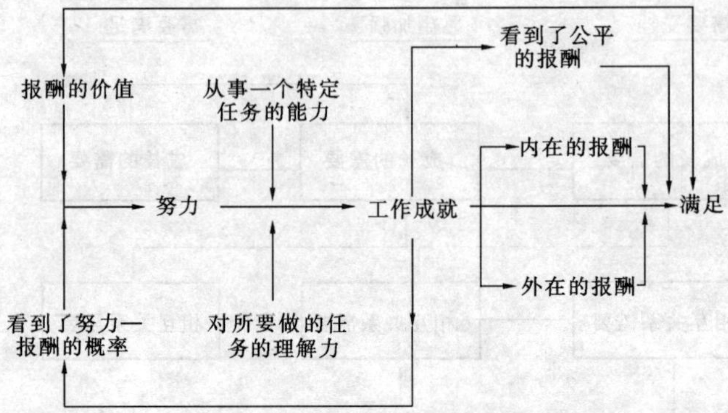

图 8-5　波特-劳勒模式

而给人们以满足。但工作成绩也会影响个人所看到的公平报酬，这必然会影响职工的满足程度，这是很容易理解的。同样，报酬的实际价值将为满足所影响。从这种模式中可以看到，激励不是一种简单的因果关系。领导者应该仔细地评价他的报酬结构，并通过周密的计划、目标管理和借助良好的组织结构所明确的职责，把努力—成绩—报酬—满足这一连锁关系结合到整个管理系统中去。

3. 公平理论

公平理论（Equity theory）是美国心理学家亚当斯（J. S. Adams）在 1965 年首先提出来的，也称为社会比较理论。这个理论的基础在于其认为，员工不是在真空中工作，他们总是在进行比较，比较的结果对于他们在工作中的努力程度会产生影响。大量事实表明，员工经常将自己的付出和所得与他人进行比较，而由此产生的不公平感将影响到他们以后付出的努力。这个理论主要是讨论薪酬的公平性对人们工作积极性的影响。它指出，人们将通过横向和纵向两个方面的比较来判断其所获薪酬的公平性。

员工选择的与自己进行比较的参照物的类型有三种，分别是“其他人”、“制度”和“自我”。“其他人”包括在本组织中从事相似工作的其他人以及别的组织中与自己能力相当的同类人，包括朋友、同事、学生甚至自己的配偶等。“制度”是指组织中的工资政策与程序以及这种制度的运作。“自我”是指自己在工作中的付出与所得的比率。

公平理论认为组织中员工不仅关心自己从工作努力中所得的绝对薪酬，而且还关心自己的薪酬与他人薪酬之间的比较关系。他们对自己的付出与所得和别人的付出与所得之间的关系进行比较，然后做出判断。如果发现自己的这种付出与所得的比率和其他人相比不相称，就会感到紧张，这样的心理是进一步驱使员工追求公平和平等的动机基础。

公平理论对企业管理的启示是非常重要的，它告诉管理人员，工作任务以及公司的管理制度都有可能产生某种对公平性的影响作用。而这种作用对仅仅起维持组织稳定性的管理人员来说，是不容易觉察到的。当员工提出增加工资的要求时，说明组织对他至少还有一定的吸引力，但当员工的离职率普遍上升时，说明组织已经使员工产生了强烈的不公平感，这需要引起管理人员高度重视，因为它意味着除了组织的激励措施不当以外，更重要的是，企业的现行管理制度可能有缺陷。如美国航空公司一度大面积地出现员工的离职和旷工，公司对此百思不得其解。在激励方面，公司为突出员工对航空公司的贡献，贯彻了一种旨在降低工资率的显性双轨制度，主要表现在拉开新老员工的工资差距。但在对员工的抱怨进行分析后，公司高级管理层发现，原来是这种显性的双轨制工资制度让员工普遍感到恼火，员工认为这是一种工资待遇不公平的制度形式。在同一工作岗位上的新老员工，工资差距很大，新员工难以忍受他们的低工资成为公开的制度化的管理手段。结果是，在公司内部各个职能和团队的工作都面临巨大的协调困难，员工之间抵触情绪明显，消极怠工现象严重，找到这一原因后，公司果断取消了这种显性工资差距，结果，员工的抵触行为趋于缓和，离职率明显降低。

公平理论的不足之处在于员工本身对公平的判断是极其主观的，这样就对管理者施加了比较大的压力。因为人们总是倾向于过高地估计自己的付出，而过低地估计自己所得到的薪酬，而对他人的估计则刚好相反。因此管理者在应用该理论时，应当注意实际工作绩效与薪酬之间的合理性，并注意留心对组织有特别贡献的个别员工的心理平衡问题。

（三）行为改造型理论

1. 激励强化理论

激励强化理论是行为改造理论之一，它是由美国心理学家斯金纳（B.F.Skinner）提出来的。强化是心理学术语，是指通过不断改变环境的刺激因素来达到增强、减弱或消失某种行为的过程。主管人员可以采用四种强化类型来改变下级的行为。

（1）积极强化。在积极行为发生以后，立即用物质或精神鼓励来肯定这种行为。在这种刺激作用下，个体感到对他有利，从而增加以后的行为反应频率，这就叫积极强化。

（2）惩罚。在消极行为发生之后，使实施者受到经济上或名誉上的损失，或取消某些为人所喜爱的东西，从而减少这种行为，这就叫惩罚。

（3）消极强化或逃避性学习。当一个特定的强化能够防止产生个人所不希望的刺激，就叫做消极强化或逃避性学习。

消极强化和积极强化有一定的区别，工人努力从工作、从组织中获取报酬，这是积极强化；工人努力工作是为逃避不希望得到的刺激结果，如不挨上级的批评，这是消极强化。当然，在这两种情况下，积极行为都能得到加强。

（4）消失。消失是撤销对原来可以接受的行为的强化，由于一定时期内连续不强化，这种行为将逐步降低频率，以至最终消失。

主管人员可以根据下属的行为情况的不同而采用不同的强化方式，它主要分为连续的和间歇的两种。连续强化是指每次发生的行为都受到强化。间歇的强化是指非连续的强化，它又包括四种形式：固定间隔，可变间隔，固定比率，可变比率，如图 8-6 所示。

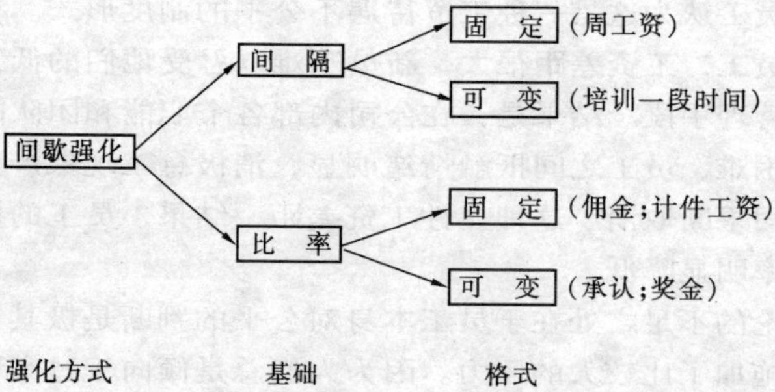

图 8-6　间歇强化示意图

主管人员在应用强化手段改造下列行为时应遵循以下几条原则。

（1）要设立一个目标体系。主管人员应把总目标分解成分目标和分阶段目标，每完成一个分目标和分阶段目标都及时给予强化，以便增强下属信心，逐步实现总目标。

（2）要及时反馈和及时强化。主管人员要使下属尽快知道自己的行为结果并及时强化，使下属得到及时的鼓励和鞭策。

（3）要使奖酬成为真正的强化因素。奖酬是否成为强化因素要看行为发生次数的增减。为此，主管人员应重视物质奖励和精神奖励相结合；奖励不宜过于频繁；奖励的方式要新颖多样。

（4）要多用不定期奖励。定期奖励成了人们预料中的事，会降低强化作用；不定期奖励的非预料和间歇性使得强化效果更好。

（5）奖惩结合，以奖为主。

(6) 奖酬要不断有所增长。

(7) 因人制宜采取不同的强化模式。

2. 归因论

归因论是美国心理学家凯利（Harold H. Kelley）等人提出来的。

目前，归因理论的研究着重在两个方面：一个方面是把行为归结为外部原因还是内部原因；另一个方面是人们获得成功或遭受失败的归因倾向。而人们的行为获得成功还是遭受失败可以归因于四个要素，即努力、能力、任务难度、机遇。这四个因素可以按以下三个方面来划分：

(1) 内因或外因。努力和能力属于内因，任务难度和机遇属于外因。

(2) 稳定性。能力和任务难度属于稳定因素，努力和机遇属于不稳定因素。

(3) 可控性。努力是可控因素；能力在一定条件下是不可控因素，但人们可以提高自己的能力，这种意义上的能力又是可控的；任务难度和机遇是不可控的。

人们把成功和失败归因于何种因素，对以后的工作态度和积极性有很大影响。例如，把成功归因于内部原因，会使人感到满意和自豪，归因于外部原因，会使人感到幸运和感激；把失败归因于稳定因素，会降低以后工作的积极性，归因于不稳定因素，可能提高以后的工作积极性，等等。

归因理论有助于主管人员了解下属的归因倾向，以便正确指导和训练正确的归因倾向，调动下属的积极性。

第二节　激励原则与激励方法

一、激励的一般原则

激励是一门科学，正确的激励必须遵循以下的基本原则：

(1) 目标结合原则。在激励机制中，目标设置是一个关键环节。目标设置必须体现组织目标的要求，否则激励将偏离实现组织目标的方向。目标设置同时还必须能够满足职工个人的需要，否则无法提高职工的目标效价，达不到满意的激励强度。只有将组织目标与个人目标结合起来，使组织目标包含较多的个人目标，使个人目标的实现离不开为实现组织目标所做的努力，才能收到较好的激励效果。

(2) 物质激励与精神激励相结合的原则。物质利益是人们行为的基本动力，但不是唯一的动力。在现实生活中，人们的需要是多方面的，既有物质方面的，也有精神方面的，所以激励方式还应该注意物质激励和精神激励相结合。片面地强调哪一方面都是不正确的。

(3) 以奖为主、以罚为辅的原则。奖励和惩罚都属于激励手段，最终目的是一样的。为调动人的积极性，消除组织中存在的消极因素，可根据个人不同的情况，在偏重赏或偏重罚之间做出适当的选择。但组织在建立激励制度时，应坚持以奖为主，以罚为辅的原则，这是因为完成组织的目标，最终要靠调动员工的积极性和主动性来实现，因此要激励员工去努力工作，而惩罚是起不到这个作用的。

(4) 时效原则。时效原则指奖励必须及时，不能拖延。一旦时过境迁，激励就会失去作用。一般来讲，对所提倡的行为，多在行为一发生时就给予表扬，予以肯定。对不良的行为，先应及时制止，不让其延续或扩散。在具体选择批评及其他的惩罚措施时，则要根据不同的情况进行处理。

(5) 民主公正原则。公正是激励的一个基本原则。若不公正，奖不当奖，罚不当罚，不仅收不到预期的效果，反而会造成许多消极后果。公正就是奖罚严明，奖罚合理。奖罚严明就是不论亲疏，不分远近，一视同仁。奖罚合理就是从实际出发，实事求是，既不能小功重奖，也不能大过轻罚。

二、激励的方法

人的动机是由需要引发的，而人的需要又是多种多样的，且不断变化着，因而激励的方法也是多种多样的。组织的管理者在激励的实施过程中，只有针对员工的不同需要选择恰当的方法，才能达到有效激励的目的。从激励的内容来进行划分，激励的方法可以分为精神激励法和物质激励法两大类。

1. 精神激励法

精神激励就是从满足人们的精神需要出发，通过对人们心理状态的影响来达到激励的目的。常见的精神激励方法主要有：

(1) 目标激励。目标激励就是通过设置恰当的目标，来调动人们的工作积极性。所谓恰当的目标，需要具备如下条件：①个人目标与组织目标结合起来，员工在完成组织目标的过程中才能实现其个人目标。只有符合个人需要的目标才能起到激励作用。②目标应该是有价值的和可能实现的。这就要求目标既要有一定难度，富于挑战性，同时员工通过努力又是可以达到的。③目标必须是系统有序的。

(2) 榜样激励。也即典型激励。榜样的力量是无穷的。榜样激励是通过满足员工的模仿和学习的需要，把员工的行为引导到组织目标所期望的方向上去。在组织中，绝大多数员工都是有上进心的，在工作中都不甘落后，但往往不知道该怎么干，或在困难面前失去勇气与信心。通过树立先进事迹与领导者身先士卒的形象，可以为员工找到一面镜子，使人们向先进看齐，以先进为榜样，增强成功的决心和信心。

(3) 感情激励。感情激励就是加强与员工的感情沟通，对员工给予尊重、信任、关怀和支持，让员工体会到领导的关心、组织的温暖，从而激发员工的积极性。尊重与信任是人的一种较高层次的需要，人们在工作中，只有得到他人的尊重、信任和理解，才能获得心理上的满足，才会对自己充满信心，对他人满腔热情，感到生活充实、人生有价值，从而产生一种积极向上、奋发进取的动力。

(4) 荣誉激励。荣誉是组织对群体或个体的崇高评价，是满足人们自尊需要和激发人们积极进取心的重要手段。荣誉激励包括发给组织成员奖状、奖旗、奖牌，给予记功，授予称号等。

(5) 参与激励。参与激励就是鼓励员工参加企业的各项管理工作，培养员工的主人翁意识，使员工个人的利益与组织的利益趋于一致，民主管理强调员工以企业主人的身份参与企业事务，这样员工在感情上就容易与组织融为一体，他们的工作热情也就可以保持高涨状态，从而使组织活动取得更大的成果，企业员工的主人翁地位也可得到增强。

(6) 培训激励。培训激励就是通过为员工提供学习的机会来激励员工。员工虽然因学历、背景、个性、兴趣的不同而有不同的需求，但就大多数员工而言，都渴求不断充实自己，提高自己，使自己的潜在能力充分发挥出来。培训不仅可以提高员工的素质和能力，改善员工的工作态度，激发员工持久的工作动力，而且还可以为员工承担更富于挑战性的工作，承担更大的责任创造条件。因此，培训是调动员工积极性的有效方法。

2. 物质激励法

物质激励就是从满足人们的物质需要出发，通过改善员工物质利益以激发员工的工作积极性。物质激励的方法主要有：

(1) 晋升工资。即提高员工的工资水平。工资是人们工作报酬的主要形式，它与奖金的主要区别在于工资具有一定的稳定性和长期性。工作有成效的员工如果获得晋升工资的奖励，毫无疑问是获得了重大的物质利益。因此，晋升工资的激励方法一般用于奖励一贯表现良好，长期以来工作成绩突出的员工。

(2) 颁发奖金。奖金作为一种辅助的工资形式，它具有灵活性、针对性和及时性等特点。企业可以根据实际需要，设置不同的奖励项目，如技术革新、提合理化建议、提高产品质量、节约物资消耗等。

(3) 其他物质奖赏。除了货币性的工资与奖金之外，常用的其他物质激励手段还有住房、带薪休假等。特别是有些激励方法带有物质型激励与精神型激励相结合的特征，如健身俱乐部会员证等。

当代企业实行的职工持股制度也是一种物质奖励手段。除上述精神激励法和物质激励法之外，还有一种激励方法即工作激励法。工作激励是指通过分配恰当的工作来激发员工内在的积极性和工作热情。工作激励的具体方法主要有工作轮换、工作内容扩大化、工作内容丰富化等。

第三节　沟　通

一、沟通的含义

沟通（Communication）是指可理解的信息或思想在两个或两个以上的人群中的传递或交换的过程，目的是激励或影响人的思想或行为。

沟通在管理中的重要意义是：首先，沟通是协调各个体和各要素使企业成为一个整体的凝聚剂；其次，沟通是领导者激励下属，实现领导职能的基本途径；第三，沟通是企业与外部环境之间建立联系的桥梁。

1. 沟通的过程

在沟通过程中，至少存在着一个发送者和一个接收者（如图 8-7），即信息发出方和信息接收方。其中沟通的载体成为沟通渠道，编码和解码分

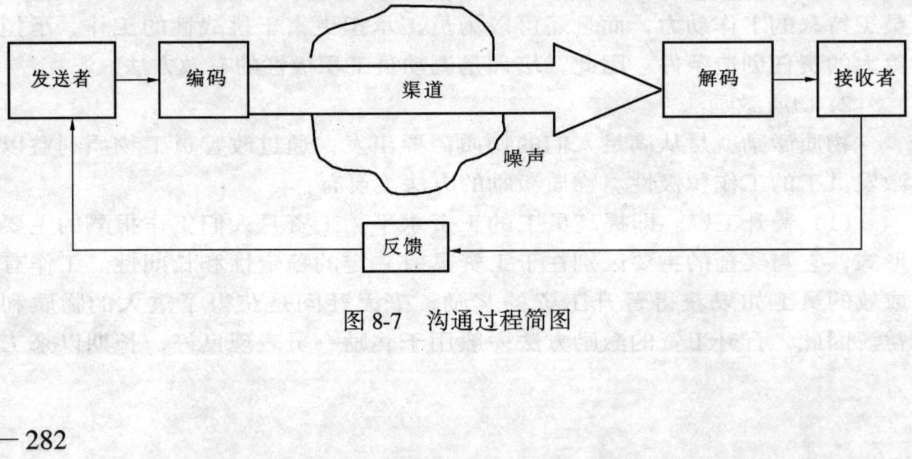

图 8-7　沟通过程简图

别是沟通双方对信息进行加工的过程。信息在发送者和接收者两者之间的传递是通过下述几个步骤进行的：

（1）发送者需要向接收者传送信息，这里所说的信息范围很广，包括诸如想法、观点、资料等。

（2）发送者将这些信息译成接收者能够理解的一系列符号，为了有效地进行沟通，这些符号必须能够符合适当的载体。例如，如果载体是书面报告，符号的形式应选择文字、图表或者照片。

(3)将上述符号传递给接收者。由于选择的符号种类不同,传递的方式也不同。传递的方式可以是书面的,也可以是口头的,甚至还可以是形体动作。

（4）接收者收到这些符号。接收者根据这些符号传递的方式，选择相对应的接收方式。

（5）接收者将这些符号解码为具有特定含义的信息。由于受发送者的编码和传递能力，以及接收者的接收和解码水平的限制，信息的内容和含义可能会被曲解。

（6）接收者理解所得到信息的内容。

（7）发送者通过反馈回来的信息了解其编码是否被对方准确无误地接收。图 8-7 中的反馈构成了信息的双向沟通。

2. 沟通的方式

按照功能划分，沟通可以分为工具式沟通和感情式沟通。工具式沟通指发送者将信息、知识、想法、要求传达给接收者，目的是影响和改变接收者的行为。感情式沟通指沟通双方表达情感，获得对方精神上的同情和谅解，最终改善相互之间的人际关系。

按照方法划分，沟通可分为口头沟通、书面沟通、非语言沟通和电子媒介沟通（见表 8-1）。

表 8-1 各种沟通方式比较

沟通方式	举　例	优　点	缺　点
口头	交谈、讲座、讨论会、电话	快速传递、快速反馈、信息量很大	传递中经过层次愈多信息失真愈严重，核实越困难
书面	报告、备忘录、信件、文件、内部期刊、布告	持久、有形、可以核实	效率低、缺乏反馈
非语言	声音、光信号、体态、语调	信息意义十分明确、内含丰富、含义隐含灵活	传递距离有限、界限模糊、只能意会而不能言传
电子媒介	传真、闭路电视、计算机网络、电子邮件（E－Mail）	快速传递、信息容量大、一份信息可同时传递给多人、廉价	单向传递

按照组织系统划分，沟通可分为正式沟通和非正式沟通；按照是否进行反馈划分，沟通可分为单向沟通和双向沟通（见表 8-2）。

表 8-2　单向沟通和双向沟通的比较

比较项目	结果
时间	双向沟通比单向沟通需要更多的时间
对信息的理解准确程度	在双向沟通中，接收者对信息以及发送者意图的理解准确程度大大提高
接受者和发送者的置信程度	在双向沟通中，接收者和发送者都比较相信自己对信息的理解
满意	接收者比较满意双向沟通，发送者比较满意单向沟通
噪声	由于与问题无关的信息较易进入沟通过程，双向沟通的噪声比单项沟通要大得多

二、人际沟通

（一）人际沟通的障碍

人际沟通过程中存在着信息失真的潜在可能性，哪些因素能够导致信息失真？

（1）过滤。过滤（Filtering）指故意操纵信息，使信息显得对接收者更为有利。比如，管理者所告诉上司的信息都是他想听到的东西，这位管理者就是在过滤信息。

过滤的程度与组织结构的层级和组织文化两个因素有关。在组织中的纵向层次越多，过滤的机会也越多。企业文化对过滤行为也有重要影响。如果奖励越注重形式和外表，管理者便越有意识按照对方的期望来调整和改变信息。

（2）选择性知觉。在沟通过程中，接收者会根据自己的需要、动机、经验、背景及其个人特点有选择地去看或去听信息。解码的时候，接收者还会把自己的兴趣和期望带进来。如果一名面试主考认为女职员总是把家庭的位置放在事业之上，则会在女性求职者中看到这种情况，无论求职者是否真有这种想法。

（3）情绪。在接收信息时，接收者的感觉也会影响到他对信息的解释。不同的情绪感受会使个体对同一信息的解释截然不同。极端的情绪体验，如狂喜或抑郁，都可能阻碍有效的沟通。这种状态常常使我们无法进行客观而理性的思维活动，代之以情绪性的判断。因此最好避免在很沮丧的时候作决策，此时我们无法清楚地思考问题。

(4) 语言。同样的词汇对不同的人来说含义是不一样的。年龄、教育和文化背景是三个最明显的因素，它们影响着一个人的语言风格以及他对词汇的界定。在一个组织中，员工常常具有不同的背景。另外，横向的分化使得专业人员发展了各自的行话和技术用语。在大型组织中，成员分布的地域十分分散（有些人甚至在不同国家工作），而每个地区的员工都使用该地区特有的术语或习惯用语。纵向的差异同样造成了语言问题，比如，像刺激和定额这样的词汇，对不同的管理层有着不同的含义。高层管理者常常认为它们是必需的，而下级管理者则把这些词汇理解为操纵和控制，并由此而产生不满。

(5) 非言语提示。非言语沟通几乎总是与口头沟通相伴，如果二者协调一致，则会彼此强化。比如，上司的言语告诉我他很生气，他的语调和身体动作也表明他很愤怒，于是我推断出他很恼火，这极可能是个正确的判断。当非言语线索与口头信息不一致时，不但会使接收者感到迷茫，而且信息的清晰度也会受到影响。如果上司跟你说他真心想知道你的困难，而当你告诉他情况时，他却在浏览自己的信件，这便是一组相互冲突的信号。

(二) 人际沟通的改善

1. 积极倾听

1) 积极倾听的基本要求

倾听是对信息进行积极主动的搜寻。在倾听时，接收者和发送者双方都在思考。有效的倾听是积极主动的，而单纯的听则是被动的。积极的倾听（Active listening）是一项辛苦的劳动，你需要精力集中，需要彻底理解说话者所说的内容。积极倾听常常比说话更容易引起疲劳，因为它要求脑力的投入，要求集中全部注意力。我们说话的速度是平均每分钟 150 个词汇，而倾听的能力则是每分钟可接受将近 1 000 个词汇，二者之间的差值显然留给了大脑充足的时间，使其有机会神游四方。运用积极倾听技术听课的学生，一堂 50 分钟的课下来，会和教师一样疲惫，因为他们在倾听时所投入的精力与教师讲课时投入的精力一样多。

积极的倾听有四项基本要求：专注、移情、接收、对完整性负责。

人的大脑容量能接受的说话速度，是一般人说话速度的 6 倍，这使得倾听时大脑有相当多的时间闲置未用。积极的倾听者精力非常集中地听说话人所说的内容，并关闭了其他成百上千混杂在一起、容易分散注意力的念头（如金钱、职业、聚会等）。那么，在大脑的空闲时间里积极的倾听者要干什么呢？它需要概括和综合所听到的信息，不断把每一个细微的新信息纳入到先前的框架中。

移情要求你把自己置身于说话者的位置上，努力去理解说话者想表达的含义，而不是你想理解的意思。你需要暂停自己的想法与感觉，而从说话者的角度调整自己的所闻所感，这样可以进一步保证你对所听到的信息的解释符合说话者的本意。

积极的倾听表现为接收，即客观地倾听内容而不作判断，这不是件容易的事。当我们听到自己不同意的观点时，会在心里阐述自己的看法并反驳他人所言。显然，这样做时我们会漏掉其他的信息。积极倾听者的挑战就是接收他人所言，而把自己的判断推迟到说话人说完之后。

对完整性负责是说，听者要千方百计地从沟通中获得说话者所要表达的信息，达到这一目标最常用的两种技术是，在倾听内容的同时倾听情感，以及通过提问来确保理解的正确性。

2）开发有效的倾听技能

（1）目光接触。当你在说话时对方却不看你，你的感觉如何？大多数人将其解释为冷漠和不感兴趣。“你用耳朵倾听，他人却通过观察你的眼睛来判断你是否在倾听。”目光接触可以使你集中精力，减少分心的可能性，并能鼓励说话的人。

（2）赞许性地点头。有效的倾听者会对所听到的信息表现出兴趣，赞许性地点头、恰当的面部表情，是向说话人表明你在认真聆听。

（3）避免分心动作。表现出感兴趣的另一做法是避免那些表明思想走神的举动。在倾听时，注意不要进行下面这类活动：看表、心不在焉地翻阅文件、拿着笔乱写乱画等。这会使说话者感觉到你很厌烦或不感兴趣。另外，这也表明你并未集中精力，因而很可能会遗漏一些说话者想传递的信息。

（4）提问。这一行为提供了直接交流的机会，保证了理解的准确度，并使说话者知道你在倾听。

（5）复述。复述（Paraphrase）指用自己的话重述说话者所说的内容，重述已经说过的话的原因是：第一，核查你是否认真地倾听了，如果你的思想在走神，你肯定不能精确复述出完整的内容；第二，可以检验自己理解的准确性。

（6）避免中间打断说话者。在你做出反应之前先让说话者讲完自己的想法，在说话者说时不要去猜测他的想法，当他说完时你就会知道了。

（7）不要多说。大多数人乐于畅谈自己的想法而不是聆听他人所说。

很多人之所以倾听仅仅因为这是能让别人听自己说话的必要付出。尽管说可能更有乐趣而沉默使人不舒服，但我们不可能同时做到听和说，一个好听众是知道这个道理并且不会多说的。

（8）角色转换。有效的倾听者能够使自己从说者到听者，从听者再回到说者的角色转换进行得十分流畅。

2. 运用反馈

很多沟通问题直接是由于误解或信息不准确造成的，如果管理者在沟通过程中使用反馈则会减少这些问题的发生。反馈可以用语言方式，也可以用非语言方式。当管理者问接收者“你明白我的话了吗?”时，所得到的答复代表着反馈，还可以让接收者用自己的话复述接收到的信息，如果管理者听到的复述正如本意，则可增强理解与沟通的精确性。

综合评论可以使管理者了解接收者对信息的反应。

另外，绩效评估、薪金核查以及晋升都是反馈的重要形式。

1）积极反馈与消极反馈

对积极反馈的感知比消极反馈更快更准，而且，积极反馈几乎总是被接受，消极反馈则常常遭到抵制，因为人们希望听到好消息而讨厌坏消息，积极反馈正是大多数人希望听到的，并且人们总认为自己确实如此。

这是否意味着你应避免提供消极反馈呢？不！这意味着你应认识到这种潜在的抵触，并学会在最易于接受的情境下进行消极反馈。研究表明，当消极反馈来自于可靠的信息源或其形式客观时，最容易被接受，此外，当消极反馈来自于地位很高或很值得依赖的人时，作用比较明显。

2）开发有效的反馈技能

（1）批评时应具体，表扬时不能太具体。反馈应具体化而不是一般化，要避免下面这样的陈述：“你的工作态度很不好。”或“你的出色工作留给我深刻印象。”这些都过于模糊。

如果这样说：“鲍勃，我对你的工作态度很感忧虑，昨天的员工会议你迟到了半个小时，并告诉我你还没来得及阅读我们正在讨论的初步报告。今天你又要提前走3个小时去看牙医。”或者说，“简，你对我们的客户菲利普公司所做的工作让我很满意，上个月他们在我公司的购买总额提高了22%。几天前我接到菲利普先生打来的电话，称赞你对于××产品规格的变化回答得极为迅速。”这两个陈述均针对于具体行为，它们告诉接收者你因何批评或赞扬。

（2）批评时应对事不对人，表扬时既对事又对人。反馈应针对于工作，而永远不要因为一个不恰当的活动而指责个人，说某人“很笨”、“没能力”等。这样常常会导致相反的结果，它会激起极大的情绪反应，这种反应很容易忽视了工作本身的错误。当你进行批评时，记住你指责的是与工作相关的行为，而不是个人。你可能很冲动地想说某人“无礼且迟钝”(也许这是真的)，但这与事情本身无关。最好这样说：“你三次打扰了我，都是因为不紧急的事情。而你又知道我正在与客户通长途电话。”

(3) 把握反馈的良机。接收者的行为的发生与获得对该行为的反馈两者之间相隔时间非常短时，反馈最有意义。比如，当新员工犯了一个错误时，最好紧接在错误之后或在当天工作结束时就能够从主管那里得到改进的建议，而不是要等到几个月后的绩效评估时才获得。如果你需要花时间重新回想当时的情境和恢复某人的记忆，那么你所提供的反馈很可能是无效的。当然，如果你尚没有获得充足的信息，或者你很恼火，或者情绪极为低落，此时仅仅为了达到快速的目的而匆忙提供反馈则会适得其反，在这些情况下，反馈的“良机”意味着“一定程度的推迟”。

(4) 确保理解。你的反馈是否足够清楚、完整以使接收者能全面准确地理解你的意思？每一次成功的沟通都需要信息的传递与理解。

(5) 使消极反馈指向接收者可控制的行为。让他人记住那些自己无法左右的缺点毫无意义，消极反馈应指向接收者可以改进的行为。比如，责备员工因为忘记给钟表上闹铃而上班迟到是有价值的。但要责备她因为每天上班必乘的地铁出了电力故障，使她在地铁里整整待了一个半小时而迟到则毫无意义，这种情况是她自己无法改变的。

3. 简化语言

由于语言可能成为沟通障碍，因此管理者应该选择措辞并组织信息，以使信息清楚明确，易于接收者理解。管理者不仅需要简化语言，还要考虑到信息所指向的听众，以使所用的语言适合于接收者。记住，有效的沟通不仅需要信息被接收，而且需要信息被理解。通过简化语言并注意使用与听众一致的言语方式可以提高理解效果。比如，使用在所有的人都理解其意义的群体内的行话会使沟通十分便利，但在本群体之外使用行话则会造成无穷的问题。

在传递重要信息时，为了使语言问题造成的不利影响减少到最低程度，可以先把有关信息告诉不熟悉这一内容的人。比如，在正式沟通之前让接收者阅读演讲词是一种十分有效的手段，这有助于确认含混的术语、不清楚的假设或不连续的逻辑思维。

4. 抑制情绪

如果认为管理者总是以完全理性化的方式进行沟通，那太天真了。我们知道情绪能使信息的传递严重受阻或失真。当管理者对某件事十分失望时，很可能会对所接收的信息发生误解，并在表述自己信息时不够清晰和准确。那么管理者应该如何行事呢？最简单的办法是暂停进一步的沟通直至恢复平静。

5. 注意非言语提示

我们说行动比言语更明确，因此很重要的一点是注意你的行动，确保它们和语言相匹配并起到强化语言的作用。非言语信息一般在沟通中占据很大比重，因此，有效的沟通者十分注意自己的非言语提示，保证它们也同样传达了所期望的信息。

三、组织沟通

（一）正式沟通

正式沟通是指通过组织明文规定的渠道所进行的信息的传递和交流。例如，组织规定的汇报制度，定期或不定期的会议制度，上级的指示按组织系统逐级向下传达，或下级的情况逐级向上级反映等，都属于正式的沟通。在正式的沟通渠道中存在五种典型的沟通网络，即轮式、“Y”式、链式、圆周式和全通道式，这些沟通网络对群体活动效率有不同的影响（见表 8-3）。

表 8-3　五种沟通网络比较

沟通网络		轮式	“Y”式	链式	圆周式	全通道式
图示				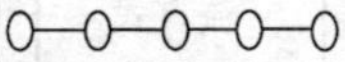	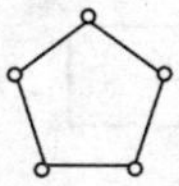	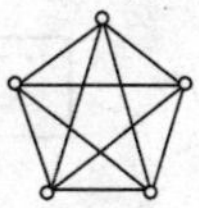
领导明确性		高	高	中等	中等	低
成员满意感		低	低	中等	中等	高
工作质量	任务复杂时	低	低	中等	中等	高
	任务简单时	高	高	中等	中等	中等

轮式又称为星式。在这一网络中，成员间缺少沟通，这将导致成员满意感降低，只有领导者一个人感到满意。如果群体的任务复杂，那么这一沟通网络所带来的工作质量将很低。但如果任务简单，而且成员都愿意接受领导者的权威，那么它的效果将是积极的。“Y”式的情况与轮式很相似。

链式沟通是指人们只与群体中的某些人沟通，而他们各自又有自己的沟通对象，谁是领导不明确。在这种网络中，成员的满意感比轮式强一些。从群体绩效来看，这种网络在完成简单和复杂任务时，绩效都属中等。其主要缺点是协同努力差。

圆周式与链式非常相似，唯一的区别是首尾二人有联系，其优缺点与链式的也很相似。

全通道式网络中，所有的人都可以与其他任何一人沟通。其结果是领导不明确，似乎每一成员都有决策权。在全通道网络中，群体成员满意感很高，完成复杂任务的绩效也很高。当任务简单时，绩效只是中等，主要是其所费的时间较长。由于时间是最有价值的资源，所以在解决简单任务时，最好使用轮式沟通网络。

显然，每种沟通网络均有优缺点，作为管理者要权衡利弊来决定使用何种网络，解决问题的质量和过程都是权衡的标准。

（二）非正式沟通

信息的传播不仅通过正式沟通渠道进行，有些消息往往还通过非正式渠道传播的。戴维斯（Keith Davis）曾对小道消息的传播进行了研究，发现有四种传播方式（见图 8－8）。

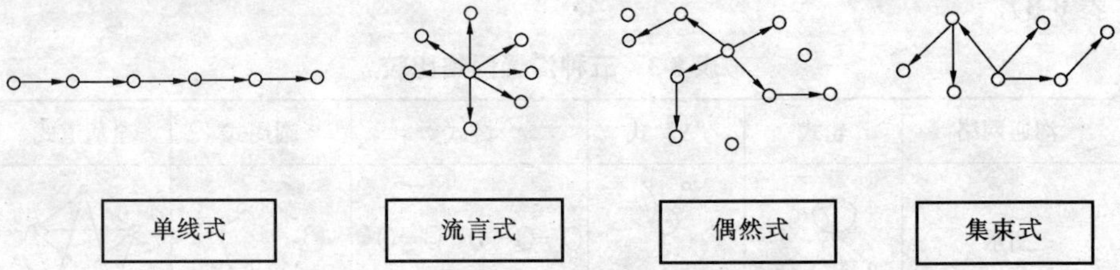

图 8－8　四种小道消息传播网络

单线式的传播方式是通过一连串的人把消息传播给最终的接收者。流言式是一个人主动把小道消息传播给其他人。偶然式是按偶然的机会传播小道消息。集束式是把小道消息有选择地告诉自己的朋友或有关的人。

戴维斯的研究结果证明，小道消息传播的最普通形式是集束式。例如，在一个大公司里，总经理准备邀请 36 名地位较高的经理到郊外野餐。在发出请帖之前，小道消息已经传播出去了。据调查，36 名被邀请的经理在接到请帖之前几乎全部知道了这个消息，而在未被邀请的地位较低的经理中，只有两个知道这个消息，这两个人之所以能够知道，还是因为传播消息者误认为这两人也在被邀请之列。这一实例以及其他许多实例都表明，小道消息的传播者往往只把消息告诉经过选择的对象，即按集束式传播消息。

小道消息的传播者往往是固定的一些人，在任何一个群体中，总有这么一些喜欢发布新闻或闲聊的人。其他人不是从领导而是从这些人那得知群体中将要发生的事情，有许多重要信息就是通过这一渠道传播的。

关于小道消息的传播存在着不同的观点，一些人认为传播小道消息是散布流言蜚语，应严加禁止。另一些人认为通过非正式沟通渠道散布小道消息，也能在企业中起积极作用。应该说，非正式沟通是客观存在的，关键是管理者能否利用它为群体或组织的目标服务。

（三）组织沟通的障碍

在沟通的过程中，由于存在着外界干扰以及其他种种原因，信息往往被丢失或被曲解，使得信息的传递不能正常地运行。因此组织沟通存在有效沟通的问题。所谓有效沟通，简单地说就是传递和交流信息的可靠性和准确性高，表明了组织对内外噪声的抵抗能力，因而和组织智能（organizational intelligence）是连在一起的。沟通的有效性越明显，说明组织智能越高。影响有效沟通的障碍包括下列因素。

1. 个人因素

个人因素主要包括两大类：一是有选择地接受，另一是沟通技巧的差异。所谓有选择地接受，是指人们拒绝接受与他们的期望不一致的信息。研究表明，人们往往听或看他们感情上能够接纳的东西，或他们想听或想看的东西，甚至只愿意接受中听的，拒绝不中听的东西。除了人们接收能力有所差异外，许多人运用沟通的技巧也很不相同。有的人擅长口头表达；有的人擅长文字描述。所有这些问题都妨碍有效沟通的进行。

2. 人际因素

人际因素主要包括沟通双方的相互信任程度、信息来源的可靠度和发送者与接收者之间的相似程度。沟通是发送者与接收者之间“给”与“受”的过程。信息传递不是单方面的，而是双方面的事情，因此，沟通双方的诚意和相互信任至关重要。上下级间的猜疑只会增加抵触情绪，减少坦率交谈的机会，也就不可能进行有效的沟通。

信息来源的可靠性由下列四个因素所决定：诚实、能力、热情、客观。有时，信息来源可能客观上并不同时具有这四个因素，但只要信息接收者认为具有即可。信息来源的可靠性实际上是由接收者主观决定的，就个人来说，员工对上级是否满意很大程度上取决于他对上级可靠性的评价；就团体而言，可靠性较大的工作单位或部门比较能公开、准确和经常地进行沟通，它们的工作成就也相应地较为出色。

沟通的准确性与沟通双方间的相似性有着直接的关系。沟通双方特征的相似程度将影响沟通的难易程度和坦率性。沟通一方如果认为对方与自己很接近，那么他将比较容易接受对方的意见，并且达成共识。相反，如果沟通一方视对方为异己，那么信息的传递将很难进行下去。

3. 结构因素

结构因素包括地位差别、信息传递链、团体规模和空间约束四个方面。研究表明，沟通双方的地位的高低对沟通的方向和频率有很大的影响，地位悬殊越大，信息趋向于从地位高的流向地位低的。事实清楚地表明，地位是沟通中的一个重要障碍。

信息通过的等级越多，到达目的地的时间也越长，信息失真则越大。这种信息连续地从一个等级传递到另一个等级时所发生的变化，称为信息链传递现象。

当工作团体规模较大时，人与人之间的沟通也相应地变得较为困难，这是由于沟通渠道的增长大大超过人数的增长。

企业中的工作常常要求员工只能在某一特定地点进行操作，这种空间约束对沟通所产生的影响往往在员工单独于某位置工作或在数台机器之间往返运动时尤为显得突出。空间约束不利于员工之间的交流，限制了他们的沟通。一般来说，两人之间的空间距离越短，他们交往的频率也越高。

4. 技术因素

技术因素主要包括语言、非语言暗示、媒介的有效性和信息过量等。

大多数沟通的准确性依赖于沟通者赋予字和词的含义。由于语言只是个符号系统，本身没有任何意思，它仅仅是我们描述和表达个人观点的符号或标签。每个人表述的内容常常是由他独特的经历、个人需要、社会背景等决定的。因此，语言和文字极少对发送者和接收者双方都具有相同的含义，更不用说许许多多的不同的接收者。语言的不准确性不仅仅表现在对符号的不同理解，而且它能激发各种各样的感情，这些感情可能又会进一步歪曲信息的含义。同样的字词对不同的团体来说，会导致完全不同的感情和不同的含义。

管理人员十分关心各种不同沟通工具的效率。一般来说，书面和口头沟通各有所长。书面沟通常常用于传递篇幅较长、内容详细的信息。其优点是：为读者提供适合自己的速度、用自己的方式阅读材料的机会，易于远距离传递，易于储存并在做决策时可提取信息，因为它经过多人审阅所以比较准确。

口头沟通适合于需要翻译或精心编制才能使拥有不同观念和语言才能的人理解的信息。其优点是：快速传递信息，并且可以立即得到反馈；可传递敏感的或秘密的信息；可传递不适用书面媒介的信息；适合于传递感情和非语言暗示的信息。

总之，选择何种沟通工具，在很大程度上取决于信息的种类和目的，还与外界环境和沟通双方有关。

（四）组织沟通的改善

（1）明确沟通的重要性，正确对待沟通。管理人员十分重视计划、组织、领导和控制，对沟通常有忽视。他们认为信息的上传下达有了组织系统就可以了，对非正式沟通中的“小道消息”常常采取压制的态度，这些表明企业管理层没有从根本上对沟通给予足够的重视。

（2）培养“听”的艺术。对管理人员来说，“听”不是件容易的事。表8-4是关于“听”的艺术。

表8-4　“听”的艺术

倾听时提倡的行为	倾听时尽量避免的行为
表现出兴趣	争辩
全神贯注	打断
该沉默时必须沉默	从事与谈话无关的活动
选择安静的地方	过快地或提前做出判断
留适当的时间用于辩论	草率地给出结论
注意非语言暗示	被现场发生的其他事件所打扰
当你没有听清楚时，请以提问的方式要求重复一遍	
当你发现遗漏时，直截了当地问清楚	

（3）创造一个相互信任、有利于沟通的小环境。信任不是从天上掉下来的，而是诚心诚意争取来的。

（4）缩短信息传递链，拓宽沟通渠道，保证信息的畅通无阻和完整性。

如减少组织机构重叠，在利用正式沟通的同时，开辟高层管理人员至基层管理人员的非正式的沟通渠道，以便于信息的传递。

(5) 建立特别委员会，定期加强上下级的沟通。特别委员会由管理人员和第一线的工人组成，定期相互讨论各种问题。

(6) 建立非管理工作组。当企业内发生重大问题并引起上下关注时，管理人员可以授命组成非管理工作组。该工作组有一部分管理人员和一部分职工自愿参加，利用一定的时间调查问题，并向最高主管部门汇报。最高管理层也要及时公布他们的报告，就某些重大问题或“热点”问题在全企业范围内进行沟通。

(7) 加强平行沟通，促进横向交流。通常，企业内部的沟通以与命令链相似的垂直沟通居多，部门之间、车间之间、工作小组之间的横向交流较少，而平行沟通却能加强横向的合作。这一方式对组织间沟通尤为奏效。

(8) 强化有效信息的甄选。我们生活在一个信息爆炸的年代，企业主管人员面临着“信息过量”的问题。例如，管理人员只能利用他们所获得信息的1/100到1/1 000进行决策。信息过量不仅使得主管人员没有时间去处理，而且也使他们难于向同事提供有效的、必要的信息，沟通也随之变得困难重重。

【案例分析】

案例1　沟通障碍造成的空难

1990年1月25日晚7:40，阿维安卡52航班飞行在南新泽西海岸上空37 000英尺的高空中，机上的油量可以维持近两个小时的航程，在正常情况下飞机降落至纽约肯尼迪机场仅需不到半小时的时间，这一缓冲保护措施可以说十分安全。然而，此后发生了一系列耽搁。首先，晚上8:00整，肯尼迪机场航空交通管理员通知52航班的飞行员由于严重的交通问题他们必须在机场上空盘旋待命。8:45，52航班的副驾驶员向肯尼迪机场报告他们的“燃料快用完了”。管理员收到了这一信息，但在9:24之前，飞机没有被批准降落。在此之前，阿维安卡机组乘员再没有向肯尼迪机场传递任何有关情况十分危急的信息，但飞机座舱中的机组乘员却相互紧张地通知他们的燃料供给出现了危机。

9:24，52航班第一次试降失败。由于飞行高度太低及能见度太差，因而无法保证安全着陆。当肯尼迪机场指示52航班进行第二次试降时，机组乘员再次提到他们的燃料将要用尽，但飞行员却只告诉管理员新分配的飞行跑道“可行”。9:32，飞机的两个引擎失灵，1分钟后，另外两个也停止了工作，耗尽燃料的飞机于9:34坠毁于长岛，机上73名人员全部遇难。

当事后调查人员考察了飞机座舱中的磁带并与当事的管理员讨论之后，他们发现导致这场悲剧的原因是沟通的障碍。为什么一个简单的信息既未被清楚地传递又未被充分地接受呢？下面我们对这一事件进行进一步的分析。

首先，飞行员一直说他们“油量不足”，机场交通管理员告诉调查人员这是飞行员们经常使用的一句话。当飞机降落被延误时，管理员认为每架飞机都存在燃料问题。但是，如果飞行员发出“燃料危急”的呼声，管理员有义务优先为其导航，并尽可能迅速地允许其着陆。一位管理员指出，“如果飞行员表明情况十分危急，那么所有的规则程序都可以不顾，我们会尽可能以最快的速度引导其降落的。”遗憾的是，52航班的飞行员从未说过“情况紧急”，所以肯尼迪机场的管理员一直未能理解到飞行员所面对的真正困难。

其次，52航班飞行员的语调也并未向管理员传递有关燃料紧急的严重信息，许多管理员接受过专门训练，可以在这种情境下捕捉到飞行员声音中极细微的语调变化。尽管52航班的机组乘员之间表现出对燃料问题的极大忧虑，但他们向肯尼迪机场传达信息的语调却是冷静而职业化的。

最后，飞行员的文化和传统以及机场的职权也使得52航班的飞行员不愿意声明情况紧急。当对紧急情况进行正式报告之后，飞行员需要写出大量的书面汇报。另外，如果发现飞行员在计算飞行中需要多少油量方面疏忽大意，联邦飞行管理局就会吊销其驾驶执照。这些消极的强化因素极大阻碍了飞行员发出紧急呼救。在这种情况下，飞行员的专业技能和荣誉感便变成了赌注。

案例思考题

1. 分析52航班飞行员与肯尼迪机场交通管理员之间的沟通。

2. 具体陈述如何使用积极倾听技术以阻止这场空难。

3. 目前在主要的国际机场中大量的航班是国外航班，因而飞行员与机场空中管理员所使用的母语通常不同，此时管理员如何才能有效地工作？

案例2 布拉德利服装公司的人员激励

艾丽斯·约翰逊是布拉德利服装公司（女子服装和衣着用品的生产者）的人事经理，她刚从一个管理开发研究班回来，在那里对激励特别是马斯洛和赫茨伯格的理论产生了相当的兴趣。她为马斯洛清晰的需要层次理论和赫茨伯格的激励因素和保健因素理论所触动，认为这个公司可以立即运用它们。她欣赏这两种激励方法的简单易用，并且觉得公司的工资和薪水水平在本行业中已是最好的了。她相信，公司应该将精力集中在赫茨伯格的激励因素上。

结果她说服了公司的执行委员会，去着手制订了关于强调表彰、提升、更大的个人责任、成就并使工作更有挑战性等各种计划。计划运转了几个月之后，她迷惑了，发现结果并不如她所期望的那样。

服装设计人员对计划的反应好像并没有引起热情。有些人觉得他们已经有了一个挑战性工作了，给他们的成就感已由他们超过销售定额实现了，给他们的佣金支票就是对他们的表彰。并且对他们来说，所有这些计划都是浪费时间。裁剪员、缝纫工、熨衣工和包装工的感受是各种各样的。有些人随着新计划的实行而受到表扬，反应良好；但是另外一些人则认为这是管理人员的诡计，要让他们更拼命工作而不增加任何工资。他们企业的工会代表同后面那些人的意见一致，公开批评这些计划。

反应如此悬殊，约翰逊女士也受到公司最高层主管人员的不少批评，他们以为自己被一个过度热心的人事经理欺骗了。在同该公司的管理顾问讨论这个问题时，顾问对约翰逊女士的意见是：她把对人的激励想象得过于简单了。

案例思考题

1. 你认为这个计划为什么会引起这么多的争议？

2. 为什么管理顾问说，约翰逊女士对人的激励观念想象得过于简单了？请详细分析之。

3. 如果你是约翰逊女士，你会做些什么？

本章思考题

1. 分析需求、动机、激励三者间的关系。

2. 激励作用表现在哪些方面？

3. 双因素理论的内容及其应用价值是什么？
4. 主要的激励方法有哪些？各适用于什么情况？
5. 如何对沟通进行分类？
6. 有效沟通的障碍是什么？如何克服？
7. 期望理论是否符合中国的国情？试举例说明。

第九章

控　制

本 章 提 要

控制是管理的又一重要职能。本章主要介绍控制的概念、性质、系统构成及控制的基本性质。在此基础上，本章还重点介绍控制的类型。

控制是管理过程的最后一项职能，但它的重要性并不因为排在最后而逊于其他职能。由于计划工作和控制工作密切相关，因此，在管理实务中，这两个职能是不可能分开的。但从概念上将计划工作和控制工作加以区分却是明智的。

第一节　控 制 基 础

与对计划职能、组织职能和领导职能的研究相比，现有的对控制职能的研究是比较薄弱的。因为，长期以来，人们一直将控制误解为就是财务控制，将控制工作看作是会计或审计人员的工作。这些误解妨碍了对控制职能的研究。只有把控制看作是主管人员的工作，看作是管理工作的有机组成部分，才有可能对控制职能进行系统的分析研究。

一 、控制的性质

控制是在计划与实际工作之间实现一致的过程，一方面，它是确立标准以指导实际活动的过程；另一方面，它也是实施标准使实际工作与计划相一致的过程。

“控制”一词有多种含义，有时它表示“限制”或“约束”，有时表示“指挥”或“命令”，有时又表示“核对”或“检查”。第一种含义将控制理解为如何驾驭别人，使对方受制于自己权力的支配之下。这种消极的理解容易引起下一级人员的反感、厌恶和对抗，不利于实现组织的目标。第二种含义是将指挥与控制混为一谈，同样含有运用职权使人服从之意。现代管理学认为，控制的意义应该是指第三种理解，就是核对或检查实际工作状况，并与预定的计划相比较，发现偏差时予以纠正，以保证计划的实现。

控制工作包括以下两个部分：第一，对业务工作的控制，即通过不断检查和纠正工作中的偏差，使工作按照原定计划进行，使任务能够完成；第二，对下属人员的控制，即通过对下属人员工作表现的考核和评估，希望他们尽职尽责，执行任务。有效的控制工作应兼顾上述两个方面。

控制必须与其他各项管理职能相联系，联系越密切，控制效果越佳。其中，控制与计划和组织两项职能的关系尤其密切，被视为控制的两个基本前提。控制之始必须有计划，因为，控制是以计划为根据的，计划越是明确、全面和完整，控制的效果就越好。这是因为，如果管理者事先不知道所期望的是什么，他就无法判断他的单位是否正在实现所期望的目标。控制的另一个基本前提是要有组织机构，组织机构越是明确、全面和完整，控制工作就会越有效果。这是因为，控制活动是要由人来进行的，如果不明确规定各级组织机构的职责，我们就无法知道哪个部门应当承担产生偏差的责任，也无法知道应当由谁来采取纠正措施。总之，控制如果与计划、组织和领导职能相脱节，它一定是无效的。

二、有效控制的原则

控制的目的是保证企业活动符合计划的要求，从而有效地实现预定目标。但是，并不是所有的控制活动都能达到预期的目的。为此，有效的控制应具有下述特征。

（一）适时控制

企业经营活动中产生的偏差只有及时采取措施加以纠正，才能避免偏差的扩大或防止偏差对企业所产生的不利影响的扩散。及时纠偏，要求管理人员及时掌握能够反映偏差产生及其严重程度的信息。如果等到偏差已经非常明显，且对企业造成了不可挽回的影响后，反映偏差的信息才显示，那么，即使这种信息是非常系统、绝对客观、完全正确的，也不可能对纠正偏差带来任何指导作用。纠正偏差的最理想方法应该是在偏差未产生以前，就预见到偏差产生的可能性，从而预先采取必要的防范措施，防止偏差的产生。

预测偏差的产生，虽然在实践中有许多困难，但在理论上是可行的，即可以通过建立企业经营状况的预警系统来实现。我们可以为需要控制的对象建立一条警报线，反映经营状况的数据一旦超过这个警戒线，预警系统就会发出警报，提醒人们采取必要的措施防止偏差的产生和扩大。

（二）适度控制

适度控制是指控制的范围、程度和频度要恰到好处。要做到恰到好处的控制必须注意以下几个方面的问题。

1. 防止控制过多或控制不足

控制常给被控制者带来某种不愉快。但是如果缺乏控制则可能导致组织活动的混乱。有效的控制应该既能满足对组织活动进行监督和检查的需要，又要防止与组织成员发生强烈的冲突，适度的控制应能同时体现这两个方面的要求。一方面，要认识到，过多的控制会对组织中的成员造成伤害，对组织成员行为的过多限制，会扼杀他们的积极性、主动性和创造性，会抑制他们的创新精神，从而影响个人能力的发挥和工作热情的提高，最终会影响企业的效率；另一方面，也要认识到，过少的控制，将不能使组织活动有序地进行，不能保证各部门活动进度和比例的协调，将会造成资源的浪费。此外，过少的控制还可能使组织中的个人无视组织的要求，我行我素，不向组织提供必需的贡献，甚至利用其在组织中的便利地位谋取个人利益，最终导致组织的涣散和崩溃。

判断控制程度适当与否，要受到许多因素的影响。判断控制程度或频度是否适当的标准，通常要随活动性质、管理层次以及下属受培训程度等因素的变化而变化。一般来说，对科研机构的控制程度应小于生产企业，企业中对科室人员工作的控制要少于现场的生产作业者，对受过严格训练而能力较强的管理人员的控制程度要低于那些缺乏必要训练的新任管理者或单纯的执行者。此外，企业环境的特点也会影响人们对控制程度的判断。在市场疲软时期，为了共渡难关，部分职工会同意接受比较严格的行为限制，而在经济繁荣时期则希望工作中有较大的自由度。

2. 处理好全面控制与重点控制的关系

任何组织都不可能对每一个部门、每一个环节的每一个人在每一时刻的工作情况进行全面的控制。值得庆幸的是，并不是所有成员的每一项工作都具有相同的发生偏差的概率，并不是所有可能发生的偏差都会对组织带来相同程度的影响。企业工资成本超出计划的5%对经营成果的影响要远远高于行政系统的邮资费用超过预算的20%。全面系统的控制不仅代价极高，而且也是不必要的。适度控制要求企业在建立控制系统时，利用ABC分析法和例外原则等工具找出影响企业经营成果的关键环节和关键因素，并据此在相关环节上设立预警系统或控制点，进行重点控制。选择关键控制点是一条比较重要的控制原则，找准了关键控制点，主管人员便可以管理一大批下属，从而扩大管理幅度，达到节约成本和改善信息沟通的效果，同时，也使主管人员可以有限的时间和精力做出更加有成效的业绩。

3．对控制费用与控制收益的权衡

任何控制都需要一定费用。衡量工作成绩，分析偏差产生的原因，以及为了纠正偏差而采取的措施，都需支付一定的费用；同时，任何控制，由于纠正了组织活动中存在的偏差，都会带来一定的收益。一项控制，只有当它所带来的收益超出其所需成本时，才是值得的。控制费用与收益的比较分析，实际上是从经济角度去分析上面考察过的控制程度与控制范围的问题。

（三）客观控制

控制工作应该针对企业的实际状况，采取必要的纠偏措施，或促进企业活动沿着原先的轨道继续前进。因此，有效的控制必须是客观的、符合企业实际的。客观的控制源于对企业经营活动状况及其变化的客观了解和评价。为此，控制过程中采用的检查、测量的技术和手段必须能正确地反映企业经营在时空上的变化程度和分布状况，准确地判断和评价企业各部门、各环节的工作与计划要求的相符或相背离程度，这种判断和评价的正确程度还取决于衡量工作成效的标准是否客观和恰当。为此，企业还必须定期检查过去制定的标准和规范，使之符合现实的要求。另外，由于管理工作带有许多主观成分，因此，对一名下属人员的工作是否符合计划要求不应不切实际地加以主观评定，只要是凭主观来控制的地方，都会影响对下层业绩的判断。没有客观的标准、态度和准确的检测手段，人们对企业的实际工作就不易有一个准确的认识，从而难以制定出正确的措施，进行客观的控制。

（四）弹性控制

企业在生产经营过程中经常可能遇到某种突发的、无力抗拒的变化，这些变化使企业计划与现实条件严重背离。有效的控制系统应在这样的情况下仍能发挥作用，维持企业的运营，也就是说，控制系统应该具有灵活性或弹性。

弹性控制通常与控制的标准有关。比如说，预算控制通常规定了企业各经营单位的主管人员在既定规模下能够用来购买原材料或生产设备的资金额度。这个额度如果规定得很死，那么一旦实际产量或销售量与预测数发生差异时，预算控制就可能失去意义。当经营规模扩大时，会使经营单位感到经费不足；而当销售量低于预测水平时，则可能使经费过于宽绰，甚至造成浪费。有效的预算控制应能反映经营规模的可能变化，应该考虑到未来的企业经营规模可能呈现出不同的水平，从而为企业经营规模的不同参数值规定不同的经营额度，使预算在一定范围内是可以变化的。

弹性控制有时也与控制系统的设计有关。通常组织的目标并不是单一的，而是多重目标的组合。由于控制系统的存在，人们为了避免受到指责或是为了使业绩看起来不错，会故意采取一些行动，从而直接影响一个特定控制阶段内信息系统所产生的数据。例如，如果控制系统仅仅以产量作为衡量依据，则员工就会忽略质量，如果衡量的是财务状况，那么员工就不会在实现生产指标上花费更多时间。因此采取多重标准可以防止工作中出现做表面文章的现象，同时也能够更加准确地衡量实际工作和反映组织目标。一般来说，弹性控制要求企业制定弹性的计划和弹性的衡量标准。

除此之外，一个有效的控制系统还应该站在战略的高度，抓住影响整个企业行为或绩效的关键因素。有效的控制系统往往集中精力于例外发生的事情，即例外管理原则。凡已出现过的事情，皆可按规定的控制程序处理，第一次发生的事情，需投入较大的精力。

三、控制的过程

从本质上来看，管理系统中的控制过程与物理系统、生物系统和社会系统中的控制过程是相同的。控制论创立人诺伯特·维纳（Norbert Wiener）指出，所有类型的系统都是通过信息反馈揭露目标实现过程中的错误，并采取纠正措施来控制自己的。

反馈控制系统具有四个基本要素：

第一，输入目标信息；

第二，测量输出信息并返送到输入端；

第三，将输出的结果信息与输入的目标信息进行比较，求出差值信息；

第四，利用差值信息对系统进行调节，使之达到期望的输出。

管理控制就是这样一种典型的反馈控制系统。

管理控制过程包括以下三个步骤：

（1）确定标准。要控制就要有标准。因此，控制过程的第一步就是确定标准。目标和计划是控制的总标准。为了对各项业务活动实施控制，还必须以总标准为依据设置更加具体的标准，如劳动定额、消耗定额、生产进度、质量标准等，作为控制的直接依据。

(2) 衡量成效。衡量成效就是按照标准衡量工作实绩达到标准的程度。当工作实绩低于（或超过）标准时，就说明工作出现偏差。这一步骤包括两方面内容：搜集反映实际成效的信息；比较实际成效与标准，找出差距。

(3) 纠正偏差。采取必要措施纠正偏差是控制过程的关键。它要求在衡量工作成效的基础上，针对偏离标准的偏差，进行及时有效地纠正，从而回复到原定标准中去。

控制过程的三个步骤是紧密联系的。没有第一步确定标准，就不会有衡量实际成效的依据；没有第二步实际成效与标准的比较，就不会知道是否存在偏差以及是否需要采取纠正措施；没有第三步纠偏措施的制定和落实，控制过程就会成为毫无意义的活动。

四、控制的焦点

管理者控制什么？许多控制的努力总是使用在控制以下五个方面上，即人员、财务、作业、信息和组织的总体绩效。

1. 人员

管理者是通过他人来实现其目标的。为了实现目标，管理者必须依靠下属员工，因此管理者让员工按照其所期望的方式去工作是非常重要的。为了做到这一点，管理者最简单的做法就是直接巡视和评估员工的表现。在日常工作中，管理者的任务是观察员工的工作并纠正出现的问题。

管理者对员工的工作进行系统化的评估是一种非常正规的控制方法，这样每一位员工的近期绩效都可以得到鉴定。下面列举了一些控制员工的方法。在实践中，管理者几乎用到了所有列举的方法来增大员工按期望的方式去工作的可能性。

①甄选。即识别和雇用那些价值观、态度和个性符合管理当局期望的人。

②设定目标。当员工接受了具体目标，这些目标就会指导和限制他们的行为。

③职务设计。职务设计的方式很大程度上决定着人们可从事的任务、工作的节奏、类似的活动。

④定向。员工定向规定了何种行为是可以接受的和不可接受的。

⑤直接监督。管理者亲临现场可限制员工的行为并迅速发现偏离标准的行为。

⑥培训。正式培训能够向员工传授所期望的工作方式。

⑦传授。老员工正式或非正式的传授活动向新员工传递了“该知道和不该知道”的规则。

⑧正规化。正式的规则、政策、职务说明书和其他规章制度规定了可接受的行为和禁止的行为。

⑨绩效评估。员工会以能完成各种指标的行为方式行事。

⑩组织报酬。报酬是一种强化和鼓励所期望的行为和消除不期望的行为的手段。

⑪组织文化。通过故事、仪式和高层管理者的表率作用，文化传递了有关什么是构成人们的适宜行为的信息。

2. 财务

企业的首要目标是获得利润。在追求这个目标时，管理者需要借助于费用（成本）控制来降低成本并使资源得到充分利用。他们可能审阅每季度的收支报告以发现多余的支出，也可能计算几个常用的财务指标，以保证有足够的资金用于支付各种费用，保证债务负担不至于太重，保证所有的资产都得以有效利用。

以下概括了一些常用的财务比率指标，用来考察组织在利用资产、负债、库存等方面的效率：流动比率、速动比率，资产负债率、利息收益倍比，存货周转率、总资产周转率，销售利润率、投资收益率。

3. 作业

一个组织的成功，很大程度上取决于它在生产产品或提供服务方面的效率和效果。作业控制方法是用来评价一个组织的转换过程的效率和效果的。

典型的作业控制方法包括：监督生产活动以保证其按计划进行；评价购买能力，以尽可能低的价格提供所需质量和数量的原材料；监督组织的产品质量，以保证满足预定的目标；保证所有的设备得到良好的维护。

4. 信息

管理者需要信息来完成他们的工作。不精确、不完整、过多的或延迟的信息将会严重阻碍他们的行动。因此，应该开发这样一个信息管理系统，使其能在正确的时间、以适当的数量、为正确的人提供正确的数据信息。

5. 组织绩效

许多研究部门为衡量一个机构的整体绩效或效果正做着不懈的努力。

当然管理者们非常关心他们所在组织的绩效，但他们并不是唯一的衡量其组织绩效的人。顾客和委托人在他们选择生意对象时也会对此做出判断。证券分析家、潜在投资者、潜在贷款者和供应商同样也会对此做出判断。即便是组织雇员，也会对组织做出评价。

以上事实表明，为了维持或改进一个组织的整体效果，管理者应该关心控制。但是，衡量一个组织的效果并没有一个单一的衡量标准。生产率、效率、利润、员工士气、产量、适应性、稳定性，以及员工的旷工率等毫无疑问都是衡量组织整体绩效的重要指标。但是，其中任何一个单独的指标都不能等同于组织的整体绩效。

五、控制系统

为了能更深刻地理解控制的概念，我们把控制职能放在系统概念的框架中来理解。在现实生活中，我们可以找到许多控制系统的例子。如家庭用的电冰箱就是一个控制系统。在这个系统中，由于人们经常往电冰箱里存放东西，使得冰箱里的温度经常发生变化。当冰箱里的温度高于预先设定的数值时，指示器就会向制冷机发出工作的指令。当制冷机工作使冰箱里的温度低于预先设定的数值时，制冷机就停止工作，使电冰箱里的温度能保持在预先设定的温度水平上。还有，马路上的路灯照明也是一个控制系统。在这个系统中，当天黑到一个预定的亮度水平时，光电管就发出开灯指令。当天亮到一个预定的亮度水平时，光电管又指令关闭路灯的照明。

从上面的两个例子可以看出，控制系统应该具备以下几个特征。

第一，每个控制系统都必须有一个预定的稳定状态，如电冰箱系统预定的温度水平和路灯系统的亮度水平。控制就是要使系统能保持在这个预定的水平上。

第二，每个控制系统必须是一个动态系统。由于系统与外部环境的相互影响，使系统内部的状态处于经常变化之中。为了使系统能实现平衡，也就是说为了使系统实现控制，就要通过系统的运转使系统能适应外部环境的变化。

第三，每个控制系统必须是一个信息系统。为了使系统能实现有效的控制，系统必须对信息进行有效的及时的传递。错误的信息和延误的信息都会影响到系统的有效控制。

第四，每个控制系统都必须有一个可以对系统的偏差进行调整的装置。如电冰箱如果没有制冷机就不可能对温度进行有效的控制。

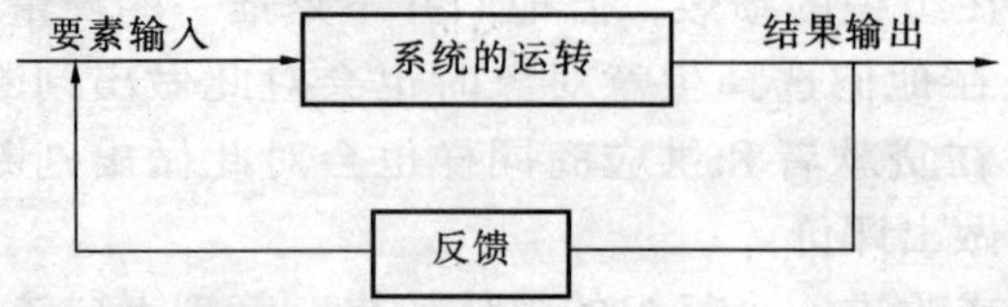

图 9-1　反馈系统示意图

第五，每个控制系统必须是一个反馈系统。要进行有效的控制，必须把系统运行的结果返送到系统的输入端，与预定的标准进行比较，通过比较才能找出偏差。反馈系统如图 9-1 所示。

管理学所要研究的是如何才能对组织系统实现有效的控制，因此，每个组织系统也都必须是一个控制系统。这个控制系统同样要具备控制系统的几个基本特征。它要有一个控制系统所要达到的稳定状态，这个稳定状态就是组织的计划目标。它也必须是一个动态平衡系统，即每个组织系统都必须与外部环境进行各种要素的交换，并通过有效的管理使组织能实现动态平衡。在每个组织系统中，要建立有效的信息传递系统，及时地了解组织系统的运转情况。每个组织系统还必须有一个能纠正组织偏差的控制装置。这个装置包括组织中的管理者及其所应用的管理方法、管理手段和管理制度等。组织通过管理者应用各种管理方法、管理手段和管理制度，对组织运转中的偏差进行调整，以保证组织的运行能按计划有效地进行。同样，组织系统也是一个反馈系统。组织通过检查、评比、统计报表、总结分析等形式对组织运行的情况进行反馈，以比较实际的结果与预定的标准之间的差异。组织控制系统就是根据差异对系统采取措施进行控制的。

第二节　控制方法的类型

一、控制的原理

（1）反映计划要求的原理。即控制标准要反映计划要求，控制标准越能明确、全面、完整地反映计划要求，控制工作就越有效。

（2）组织适宜性原理。即控制系统设计越合理、岗位职责越明确，控制工作就越有效。

（3）控制关键点原理。即控制标准越是能够体现计划实施的关键点，控制工作就越有效。

（4）例外控制原理。在任何一系列需控制的因素中，总是存在着少数相当重要的因素，而其他许多因素是无关紧要的。因此，在控制工作中有必要对那些重要的点和位置进行重点控制，而无须对所有的点、过程和位置进行控制。

如果管理者能关心其下级工作中的关键领域，他的下级也会这样做。如果管理者只关心琐事而忽略了工作中的关键领域，其下级也同样会如此。个人监督应当是周期性、系统性的，并辅以随机性的个人关注。在随机性检查中，管理者必须寻找哪些是可能出现差错的、不寻常的、例外的事件，在控制过程中注重这些例外事件，这就被称为“例外控制”。

控制关键点原理意味着必须注意哪些是需要观察的点，而例外原理则强调必须观察在这些点上所发生的偏差的大小。

(5) 直接控制原理。直接控制原理是指主管人员及其下属的素质越高，就越能胜任所承担的工作，就越不需要间接控制。

二、控制方法的类型

控制的目的是为了消除偏差。组织为了实现控制的目的，可以采用各种不同的控制方法。对于各种方法，我们可以从不同的角度进行分类。

(一) 按控制的方法与预算的关系来分类

按照控制的方法与预算的关系，可以把控制的方法分为预算控制方法与非预算控制方法。

1. 预算控制方法

预算是一种数量化的计划。从预算的范围看，有整个组织的预算，也有部门预算，甚至有个人预算。从预算的时间看，有月度预算、季度预算，但更多的是年度预算。作为计划的一种表现形式，预算又有与其他的计划形式不同的地方。首先，预算为组织的控制提供了控制的标准。实际上这是组织编制预算的真正目的所在。第二，预算能帮助管理者协调组织的资源。因为，通过编制整个组织和各个部门的预算，能清楚地反映组织资源的实际利用情况。第三，编制预算有利于对整个组织及各个部门的工作进行评价。总之，通过预算把计划数字化，就可以使计划成为一种有条理的东西，并把计划指标分解成各个部门的计划，管理者就可以清楚地看到组织中的各种收入、开支以及以实物表现的投入和产出计划及其与各个部门之间的关系。这样，一方面能保证组织整体计划的实现，另一方面又有利于对整个组织及组织中各个部门的工作进行控制。

预算的种类很多，就企业来说，基本上可以分成五类：收支预算；现金预算；资本支出预算；资产负债预算；非货币式预算。

(1) 收支预算。收支预算是以货币的形式表示的收入和支出的计划。它具体又包括收入预算和支出预算。

收入预算有时又称为销售预算。它实际上是对销售预测的一种正式的、详细的说明。通过收入预算的编制，就可以对企业的销售活动过程进行控制。

支出预算是对企业未来期间各种费用支出的详细说明。为了使支出预算成为企业对费用支出的有效的控制手段，应该按费用支出的项目来编制支出预算，并且要把费用项目在组织的各个单位中进行分配。这样就可以清楚地了解各个单位和部门的费用支出情况，从而对组织的支出进行有效的控制。

(2) 现金预算。现金预算是以收支预算为基础编制的预算。它是组织在预算期内所需要的现金的详细说明。通过现金预算的编制，企业就可以据此对企业的现金流动情况进行控制。当企业的现金数额降到预算要求的水平以下时，表明企业的应收账款可能过高。当企业的现金数额高于预算要求的水平时，表明企业有多余的现金，企业或许可以用这些现金来进行短期投资。

(3) 资本支出预算。资本预算是对未来时期用于厂房、机器、设备、库存及其他一些项目的资本支出的详细计划。如果企业对收支预算和现金预算的计划和控制取得成功，企业的收入就应超过支出。这个超过部分就可以用以投资，以保证企业的生存与发展。对投资支出的预算就是资本支出预算。通过资本支出预算的编制，可使企业的各方面的工作能得到协调的发展，又能对企业的各项投资活动的费用开支进行有效的控制。

(4) 资产负债预算。资产负债预算是一种对预算期的最后一天，通常是会计年度的最后一天的资产、负债和财务状况的预测。它是对上述各种预算的汇总和综合。通过编制资产负债预算，可以检查其他各项预算的准确程度，因此能起到对企业的各项活动进行有效控制的作用。

(5) 非货币式预算。企业除了编制以货币形式表现的预算外，还有许多预算是用非货币的实物形式来表示的。如采用时间、面积、体积、工时和产量等计量单位来编制预算，如产量预算、劳动力需求预算等。

预算是一种被广泛应用的控制方法。但是，作为一种控制方法，预算控制既有它的优点，也有它固有的缺点。实际上，预算控制本身的优点，正好是它的缺点之一。预算控制的优点，就是把组织各个方面的活动和成效都转换成一个单一的可比较的计量单位，这就使组织对各项活动的控制有了明确的标准。但是，这种优点本身正好也是缺点，因为，它使得组织把控制的注意力只集中于那些可以计量的东西，从而忽视了对其他方面工作的控制。预算控制的第二个缺点是缺乏灵活性。计划一旦数量化成为预算后，就会给人一种计划不可更改的感觉，从而使得预算控制缺乏灵活性。预算控制的第三个缺点是会使人们把预算的目标当成企业的目标。预算是实现企业目标的一种手段。但是，组织中各个部门和成员在执行预算时，往往把实现预算的目标作为自己所追求的唯一目标，这就会造成计划执行过程中各个部门之间及局部利益与整体利益之间的协调困难。第四个缺点是预算控制往往会成为某些效率低下的管理人员的保护伞。在应用预算控制时，人们往往把上一期的费用支出作为下一期的预算的基数。因此，在编制预算时，有些人就会大大加大所需费用的申请数，即使这个申请数在审批时会被削减，也会使列入预算的费用数高于实际所需的数量。这就会造成组织费用支出的增加，同时也掩盖了某些人的效率低下的问题。

正是为了避免人们在编制预算时只注意前期的预算开支，造成组织资金浪费的现象，美国德州仪器公司的彼得·派尔（Peter Pyhrr）于 1970 年 12 月在《哈佛工商评论》杂志上发表了“零基预算”一文，正式提出了零基预算这种新的预算方法。传统的预算方法以基期的各项费用支出为基础，再根据计划期间的各种变动因素来确定计划期的各项费用的预算。零基预算与传统的增减预算法截然不同的是，对任何一个预算期、任何一种费用项目的开支，都不是从原有的基础出发，即完全不考虑基期各项费用的开支情况，而是一切从零出发来考虑各项费用的必要开支与预算。采用零基预算不受现行和传统预算的框框束缚，所以，能充分调动各级管理人员的积极性，同时，还能促进各级管理人员精打细算，节约开支，合理地利用资金。

2. 非预算控制的方法

非预算控制的方法很多，有亲自观察、统计分析、专题报告、盈亏平衡分析等方法。下面对这些方法作简要的介绍。

（1）亲自观察。亲自观察法是一种适合于各级管理人员对一切领域的活动进行了解，从中获得必要的控制信息的控制方法。各级管理人员可以通过对下级人员的工作进行观察，与下级人员进行交谈，听取下级人员的意见等来获得有关组织运行情况的第一手资料。这些资料就可能成为各级管理人员作出控制决策的根据。采用这种方法还有利于增进组织中上下级之间的沟通和了解。当然，亲自观察法应用的效果取决于观察者本人的观察能力和理解能力，并且它是一种耗费时间的方法。

(2) 统计分析。统计分析法，是指用各种图解的或表格的形式反映组织运行的实际情况的一种控制方法。采用统计分析法，能使人们一目了然地了解到组织运行的实际情况与预定计划之间的差异，从而有利于组织采取有效的控制措施。

(3) 专题报告。这是一种对组织中的某一个专门问题进行深入的研究分析，以提供可作为采取纠正措施依据的信息的一种控制方法。这种方法的特点在于，它是一种例行的控制方法，能发现采用日常的统计分析方法所不能发现的问题。它的另一个特点是能对组织在运行中存在的问题进行深入的分析，这样有利于组织的控制。当然，采用这种方法可能要花费比较多的时间和精力。

(4) 盈亏平衡分析法。这种方法是根据使企业的收入等于支出时企业盈亏平衡的原理，找出使企业达到盈亏平衡的产量点，再根据企业的目标利润要求确定企业达到目标利润的产量。企业就可以据此对生产的产量进行控制，以确保目标利润的实现。

(二) 按控制的时点不同来分类

按照控制的时点不同，可以把控制的方法分为反馈控制、前馈控制和即时控制三种。

1. 反馈控制

所谓反馈控制，是把组织系统运行的结果返送到组织系统的输入端，与组织预定的计划标准进行比较，然后找出实际结果与计划之间的差异，并采取措施纠正这种差异的一种控制方法。比如，某企业在年初制定了一年的生产计划。根据这个计划，企业投入了各种生产要素，并对这些生产要素进行了组织与管理。到了年底，组织把系统运行一年的结果与原来制定的计划标准进行比较，然后根据比较的结果来采取相应的控制措施。措施可能是调整第二年的计划方案，也可能是调整各种要素的投入量和投入比例，也可能是调整组织与管理的方式与方法。到了第二年底，又对组织运行一年的结果与第二年初制定的计划标准进行比较，这时的偏差可能比第一年底的偏差小。然后组织又采取新的控制手段。……如此循环往复，组织不断地进入新的管理过程和新的控制周期，使组织在运行过程中的偏差越来越小，组织在得到不断控制的同时也得到了不断的发展。

从一个比较长的时期看，采用反馈控制的方法，能通过不断的调整使组织运行的结果与运行目标的差距不断地缩小。但是，从一个控制周期看，采用反馈控制的方法却使组织系统对运转过程中产生的偏差的纠正滞后了一个周期，即它是一种等到问题发生后再进行纠正的控制方法。为了解决这个问题，就产生了另一种控制方法，即前馈控制方法。

2. 前馈控制

与反馈控制不同，前馈控制不是等问题发生后再采取控制的措施，而是把问题消灭在发生之前。前馈控制的具体做法是对输入系统的各种要素进行控制，把输入系统的各种要素与预先确定的标准进行比较。如果输入系统的各种要素与预先确定的标准相符，则让其输入系统，如果不相符合，则调整输入的要素。在企业管理中，有许多应用前馈控制的例子。对企业人员素质的控制就是一例。企业经常要从外部招收新的员工，控制的目标就是要使这些新的员工能符合企业生产过程的需要。为了实现控制的目标，可以采用反馈控制的方法，也可以采用前馈控制的方法。如果采用反馈控制的方法，企业在招收新的员工时，可以不分性别与年龄，不管文化程度的高低与身体素质的好坏，只要按照企业所需要的人员数量招收进来即可。让这些新的员工在各个工作岗位上工作，然后再根据各人对工作的适应情况，把不符合工作要求的人员淘汰出去。通过不断地重复这个过程，最后留在企业中的也必然是适合企业生产需要的合格员工。这种反馈控制的方式虽然也能实现控制的目标，但是它实现控制目标的时间长，而且是以大量的人力、物力和财力的浪费为代价的。如果采用前馈控制的方式，则是根据企业生产的具体情况，确定企业招收员工的标准和要求，然后按照这个标准和要求招收新的员工。由于新的员工是按企业生产的要求招收的，所以能比较好地适应生产过程的需要。

从一个控制周期看，前馈控制是一种事前控制，它把问题消灭在发生之前。但从一个更大的周期看，前馈控制实质上也是一种反馈控制。因为，前馈控制所根据的要素输入的标准也是过去经验的结果。

采用前馈控制可以避免实际控制过程中出现的滞后现象，有利于提高控制的成效。前馈控制的应用是建立在以下三个前提基础上的。

第一，过去的经验对今后的工作总是有效的。前馈控制的一个关键地方就是要预先确定输入系统的各种要素的标准与要求，这个标准与要求是根据本单位或其他单位过去的经验来确定的。而根据过去的经验确定的要素输入标准如果对今后的工作无效的话，则按这个标准和要求输入系统的要素就不能保证系统的有效运转，也就不可能实现控制的目标。

第二，对系统将来运行的情况是可以预先估计的，而且这种估计是准确的。前馈控制根据对系统未来运行情况的估计来确定系统所需要输入的要素，并根据要素输入的标准来输入各种要素，但如果系统未来的运行情况不能预先予以估计，或者这种估计是不准确的，则按照这种估计向系统输入的各种要素就不能满足系统运行的需要，也就不可能实现有效的控制。如企业根据对未来生产发展的预测，认为应该增加企业的职工人数，然后根据企业的招工标准来招收新的员工，但，如果企业对未来生产发展的预测是错误的话，那么，即使所招收的都是符合标准的合格员工，也不能真正有利于促进企业生产的发展。

第三，按照要素输入的标准所输入的要素能按预定的要求发挥作用。如企业按一定标准招收了一批新的员工，是以这批员工能按企业制度的要求进行工作为假设前提的。如果这批员工进到企业后并不认真工作，再合格的员工也是没有用处的。

但是，前馈控制的三个假设前提并不是经常地存在的。

第一，过去的经验对今后的工作不是经常有效的。如企业按过去的经验制定的企业员工招募标准并不一定能保证所招收的员工的素质能符合未来生产发展的要求。

第二，对组织系统未来运行的情况并不一定能给予预先的估计，或者不能给予准确的预计。如企业并不一定能准确地预计未来生产的发展对员工的需求，即使采用前馈控制的方法招收到企业的员工即使完全符合预定标准，也不能适应未来系统运行的要求。

第三，按照标准的要求输入系统的各要素并不一定能按预定的要求去发挥作用。即使前面两个假设都成立，按照标准要求输入系统的各个要素也并不一定能按预定的要求去发挥作用。如企业按预定的标准招收了一批新的员工，但是这些员工并没有按企业的要求去努力工作，企业仍然不能达到预期的控制目标。

由于前馈控制的三个前提条件并不能经常地存在，所以，采用前馈控制的方法也就不能经常有效，即按预定的标准输入系统的要素并不能保证系统有效地运行，仍然会出现实际与计划之间的偏差。所以，组织在应用前馈控制的同时，还应结合应用反馈控制。

3. 即时控制

从上面两种控制方法来看，反馈控制是通过对系统运行的输出端进行监督和调整来实现控制的，前馈控制是通过对系统运行的输入端进行监督和调整来实现控制的。而即时控制是通过对系统运行过程中的情况进行监督和调整来实现控制的。这种方法是对系统在运行过程中各个阶段的情况进行检查和监督，把系统运行的具体情况与预定的标准进行比较，如果发现偏差就采取措施进行纠正。如企业根据在生产过程中的几个关键点对产品生产的情况进行抽查，发现产品质量出现异常情况就立即采取措施进行纠正，以保证生产出符合质量要求的产品。从组织系统的运行周期看，即时控制也是一种事前控制。因为，它不是等系统运行的结果产生以后再采取措施纠正偏差，而是对系统运行的过程进行控制，使系统运行的结果不会出现偏差。但是，从即时控制本身来看，它也是一种反馈控制。因为所谓的即时，是指对系统运行的某个时点进行监督和调整。就这个时点来说，也是等问题发生后再采取措施来纠正偏差。

从上面的分析可以看出，就一个控制周期来说，前馈控制、即时控制和反馈控制是处于三个不同时点的控制方法，即分别表现为事前、事中和事后的不同控制。如果我们以一个计划周期作为一个控制周期，那么，对计划初期各种投入要素的监督与调整是前馈控制，在计划期间各个具体的时点上的监督与调整是即时控制，对计划执行的结果进行监督与调整是反馈控制。这种关系如图 9-2 所示。

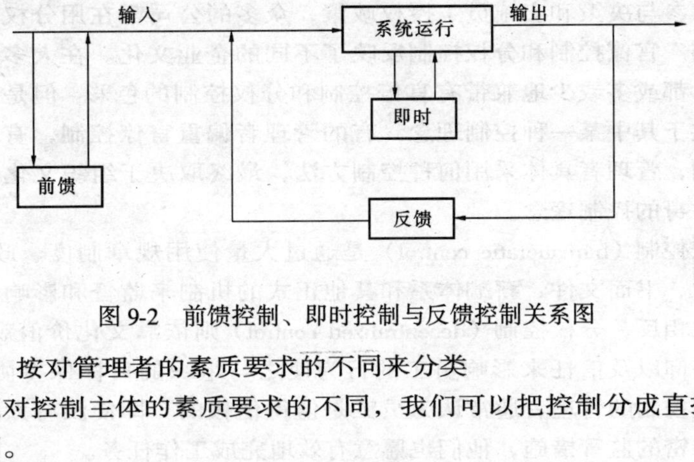

图 9-2　前馈控制、即时控制与反馈控制关系图

（三）按对管理者的素质要求的不同来分类

按照对控制主体的素质要求的不同，我们可以把控制分成直接控制和间接控制。

1. 直接控制

所谓直接控制，是指通过对管理者的选择和培养，使管理者能成为合格的管理者，使管理者在管理过程中不犯或少犯错误，从而直接地实现控制。采用直接控制的一个前提条件是：合格的管理者可以不犯错误或少犯错误。因此，这种控制方法就把控制的重点放在对管理者的选择与培养上，使管理者都能成为合格的管理者。但是，直接控制的假设前提并不能经常成立，所以，采用直接控制的方法并不能保证对组织的有效控制，因而在控制过程中还要采用间接控制的方法。

2. 间接控制

所谓间接控制，是对管理者管理的结果进行检查和监督，分析管理者在管理过程中出现偏差的原因，然后采取措施来纠正偏差的一种控制方法。与直接控制把控制的重点放在对管理者的选择与培养上不同，间接控制把控制的重点放在对管理者管理活动的结果的监督与调整上。对于组织来说，不能只采用直接控制而不采用间接控制，因为合格的管理者仍然会犯错误，但也不能只采用间接控制而不采用直接控制，因为通过对管理人员的选择与培养，使他们在管理过程中少出差错，可以减少组织资源的损失与浪费。

第三节　控制理念的变化

在当今的许多组织里，管理者的控制理念正在发生着变化。随着组织鼓励员工参与决策和实施员工授权政策，众多的公司都在用分权控制取代官僚控制。官僚控制和分权控制反映了不同的企业文化。在大多数组织的控制中，都或多或少地兼带有官僚控制和分权控制的色彩。但是，管理者往往侧重于其中某一种控制理念，有的管理者偏重官僚控制，有的则偏重分权控制，管理者具体采用何种控制方法，最终取决于组织文化的特点和管理者自身的控制理念。

官僚控制（bureaucratic control）是通过大量使用规章制度、政策法规、层级权力、书面文件、薪酬体系和其他正式的机制来监督和影响员工的行为。与此相反，分权控制（decentralized control）则依靠文化价值观、传统、共同的信仰以及信任来影响员工的行为使之与组织的目标保持协调一致。采用分权控制的管理者通常认为员工是值得信赖的，即使没有大量的条款约束和严密的监管措施，他们也愿意有效地完成工作任务。

表 9-1 对官僚控制和分权控制进行了对比分析。官僚控制方法制定了明确的规则、政策和程序来约束员工行为。其依靠的是集中行使的权力、正式的层级结构和严密的监督管理。质量控制责任落在质量控制、检查与监督人员的肩上，而不是落在员工的身上。一般来说，工作说明书明确而具体，并且以任务为导向。员工很少参与控制过程，即使参与也是通过各种程序来完成的。采用官僚控制方式，组织文化十分僵化，而且管理人员也不认为文化是一种控制员工和组织的有效手段。在官僚控制中，先进技术通常被用于控制工作的流程和节奏，或者用于监控员工的行为。

表 9-1　官僚控制与分权控制

官 僚 控 制	分 权 控 制
①采用详细的规章和程序，正式的控制系统； ②自上而下的职权，正式的层级结构，专门的质量控制检查员； ③基于任务的工作描述；用可以测度的标准规定最低的绩效要求； ④强调外在奖励（如工资、福利、地位等）； ⑤达到个人的绩效标准即给予奖励； ⑥有限的、拘于形式的员工参与（例如，申诉程序）； ⑦僵化的组织文化，不相信文化道德也可以用作控制手段	①较少使用规章，主要依靠价值观、团队和自我控制、员工选拔和社会化； ②灵活的职权，扁平化结构，专家权力，人人参与质量控制； ③基于结果的工作描述，强调将要实现的目标； ④外部激励和内部激励相结合（有意义的工作，发展的机会）； ⑤奖励个人和团队，强调员工之间的平等； ⑥员工广泛参与各项活动，包括质量控制、系统设计和组织管理； ⑦适应性的组织文化，文化被看成是统一个人、团队和组织目标以实现总体控制的手段

资料来源：Based on Richard E. Walton, "From Control to Commitment in the Workplace," Haward Business Review (March - April 1985), 76 - 84; and Don Hellriege1, Susan E. Jackson, and John W. Slocum, Jr. Management, 8th ed. Cincinnati, Ohio: South - Western College Publishing, 1999, 663.

官僚控制方式能够提高组织的效率和效益。许多员工喜欢明确的控制系统和责任分工，同时，富有挑战性而又可以实现的目标往往能够对员工产生强大的激励作用。然而，尽管许多管理者能够很好地驾驭官僚控制，但是，过多的控制却可能会产生意料不到的后果。员工十分讨厌自己被他人严密地监视起来，因而他们会努力地摧毁这样的控制体系。

分权控制的价值观和假设几乎与官僚控制的假定前提刚好相反。只有在万不得已的时候，管理者才会使用规章和程序来实施控制。相反，管理人员更多的是运用共同的目标和价值观来控制员工的行为。组织也十分重视员工的挑选和社会化问题，以确保员工拥有合适的价值观，使其行为符合实现组织目标之需要。没有一个组织能够永远保证百分之百地控制员工，自律和自控是保证员工按照要求完成工作任务的重要控制方式。对员工授权、有效的社会化和培训都有助于组织内在标准的形成，从而促进组织内部成员自控行为的发展。

采用分权控制，权力高度分散化，而分权的依据常常是知识、经验和职位等。组织的结构高度扁平化，属于横向结构，采用弹性职权和员工团队来解决问题和改进工作效果。组织中的每一位员工都持续不断地参与质量控制过程。在分权控制中，工作描述常常是基于结果的，它更强调可能实现的结果，而不是需要完成的具体任务。管理人员不仅使用外部激励方式（如工资待遇)，而且也使用内部激励方式（如有意义的工作以及学习和成长的机会)。技术被广泛用来对员工进行授权，并为员工的有效决策、协同合作和解决问题提供必需的信息。不但员工个人的绩效会得到奖励，而且团队和组织的成功也会为员工个人带来奖赏。员工广泛参与各种不同的活动，如设置目标、制定绩效标准、监控质量和设计控制系统等。

采用分权控制，组织文化具有高度的环境适应性，管理人员也认识到组织文化对于统一个人、团队和组织的目标以实现总体控制的重要性。在理想情况下，采用分权控制，员工们可以充分发挥自己的聪明才智去制定规则和程序，而且这些规则和程序比管理人员独自思考制定出来的规则和程序要好得多。

【自测题】

你的预算控制有效吗?

大学读书期间，你至少应该掌管好你自己的财务。你对个人预算的管理能力或许预示着你今后对公司预算的管理能力。按照下面的表述回答问题，以测评你的预算习惯。如果下面的表述不直接适用于你，请考虑你在类似情境中的行为方式。

①钱一到手我就花光。 是 否

②每周（月、学期）初，我都要列出我全部的固定支出。 是 否

③每周（月）末，我好像从来就没有什么钱节余下来。 是 否

④我能支付所有的花销，但好像总是没钱用于娱乐。 是 否

⑤我现在还存不下钱，等大学毕业以后再说吧。 是 否

⑥我入不敷出。 是 否

⑦我有一张信用卡，但每个月总是把账户余额花得精光。 是 否

⑧我用信用卡透支。 是 否

⑨我知道每周外出吃饭、看电影及其他消遣娱乐要花多少钱。 是 否

⑩我全部用现金支付。 是 否

⑪买东西时，我追求价廉物美。 是 否

⑫朋友需要时,我就会借钱给他们,即使这样做会使我的现金告急。 是 否

⑬我从不向朋友借钱。 是 否

⑭我每个月存点钱，以备真正需要时用。 是 否

对第②、⑨、⑩、⑬、⑭题回答“是”，说明你有着训练有素的预算习惯；对第④、⑰、⑪题回答“是”，意味着你有足够的预算习惯；对第

①、⑧、⑫题回答“是”，表示你的预算习惯很差劲。如果你诚实地回答了问题，你可能会发现，在你的身上三种预算习惯兼而有之。看看你能够在哪些方面提高自己的预算能力？

【案例分析】

案例1 汤姆的目标与控制

汤姆担任这家工厂的厂长已经一年多了。他刚看了工厂有关今年实现目标情况的统计资料，厂里各方面工作的进展出乎意料，他为此气得说不出一句话来。他记得就任厂长后的第一件事就是亲自制定了工厂的一系列计划目标。具体地说，他要解决工厂的浪费问题，要解决职工超时工作的问题，要减少废料的运输费用问题。他具体规定，在一年内要把购买原材料的费用降低10%~15%；把用于支付工人超时工作的费用从原来的11万美元减少到6万美元，要把废料运输费用降低3%。他把这些具体目标告诉了底下有关方面的负责人。

然而，他刚看过的年终统计资料却大大出乎他的意料。原材料的浪费比去年更为严重，原材料的浪费率竟占总额的16%；职工超时费用亦只降到9万美元，远没有达到原定的目标；运输费用也根本没有降低。

他把这些情况告诉了负责的生产副厂长，并严肃批评了这位副厂长。但副厂长争辩说：“我曾对工人强调过要注意减少浪费的问题，我原以为工人也会按我的要求去做的。”人事部门的负责人也附和着说：“我已经为削减超时的费用作了最大的努力。只对那些必须支付的款项才支付。”而负责运输方面的负责人则说：“我对未能把运输费用减下来并不感到意外，我已经想尽了一切办法。我预测，明年的运输费用可能要上升3%~4%。”

在分别和有关方面的负责人交谈之后，汤姆又把他们召集起来布置新的要求，他说：“生产部门一定要把原材料的费用降低10%，人事部门一定要把超时费用降到7万美元；即使是运输费用要提高，但也决不能超过今年的标准。这就是我们明年的目标。我到明年底再看你们的结果！”

案例思考题

1. 汤姆就任后所制定的计划属于什么计划？
2. 你认为导致汤姆控制失败的原因是什么？
3. 汤姆的控制标准属于什么标准？
4. 汤姆所制定的明年的目标能完成吗？

案例2 林肯电力公司

林肯电力公司是一家领先的焊接产品、焊接设备和电子发动机制造商，销售额高达10亿美元，在世界范围内拥有6 000名员工。该公司的产品广泛用于切割、制造和修理其他的金属制品。虽然它是公开上市的公司，但是林肯家族成员拥有其60%以上的股权。

林肯电力公司采用多种多样的控制方法。该公司的工作任务是严格、明确、详细界定的，员工要求达到苛刻的、可以测度的绩效标准。但是，林肯管理系统的成功在很大程度上要归功于其建立在公开、信任、共同控制和平等精神基础之上的组织文化。虽然公司中管理者和员工之间界限分明，但是管理人员尊重生产工人的专门知识与技能，并重视他们对企业业务的多方面的贡献。公司为所有高级管理者、基层管理者和生产工人都制定了门户开放政策，鼓励大家进行经常的、面对面的沟通与交流。公司鼓励工人们，只要他们认为公司的做法和报酬率不公平，就要勇敢地挑战管理层的权威。大多数员工都是从中学直接雇用来的，公司对他们进行培训和工作组合以后，就让他们去完成不同的工作任务。因为林肯电力公司信奉的是内部提拔，所以其中一些人被提拔到了高级管理岗位。许多员工一辈子都在林肯公司工作。一位林肯公司的创始人认为，公司应当建立在一定的价值观的基础之上，比如诚实、信任、坦诚、自我管理（自律）、忠诚、具有责任感和协作精神等。这些价值观一直是林肯公司企业文化的核心理念。管理者经常奖励那些体现出企业文化价值观的员工。由于林肯公司在员工社会化方面的工作极有成效，所以员工在工作中的自我控制程度很高。公司对生产工人实行计件工资制，外加绩效奖金。员工还有资格领取年度奖金，不过该年度奖金是随着公司财富的变化而波动的。公司还制定了员工持股计划，员工们可以参与购买公司的股票。奖金取决于一系列因素，比如生产率、质量、可靠性以及同其他员工的合作情况等。众所周知，林肯公司的车间工人每年的收入超过10万美元。但是，除了物质奖励外还有其他一些非物质的奖励，如对技艺的赏识、参与感、贡献感、团队精神等都是林肯电力公司盛行的内部奖励方式。跨职能的团队被授予决策权，负责产品的设计、开发和市场营销工作。关于公司经营和财务状况的信息是在公司的所有员工中公开共享的。

林肯公司高度重视预测和解决客户提出的问题。销售代表都受过必要的技术培训，他们能够准确了解顾客的需求，帮助客户了解和使用林肯公司的产品，并解决有关问题。通过使用严格的责任标准和对所有员工的生产率、质量以及创新能力进行的正式考评，公司高度关注生产流程，以此来支持其“客户为中心”的核心理念。此外，公司还采用一个名叫“Rhythm”的软件来实现生产过程中物流（原料流与产品流）的现代化。

林肯管理系统在其美国公司运行得非常好。其文化价值观、坦诚沟通、正式控制系统和薪酬体系相互作用，将管理者、员工和组织的目标整合在一起，同时还鼓励员工的学习和发展。现在，林肯公司正在探索它的管理系统在海外是否同样有效。尽管林肯公司大部分利润来自国内业务，而且20世纪90年代在国外建立的合资企业也使公司亏损了巨额资金，但是高层管理者依然希望拓展全球业务，因为海外市场的发展速度远远超过了美国的国内市场。可是，到目前为止，林肯公司的管理者还没有制定出针对全球运营的战略控制计划，相反，他们所依靠的仅仅是照搬国内的林肯管理系统。

案例思考题

1. 本案例中的控制方法是前馈控制、即时控制和反馈控制当中的哪一种？请解释说明。

2. 基于上面提供的材料，你认为林肯管理系统成功的原因是什么？

3. 你认为林肯电力公司的控制特点主要表现为官僚控制还是分权控制？为什么？

本章思考题

1. 什么是控制？其重要性表现在哪些方面？
2. 试述控制原理及其在组织控制中的应用。
3. 比较前馈控制、即时控制和反馈控制三者的优缺点。
4. 控制有哪些要点？如何运用？
5. 什么是有效控制系统？它有哪些特性和影响因素？

第十章

知 识 管 理

第一节 知识管理是知识经济时代的必然要求

一、知识经济

1. 知识经济

所谓知识经济，是指建立在知识和信息的产生、分配和使用之上的经济。可以从几个不同的角度出发去理解知识经济。

(1) 从生产要素角度来看，在工业经济中，土地、资本、设备等有形资产以及劳动力是最重要的生产要素。但随着知识经济时代的到来，知识已成为最重要的生产要素。

(2) 从企业的价值链来看，在工业经济时代，附加值主要来自生产制造部门。随着知识经济时代的到来，生产制造对企业附加值的贡献将越来越少，而来自研究开发部门和营销服务部门的贡献将越来越大，附加值将主要来自研究开发部门和营销服务部门。现在我们已经从许多领先公司看到了这种趋势。

(3) 从历史形态来看，知识经济是和农业经济、工业经济相对应的一个概念。说世界将进入一个知识经济时代，并不等于说农业经济和工业经济将不存在了。可以这样说，在人类有历史以来，三种经济形态一直共存着，但三种经济所占比重在不同历史阶段并不相同（如图 10-1）。

因此，在任何经济时代。知识在经济生活中都起着重要的作用，但由于知识产生、传播和使用的速度在农业经济和工业经济时代很慢，因此，其整体作用较小。而在知识经济时代，知识起着决定性作用。

2. 知识经济所指的知识

知识经济所指的知识，是包括人类迄今为止所创造的所有知识，其中科学

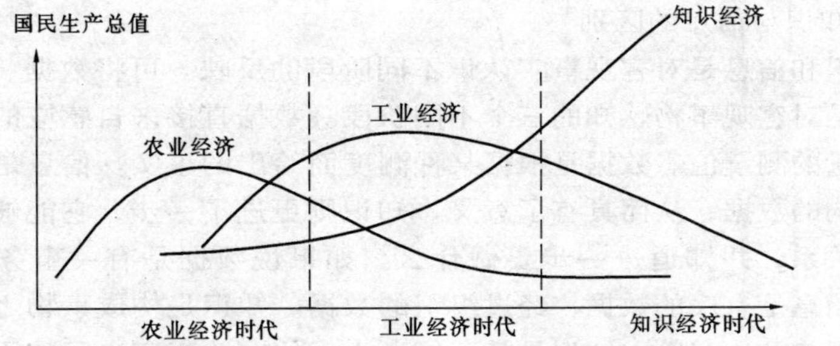

图 10-1 农业经济、工业经济、知识经济时代示意图

技术、管理和行为科学的知识是最重要的部分。按照通常的定义，知识可分为四大类：即 Know – what（知道是什么的知识），是指关于企业事实方面的知识，例如企业有多少员工、产品用的什么原料、企业的主要产品等；Know – why（知道为什么的知识），是指明白企业生产的原理和规律，比如为什么选用某种原料、为什么生产某种产品而非另外一种等；Know – how（知道怎样做的知识），是指做某些事情的技术和能力，比如熟练工人操作机器的技术等；Know – who（知道是谁的知识），是指在工作过程中，知道如果出现了问题应该请教谁。其中，Know – what 和Know – why 是可文字化的知识，而Know – how 和Know – who 是难以文字化的诀窍类知识。

从另一个角度说，知识经济所说的知识主要是指有商业价值的知识。这些知识不必是科学真理，它可能是一些经验，也就是诀窍，也可能是企业的一些规定、惯例和操作要求。这种有商业价值的知识并不深奥，是企业从干中学、从用中学所逐渐积累起来的知识，其中的大多数是不能文字化的知识，是诀窍，但对企业而言尤为重要。英国著名学者费里曼在 1987 年考察日本时发现，日本的技术创新主要不是来自于正式的研究开发，其创新是渐进的创新，创新者主要是来自生产部门的工程师、车间里的技术工人。这说明日本正是通过积累这些从干中学、从用中学的知识来创新，提高竞争力。

对企业而言，以下三类知识十分重要：一是与研究开发有关的知识，这一类知识可通过科学实验或通过知识购买而获得。二是与企业的生产、工艺和组织方式相关的知识，这一类知识是企业从干中学而积累起来的，如企业开发新产品的数据库等。三是客户的知识，如客户关系网、对客户需求的了解等。有竞争力的企业能够把这三种知识有机的结合起来，并体现在企业的产品和服务上，实现创新。

3. 知识与信息的区别

知识和信息是对客观事实认识不同阶段的反映。可将数据、信息、知识看作是对客观事物感知的三个不同阶段。数据直接来自感应的仪器，反映了变量的测量值。数据是根据某种测度而给出的事实。信息是经过组织的有结构的数据，从而具有了意义。知识则更进了一步，它能够预测、给出因果关系，并知道进一步要做什么。如果说数据是有关事务现象的记录，则信息是有序的数据，经过组织的数据。知识是构成事物之间联系的原理、规律及诀窍等。知识是基于信息之上的有关事实之间的因果或相关性的联系，它使我们可预测未来的结果。

数据、信息与知识的关系如图 10-2 所示。

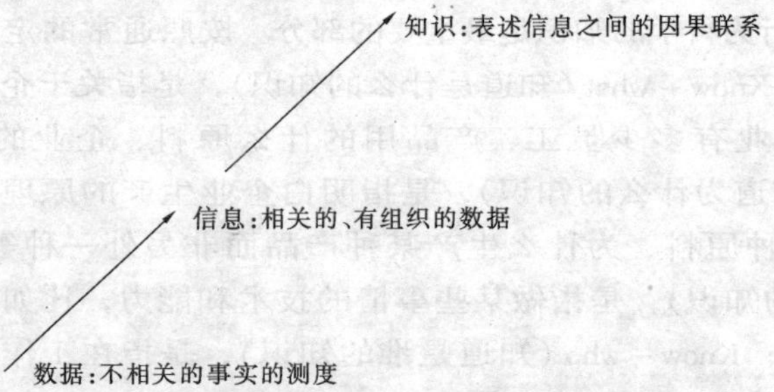

图 10-2　数据、信息与知识之间的关系

4. 知识经济的根本特征

任何一种经济形态都具有根本特征和表象特征，知识经济亦如此。

从根本特征上来把握，关键是把握知识经济的实质。从经济发展史来看，以产业结构划分经济形态，可将其分为农业经济、工业经济和高技术经济。从当代经济学来看，以资源配置来划分，可将其分为劳动力经济、(自然) 资源经济和智力经济。无论从经济史还是经济学来看，所谓知识经济，其实质就是高技术经济、高文化经济、高智力经济，是指区别以前的以传统工业为产业支柱、以稀缺自然资源为主要依托的新型经济。它以高技术产业为第一产业支柱，以智力资源为首要依托，是可持续发展的经济。

与以往的经济形态相比，知识经济最大的不同在于，它的繁荣不是直接取决于资源、资本、硬件技术的数量、规模和增量，而是直接依赖于知识或有效信息的积累和利用。在资本积累中更重视知识的积累和能量的释放。换言之，知识经济相对于以土地资源为基础的农业经济和以原材料、能源为基础的工业经济，突出了知识积累的重要性。

5. 知识经济的表象特征

与以往的经济形态相比，知识经济作为一种新的经济形态，已显露出鲜明的特点。我们可以把它归纳为以下 10 个方面。

(1) 知识化。知识经济的发展主要靠知识和智力。因此，掌握现代知识，并具有创新、创造和运用能力的人成为知识经济中的主力军，财富的再定义和利益的再分配取决于拥有的信息、知识、智力和创造力。知识化的特征还反映在制造业结构的高技术化、服务业的高科技化和就业结构的高技能化方面。目前，在发达国家的制造业中，高技术产品的生产和出口所占的比重已接近 1/3，80% 以上的服务业采用了信息技术产品，就业机会增长最为迅速的是需要高度专业技能的岗位。图 10-3 是世界制造业知识密集度指数图。（该指数是通过对某一年某国某一产业的出口按照世界经合组织国家的产业知识密集度进行加权而得到的。产业密集度是指研究开发对产值的比值。）

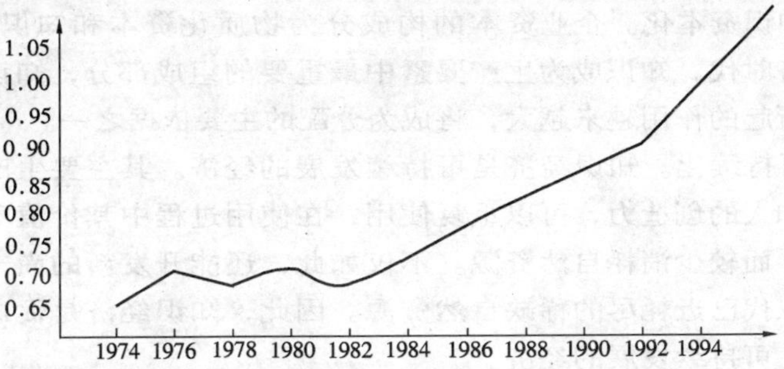

图 10-3　世界制造业知识密集度指数图

(2) 信息化。有人曾把石油比作工业经济发动机的燃料，而信息则是知识经济发动机的燃料。信息技术产业是知识经济的主要产业。在工业社会里，人们谈论发电机、铁路、生产流水线；在知识经济社会中，我们必须熟悉半导体、芯片、光盘和计算机。

(3) 网络化。网络一直是人类文明进程的重要标志。工业经济的最重要的基础是公路网、电网、铁路网和电话网；而高速、互动、传递信息、共享知识的新一代网络构成了知识经济的基础设施。目前，全球互联网的用户已有近千万，据预计 15 年内将有 10 亿人使用互联网。网络的这些特性决定了它将给企业带来无限商机。

(4) 无形化。知识经济是以无形资产投入为主的经济。知识、智力等无形资产的投入在知识经济中起决定性作用。这与传统工业经济需要大量资金、设备、原材料等有形资产投入有很大的不同。

（5）虚拟化。在知识经济时代，由于经济活动的数字化和网络化的加强，使空间变小，世界成为“地球村”。同时，又使空间扩大了，除物理空间外，多了个媒体空间，通过信息处理可以虚拟市场、虚拟现实，如虚拟银行等。

（6）软性化。在知识经济中软件产品的比例大大增加，其本身不仅可作为一个产业，而且以前的传统产品也可以通过增加软件装置以提高知识含量和科技含量。知识经济的软性化的特点还表现在企业组织形式和生产方式的柔性化方面。

（7）中空化。在知识经济时代，由于高度的信息化，导致最高决策层能够同最基层的执行单位直接联系，使中间组织的作用极大地减弱。从一个经济组织和社会组织来看，管理层次将减少，特别是中间层次的作用会逐渐消失。

（8）知识资本化。企业资本的构成分为物质化资本和知识资本两种。在知识经济时代，知识成为生产要素中最重要的组成部分，知识资本在企业资本中所起的作用越来越大，将成为分配的主要依据之一。

（9）可持续化。知识经济是可持续发展的经济。其主要生产要素是知识、智力和人的创造力，可以重复使用，在使用过程中其价值不会减少反而会增加，而较少消耗自然资源。不仅如此，还能开发新的尚未利用的自然资源来取代已近耗尽的稀缺自然资源。因此，知识经济是促进人与自然相互协调、可持续发展的经济。

（10）全球化。知识经济是世界经济全球化条件下的经济。知识无国界，以知识为主要经济资源的知识经济必然成为全球性的经济活动。在知识经济时代，任何国家不可能在所有的高新技术领域全面领先，必须相互补充、相互协作，这就必然促进世界经济全球化进程的加快。

二、知识驱动下的管理革命

举世瞩目的微软公司厂房不大，原材料库存量也较小，但其资产价值却达 2 000 亿美元。相比之下，美国的通用汽车公司作为工业时代的骄子，其全球设施库存量均居世界首位，可它的资产价值只有 400 亿美元。如今，世界上的著名公司都越来越重视无形资产而轻视有形资产，或者说越来越重视知识而轻视库存——关于成功的整个定义都已发生了变化。据统计，目前有实力的企业有形资产和无形资产的比例达到 1:2 或 1:3。

知识经济初露端倪，是人类文明的又一次曙光。在知识经济时代，占主导地位的资源和生产要素不再是一般劳动力，也不是资本，而是知识，拥有和运用知识成为这个时代的真正动力。

提及管理，我们首先想到20世纪，因为“现代管理”与20世纪并肩前进，它给人类带来的效益并不亚于科学技术。人们已经认识到：管理是一种经济资源，并把科学、技术、管理称为现代文明社会的三鼎足。著名的管理大师彼得·德鲁克在它的《知识社会的兴起》一书中指出，100多年来，人类经历过三次革命，这就是：工业革命、生产力革命和管理革命。这三次革命都是由知识意义的根本转变驱动的。第一次革命是知识被用于工具、过程和产品，形成了工业革命；第二次革命是知识被用于工作，从而引来了生产力革命；第三次革命是知识被用于知识本身，从而引起管理革命。今天，随着知识经济的形成和发展，更需要与之相适应的管理模式、新的管理理论和实践，正如彼得·德鲁克所强调的：“因为知识社会是一个组织的社会，其中新器官是管理，仅仅管理就能使今日的所有知识成为有效”。

随着知识经济的日显峥嵘，迎接知识经济时代的挑战已经成为全球的发展战略。建立在高科技和信息化基础上的知识经济，不仅经济关系和经济结构将发生重大变化，同时也必然会导致管理科学和实践的深刻变革。概括目前管理变革的潮流并结合对知识经济内涵的初步理解，面向知识经济时代的管理——知识管理的出现与以下六种变革密切相关。

1. 管理理念——从基础型、理性型转向发展型

管理理念是管理者在管理活动过程中所持有的思想观念和价值判断。作为观念形态的管理理念，是由社会经济关系决定的。知识经济的崛起，导致生产力和生产关系的重大变革，必然引起管理理念的变革。20世纪90年代英国城市大学罗尼·莱森首先提出了一种与传统的基础型和理性型管理理念不同的发展型管理理念。莱森把管理理念作为一棵生长在土壤上的大树来描述三者的区别：从生长的土壤来看，认为基础型管理生长的土壤是古典经济学，理性型管理的土壤是现代科学技术，发展型管理的土壤是浓郁的人文思想。从三者的根本来看，基础型管理的根是政治经济学，理性型管理的根是行政学、行为科学，发展型管理的根是发展生物学和社会生态学。从三者的枝干来看，基础型管理的枝干是追求卓越，理性型管理的枝干是成效管理，发展型管理的枝干是发展中的组织，这个组织是学习型组织。从三者的结果来看，基础型管理的结果最终导致经济的个人化；理性型管理的结果是企业组织化；发展型的管理结果是个人、企业和社会都获得了自我实现和发展。

2. 管理对象——从以有形生产要素为主转向以无形生产要素为主

传统的管理主要是对劳动力和物化劳动（劳动工具和劳动对象）等有形生产要素的管理。随着社会财富生产过程和结果的科技含量的增大，科技知识等无形生产要素对一个企业的生存和发展越来越举足轻重，从而知识资源的开发与有效利用，逐渐成为重要的管理课题。在知识经济时代，知识的价值和作用超过资本的价值和作用，知识生产力已成为经济发展的关键要素。任何企业都必须重视知识资源的开发和利用，迅速将知识转化为直接生产力，才能适应知识经济的运行节拍，求得自身的发展。

3. 组织模式——从纵向层次结构转向横向网络结构

企业组织结构的变革，是技术革命特别是信息网络化的必然结果。在传统金字塔形的组织形式中，分工越细、越专业化，企业协调监督就越复杂，导致了管理环节增多，管理成本增高，企业效率降低，官僚主义突出的问题。在信息化的知识经济时代，这种管理组织结构与信息开放性和企业快速应变的要求不相适应。在信息网络化的条件下，企业组织结构一改传统的以集权为特征的金字塔形的层次结构，而演变为以分权为特征的横向网络型组织结构。原来承担上下级层次间沟通联络的中间管理层将减少，内部分工及由分工所带来的控制与协调将扬弃，从而创造最短的信息流。

4. 制度模式——从以资本为中心转向以知识为中心，股东和职工共同拥有企业

制度创新是管理创新的主要内容。在知识经济时代，知识化劳动是劳动生产率提高、利润的获得和企业生产力发展的主要来源和动力。知识化劳动对社会财富的生产所起的决定性作用，已经在越来越多的企业成为一种基本现实。在这种背景下，企业制度也将发生变革。知识作为一种投入与资本的投入一样重要，而且知识投入的地位与作用将逐渐超过资本的投入；企业制度从以资本为中心，资本雇佣劳动，股东占有企业的传统模式，将逐渐转变为以知识为中心，知识统率资本，股东和职工共同拥有企业的模式。这是一种企业根本制度变革的趋势，其创新价值具有革命性意义。

5. 分配模式——从按资分配转向按贡献分配

分配关系是由资源的占有关系所决定的。在资本主义经济关系中，谁拥有资本，谁就获得了社会财富的支配权，按资分配是主体分配方式。在知识经济时代，分配关系所赖以存在的资源占有关系和性质发生了变化，分配模式也将发生深刻变革。

6. 战略模式——区域战略转向全球战略

企业战略管理是对企业全局所做的思考和规划，关系到企业的成败与存亡。在知识经济时代，企业经济环境将发生深刻变化，企业战略管理的地位、作用、范围和观念必将随之变化。未来的企业战略，是在全球观念指导下的、在全球范围内捕捉机遇和回避风险的全球性战略。这种战略模式的发展趋势，是对企业战略管理能力的一种挑战。它要求企业具有全球性战略环境和企业的条件与目标的分析判断能力；具有抓住机遇和回避风险的速度、机警和创新精神；具有适应全球竞争的独特的能力和技巧。全球战略模式将把企业经营管理水平提升到一个全新的更高境界。

第二节 知 识 管 理

一、知识管理及其重要性

（一）知识管理

知识管理目前还没有一个统一的定义。而不同的定义常常引发出知识管理的不同功能与内涵。下面简要介绍几种有关知识管理的定义。

（1）奎达斯（P. Quitas，1997）等把知识管理看作“是一个管理各种知识的连接过程，以满足现在和将来出现的各种需要，确定和探索现有的知识资产，开发新的机会”。由此出发，知识管理的功能应是：

①建构一个面向全企业的开发、获取和应用知识的战略政策，以开发、获取和应用知识。

②在组织内其他部门及在各方面力量的帮助下，实施知识战略。

③通过知识的研究开发、使用，改进企业经营过程，提高企业经营绩效。

④测试、评估与知识有关的管理活动。

知识管理的目标是：

①知识的发布，使一个组织内的所有成员都应用知识。

②确保知识在需要时是可得的。

③推进新知识的有效开发。

④支持从外部获取知识。

⑤确保知识在组织内的扩散。

⑥确保组织内部的人知道所需要的知识在哪儿。

与知识管理目标相关的活动有：

①知识的公开以使企业职员都能利用与企业目标相关的知识。

②确保知识在需要时是可得的。

③确保知识在某一地点是可得的。

④推动新知识的有效开发（研究开发与学习）。

⑤支持从外面获取知识并提高消化知识的水平。

⑥确保新知识在企业内能及时扩散。

⑦确保企业所有职员都能知道知识在哪儿。

（2）维格（K. Wiig，1997）认为，知识管理主要涉及四个方面：

①自上至下的监测、推动与知识有关的活动。

②创造和维护知识基础设施。

③更新组织和转化知识资产。

④使用知识以提高其价值。

（3）法拉普罗（Carl Frappulolo，1998）认为，知识管理应有外部化、内部化、中介化和认识化四种功能。如图 10-4 所示。

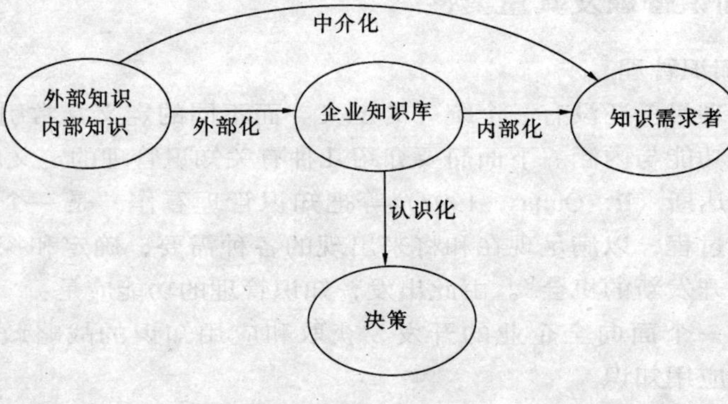

图 10-4　知识管理的基本功能

外部化是指从外部获取知识，并按照一定的分类将它组织起来，在这一体系中，最下层是技术，这是一种解决问题的方法。上一层次是将知识加以分类，甄别出不同性，找到不同知识之间的联系。外部化的目的是让想拥有知识的人拥有，其途径是通过内部化、中介化。

内部化先要发现与特定用户有关的知识，这项工作是要从外部知识库中筛选人们想得到的知识，其职能如同一个图书馆管理员。

如果说内部化是关注可表述知识的转移，中介化则是意会知识的经纪人，它帮助知识寻找者找到知识的最佳来源。

认识化是将上述获得知识的三种功能加以综合应用，这是知识管理的终极目标。

（二）知识管理促进企业核心能力的形成

1．企业能力与企业核心能力

今天，企业竞争的成功不再被看作是转瞬即逝的产品开发或战略经营的结果，而被看作是企业深层次物质——一种以企业能力形式存在的，促使企业生产大批量消费者难以想象的新产品的智力资本的结果。在企业取得和维持竞争优势这一过程中，企业内部能力的培养和各种能力的综合运用是最关键的因素。而经营战略不过是企业发挥智力资本的潜能并充分应用到新的开发领域的活动与行为。

企业能力中能够通过价格完全体现的部分被称为一般能力，而能够让企业获得超额利润的那部分称为企业的核心能力。帕拉哈德和哈默指出，核心能力是“组织中的积累性学识，特别是关于如何协调不同的生产技能和有机结合多种技术流派的学识。”

企业的核心能力有以下几个特征。

（1）核心能力是有价值的。这就是说企业的核心能力能够提高企业的效益，帮助企业在创造价值和降低成本方面比它们的竞争对手做得更好。一套强有力的核心能力的存在决定了企业有效的战略活动领域，产生了企业特有的生命线。如果企业置身于这些能力能够发挥价值的状态中，就构成了企业的优势。管理者的任务是通过选择使企业在能够发挥其能力的广阔领域中从事生产经营活动。

（2）核心能力是难以被仿效的。信息具有公共产品的性质，具有信息特征的知识易于被仿效，具有“方法性”特征的知识相对来说难于仿制。

核心能力又可分为组织资本和社会资本。普斯格特和威斯克指出：“信息是企业的一种资产，因为信息影响生产的可能性且与产品产出相伴而生。我们把这一企业资产称为企业的组织资本。”组织资本被分为四类：

第一类为雇员信息（人员—工作对应），包括每个雇员的能力和技术信息以及他们如何与所承担的职责相联系。

第二类为员工团队信息（个性对应），包括如何建立最佳工作团队。

第三类为雇员的人力资本信息（技能），包括在组织中哪些技能是有用的信息，哪些技能通过投资或努力可以变为有利的信息。

第四类为任务信息，包括即将承担的任务要求和生产效率的信息。

2．知识经济与企业核心能力的关系

由知识经济简介可以看到，知识经济中的“知识”包括了平常所说的知识和能力两个方面。有的学者称这个时代为智力经济时代，是更加强调了知识经济中能力方面的重要性。由于知识是能力的源泉和基础，也易于拓展人们获得能力的各种思路，因而称为知识经济更合适些。由企业能力简介可以看出，企业的核心能力由两部分知识组成：一部分是企业中难以觉察与识别的、但确实存在并起重要作用的“方法性”知识；另一部分是以组织资本形式存在的知识，可被归为知识经济中的第四类知识。

企业核心能力与知识的关系如图 10-5 所示，知识经济中的“知识”包括了企业核心能力，而且企业核心能力一般是知识经济中所指的隐性知识，但并非所有的隐形知识都是企业的核心能力。企业能力论的提出，很多企业从长远内注重企业能力的培养，围绕核心能力进行生产经营是知识经济时代来临、知识在企业中起重要作用的体现。

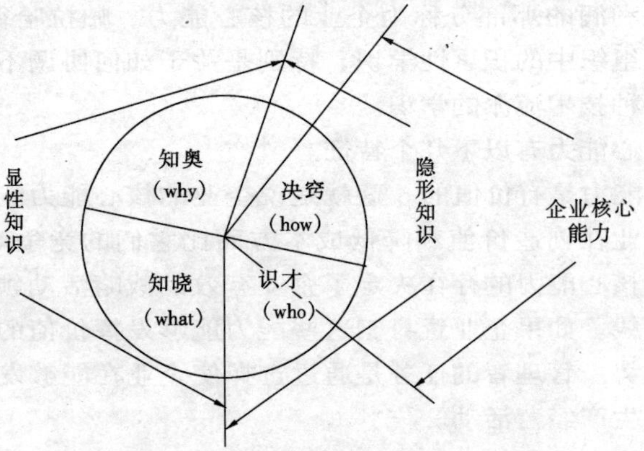

图 10-5　知识与企业核心能力的关系

3. 知识管理促进企业核心能力的形成

企业能力特别是企业的核心能力对于企业的发展有重要的意义。那么企业如何才能让自己的能力得到一步步的增强呢？图10-6所示给出了企业知识的流动过程，图中的隐性知识主要就是指企业的核心能力。

从图中可以看出，核心能力的形成过程，就是学习的过程，而整个过程的各个环节都需要企业加强对知识的管理。知识管理就是企业对其所拥有的知识资源进行管理的过程，而如何识别、获取、开发、分解、储存、传递知识、从而使每个员工在最大限度地贡献出其积累的知识的同时，也能享用他人的知识，实现知识共享，则是知识管理的目标。因此，我们可以说有效的知识管理必将促进企业核心能力的形成。

4. 知识管理与企业收益

企业经营的目的是为所有者创造财富，投资者投资的不是公司拥有的知识，而是这些知识所能带来的效益。因此，成功的知识管理必须能直接

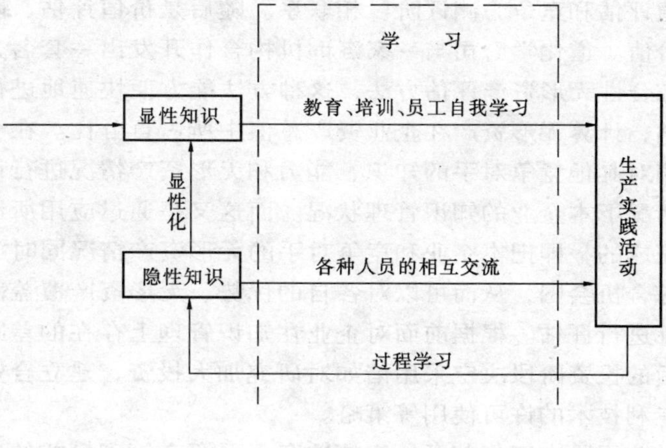

图 10-6 企业知识流动过程

或间接的为企业带来经济效益。这就需要把知识管理的效果和财务指标联系起来。当然，传统的财务评估方法在评价知识管理项目的经济收益方面有一定的困难，因为这种收益往往是间接的。但是，目前也有一些企业的尝试取得了显著的成功。

首先，可以直接计算某些知识管理项目为企业带来的收益，即把某一类知识作为资产来管理。具有百年历史的美国道化学公司（Dow Chemical Co.）是一家国际化大型化学公司，生产的化学产品达 2 000 多种，在 1997 年全美最大的 500 家公司中排名第 60 位，销售额为 200 亿美元。道化学公司知识管理活动的特点是通过有组织的企业无形资产管理达到提高经济效益的目的。

道化学公司的无形资产包括专利、技术诀窍、版权、商标和商业秘密等。其中专利是其主要形式，专利总数达 2.9 万多项，每年用于专利的费用为 3 000 万美元，这些专利原先处于分散的无组织状态。该公司管理层认识到专利管理是知识管理中最有可能获得成功的领域，因此，他们从专利管理入手，建立起企业的无形资产管理系统。道化学公司无形资产管理分为计划、竞争力评测、分类、价值评估、投资和组合六个阶段。由于公司已经拥有大量未被充分利用的专利技术，因此，无形资产管理先从组合阶段开始，即对所有专利分别进行有效性鉴别，若属有效专利，则由公司属下各业务部门决定是否对此专利进行投资。第二步是分类，把专利分成正在使用、将要使用和不再使用三类，然后确定是否允许他人使用或放弃此专利。在计划阶段，制定专利利用与业务部门经营目标实施计划，这一阶段与价值评估和竞争力测评阶段相联系。随后是价值评估，确定无形资产的市场价值。道化学公司与一家咨询机构合作开发出一套名为“技术因子法”的综合性无形资产评估方法，这种方法能方便快速地进行无形资产的财务评估，计算无形资产在企业资产总值中所占百分比。在竞争力测评阶段，公司对其他竞争对手的知识、能力和无形资产情况进行评估，以便明了对比情况下本企业的知识管理状况。而这又是通过应用所谓的“知识树图”来完成的，即把本企业和竞争对手的无形资产情况同时放到一张图上，形成综合机会图，从而可以对各自的优势、无形资产覆盖范围和机会空缺等指标进行评估。根据前面对企业在知识管理上存在的差距分析，对公司在最后的投资阶段决定采用诸如对研究加大投资，建立合资企业，从外部获取专利技术的许可使用等策略。

道化学公司是在四年前开始实施这套无形资产管理模式的，并已获得丰厚的经济回报。据统计，通过放弃或赠送本企业不再具有价值的专利，公司已节省专利税 4 000 万美元，而专利的许可使用费收入从 1994 年的 2 500万美元增加到目前的 1.25 亿美元。为了实施无形资产的有效管理，该公司建立了一支无形资产经理人网络，任务是开发和实施符合企业战略的无形资产管理计划。此外，公司还成立 70 多个多功能小组，负责无形资产的管理工作。由于专利管理取得的巨大成功，该公司又把知识管理的重点投向诀窍类知识。但诀窍类知识管理的难度明显大于专利管理，他们打算先能清楚各业务部门有哪些诀窍类知识，然后将其按统一格式存入数据库，以便综合分析和应用。

另外一种计算知识管理项目为企业带来的收益的方法是计算间接收益，如通过产品生产周期、顾客满意度等指标来衡量。例如，霍夫曼公司的知识管理项目致力于减少产品上市时间，该公司通过计算，如果晚一天上市将带来 100 万美元的损失。前面提到的 HP 公司的电子销售伙伴系统缩短了顾客等待时间，另外一个顾客支持方面的知识管理项目在两年内减少了顾客一半的电话费用，并且可以让公司聘用缺少技术经验的顾客服务工程师。

有很多公司测算了其知识管理项目的直接经济回报，恩永公司计算的回报率是 6%，麦肯锡公司的回报率是 10%。知识管理项目费用很大，所以，如果同经济利益和竞争优势联系起来会得到更多的支持。像咨询产业这一知识密集型企业，知识是成功的关键，从知识管理的回报也就比较容易测算出来。当然，知识管理的改善往往为企业带来更多无形的和长远的效益，如促进企业的创新活动，改变竞争战略，发掘新市场等，这些收益是难以用传统的回收率来衡量的。

二、知识管理的基本要求及类型

知识管理是适应知识经济时代要求的新型管理模式，是迎接新时代挑战的重要战略。当前，从全球来看，西方经济发达国家正厉兵秣马准备向知识经济社会过渡，正如管理大师所说：知识已成为首要的资源，知识生产力已成为竞争和经济发展的关键。作为经济社会的基本细胞和经济主体，企业正处于迎接新时代挑战的前沿，必须率先转变传统的管理观念和模式，实施适应新时期要求的管理模式。

（一）知识管理的基本要求

企业知识管理是一种新型的管理模式，它的基本要求如下。

第一，企业知识管理是对知识的管理，以知识生产管理为前提。知识的生产不同于其他物质和服务产品，它是在对知识的识别、获取、开发、研究、分解、使用和共享的全过程中进行的，在这些过程中，知识既被使用，又在不断地产生、形成和发展，新的知识在产生，原有的知识在发展。

第二，知识管理是以信息管理为基础的，是信息管理的延伸和发展。信息管理只是将各种各样的信息以一定的方式汇总、组织起来，方便人们利用计算机来查询和检索，利用技术来进行信息采集、存储和控制。而知识管理则是利用技术去分享知识（或信息），并把它们作为创新（发明）的手段或杠杆。知识管理是通过一组解决方案的集合寻找和识别与问题有关的关键性信息，并将这些信息进行提取，形成对某一问题的专门知识，作为决策的依据。知识管理就是把信息转化为知识，用知识指导决策并付诸行动，再将该行动转化为利润。有人将知识管理混同于信息管理，其实不然，知识与信息无论在内涵和外延，以及表现形式上都有所不同。近年来，由于经济发展的需要，知识管理开始从信息管理中分化出来，逐步形成适应知识经济的新的管理模式。知识管理要求把信息与信息、信息与活动、信息与人联结起来，在人际交流的互动过程中实现知识的共享、运用和创新。从信息管理到知识管理的进化，是管理理论与实践中“人本”管理主线的进一步体现和发展。正如库珀所言：“正是由于信息与人的知识能力相结合，才导致知识的产生。它是一个运用信息创造某种行为的过程。这就是知识管理的目标”。那种简单地把知识管理等同于信息管理，把它置于信息管理的职权内的认识是不正确的。

第三，企业的知识管理就是为企业实现知识的显性化和共享寻找新的途径，知识从形式上看可分为显性知识和隐性知识。显性知识，是指以专利、科学发明和特殊技术等形式存在的知识。而显性知识主要是指员工的创造性的知识，只存在于人的头脑中。显性知识易于通过计算机进行整理和存储，通过高新技术手段和方法来管理。而隐性知识由于难于被他人观察了解，更无法奢谈共享和交流，如何管理它已成为知识管理的一大难题。为此，促进隐性知识向显性知识的转化继而实现共享，以及两者的互动促生，在知识管理中具有更为重要的意义，它是知识创新永不衰竭的动力和源泉。

从知识管理的发展进程来看，企业知识管理可分为知识的生成管理、知识的交流管理、知识的积累管理、知识的应用管理，它们互相制约，形成一个有机的管理体系。其中，知识的应用是管理的目的，知识的交流是生成知识的手段和途径，知识更新是企业创新的动力，知识的积累是知识和企业发展的基础。实施知识管理必须重视学习和培训，实施全员教育和终身教育，激发企业和员工的创新能力，增强企业的活力，不断创新，超越自我，永远高人一筹，先行一步，这是企业效率之本，发达之源。知识只有交流才能发展，只有使用才能增殖，只有交流和反复使用，才能持续地派生知识，交流越快、使用越广，效果越好。其中知识共享是关键，也是难点所在，它直接制约着知识的生成和交流，更关系到知识的管理和效果。要着力于实现知识的共享，满足隐性知识拥有者的利益要求，激发企业员工（包括客户）把分散在头脑中的零星的知识资源整合成强有力的知识力量，形成企业的集体智慧，提高对市场的应变能力和知识的创新能力，这正是知识管理的出发点和优势。为了能使企业更好地管理其知识资源，世界著名的企业管理软件公司——SAP 公司已经开发出了相应的知识管理工具，帮助企业用系统的方法来管理知识和信息，来满足企业适应新环境的需求。SAP 的知识管理策略是通过工具、内容和服务三个部分来帮助那些掌握知识的人与需要知识的人进行联系，实现知识共享，创造价值。例如，SAP 为瑞士银行提供了一种带有知识分布图的 Internet，使得银行能为每个雇员创建一个 WEB 网页，上面放有他们的所有基本信息，如专业技能、知识、经验、特长等信息，使需要帮助的其他员工能够方便地找到所需寻找的人，实现知识共享。目前，一些国际著名的公司，如 GE 公司、朗讯科技公司、摩托罗拉公司、道化学公司、惠普公司、施乐公司、西门子公司等居于行业领先地位的公司，都已开始实施知识管理，建立了一套管理体系，并纷纷在企业中设立了知识主管，利用“知识资源”来获得真正的竞争优势，巩固其领袖地位。

最后，企业的知识管理有它特有的基本原则，只有贯彻这些原则，知识管理才能有效运行。根据知识管理的基本要求，必须贯彻信任、交流、学习和分享四个原则。信任是企业组织文化的基础，是实现知识交流、使用与共享的前提，有了企业内外成员之间的信任，才能建立知识的良性循环，并朝着知识交流和共享的方向螺旋式上升；反之，则会出现知识的恶性循环，并朝着知识保护和封闭的方向而螺旋式下降。交流是加强信任，引发合作，促进知识的创新与共享，增强知识使用和创造力的手段，没有交流，将会使知识降低甚至失去效应和创新。学习是获取知识、促进发展、催动创造的必由之路，也会促进成员间的信任和知识的交流与共享。分享是知识发展和创新的关键，是使隐性知识显性化的途径。企业的知识管理，就是在贯彻上述原则中，在互相信任、公开交流、相互学习、实现分享的良性循环中，提高自己的应变能力、创新能力和竞争能力。

企业知识管理的实施，还有赖于建立自己特有的机制、组织结构和企业文化，运用相应的方法来实现。尽管目前它还是一个初生婴儿，人们对它尚不熟悉，甚至存在几分朦胧、几分困惑，但它距我们并不遥远，研究和实施知识管理，已成为迎接知识经济时代挑战的重要战略，也是企业界面临的战略任务。

（二）国外企业知识管理的类型

目前，国外企业开展的知识管理涉及生产活动的各个方面，从 R&D 到生产销售都有。为了能比较系统的分析这些企业的知识管理活动，可以从企业进行知识管理的目标来对企业知识管理进行分类。这些目标分成下面四种：

（1）建立企业知识库；

（2）促进员工获取知识；

（3）建立尊重知识的企业内部环境；

（4）把知识作为一个资产来管理，让其为企业带来更大的经济效益。

这些目标是围绕着促进知识的生产、存储、传播、使用这一主线所设定的。下面分别讨论这四种知识管理活动。

1．建立企业的知识库

建立企业的知识库，就是把企业现有的知识分门别类，进行加工和提炼，形成企业系统的、不断发展的知识资产。建立企业的知识库所涉及的知识包括外在知识和意会知识。外在知识相对容易处理，但是意会知识与拥有知识的人有紧密的联系，在建立企业的知识库的过程中就需要尽可能地把知识与创造和使用知识的人分隔开来。针对企业中各种知识不同的存放方式，企业应开展相应的管理。

（1）企业外部的知识。企业外部的知识包括社会公共知识、企业的供应商、客户的知识等。各种研究报告、期刊都是社会公共知识的载体，因此企业必须尽可能的跟踪相关的学术研究，对他们进行跟踪整理和传播，抓住出现的机会。硅谷的很多高技术企业与供应商、分包商、大学等联系密切，组成了一个知识、信息网络，这个网络为企业提供了大量外部知识和信息，对这些知识有效的管理为企业带来很多效益。

（2）企业内部的外在知识。例如技术和方法，建立这类知识库可以采用文件的形式，备忘录、报告、访谈、论文等，并且不断的对其进行补充和修改。文件的存储形式可以是书面的，也可以是电子形式，关键是要有系统性和便于查找。例如，HP公司把销售所需要的知识和信息，包括产品的技术信息、销售情况、顾客信息等，仔细的进行了分类，并且不断的根据反馈来补充和修改，构成“电子销售伙伴系统”。这个系统便于使用，而且非常有效，得到了使用者和顾客的广泛好评。

（3）企业内部的意会知识。在组织中有很多知识存在于人的头脑中，对这些知识的管理尽量把意会知识编码化，例如有的公司用一种电子讨论系统，让员工写下自己的经验，并且对别人提出的问题和建议给予积极的反馈，把这些都存储到Lotus Notes数据库上，这样就建立了包括见解、经验、小窍门等诀窍知识的讨论数据库，公司各地分支机构的员工都可以利用这个数据库来交流和学习。

2．促进员工获取知识

在实际的工作中，找到拥有所需知识的人，同时成功的把它从一个人转到另外一个人身上是一个困难的过程。针对这一点，有些企业的知识管理项目侧重为员工提供获取知识的途径或者促进知识在个人之间的转移。

信息技术在这方面的管理中很有用处。如微软公司开发了一个称为“知识地图”的专家网络系统，这个系统确定了常用的和专业方面的300多个条目的知识，并且介绍了掌握这些知识的专家的情况。用数据库和网页作为载体，这样不仅明确了软件开发项目必需的知识，而且还建立了需要这些知识的软件开发队伍和拥有这些知识的专家之间的联系。

3．创造尊重知识的企业内部环境

第三类知识管理项目是试图创造有利于知识生产、传播和使用的企业内部环境。有的企业试图改变员工在知识方面的行为。如恩永公司和麦肯锡咨询公司都确定了新的对员工的评价标准，在这个标准中，员工对知识创造和知识共享的贡献是一个重要的指标，并且，麦肯锡公司还试图让员工认识到其工作不是向客户提供咨询服务，而是进行管理方面知识的创造和传授。在创造尊重知识的企业内部环境中，建立尊重知识，鼓励知识共享的企业文化非常关键。

4. 管理企业的知识资产

第四类知识管理项目是把企业的知识当作是一种资产来管理。一种方式是在企业的财务平衡表中把知识作为一种资产，如瑞典的一家大型的保险公司斯堪蒂亚公司就是这样做的。另一种方式是管理某一类知识密集的资产，让它们创造更多效益。美国的道化学公司是一家大型跨国公司，产品多达 2 000 多种，其知识管理活动的特点是通过有组织的企业无形资产管理达到提高经济效益的目的。道的无形资产包括专利、技术诀窍、版权、商标等，其中专利 2.9 万项，每年专利费数千万美元，这些专利开始是处于无组织的状态。道公司的知识管理项目从专利开始实施，判断公司现有的专利对公司的作用，采取放弃、转让和保留等形式，节省了大量的专利费用，同时又为公司带来了更多的收入，生产许可证收入达到了 1 亿美元。

上述四种类型的知识管理不是截然分开的，在实际操作中往往是交叉在一起的。

【案例分析】

案例 1　Sun 公司通过知识联网，实现知识的全球共享

Sun 系统公司的董事长兼首席执行官，一直以来坚信，“只有联网的计算机才能称得上是真正意义上的计算机”。随着万维网和企业局域网的爆炸性的增长，这种观点已经被证明是当代最重要的技术预言。Sun 公司实际上也实践了这种观点。作为一家年销售收入达 8 亿美元的大公司，它们最近启用了一种新的非常强大的知识系统以便加强其销售过程，它们不断通过自身的实践示范着这样的观点：网络是未来的趋势，必须从现在做起。

Sun 公司总部位于著名的加州“硅谷”，通过其 Sun WEB 内部网将公司遍布全球的 20 300 多雇员紧紧连在了一起。最新的统计表明，公司一共有 1 000 多个网络 Web 服务器，支持着 25 万多个网页。

公司的学习和知识需要特别巨大和迫切。作为一家领先的为企业内部网和网上交易提供硬件、软件等方面服务的供应商，Sun 的销售收入现在有超过 90%是由开发出来还不超过一年的新产品提供的。它正在试图不断地扩大它的产品线，同时缩短每种产品的生命周期。这样做的一个结果

是，公司发现几乎不可能快速地有效地培训销售人员来适应要求，再也不能依靠传统的课堂培训方式，这种方式往往使销售人员必须很长一段时间不能同客户保持联系，给他们灌输大量的信息，差旅和住宿费用也很高。集中在总部对销售人员进行培训的成本大约是每位员工每周 2 225 美元，当然这还没包括由此丧失的销售机会成本。

Sun 同时也意识到它需要为其员工提供更多的培训。Sun 对新员工进行各种培训的时间一共持续一周，而 IBM 和 HP 在半年时间内对新员工的培训时间就达到六周之多，远远超过 Sun 公司。这样，Sun 的销售人员在和客户打交道方面的能力同其竞争对手比较起来明显地不够熟练。因此，怎样帮助公司的销售人员在保证不和客户断绝联系的前提下发展其知识和技巧已变得非常重要。

基于这种迫切的需求，Sun 公司发展了一种以“分层存储管理模式为基础”的“分布式的学习体系”。首先，公司通过强大的网络系统将存放在内部网上的销售培训信息、销售支持资源、产品更新信息、竞争策略和一系列的其他方面的内容都连接起来。另一方面，公司将新产品的演示媒体传送到或存储在位于地区的销售中心的当地的服务器上，而不再需要必须在公司总部完成。这样保证了更快的连接和可以利用更丰富的视频、音频和动画等多媒体方式。不是把所有的资源都集中在一个地方，而是给销售人员以通过调制解调器支持的网络获取信息的方式。这就是 Sun 公司知识网络系统的核心内涵。

由于 Sun 公司根据自己的实际情况，充分利用了自己现有的资源，因此取得了丰厚的回报。回报主要体现在通过这种方式，大大增强了销售人员的效率，同时相关的传统方式的培训费用却大大减少。通过减少每年每位销售人员培训差旅费用，每年节省的全部销售人员费用达到 700 多万美元。另外，一些无形的收益也是非常巨大的。这种系统作为一种实时的知识和信息支持服务系统，能够使销售人员当他们接到一位客户的电话订货时就可以很快地获得关键的信息。而且，Sun 销售人员并不需要为了接受培训而整周的和客户断绝联系。他们可以通过在自己的办公桌或家里通过网络以自学的方式接受培训。这样，如果客户有了什么问题或需要，他们仍然可以很好的为客户解决。这种隐含的潜在的收益是无法用金钱简单计算的，但是它确实非常重要。

Sun 公司是一家世界知名公司，具备雄厚的技术实力以及大量的资金。它们所采取的知识管理方式对于我国大多数企业来说是不适合的，目前，我们还没有这种实力。但是，这并不意味着我们不需要知识管理，无法开展知识管理。事实恰恰相反，近几年来，随着知识经济的飞速发展，我国的高新技术产业蓬勃发展，出现了许多规模较大的公司。这些公司的管理者深感旧的管理体制无法适应信息技术的高速发展，于是他们根据公司的实际情况，向知识管理迈出了自己坚实的步伐，有一些公司已经取得了很大的成绩。

案例2 金山公司的知识管理

金山公司1989年涉足软件行业，总部设在香港，以WPS闻名于世。在软件行业拥有北京金山软件公司和珠海金山电脑有限公司。10年来，金山秉承“大家风范，承诺永恒”的企业宗旨，经过艰苦卓绝的努力，发展成为具有较大影响力的大型软件企业。1998年8月，金山公司与国内著名电脑公司联想集团联手，以追求更大的发展。

1．适应时代需求，开发基于中国文化的产品

金山认为，知识经济时代的重要特征是文化知识处于社会的中心地位，并渗透到政治、经济等社会生活的一切领域，它制约并决定于经济、产业发展方向、结构和水平。金山公司从成立之日起便牢牢把握住中国文化，生产适合中国人使用的办公软件。

尽管微软给金山的压力很大，但金山认为发展软件有很大机会。首先，微软是国际化大公司，不会对中国量体裁衣，而金山可以为国内市场，每个行业、甚至为每个企业来定做，可以生产出比较适合中国人使用的产品；其次，金山软件具有价格优势，如金山可以让用户用微软1/20的支出买到90%的功能。金山软件立足国内开发，成本较低，可以采取相对灵活的价格政策，而Office占了微软七成以上的收入，其价格调整对整个市场的影响较大。金山软件公司重新制定了产品开发战略。①拓宽产品线，降低风险；②保证足够的利润率。其原则是“3、2、1”：3是三个产品线：办公类产品，主导产品是WPS；工具类产品，例如金山词霸、金山影霸等；娱乐类产品，即各种多媒体游戏软件，如《剑侠情缘》、《地雷战》、《逐鹿中原》等。2是两个重点产品，即WPS和金山词霸。1是金山的Internet战略。无论哪一类产品线，金山公司始终把握考虑中国人的需求，为中国人量身定制的原则。

2．卓有成效的企业知识管理

努力提高企业文化等无形资产的价值

注重内部企业文化的培养。公司提倡：“一起努力，成果分享”；宣扬

“高效、卓越、开拓、奋进”的企业精神。企业形象文化化、企业组织制度文化化是金山公司适应知识经济时代潮流的又一体现。

(1) 将自身无形资产迅速转化为有形资产

经过10多年的发展，金山软件公司拥有了丰厚的无形资产，据香港专业市场评估，金山软件公司价值3 000万美元。但由于微软的冲击过于强大，金山自身产品持续性不够，金山在近几年的发展中并不如意。1998年8月12日，联想认识到金山公司无形资产的巨大价值，以900万美元的高价控股金山，以谋求与金山的共同发展。

(2) 企业人力资源管理

金山主要优势有两点：一是产品技术含量高，市场占有率高，用户普及面广，产品知名度高；但更关键的是人力资源丰富。金山目前有员工100余名，学历最低的是大专，大部分是本科以上学历。

金山公司非常重视企业人力资源的开发和培养，每年在每个员工身上的投入平均为10万元。金山公司还设立了职工股，在金山工作一定的时间，并且有一定贡献的职工可以得到公司部分股份。

金山非常重视对员工的培训。员工培训分为两种：一是整体培训，即对新来的员工，或在金山工作过一段时间之后的员工进行全面的、整体的专业和企业文化培训；二是专业培训，公司定期对员工进行专业培训，以提高其专业能力。同时也提倡员工之间取长补短、互相学习，即随时组织有特长的员工为其他员工讲课。

由于有了较好的人才激励机制，金山公司每年职工流动率较低。

(3) 促进知识在企业内的流动，最大限度实现知识共享

金山公司非常注意从自上而下、自下而上两个方面促进知识的流动，建立了企业内部网，实现上下级之间、员工之间信息流动的通畅；同时注重员工之间面对面的交流。由于金山产品线长，工作复杂，因此，员工之间、上下级之间面对面的交流是必不可少的。金山公司主要通过频繁的会议实现面对面的交流，主要有行政管理例会：每周一次，每次20分钟，使员工明确自己长期和短期工作任务；不定期的销售、策划会：随时讨论工作中遇到的问题。

(4) 知识产权保护

金山公司提倡依靠教育和降低知识产品成本来保护知识产权，金山公司身受盗版之害，WPS的正版用户有20万，而据估计，WPS的盗版用户则在1 000万以上。金山认为目前盗版软件严重的原因在于人们法制观念的淡薄，中国人的收入较低，购买正版软件有困难。因此，不能单纯依靠

政府来保护知识产权，每个公司也应承担相应的责任。

金山认为，软件公司不能仅仅停留在生产知识产品这一层次上，还应从一定程度上承担教育人们保护知识产品的社会责任。金山总裁求伯君在20所大学演讲，提高人们使用正版软件的意识，呼吁大学生为民族软件的崛起而奋斗。

(5) 打入国际市场，实现知识在国际范围内的流动

知识经济时代的重要特征是全球经济一体化、全球知识流动一体化。软件企业如果没有产品打入国际市场，就不能称为真正的知识型企业。金山一直努力向国际市场进军。1998年8月份，金山词霸Ⅲ在日本上市，为该产品及其他依靠此核心技术而开发的产品开辟了广阔的市场前景。

(6) 加强战略联盟，增强吸纳外部智力资源的能力

目前，金山公司与国内外几十家公司建立了合作伙伴关系，其伙伴分三种：产品合作、市场合作以及产品分市场合作，合作伙伴主要有同创、同方、方正、东芝、莲花等，其中最主要的是联想集团，联想集团1998年8月投资900万美元控制了金山30%的股份。

在开发上，除了主导产品，如WPS、金山词霸以及部分主导多媒体软件之外，其他多媒体软件采取外包的方式来完成。金山的软件销售也主要是通过代理来完成。

随着知识经济的迅速崛起，知识管理必将愈来愈受到关注，知识管理体系也将逐步完善起来。

本章思考题

1. 知识经济与工业经济的区别是什么？
2. 知识经济有哪些特征？
3. 知识管理的概念及特征是什么？

参考文献

1 斯蒂芬 罗宾斯．管理学．第4版．北京：中国人民大学出版社，1998

2 斯蒂芬 罗宾斯．组织行为学．北京：中国人民大学出版社，1997

3 Richard L Daft．组织理论与设计精要．李维安译．北京：机械工业出版社，1999

4 琼斯 乔治 希尔．当代管理学．第2版．北京：人民邮电出版社，2002

5 托马斯 贝特曼．管理学——构建竞争优势．第4版．北京：北京大学出版社，2004

6 陈传明，周小虎．管理学．北京：清华大学出版社，2003

7 代明．管理新概念与新概念管理．北京：中国社会科学出版社，2004

9 周三多．管理学．北京：高等教育出版社，2000

10 黄渝祥．企业管理概论．北京：高等教育出版社，1998

11 刘伯莹，周玉清，刘伯均．MRPⅡ/ERP原理与实践．第2版．天津：天津大学出版社，2001

12 黄梯云．管理信息系统．北京：高等教育出版社，1999

13 王恒毅．企业管理概论．北京：中国建材工业出版社，1993

14 杨文士，李晓光．管理学原理．北京：中国财政经济出版社，1999

15 陈禹．信息经济学教程．北京：清华大学出版社，1998

16 文魁，高福来．现代企业制度与组织机构设计．北京：经济管理出版社，1997

17 王洛林，陈佳贵．现代企业制度的理论与实践．北京：经济管理出版社，1997

18 顾光青，贝敏．现代企业制度概论．上海：东方出版中心，1996

19 罗殿军．现代企业制度创新．太原：山西经济出版社，1998

20 芮明杰．现代企业管理创新．太原：山西经济出版社，1998

21 严基河．现代企业研究开发与技术创新．北京：经济管理出版社，1997

22 韩建新．信息经济学．北京：北京图书馆出版社，2000

23 苏 奈特．激发潜能——NLP成功法则．北京：机械工业出版社，2001

24 加里 德斯勒．人力资源管理．北京：中国人民大学出版社，1999

25 弗朗西斯 赫瑞比．管理知识员工．北京：机械工业出版社，2000

26 安鸿章．现代企业人力资源管理．北京：中国劳动出版社，1995

27 江铭强．人力资源管理．广州：广东经济出版社，1999

28 赵西萍．组织与人力资源管理．西安：西安交通大学出版社，1999
29 萧鸣政.现代人事考评技术及其应用.北京:中国人民大学出版社,1997
30 恩尼斯特 J 麦克米科．工作岗位分析的方法与应用．北京：中国建材工业出版社，1991
31 白嘉．企业人力资源主管．北京：经济管理出版社，1999
32 付亚和,许玉林.劳动人事管理实务卷.北京:中国人民大学出版社,1993
33 蒋冠庄．人事主管全书．北京：中国人事出版社，2000
34 威廉 A 希曼，约翰 H 林格尔．企业量化管理实施．北京：机械工业出版社，2001
35 吴培良，郑明身，王凤彬．组织理论与设计．北京：中国人民大学出版社，1997
36 郁义鸿．知识管理与组织创新．上海：复旦大学出版社，2000
37 杨洪兰，张晓蓉．现代组织学．上海：复旦大学出版社，1996
38 韩福荣，徐艳梅．企业仿生学．北京：企业管理出版社，2001
39 Chuck Williams. Management. South－Western college Publishing，2000
40 Gareth RJ，Jennifer MG，Charles W. L. H.，Contemporary Management (Second . Edition). Irwin McGraw－Hill Higher Education，2000
41 Alfred D，Chandler Jr，The visible Hand － The Managerial Revolution in American Busines，the Belknap Press of Harvard University Press Cambridge，1977
42 Drucker Peter F，Management Tasks，Responsibilities，and Practices，New York：Harper & Row，1973
43 George Claude S Jr，The History of Management Though，Englewood Cliffs N. J.：Prentice－Hall，1968h，1972
44 Hayek Friedrich. Capitalism and the Historians. Chicago：University of Chicago Press，1954
45 Hammer M，Champy J，Reengineering the Corporation，London：Nicholas Brearly Publishing，1993